经以济世
建言谋causa

贺教芳印

走访问项目

圆满成功

李召林
二〇〇八

教育部哲学社会科学研究重大课题攻关项目

高校招生考试制度改革研究

STUDY ON THE REFORM OF
THE NATIONAL COLLEGE ENTRANCE EXAMINATION SYSTEM

刘海峰 等著

经济科学出版社
Economic Science Press

图书在版编目（CIP）数据

高校招生考试制度改革研究／刘海峰等著.—北京：经济科学出版社，2009.9

（教育部哲学社会科学研究重大课题攻关项目）

ISBN 978 - 7 - 5058 - 7856 - 3

Ⅰ.高… Ⅱ.刘… Ⅲ.高等学校－招生－考试制度－教育改革－研究－中国 Ⅳ.G649.22

中国版本图书馆 CIP 数据核字（2009）第 002244 号

责任编辑：张庆杰　李锁贵
责任校对：徐领弟　杨　海
版式设计：代小卫
技术编辑：潘泽新　邱　天

高校招生考试制度改革研究

刘海峰　等著

经济科学出版社出版、发行　新华书店经销
社址：北京市海淀区阜成路甲 28 号　邮编：100142
总编部电话：88191217　发行部电话：88191540
网址：www.esp.com.cn
电子邮件：esp@esp.com.cn
北京中科印刷有限公司印装
787×1092　16 开　27.25 印张　510000 字
2009 年 9 月第 1 版　2009 年 9 月第 1 次印刷
印数：0001—8000 册
ISBN 978 - 7 - 5058 - 7856 - 3　　定价：67.00 元
（图书出现印装问题，本社负责调换）
（版权所有　翻印必究）

课题组主要成员

（按姓氏笔画为序）

乔丽娟　张亚群　苟人民　郑若玲　林蕙青
姜　钢　臧铁军　潘懋元　戴家干

编审委员会成员

主　任　孔和平　罗志荣
委　员　郭兆旭　吕　萍　唐俊南　安　远
　　　　　文远怀　张　虹　谢　锐　解　丹

总　序

哲学社会科学是人们认识世界、改造世界的重要工具，是推动历史发展和社会进步的重要力量。哲学社会科学的研究能力和成果，是综合国力的重要组成部分，哲学社会科学的发展水平，体现着一个国家和民族的思维能力、精神状态和文明素质。一个民族要屹立于世界民族之林，不能没有哲学社会科学的熏陶和滋养；一个国家要在国际综合国力竞争中赢得优势，不能没有包括哲学社会科学在内的"软实力"的强大和支撑。

近年来，党和国家高度重视哲学社会科学的繁荣发展。江泽民同志多次强调哲学社会科学在建设中国特色社会主义事业中的重要作用，提出哲学社会科学与自然科学"四个同样重要"、"五个高度重视"、"两个不可替代"等重要思想论断。党的十六大以来，以胡锦涛同志为总书记的党中央始终坚持把哲学社会科学放在十分重要的战略位置，就繁荣发展哲学社会科学做出了一系列重大部署，采取了一系列重大举措。2004年，中共中央下发《关于进一步繁荣发展哲学社会科学的意见》，明确了新世纪繁荣发展哲学社会科学的指导方针、总体目标和主要任务。党的十七大报告明确指出："繁荣发展哲学社会科学，推进学科体系、学术观点、科研方法创新，鼓励哲学社会科学界为党和人民事业发挥思想库作用，推动我国哲学社会科学优秀成果和优秀人才走向世界。"这是党中央在新的历史时期、新的历史阶段为全面建设小康社会，加快推进社会主义现代化建设，实现中华民族伟大复兴提出的重大战略目标和任务，为进一步繁荣发展哲学社会科学指明了方向，提供了根本保证和强大动力。

高校是我国哲学社会科学事业的主力军。改革开放以来，在党中央的坚强领导下，高校哲学社会科学抓住前所未有的发展机遇，紧紧围绕党和国家工作大局，坚持正确的政治方向，贯彻"双百"方针，以发展为主题，以改革为动力，以理论创新为主导，以方法创新为突破口，发扬理论联系实际学风，弘扬求真务实精神，立足创新、提高质量，高校哲学社会科学事业实现了跨越式发展，呈现空前繁荣的发展局面。广大高校哲学社会科学工作者以饱满的热情积极参与马克思主义理论研究和建设工程，大力推进具有中国特色、中国风格、中国气派的哲学社会科学学科体系和教材体系建设，为推进马克思主义中国化，推动理论创新，服务党和国家的政策决策，为弘扬优秀传统文化，培育民族精神，为培养社会主义合格建设者和可靠接班人，做出了不可磨灭的重要贡献。

自2003年始，教育部正式启动了哲学社会科学研究重大课题攻关项目计划。这是教育部促进高校哲学社会科学繁荣发展的一项重大举措，也是教育部实施"高校哲学社会科学繁荣计划"的一项重要内容。重大攻关项目采取招投标的组织方式，按照"公平竞争，择优立项，严格管理，铸造精品"的要求进行，每年评审立项约40个项目，每个项目资助30万～80万元。项目研究实行首席专家负责制，鼓励跨学科、跨学校、跨地区的联合研究，鼓励吸收国内外专家共同参加课题组研究工作。几年来，重大攻关项目以解决国家经济建设和社会发展过程中具有前瞻性、战略性、全局性的重大理论和实际问题为主攻方向，以提升为党和政府咨询决策服务能力和推动哲学社会科学发展为战略目标，集合高校优秀研究团队和顶尖人才，团结协作，联合攻关，产出了一批标志性研究成果，壮大了科研人才队伍，有效提升了高校哲学社会科学整体实力。国务委员刘延东同志为此做出重要批示，指出重大攻关项目有效调动各方面的积极性，产生了一批重要成果，影响广泛，成效显著；要总结经验，再接再厉，紧密服务国家需求，更好地优化资源，突出重点，多出精品，多出人才，为经济社会发展做出新的贡献。这个重要批示，既充分肯定了重大攻关项目取得的优异成绩，又对重大攻关项目提出了明确的指导意见和殷切希望。

作为教育部社科研究项目的重中之重，我们始终秉持以管理创新服务学术创新的理念，坚持科学管理、民主管理、依法管理，切实增强服务意识，不断创新管理模式，健全管理制度，加强对重大攻关项目的选题遴选、评审立项、组织开题、中期检查到最终成果鉴定的全过程管理，逐渐探索并形成一套成熟的、符合学术研究规律的管理办法，努力将重大攻关项目打造成学术精品工程。我们将项目最终成果汇编成"教育部哲学社会科学研究重大课题攻关项目成果文库"统一组织出版。经济科学出版社倾全社之力，精心组织编辑力量，努力铸造出版精品。国学大师季羡林先生欣然题词："经时济世　继往开来——贺教育部重大攻关项目成果出版"；欧阳中石先生题写了"教育部哲学社会科学研究重大课题攻关项目"的书名，充分体现了他们对繁荣发展高校哲学社会科学的深切勉励和由衷期望。

创新是哲学社会科学研究的灵魂，是推动高校哲学社会科学研究不断深化的不竭动力。我们正处在一个伟大的时代，建设有中国特色的哲学社会科学是历史的呼唤，时代的强音，是推进中国特色社会主义事业的迫切要求。我们要不断增强使命感和责任感，立足新实践，适应新要求，始终坚持以马克思主义为指导，深入贯彻落实科学发展观，以构建具有中国特色社会主义哲学社会科学为己任，振奋精神，开拓进取，以改革创新精神，大力推进高校哲学社会科学繁荣发展，为全面建设小康社会，构建社会主义和谐社会，促进社会主义文化大发展大繁荣贡献更大的力量。

教育部社会科学司

前 言

全国普通高等学校统一招生考试（简称高考）改革，历来是整个教育界甚至全社会关注的一个敏感而重大的理论与实践问题。作为教育体系中的一个重要环节，高考对高等学校人才培养具有基础性作用，对基础教育则具有导向功能。因此，它是教育学研究中一个带有全局性的重大问题，是深化教育改革、全面推进素质教育的关节点。由于涉及学生、家长、教师、中学、大学各方面利益，并与教育制度以及现实的政治、经济、科技、文化等因素密切相关，高考改革因此具有相当大的难度，成为一项复杂的"牵一发而动全身"的系统工程。在中国高等教育进入大众化阶段和全面建设小康社会的历史时期，如何进一步推进高校招生考试制度改革，是关系到中国高等教育现代化、中华民族振兴的大问题。而要使高校招生考试制度改革具有科学性与可行性，就必须研究先行。

一、研究意义

中国是考试的"故乡"，历来也是一个十分重视考试的国度。悠久的历史、深厚的传统、众多的人口、有限的资源，让考试在社会发展中扮演着重要角色，在民众生活中占有着重要地位。作为当今中国高校入学最重要的考核机制，高考无疑成了一种"举国大考"。高考建制已50余年，为高等学校选拔了一大批可育之才，也间接为中国经济建设与社会发展造就了一大批可用之才，其社会功能与教育贡献有目共睹，毋庸赘述。可以说，高考是历史的选择，更是现实的需要。

但也应该看到，由于高校选拔新生数十年来固守着高考分数这条"黄金标准"，且高等教育资源尤其是优质资源的竞争并没有随高等教育的扩张而弱化，高考因此成为一种兼具教育和社会选拔功能的"集约型"考试，从而产生了高利害、高风险考试难以避免的一些"顽症"，仅略举数端：其一，对中学乃至中学以下各阶段教育产生过强的应试导向（例如，强大的教育功能造成高考在强化应试技巧的同时，弱化乃至丧失了其本质的考核与指导教学之功能，并造成课程窄化）；其二，标准单一，难以考核应试者的综合素质；其三，因过度聚焦而淡化了社会分层的其他途径，从而加剧了考试竞争；其四，因竞争的过度强化而带来腐败、作弊等教育与社会问题。此外，现今高考还存在着公平与效率、统一与多样、科学与公平等诸多难以两全的矛盾问题，这些问题有的由国情与文化所致，有的因考试本身的局限性而生，使得高考改革面临不少困难。普通大众甚至一些高考管理人员对这些两难问题多是各执一端，从而产生一些认识上的误区。

"顽症"虽顽，并非病入膏肓；"两难"虽难，绝非束手无策。即使"顽症"无法根治，也可减轻，"两难"无法全美，也可兼顾，关键在于找出症结，抓住根本。因此，亟须从理论上辨明这些"顽症"与矛盾，高考改革实践也亟须理论的依托。深入系统地研究高校招生考试制度改革的理论并进行改革实践，不仅可以阐明高考改革中的两难问题、廓清认识误区，而且对于建立具有中国特色的高校招生考试制度、对选拔和培养创新人才、全面建设小康社会等，均具有重要的学术价值和实践意义。

高考具有强烈的导向功能，即通常说的"指挥棒"作用。高考改革与基础教育的改革具有密切的关系，处理和协调好两者的关系，是推进素质教育必须面对的重要问题。在高考改革与中学教学的关系中，到底是"教什么，考什么"还是"考什么，教什么"，历来存在着矛盾和争论。大学方面倾向于考察学生的学术性向和能力，中学方面则多主张要根据高中的具体课程教学内容设计高考内容。随着基础教育课程改革的实施与推进,高考如何改革进一步受到关注。因此高考改革研究对基础教育改革的推行也具有重要的意义。

中国高校招生考试制度既受政治、经济、科技、文化传统等外部因素制约,又受教育思想、教育体制、管理制度、教育经费以及学科特点等内部因素的影响。随着中国高等教育现代化、大众化、终身化、国际化等趋势的到来,以及基础教育课程改革的推进,高校招生考试的内容、形式、录取办法等方方面面,也必将随之进行调整。因此,高校招生考试制度研究是一项富有理论意义与现实挑战性的重大课题,需要集中力量进行攻关研究。

二、研究综述

对于高考这么一项影响重大、万众瞩目的重要制度,总体而言是新闻报道多、理论研究少,一般议论多、深入探讨少。即使是理论研究,也是经验总结多、系统全面研究少,从考试技术和考试方法等方面研究多、从考试制度角度研究少。大量的论文是较为微观的考试内容、方法和卷面设计等方面的研究。

国内有关中国考试制度的研究多为单篇论文,少数几部相关的专著,则侧重从某方面进行专题研究,如张宝昆的《大规模教育考试的社会控制功能研究》,从理论和实践两方面考察分析包括高考在内的大规模教育考试的社会控制功能问题;唐佐明等著的《高校招生体制改革研究》,对我国高校招生体制改革的背景、主要特征、目标与原则以及总体构想进行了研究,并介绍了部分省市的改革实践及其成功经验。杨学为的《中国考试改革研究》一书为论文集,其中在高校招生考试制度方面提出了不少精辟的见解。郑若玲著的《科举、高考与社会之关系研究》,主要以科举和高考为研究对象,从广阔的视野对考试与社会的关系进行了较深入的理论研究与较精当的实证调查。于钦波、杨晓主编的《中外大学入学考试制度比较与中国高考制度改革》、康乃美与蔡炽昌的《中外考试制度比较研究》,则侧重于各国考试制度的比较,较系统地介绍了中、日、美、法、英、德以及苏联等国家大学入学考试制度的历史与现状,并总结了我国高考制度的建设与改革。

研究报告方面，主要有教育部考试中心以原副主任马金科为负责人，于1997年完成的《"普通高中毕业会考和普通高等学校入学考试制度改革研究"结题报告》。另外，一些省、市也曾做过一些有关本省、市招生考试改革的研究报告。

对高考制度各方面进行研究的论文较多，但只偏重于某方面的改革实践研究，真正有理论深度和全局性观点的论文则较少。研究主要集中在以下方面：

一是关于是否要坚持统一高考的争论，一派主张应废止全国统考制度，实行各校单独招考；另一派主张根据中国国情，必须坚持统一高考。二是关于高校是否实行"宽进严出"的争论，有学者认为高校应实行"宽进严出"的办法，而另一派则认为考虑到我国教育特别是高等教育发展的现状，中国的高校不宜推行"宽进严出"。三是关于科目改革的争论，有人认为应尽量减少高考科目，以达到"减负"之目的，而有的学者则认为高考科目的设置有其客观规律，应保持一定的覆盖面，既不宜过多，也不能过少。四是关于高考形式改革的争论，有学者指出，现行高考制度的最大弊端在于它的全国统考模式，改革的目标是要将目前的统考模式逐步变革为分散考试模式，取消统一考试，也有学者主张我国高考改革应坚持统一高考，并在此基础上积极探索多样性、多元化的招考形式。五是关于招生中区域公平的争论，有学者认为当前高考倾斜的分数线已经严重影响到教育公平的实现，主张打破地域限制，在全国范围内按分数统一录取，也有一部分学者认为不能完全按分数来录取，只能兼顾考试公平和区域公平，在两者之间寻求平衡点。六是关于录取中保护高分考生的争论，有学者认为不合理的志愿批次和录取中所采用的"志愿级差"和"专业级差"已经损害到部分高分考生的利益，主张取消级差，按分数择优录取，也有学者认为填报志愿带有风险性，录取时设置的"级差"也是高校招生自主的具体体现，应承认其合理性。七是关于保送生制度的争论，有学者认为现行的保送生制度已经被金钱和社会关系所腐蚀，是滋生教育腐败的温床，主张取消这一制度,而另有学者认为虽然保送生制度存在着诸多问题,但作为考试制度的补充,还有其存在的必要,应严格控制,加强管理。八是关于高考制度及其模式的宏观研究,有学者认为可以实行省属院校和重点院校分开的两次考试模式,或者实行高校组合考试等多种更为灵活的高考制度,但也有学者认为应该在坚持统一考试的基础上,逐步实行春秋两季高考和本专分开的两次高考制度,同时两者还可以相互沟通融合。

以上所列仅是对争论较为激烈的几个热点问题的研究。这些研究虽然涉及高考改革的许多方面,但对于高考这项牵涉面广、影响重大的重要制度,理论研究仍显不足。当前,有关高考改革的理论研究不够深入,实践研究也不到位。由于理论研究滞后,对高考改革缺乏全面深入的认识,对如何提高高考的管理效率、改进管理方式、形成良性互动的高考改革方案不甚明确,导致有的改革无法实现其初衷,某些改革甚至引发了新的更大的矛盾。因此,全面深入系统地研究高考制度的理论与进行改革实践极为迫切。

国外对高校招生考试制度的研究以美国和日本为多。美国是世界考试强国,拥有世界上最先进的考试理论、考试技术和考试管理方法等。美国对其高等院校招生考试制度有较多的研究,内容主要涉及以下几个方面:

一是高等院校招生考试制度的历史沿革,已有的研究涉及美国高等院校招生考试制度的历史渊源和变迁、美国大学委员会的历史、标准化入学考试的回顾等。二是现行招生考试政策与实务,以美国现行高等院校招生考试政策及实践为研究对象,分析其特点、形成的原因、影响因素及发展趋势,并进行案例研究等。三是标准化考试、考试技术、考试理论等研究,如关于标准化考试的命题、考试内容和形式、成绩的使用以及对入学的影响、对标准化考试的质疑等。此外,还有大量具体的考试技术和方法研究。

日本受儒家文化影响,国民对升学教育也高度重视,遇到的招生考试问题与中国有较多的相似之处。除日本大学入学考试中心出版的大量考试理论与具体实务的研究成果外,教育学界也发表了许多相关的论著，理论上较有深度的如中岛直忠的《中日高等学校招生入学考试——21世纪的研究与展望》①，天野郁夫的《教育与考试》②、《考试的社会史》③等。另外，韩国以及一些欧洲国家也有不少招生考试研究成果，在此不作详述。

总体而言，国外的招生考试研究技术层面的成果较多，制度层面的成果相对较少，因为大多数国家在招生考试中遇到的社会问题，或在研究中遇到的社会学问题不像中国这么突出。我国台湾地区的大学入学考试制度与大陆的高考最为相似，所遇到的问题也基本相同。由于台湾自1954年开始实行大学联考制度后一直没有中断过，考试主导高中教学的弊病比大陆暴露得更加明显，要求改革联考制度的压力比大陆有过之而无不及，相关研究成果也较多。如由台湾地区比较教育学会主编的《世界各国大学入学制度改革动向》（1983），特别是台湾地区大学入学考试中心自1990年以来陆续做出的各种研究报告，如从《"我国"大学入学制度之研究》（1991），《大学入学制度改革建议书——大学多元入学方案》（1992），到历年的《推荐甄选方式入学方式之研究报告》等，对大陆的高考改革皆有相当大的参考价值。

三、研究框架

本书旨在为中国高考制度改革提供理论依据和切实可行的改革方案。作为应用研究重大课题攻关项目（项目批准号：03JZD0038），本课题联合高校有关科研力量，直接与教育部高校学生司合作，结合教育部有关高考改革的工作进行研究。同时还与部分省市招生考试管理机构合作，选取试点进行高考改革实验，力图使理论研究与改革决策良性互动，为21世纪初中国的高校招生考试改革出谋划策，使研究成果真正转化为现实"生产力"。本书的目标

---

① ［日］中岛直忠：《日本·中國高等教育と入試——21世紀への課題と展望》，東京：玉川大學出版部2000年版。
② ［日］天野郁夫：《教育と選拔》，東京：第一法規出版社1982年版。
③ ［日］天野郁夫：《試験の社會史》，東京：東京大學出版會1983年版。

有三：一是形成高校招生考试制度运作机制的系统理论，在此基础上完成研究报告、专著、学位论文和其他系列论文。二是形成高校招生考试各主要环节及总体的试点改革运作方案，直接推动高校招生考试制度改革。三是形成规范有效的考试管理体系，包括对改革试点的评价指标体系及方案。

本书分为理论研究与实践研究两个部分。理论研究部分设立三个子课题。其中，基本理论研究子课题内容包括：高考制度对社会发展的积极与消极影响以及学术界对其正面与负面的评价；高考的教育意义与社会意义；高考制度与高等教育公平性的关系；高校招生制度体系结构；高等学校的招生自主权问题；处理招生考试中国家、地方政府与高校之间的关系问题；探索建立在文化考试基础上高校多元评价、择优录取的制度；高考改革的统一性与多样性；高考改革如何与中等教育、高等教育衔接；基础教育课程改革与高考改革的关系；高考科目设置改革；高考内容改革与综合评价；全国统考、分省统考、分类统考与单独招考等形式的比较；"两次高考"的可行性及其施行；高考录取中考试公平与区域公平的矛盾处理问题等。比较研究子课题内容包括：美国、英国、法国、俄罗斯等欧美主要国家，日本、韩国、新加坡等亚洲国家，以及我国台湾地区的招生考试制度的变迁及其改革。历史考察子课题内容包括：回顾与总结高考建制50余年尤其是改革开放以来高考改革的历程；对以单独招考为主的清末民国时期高校招生考试制度的变迁进行研究；对同为大规模选拔考试的科举考试制度进行历史考察。历史考察重在古为今用，总结可为当今高考改革提供参考借鉴与经验。

实践研究部分也设立三个子课题。其中，现状调查子课题，力图通过高考改革社会调查，摸清高考改革现状及调查社会大众特别是各级学校的师生和家长们对高考改革的看法、期望、态度等等，为新一轮高考改革提供重要参考。管理研究子课题，包括招生计划管理、考试管理与录取管理，高校招生录取体制模式，招生管理监督机制以及评估体系、招生考试管理的法治化等问题的研究。政策实施子课题，则选择若干省市进行局部或某些方面的改革试点，在试点的基础上制定出全国性的高校招生考试制度改革方案。

在对各子课题研究成果进行整理归纳的基础上，由总课题组提出若干套高校招生考试制度改革的试行方案，由教育部学生司统筹安排方案的试验与推广。

四、研究方法

本书从教育与社会视角，以现行的高校招生考试制度为研究对象，以促进招生考试制度与中学、大学教育教学更好地良性互动为目标，从宏观与微观两个层面，分成若干子课题，从理论上梳理和评价高校招生考试制度发展的脉络、存在的问题，以及各种改革方案的成败得失，借鉴外国尤其是发达国家和东亚主要国家或地区高校招生考试改革的经验，提出具有中国特色的高校多元招生考试改革试行方案，并选择部分省市和典型高校进行试点，在实践的基础上归纳、总结，制订出切实可行的改革方案，逐步将试点面扩大。

本书以辩证分析方法论和实证主义方法论为指导，力图遵循历史与现实结合、域外与国情结合、理论与实践结合的原则，使历史研究能"古为今用"，比较研究能"洋为中用"，理论研究能指导实践。具体而言，本书将运用以下研究方法：

文献分析。无论是对高考制度的宏观或微观研究，抑或对高校招生考试制度的比较研究，以及对高考改革的理论研究，都将采用文献分析法，以便在充分梳理和吸收前人研究成果的基础上，开阔研究的视野，提高研究的深度。

历史考察。通过考察高考历程，对高考制度改革的主要成就与欠缺进行归纳、整理与分析；通过考察清末、民国时期高校招生考试制度的变迁，分析其利弊得失和对高考制度改革的历史借鉴作用；通过对科举考试的历史考察，总结其可为当今高考改革提供参考借鉴的经验。

社会调查。采用问卷调查和访谈等方式。2004年6月，本攻关项目的"管理研究"子课题成员就天津市高考科目与内容改革的现状，对大学教师、大学生、高中教师和高中学生家长等共计 6 290 人做了问卷调查（回收有效问卷 4 389 份）。2005 年 4 月 6~7 日，在厦门大学召开的"高考改革——中学校长论坛"会上，课题组对 100 多位重点中学校长进行了问卷调查，回收有效问卷 98 份。此后不久，课题组又向山东、广东、广西、河南、福建等地的中学及高校发放问卷，调查学生及教育工作者的高考观，调查对象包括高中生、大学生、研究生、中学教师、大学教师、教育管理者在内，共计 1 500 人，回收有效问卷 1 286 份。2005 年 8 月开始，课题组又与教育部"素质教育调研"高校招生考试制度研究课题组并题进行调研，8 月 11 日本项目首席专家刘海峰到教育部参加了该课题的开题会，9 月 21 日参加向教育部领导的汇报会，9 月 26 日与课题组成员林蕙青、苟人民等一起参加上海市各区教育局长与中学校长调研座谈会，10 月 17 日在教育部参加省市教育厅长等调研座谈会。2007 年 5~6 月，参加本项目的教育部考试中心与《中国青年报》又进行"纪念恢复高考 30 周年大型公众调查"，共有 38 087 人参与。

比较研究。通过对美国、英国、法国、俄罗斯等欧美主要国家和日本、韩国、新加坡等亚洲国家以及我国台湾地区的高校招生考试制度的发展历程、实施现状及其改革的梳理，侧重探寻其高校招生考试制度形成的根本原因，并获取可资借鉴的改革经验。

统计分析。本书所做的高考调查选择题和开放题，在处理调查结果时，选择题部分主要采用 SPSS、Excel 等软件进行描述性统计分析；对开放题收集到的文字数据则主要进行归纳、分类等性质分析。

改革实验。在分省命题、自主招生、考试内容、高考录取、新课程高考等方面的改革，均采取由点到面的策略，先选择若干省市进行局部试点，在试点的基础上制订出全国性的高校招生考试制度改革方案。

五、研究重点

理想的招生考试制度，应该是使所有的高校挑选最合适的生源，使所有的学生选择最合适的高校,体现双向选择的制度。但考虑现实中国的国情,不可能很快建立起理想的招生考试制度。高考改革的最终目标是建立中国特色的先进招生考试制度,现阶段最终目标应与短期目标结合,本书所研究的课题将逐步分阶段推进,努力朝最终目标靠近。研究课题将贯彻双向选择、个性化、大系统、理想性与现实性相结合的原则。

本书的课题拟突破的重点和难点主要有五个:一是如何在高考制度设计中兼顾统一性与多样化,构建以统考为主的多元招生考试制度;二是如何在推进以突出能力考核为重点的考试内容改革与维护高等教育公平性之间找到平衡点;三是如何使各级各类高等学校选录在知识、能力、性向①上最合适的学生;四是如何制定兼顾考试公平与区域公平、既保护高分考生利益又考虑到一般大学利益的相对合理的高考录取模式;五是如何既有利于高校选拔人才又有利于中学推进素质教育和课程改革。

本书力求有所创新:一是高考制度改革理论创新。在高等教育理论的指导下,将考试研究与教育学、社会学、历史学、政治学、法学等研究结合在一起,在某些方面填补教育管理研究和考试社会学研究领域的空白。全面深入地阐明高考制度改革的理论,分析高考改革中的两难问题,使高考制度改革建立在科学坚实的理论基础之上。二是高考制度创新。结合中国的教育国情与高考实际,建构具有科学可行的、具有中国特色的高校招生考试制度改革方案,使高考更好地发挥为国家选才的功能。三是高考录取管理方法创新。制定出更为科学合理的高考录取方法,对维护考生利益、维护社会公平起积极促进作用。

对高考这样具有重大影响的制度进行改革,只有在全面研究和长期规划的基础上渐进推行,才能使高考改革健康稳步地前进。通过本书的研究和各地不断的改革,希望能逐步建立起适应时代和社会需要的高校招生考试制度,真正能有助于高校选拔人才,有助于

---

① "性格取向"之简称。

中学推进素质教育，有助于高校扩大办学自主权，使高校招生考试既先进、科学、可行，又经济、便捷、安全，并做到公平、公正、公开。

刘海峰

摘　要

　　高考改革历来就是整个教育界甚至全社会关注的敏感而重大的理论与实践问题，是深化教育改革、全面推进素质教育的关节点，也是教育学研究中带有全局性的重要问题。本书基于教育与社会的视角，以现行的高校招生考试制度为研究对象，从宏观与微观两个层面，通过文献分析、历史考察、大规模社会调查、国际与地区比较、统计分析、改革实验等方法，从理论上梳理、分析和评价我国高校招生考试制度发展的脉络、存在的问题，以及各种改革方案的成败得失，并借鉴外国尤其是发达国家和东亚主要国家以及我国台湾地区高校招生考试改革的经验，提出了三个可供选择的具体改革方案，以及高考改革的若干政策建议。

Abstract

　　The reform of the college entrance examination has always been a sensitive and important issue of theory and practice, which has been causing enormous concerns of the education circle and even the whole society. As an issue of overall importance in pedagogical research, it is also a key point for the deepening of the educational reform and the promoting of the quality-oriented education in an all-around way. From both macro and micro perspectives of educational sociology, this book generalizes, analyzes, and evaluates the development, pressing problems, reform plans of the college entrance examination system through analysis of literature, historical investigations, large-scale social investigations, international and regional comparisons, statistical analyses, and experiments of reforms, etc.. With reference to experience of the western developed countries, major countries of East Asia and China's Taiwan Region, three specific reform plans are proposed together with suggestions on policies concerning the college entrance examination reform.

目　录
Contents

第一章 ▶ 我国高考制度的发展历程　1
　　第一节　渊源与借鉴　1
　　第二节　沿革与突破　11
　　第三节　酝酿与建制　22
　　第四节　发展与改革　27

第二章 ▶ 高考制度的宏观研究（一）　43
　　第一节　高考的社会功能与影响　43
　　第二节　高考与学校教育的关系　61
　　第三节　高考与高中新课改的关系　81

第三章 ▶ 高考制度的宏观研究（二）　91
　　第一节　高考对社会流动的影响　91
　　第二节　高考与教育公平　102
　　第三节　高校招生考试政策的合法性　118
　　第四节　高校招生考试法治研究　130

第四章 ▶ 高考制度的微观研究　141
　　第一节　高考形式：统一与多样　141
　　第二节　高考内容：科学与公平　152
　　第三节　高考录取：考试公平与区域公平　164

第五章 ▶ 高考改革的争论与实证调查　187
　　第一节　高考统独存废之争　187

第二节　高考评价的历史脉络　199

　　第三节　高考改革的教育界调查　210

　　第四节　高考改革的社会调查　229

第六章 ▶ 高校招生考试制度比较研究（一）　237

　　第一节　美国高校招考制度　237

　　第二节　英国高校招考制度　251

　　第三节　法国高校招考制度　264

　　第四节　俄罗斯高校招考制度　273

第七章 ▶ 高校招生考试制度比较研究（二）　284

　　第一节　日本高校招考制度　284

　　第二节　韩国高校招考制度　293

　　第三节　新加坡高校招考制度　303

　　第四节　我国台湾地区高校招考制度　315

第八章 ▶ 高考改革的理论思考　326

　　第一节　高考改革中的两难问题　326

　　第二节　高考改革中的全局观　331

　　第三节　高考改革中的公平与效率　340

　　第四节　高校自主招生探析　348

第九章 ▶ 高考改革的实践探索　362

　　第一节　高考制度改革实践　362

　　第二节　高考管理改革探索　371

　　第三节　高考配套改革进展　378

结　语 ▶ 高考改革方案选择与政策建议　383

参考文献　391

后记　399

Contents

Chapter 1 Development of China's College Entrance Examination System   1
   1.1   Origin and Lessons   1
   1.2   Evolution and Breakthroughs   11
   1.3   Preparation and Establishment   22
   1.4   Development and Reform   27

Chapter 2 Macro Studies on College Entrance Examination System (Part 1)   43
   2.1   Social Functions and Impacts of the College Entrance Examination System   43
   2.2   Relationship between the College Entrance Examination System and School Education   61
   2.3   Relationship between the College Entrance Examination System and the New Curriculum Reform in High School   81

Chapter 3 Macro Studies on College Entrance Examination System (Part 2)   91
   3.1   Impacts on Social Mobility   91
   3.2   College Entrance Exams and Education Fairness   102
   3.3   Legitimacy of the Policies of the College Entrance Examination   118
   3.4   Legal Research on Issues of the College Entrance Examination   130

Chapter 4　Micro Studies on College Entrance Examination System　141
　4.1　Formats: Uniformity and Diversity　141
　4.2　Contents: Being Scientific and Fair　152
　4.3　Recruitment: Testing Fairness and Regional Fairness　164

Chapter 5　Arguments and Empirical Investigations　187
　5.1　Disputes: to Keep vs. to Abolish, to Unify vs. to Diversify　187
　5.2　Historical Evaluations of the College Entrance Exams　199
　5.3　Educational Investigations into the Reform of the College Entrance Exams　210
　5.4　Social Investigations into the Reform of the College Entrance Exams　229

Chapter 6　Comparative Studies on College Entrance Examination System (Part 1)　237
　6.1　American College Entrance Examination System　237
　6.2　British College Entrance Examination System　251
　6.3　French College Entrance Examination System　264
　6.4　Russian College Entrance Examination System　273

Chapter 7　Comparative Studies on College Entrance Examination System (Part 2)　284
　7.1　Japanese College Entrance Examination System　284
　7.2　Korean College Entrance Examination System　293
　7.3　Singaporean College Entrance Examination System　303
　7.4　Chinese Taiwanese College Entrance Examination System　315

Chapter 8　Theoretical Reflections on Reforming the College Entrance Exams　326
　8.1　Dilemma　326
　8.2　Overall View　331
　8.3　Fairness and Efficiency　340
　8.4　Exploring the College Autonomous Admission　348

Chapter 9　Reforming the College Entrance Exams: Practical Explorations　362
　　9.1　Practices in Reforming Mechanism of the College Entrance Exams　362
　　9.2　Exploration in Reforming the Management on College Entrance Exams　371
　　9.3　Progress of the Supporting Reform of the College Entrance Exams　378

Conclusion: Alternative Reform Plans and Suggestions on Relevant Policies　383

References　391

Postscript　399

试，它与历史上的科举考试存在某些相似之处，同样受选拔性教育考试发展规律的制约。

一、科举制的盛衰

隋炀帝大业元年（公元605年），为振兴选举和学校教育，始置进士科。进士科后来一枝独秀，逐渐代替和合并了其他诸科，成为考试取人的主导科目，甚至是唯一的科目，人们习惯于把进士科的设立看成是科举制起始的主要标志。

科举虽发端于隋，但由于隋朝存在时间短暂，科举在唐代才得以走上正轨。唐代科举分为常科和制科两类。制科是为"待非常之才"而设，由皇帝临时下诏选拔各种专门人才，具有不确定性。常科则包括秀才、明经、进士、明法、明书、明算六科。发展到后来，以进士科地位最重，竞争也最激烈，所以有"三十老明经，五十少进士"①的说法，整个社会也渐渐形成"唯进士是贵"的风气，以至于"士有不由文学而进，谈者所耻"②。王定保在《唐摭言》中也说"缙绅虽位极人臣，不由进士者终不为美"③。在唐代，新科进士往往尚未入仕，声名便骤然鹊起，成为社交活动的新贵或宠儿。

宋代是科举发展历程中一个重要时期，既克服了草创阶段不够完善的缺点，又不至将制度的弊端积累到积重难返的地步。宋代科举进行了一系列重要改革，如建立殿试制度、确立糊名法、创立誊录法和实行双复位等第法，将考试严密化，使科举"唯才是举"的公平性有了制度保障，正如宋真宗对宰相王旦所言："今岁举人，颇以糊名考校为惧，然有艺者皆喜于尽公。"④欧阳修也盛誉科举是"无情如造化，至公若权衡"。⑤

如果把隋唐科举比做一个新生儿，宋代科举则是其迅速成长的青少年阶段，到明代方长大成人。明洪武十七年（1384年），朱元璋命礼部颁行科举程式，将科举分为童试、乡试、会试、殿试四级，发明了八股文这一考试文体，并且"以为永制"。"科举程式"的颁布，就像青少年所经历的"成年礼"，标志着科举制度的成熟，对后世科举具有深远影响。此后科举除少数方面有变动外，基本上是500多年一贯制。

科举演进到清代，历经千年的改革与完善，已成为一部结构精细复杂的制度

---

①③ （五代）王定保撰、姜汉椿校注：《唐摭言校注》，上海社会科学院出版社2003年版，第10页。
② （唐）梁肃：《侍御史摄御史中丞赠尚书户部侍郎李公墓志铭》，收入（清）董诰等纂修：《全唐文》（第六册）卷五二○，中华书局影印1983年版，第5289页。
④ （清）徐松辑：《宋会要辑稿》第5册《选举》三，中华书局1957年版，第4266页。
⑤ （宋）《欧阳修全集》（下）卷十七《奏议集》，中国书店1986年版，第894页。

机器，其整体运作设想之周严达到相当惊人的地步。但另一方面，积千年之弊的科举，也暴露了越来越多的问题，特别是考试内容方面，由于国门洞开，原来的考试内容已不能适应时代发展的需要。面对坚船利炮的威胁和岌岌可危的政权，内忧外患的清政府不得不对科举考试进行革新与变通。一是废止了八股文这一考试文体，二是增设了算学和经济特科两门新的考试科目。

19世纪末20世纪初，当时科举改革有两派意见，一派是以张之洞为代表的"变通"派，提出十年内逐步废止科举制度，十年之后，一律从学堂取士的建议。另一派是以袁世凯、端方等人为代表的"激进"派，主张立停科举。张之洞的建议得到朝廷的采纳。但到了1904年，由于日俄为争夺中国东北爆发战争，清廷政权危在旦夕，时局的剧变，使废科举的"变通"派也转为"激进"派。1905年9月2日，袁世凯、张之洞、端方等会奏《请废科举折》曰："科举一日不停，士子皆有侥幸得第之心，以分其砥砺实修之志……强邻环伺，岂能我待……欲补救时艰，必自推广学校始。而欲推广学校，必自先停科举始。"① 在当时内忧外患的情形下，立停科举的建议似乎无可辩驳。因此，奏折上疏当日即被准奏。延续了1300年的"国家抡才大典"，就这样在帝制王朝行将崩溃时被匆匆废止。

二、科举与高考的异同

从考试形式和作用影响来看，在一定意义上说，科举有如古代的高考，高考有如现代的科举。首先，两者都是竞争性的选拔考试，采用公开考试、择优录取的公平竞争方式，以考试成绩作为取舍的依据，只认成绩不认人，在分数面前人人平等。科举是等级森严的封建社会中难得的一项具有公平精神的制度。唐末五代时，就有人感叹科第之设，使有才干的草民得以出人头地，无其才的王孙公子沉迹下僚。② 考试取才造成的社会阶层流动，使"茅屋出公卿"成为可能。到了明代，科举制已被人们视为天下最为公平的一种制度，甚至有"科举，天下之公；科举而私，何事为公？"之说法。③ 韩国（朝鲜）历史上也曾模仿中国长期实行科举考试制度，李朝光海君统治期间（1609~1623），大臣李晬光曾说："我国公道，唯在科举。"④ 在当代中国，高考制度是社会上最为公平的制度之一，是精神文明领域中一块珍贵的绿洲。考试选才所遵循的是能力本位原则，就

---

① 舒新城编：《中国近代教育史资料》（上册），人民教育出版社1981年版，第62~63页。
② （五代）王定保：《唐摭言》，上海古籍出版社1978年版，卷三后论。
③ （明）张萱：《西园闻见录》卷四十四《礼部》（三）《选举·科场》，收入顾廷龙主编：《续修四库全书·1168·子部·杂家类》，上海古籍出版社（哈佛燕京学社1940年原版本），第205页。
④ 韩国史籍《增补文献备考》卷一八七《选举考·科制》四。

像游泳一样，游得过去就游过去，游不过去，权力、出身、金钱等其他办法都救不了你。因此，科举和高考都可以选拔出文化素养较高的人才。

其次，科举与高考都是国家考试，由国家举办。尤其是科举会试和殿试，是全国各地的举人集中到京城参加考试，有统一的科目，采用相同的考试内容和形式、统一命题、统一评卷。乡试一级虽是分省统考，但由中央统一组织、委派主考官员，使用全国统一规格的专用考场（贡院和号舍）。具体试题各省不一，但题型和标准划一，且各省统一在秋天考试，明清时期乡试固定在八月初九、十二、十五这三天，500多年一成不变，第三场考试必定在中秋夜出场，显示出"国家抡才大典"的稳定性与权威性。科举乡、会试皆实行分省定额录取，具体名额由中央政府根据各省人口多寡和文风高下而定。高考也是由国家主考，即使在有些情况下是分省命题，也还是全国统一考试时间，从1978年以来固定在每年7月（2003年起改为6月）7、8、9日这三天，而且也实行省级常模①，以省、市、自治区为单位划分数线定额录取。

再其次，两种考试都有严密的考试程序，科举考试所实行的编号、闭卷、密封、监考、回避、入闱、复查等办法还为现代高考所沿用。科举时代对考试作弊尤其是考官与考生串通作弊惩罚严厉，有些科场案的处理甚至达到残酷的程度。高考试题在考试前属于国家绝密级文件，若泄漏试题也要处以严厉的刑罚。两者都是具有严肃性的国家考试，因而在当时社会上享有很高声誉。

最后，从考试的作用与影响来看，两者也有类似之处。科举调动了民间办学的积极性和士子学习的积极性，急剧地扩大了知识分子（读书人）阶层，推动了文化教育的普及，同时有利于澄清吏治，以任人唯贤取代任人唯亲。另外，科举考试也束缚了人们的思想，压抑了人们的个性和求异思维。考试既成为教育的手段，也成了教育的目的，各地方和学校片面追求中举及第率。片面应试的后果是考什么就学什么，科举考人文知识，自然科学知识便无人问津，强化了重治术轻技术的观念，巩固了官本位体制。而现代高考激励青少年努力学习科学文化知识，发奋读书，在选拔人才、振兴科教、发展文化方面起了重大的作用。不过，高考制度下"千军万马同挤独木桥"的现象，也造成片面追求升学率的后果，造成智育一枝独秀，忽视德育、体育和美育，中小学生学习负担过重，近视率不断攀升。可以说，科举与高考都是一把锋利的双刃剑。从抽象意义来看，古今两种选拔性考试是同构的，在某种程度上可以说科举是高考的前身。

---

① "常模"一词源于教育测量学中的"常模参照性测验"，后者是指一种选拔模式的测验，它的主要特点是进行考生与考生之间的分数比较，便于选拔人才。省级常模即以省（自治区、直辖市）作为基本单位的选拔模式，该模式下，考生只与省内其他考生进行分数比较或录取竞争，与外省考生的分数或录取情况无关。——编者注

然而，高考毕竟不是科举。尽管两者具有惊人的相似之处，但还是不能画等号。只要稍加分析，便可看出高考与科举具有以下迥异之处。

第一，考试目的不同。科举具有教育考试性质，而且具有古代高等教育考试性质[1]，但它首先是一种文官考试（武举除外）。科举考试的目的是选拔从政人才，即考选政府官员。当时学校的培养目标是"储才以应科目"，可以说科举也是学校毕业考试和任职资格考试。考中者具有科名，或者说获得秀才、举人、进士等古代学位，获得入仕资格。因此科举既是一种教育考试制度，又是一种人事考试制度。高考则是高校新生入学考试制度，考试成功者只是获取高校入学资格而无其他政治待遇。科举时代应举入仕几乎成为读书人实现人生抱负的唯一出路，但由于中举及第率极低，明清时代乡试中举率往往仅有1%左右，金榜题名因而成为士子梦寐以求的头等大事。高考虽也是许多人一生中的重要转折，但现代社会成才途径比古代宽广许多，高考录取率也远比科举及第率高，现在不少省区已接近50%，直辖市更高达80%以上。现代社会复杂多样，不像古代严格按士农工商分等，因此高考只是高中毕业生的最好选择，而非唯一选择。

第二，考试内容不同。这是科举与高考的明显区别。科举一般只考儒家经典知识和文史辞章，其内容大体不超过人文政法学科知识。唐代科举有明算科，但只是科举考试的支流。明清科举的八股文和试帖诗更属古典考试题型，加上对策、判文等，主要是测试应考者的人文知识和属文作对能力，也能起到智力测验的作用，选拔出智商较高的从政人才，不过往往考用脱节，所考非所用。现代高考科目分语文、数学、外语、政治、历史、地理、化学、物理、生物9门，测试的并非为官所需的各种知识和能力，而是一个人进入高校学习前应具备的基础知识和技能，考试科目为现代科学、文化的主要分科，内容不仅包含文科而且涵盖自然科学知识，即与现代社会相适应的基本知识。

第三，报考条件不同。科举既然是选官，便按官的条件要求应考者。封建社会各级政府中没有女性官员，因此报考者只能是男性；必须身家清白，没有残疾。除此以外，倒是十分开放，没有年龄、种族、民族、婚否等限制，这与现代高教自学考试的开放性更接近。高考没有性别和残疾的限制，但以前有年龄、婚否等限制，不过，现在这些限制已取消，高考也更加开放了。

另外，高考的题型、考试模式、评分办法、阅卷手段等等与科举也有不少差异，限于篇幅，不一一列举。科举在整个社会政治和教育结构中的地位远比高考重要，高考指挥的是中小学教育，对高校只起影响作用；科举制约的是当时所有学校，包括近代的京师大学堂和同文馆这样最高层次的学校。总之，高考与科举

---

[1] 刘海峰：《论科举的高等教育考试性质》，载《高等教育研究》1994年第2期，第86~90页。

既十分相似，又有重大区别，只有在深入了解两者异同的基础上，才能科学地比较科举存废与高考存废问题。

三、经验与启示

科举考试作为封建国家的"抡才大典"，其产生与长期延续绝非偶然，不是统治者个人意志的产物。总结科举考试经验，只有上升到社会与教育发展规律层次，进行全面系统的考察和分析，才能得出客观、公正的结论。产生于等级森严的君主时代的科举制，从考试内容上说深含古代精神，具有某些过时的糟粕，然而从公开考试、平等竞争的形式上说，则具有一定的先进性，这种平等择优的竞争方式具有超越帝制时代的生命力。科举制之所以跨越了中国不同朝代以及东亚不同民族和国家而长期广泛实行，是因为有选拔人才的内在逻辑和普世价值在起作用。科举虽已废止，但考试这种选才方式却没有而且也不可能停罢，仍适用于现代社会，而1300年科举考试所积累的丰富经验和深刻教训，对当今的高考改革仍有参考价值。因此，当今高考改革应吸取科举考试的经验与教训，更好地为教育改革与发展服务。从大的方面来说，科举考试对现代高考改革主要有以下几方面的经验与启示。

（一）公开考试——公正公平地选拔人才

科举考试是适应隋唐时期国家统一、选贤任能的需要，为了矫正察举制和九品中正制的弊端而产生的。科举考试不分贫富贵贱，通过考试这一测量手段，面向社会公平竞争，择优选拔人才。与用人讲究地位和关系、家庭背景、财产的荐举制、世卿世禄制相比，这是重大的历史进步。事实上，科举制也选拔出了大批人才。对于维护多民族国家的统一，普及儒学文化教育，产生了深远的积极影响。公平选才，以考促学，是科举留下的有益经验。

在科举考试面临的众多的两难问题中，公平取士与选拔真才的矛盾最为突出。宋以后实行糊名、誊录乃至八股作文格式的限制，在相当程度上防止了作弊的可能性，维护了考试的公平，但也存在只以卷面成绩取人而遗漏真才的可能。在舞弊不公与僵化刻板之间，人们往往宁愿公平竞争而接受死板的考试，从而使考试制度走向选才的反面。片面追求考试公平不利于人才的选拔，我们应在维护考试公平的基础上，扩大选才的路径与方法，为人才的培育与选拔创造更适宜的社会环境与制度保障。

（二）考试存废利弊之争

科举考试具有社会控制和教育控制的功能，利弊并存。科举行之既久，往往使各类学校教育沦为其附庸，出现科举考什么，学校教什么，学生学什么。考试选才往往无法考察德行。千百年来，人们对以德取士的追求此起彼伏，赓续不断。如何克服科举考试只重考场中体现出来的成绩而忽视平时水平和表现这一弊端，一直是考试存废之争的焦点。实际上，有关科举存废问题，从唐代宗宝应二年（763年）至清乾隆三年（1738年），历史上6次有关科举存废之争都发生在帝制时代最高决策层，经过反复对比，其结果还是采用科举考试。作为"国家抡才大典"，科举取士制度关系重大，因而无论是要废除或恢复科举，都要由皇帝本人最后做出决断。在科举时代，因为考试选官比其他选举取士方法更适应社会的需求，所以各个朝代皆将其作为拔取人才的首要途径。

"圣人不能使立法之无弊，在因时而补救之。"① 科举制虽有很大的局限，但在一定意义上说，却是没有办法的办法。若欲采用其他选举制度，难免要出现比科举更多更大的弊病。北宋中叶时曾采用直接从学校取士的办法，但却出现免试入学者多为当官子弟的现象。苏轼反对这种办法的理由为："时有可否，物有兴替，使三代圣人复生于今，其选举亦必有道，何必由学乎？且庆历间尝立学矣，天下以为太平可待，至今惟空名仅存。"② 而察举之弊，一是权贵操纵请托不可避免，二是名实不符，往往导致矫行饰为，这在东汉行察举时已有深刻教训。清代舒赫德反对八股科举，"别思所以遴拔真才实学之道"，但也想不出什么更好的具体办法来。李调元《淡墨录》卷十三载，鄂尔泰反驳舒赫德的论点说："时艺取士，自明至今，殆四百年，人知其弊而守之不变者，非不欲变，诚以变之而未有良法美意以善其后。……至于人之贤愚能否，有非文字所能决者，故立法取士，不过如是。"③ 正是因为找不出更好的替代办法，而科举制相对而言却是最适合当时社会政治需要的选举方法，所以尽管它有缺陷，仍得以长久不废。

在1300年科举史上，虽然也有过几次中断，不过少则几年，至多30余年便重新复活了，因而一些封建知识分子认为"终古必无废科目之虞"。④ 只是近代以后，科举制生存的社会文化土壤已起了重大的变化，结果于1905年被废去。不过，科举虽然已经废止，却没有完全作古，它还以不同的形态复活于现代社会。自古以来，中国就是一个人情社会，人情与关系在社会生活中起着重要的作用。为了防止人情的泛滥，使社会不至于陷入无序的状态，中国人发明了考试，以考试作为维护社会公平和社会秩序的调节阀。当今考试选才的适用面越来越广，充分说明在中国，考试选才具有必要性与合理性。

---

① （清）赵尔巽等撰：《清史稿》卷一零八《选举志》，中华书局1977年版，第3150~3151页。
② （元）脱脱等撰：《宋史》第11册卷一五五《选举一·科目上》，中华书局1977年版，第3616页。
③ （清）李调元著：《淡墨录》（二）卷十三，中华书局1988年版，第195~197页。
④ 梁章钜：《浪迹丛谈》第5卷《科目》，福建人民出版社1983年版，第69页。

（三）从考试公平走向区域公平

考试公平与区域公平的矛盾（即古代倾斜的"高考分数线"问题），是一个自宋代以后就争论不休的千古难题。考试公平是指完全依据考试成绩来公平录取考生，区域公平是指通过区域配额来调控各地区之间考中人数的悬殊差异，在中国这么一个幅员辽阔、人口众多的大国，这对矛盾是一个古今大规模考试都会遇到的棘手问题。

科举考试留给我们一个重要启示就是，在全国统一选拔人才考试的发展过程中，由开始阶段所单纯追求考试公平，逐渐演化为在注重考试公平的同时，兼顾人才选拔的区域公平。中国科举史上曾出现过激烈的南北地域之争，较为突出的有北宋中叶司马光的分路取人与欧阳修的凭才取人之争、明前期由南北榜事件引发的南北卷制度。明中叶以后，会试分南、北、中卷定额录取。清代统治者为了统合南北差异，以均衡各地的科名数额来达到政治势力的合理分配，巩固中央集权统治，对乡、会试录取名额的地区划分越来越细。康熙五十一年（1712年），最终以分省定额录取的办法代替南北卷制度，按各省应试人数多少和文风高下确定会试中额。

这种按户口多寡比例核定推荐人数和分地域录取并优待边远地区的制度，带有照顾边疆和文化相对落后地区的用意，具有浓厚的地缘政治色彩，从自由竞争的角度看，确实与考试的公平原则有某些矛盾之处。但从均衡平等参政机会、调动落后地区读书人的学习积极性、促进当地人文教育水平提升，以及维护中华民族统一的角度来看，则有其合理之处。例如，清代为安抚孤悬海外的台湾，于福建乡试的录取名额中，专门为台湾士子设立了保障名额，台湾考生的举人配额从康熙时的1名逐渐增加到咸丰以后的6名。同时，给予赴福州参加乡试的台湾士子以"官送"的待遇。在会试一级，从乾隆以后规定在福建省名额内专门编出"台"字号，如果台湾籍会试举人在10名以上，就至少取中1名进士。这种优待办法使台湾士子欢欣鼓舞，更加热衷于渡海来大陆参加乡、会考试，增加了台湾的读书人对中央政府的向心力，有利于国家的统一和民族凝聚力的加强。所以中国科举史上关于凭才取人与分区取人的争论，越到后来越是分区说占了优势，而且分区取人的办法越来越具体，区域配额越分越细，这成了中国科举史上的一个发展趋势和规律。科举从追求考试公平逐渐趋向更重于区域公平，这一传统一直影响到近代以来的高校区域布局和高考分省定额划线录取制度的实行。

科举考试公平与区域公平的矛盾，还衍生跨省区报考的"冒籍"作弊现象。这与当今"高考移民"的产生，如出一辙。分区定额制按地域分配录取指标，规定只有本地户籍的考生才能参加，但因各地文化教育水平和人口存在差异，考试竞争的激烈程度也不相同。人文水平较高地区的士子为了减少竞争，增加中试机会，纷纷避难就易，想方设法到录取率较高的边远地区冒充籍贯参加考试，这被称之为"冒籍"。西南地区的广西、云南、贵州因为文化教育水平相对较低，一般是冒籍者向往的地方，这些地方冒籍现象尤为严重。不仅西部省区存在冒籍现象，东部省份如福建省也存在冒籍现象。清代，福建文风颇盛，尤其是沿海各府县童试竞争激烈，而台湾新设府县学录取生员名额不少，较易考取，因此许多福建士子移居台湾，争取在台湾府县应试进学。福建士子不得志于本籍，则往往指同姓在台居住者，认为弟侄，然后赴考，"过继"成为冒籍最常见的手法。

明清两代对冒籍问题的解决对策，一般是根据户籍限制其报考。雍正九年（1731年）对于那些要求入籍之人，政府规定必须"当以坟墓为断"，一旦入籍之后，不准回原籍应考。有些人置买田产，已经在当地落户了，政府对此现状只好予以一定程度的承认，"入籍二十年者听考"。[①] 清政府还明文规定：童生在应试时，除了报考必须有同考五人联保外，还须有本县的一名廪生开具保结。一旦发现有冒籍行为，即对当事人及相关人员进行惩处。研究科举"冒籍"及其矫正，显然对防止"高考移民"有借鉴意义。

（四）科举防弊的措施与方法

唐代科举允许"公荐"与通榜，结合考生的才学声望而选拔真才，但也从制度上为请托关节埋下伏笔。唐代后期，随着社会政治的腐败，考试请托作弊蔓延，严重破坏了科举选才的公平公正性。从北宋开始，为保证科举考试的公平性，废除了"公荐"与通榜，实行各种防弊措施。这些措施主要包括：确立糊名法；创立誊录制；双重定等第法；普遍实行锁院制等。明清时期，科举立法防弊越来越严密，对考试作弊尤其是考官与考生串通作弊惩罚严厉。

一部中国科举史，是由考试发展的内在逻辑和外部压力相互对抗所谱写的历史，是力求公平取士的精巧用心与力图投机取巧的作弊行为斗智斗勇所写就的历史。清代由杜受田、英汇等修纂的《钦定科场条例》，对科举考试的方方面面都作了非常详尽的规定，其细密严谨程度世所罕见，其中对防止舞弊的规定可以说是密不透风、滴水不漏。这些条规是在科举考试上千年的演进历程中逐渐形成的。

考试客观化和考试管理的严密化，是考试制度发展的内在要求和必然趋势。在改革和完善高考制度中，应借鉴科举考试的某些防弊措施与考试管理方法，加强考试立法，努力营造公平考试的环境，使考试作弊者无利可图，而真才实学者

---

① （清）萧奭撰：《永宪录》卷2，中华书局1959年版。

能够脱颖而出。科举考试所实行的编号、闭卷、密封、监考、回避、入闱、复查等办法还为现代高考所沿用。

（五）考试内容与形式应不断变革

科举考试从唐代众多的考试科目演变到宋元以后的进士一科，越来越具有统一性，从选拔专才走向选拔通才。这是科举考试追求公平与可操作性的演化结果。从分散走向统一是科举考试科目和内容的演进规律。为了保持考试的区分度，科举考试的难度越来越大；科举制度实行较长时间后，为了防止猜题押题，命题者不得不出偏题怪题。

命题是考试中非常重要的一环。在科举考试以重大问题来考选真才与维持试题难度以便区分录取之间，存在着一对两难矛盾。从理论上说，最好是用一些与国计民生密切相关的重大问题或经书中的重要道理来设问，可以更好地选拔有用之才。可从命题的实际运作来看，考试制度实行较长时期后，几乎是必然要出偏题甚至怪题，不如此则不足以防止猜题和押题，也无法拉开距离从众多考生中挑选优秀者。明清两代八股文命题和作文从明白正大走向险僻偏难也体现了命题作文的内在演变趋势，为了避免重复命题，八股文从"纯正典雅"、"清真雅正"日渐滑向奇僻诡怪，以至后来截搭题的大量出现，都是为了防止被考生猜题押中而采用的应对措施。在竞争激烈的选拔性考试中，为了保持区分度和难度，考官往往不按常规命题以扩大命题的范围，考生则迎合新内容和题型想出新对策，于是便会出现水涨船高、层层加码的试题趋难现象。这些都是大规模选拔性教育考试所存在的共同特征。如何进行考试科目改革，提高命题的信度与效度，科举考试能够提供重要的历史借鉴。

在科举制创立初期，考试内容与形式多样，适应了选拔不同类型专门人才的要求。元代以后，科举考试程式逐渐稳定，考试内容以《四书》、《五经》为法定教材。明中叶以后，八股文盛行，500年一贯制，严重束缚了读书人的聪明才智，也制约教育的变革与创新。进入近代，在西学的冲击下，科举制度危机四伏，学用严重脱节，但清政府迟迟不改科举考试的内容。从洋务运动到戊戌维新，一次次坐失科举改革的良机。及至20世纪初，改革科考内容，为时已晚，最终以废科举、兴学堂而告终。选拔性考试的内容与形式应随社会发展、教育改革而不断变革，这是考试发展的一条重要规律，也是科举制留下的一大启示。

（六）统一高考制度在中国首先产生有其历史渊源

考试是中国的一大发明。中国考试在世界上占有特别的地位，主要是因为中国拥有悠久的考试历史。中国是考试大国，是考试制度的发源地。

为什么统一招考制度首先会在中国而不是在其他国家出现,有其深层的文化和传统因素。日本学者大冢丰在其著作《现代中国高等教育的形成》中认为,作为统一考试典型代表的科举考试,对新中国成立初期高校统一考试制度的建立,至少是一个远因。在有着上千年科举传统的国家,统一考试应该是最具有中国本土性的典型。从考试形式以及作用影响等方面来看,高考与科举确实明显具有许多相似之处。

当然,20世纪50年代,科举在绝大多数人的印象中还是一种落后反动的封建取士制度,建立高考制度时不会有意去模仿科举,但我们却可以说高考制度的建立至少间接受到科举制的影响。因为传统文化是与生俱来、无法选择的,不论对科举制1300年中的功过得失如何评价,中国知识分子的思维和观念或多或少都留有科举文化的烙印。即使建立高考制度时没有直接考虑借鉴古代的考试形式,但科举文化作为民族传统文化的一部分已在传统文化中积淀下来,因此生长在此文化中的个体或群体多少都带有考试传统的遗传因子。这就像孙中山本人并没有经历过科举生涯,但他却会提出《五权宪法》中的考试权,民国时期会建立考试院一样。如果孙中山并非一个中国人而是西方某一国人,他对中国的考试制度再了解,再富有想象力和创造性,也绝不可能在一个没有深厚考试文化传统的国度中构建出一个考试权或考试院来。很难设想一个西方人会将考试在整个社会和政治构架中强调到如此重要的程度。正是因为深明考试在中国社会中的重要性、必要性和优越性,孙中山才会一再称赞考试并提出富有创意的考试权。

中国向来是一个讲究人情与关系的国度,而考试成为制约人情泛滥的有效手段。科举时代在长期的考试实践中形成了在考试成绩面前人人平等的公平竞争观念(当然是指相对的平等),这是在等级森严的中国传统社会中难能可贵的一个闪光的方面。正是因为中国有着采用统一考试来选拔人才的传统,中国才会在世界上率先采用统一考试方式来选拔高校新生。因此,中国高考制度的建立和发展有着深远的历史渊源和深厚的文化土壤。

第二节 沿革与突破

中国高校招考制度的发展是一个渐进的过程。科举废止后,中国的近代学校教育迅速发展。近代的学校招生考试制度也伴随西学东渐、科举制变革而逐步形成。随着学校教育体系的不断完善,最终确立了以单独招考为特点的新式的学校招考制度,并被民国时期高等院校的招生所继承。民国中后期,高校的招生逐渐向联合与统一招考发展。

一、清末近代学堂招生考试的引进

随着清末洋务运动的开展和新制学堂的兴起，中国近代高等教育呈现出与科举时期完全不同的局面。与此相适应，近代学堂的招生考试办法也经历了一个引进、创新与变革的过程。

（一）洋务学堂考试的创新

洋务运动时期，清朝中央部门和地方政府先后创立20余所具有近代高等教育性质的洋务学堂，主要包括外国语言文字学校和海、陆军事技术学校两种类型。由于这些学校大量引进西方科学课程，难以沿用旧的科举考试方法，因而只得采用新式考试方法；同时，洋务学堂聘用不少西方教习，他们在传播和建立新的考试制度上发挥了重要作用。洋务学堂考试是中国近代学校考试制度变革的开端。以下主要介绍同文馆与军事学堂的招生考试。

在同文馆办学过程中，洋务派根据培养洋务人才的需要，采取保送或自愿报名，学校考试择优录取的办法招收学生。其考试内容从中外语言文字增至初等算学、天文知识，招生对象也由15岁上下的八旗子弟渐次扩展到20岁以上的一般举贡出身者。

京师同文馆设立之初，仿照俄罗斯文馆旧例。第一年仅设英文馆，学额只有10名。1863年法文馆、俄文馆相继成立，招生数开始增加。总理各国事务大臣奕䜣奏称：该学堂"应由八旗满、蒙、汉闲散内，择其资质聪慧、现习清文、年在十五岁上下者，每旗各保送二三名，由臣等酌量录取，挨次传补。"可见其招生具有明显的出身资格限制。1866年，京师同文馆增设天文算学馆。原拟"专取满汉举人，恩、拔、副、岁、优贡生，并前项正途出身之五品以下京外各官，考试录取。旋复奏请推广考试，翰林院编修、检讨、庶吉士并进士出身之五品以下京外各官，均蒙谕旨允准。"① 因遭到封建顽固派的竭力阻挠，浮言四起，正途投考者寥寥，只得降低标准，在现有投考正杂各项人员中考选。1867年6月，初次报考者只有98人，临考时又缺26名，勉强录取30人，开馆肄业。经过半年学习再出题考较，其中尚堪造就者不过数人，最后只留下10人与同文馆内旧生合班学习。

天文算学馆生源匮乏，从一个侧面反映出新式学堂受到科举考试的排斥，难

---

① 杨学为等主编：《中国考试制度史资料选编》，黄山书社1992年版，第433页。

以为社会所认同。招收科举正途出身者入馆学习近代自然科学课程，属于非常之举，在封建统治阶级内部引起一场关于"义礼"之学与"技艺"之学的激烈争论。顽固派认为："朝廷命官必用科甲正途者，为其读孔、孟之书，学尧、舜之道，明体达用，规模宏远也，何必令其习为机巧，专明制造轮船、洋枪之理乎？"大学士倭仁竭力主张："立国之道，尚礼义不尚权谋；根本之图，在人心不在技艺。"① 洋务派以二三十年来的洋务实际反驳"义礼"制敌论，认为："学期实用，事贵因时。"② 开设天文算学馆，以为制造轮船、各机器张本，并非空讲孤虚，侈谈术数。以正途人员学习西方科学技术，是因为这些读书明理之士存心正大，不为洋人所惑；学士大夫于今日之局痛心疾首，必能卧薪尝胆，以求自强。这场争辩以洋务派占据优势，它标志着中国近代高等教育的历史转折。

上海同文馆和广州同文馆是适应两处通商口岸的人才需求而先后设立的。其特点在于打破京师同文馆只招收八旗子弟的限制，规定可以招收汉人子弟肄业，从而扩大了洋务教育的范围。李鸿章奏言："惟多途以取之，随地以求之，则习其语言文字者必多；人数既多，人才斯出。彼西人所擅长者，推算之学，格物之理，制器尚象之法，无不专精务实，渤有成书，经译者十才一二，必能尽阅其未译之书，方可探赜索隐，由粗浅而入精微。"③ 上海同文馆试办章程第一条规定："肄业学生按照奏定章程以年十四岁以下，资禀颖悟，根器端静之文童充选。自愿住馆肄业，由官绅有品望者保送，取具年貌籍贯三代履历，赴监院报名注册，随时呈送上海道面试，择时文之稍通顺者，记名备送四十名，入馆肄业。其余备选者，候有缺出，陆续补送。"④ 广州同文馆章程则规定："肄业生额设二十名，内旗人十六名，汉人四名，年各二十岁以下十四岁以上，捡选世家子弟之聪慧者，送馆肄业"；"肄业生由旗汉各绅保举，提调总核保举人数，酌定等第，先挑选二十名入馆肄业，仍挑选存记二十名，以备肄业生或有事故，挨次挑补。"⑤

1867年10月，奕䜣等鉴于京师同文馆招收的天文算学学生，于西文、西语未尝学习，即使所延洋教习亦通中国语言文字，究恐讲解尚多隔阂，提议从上海、广州两处外语学馆内，"择其已有成效者咨送来京考试，与臣衙门本年所考各员共为讲解，必可得力。"⑥ 其后开始从广东、上海调考学生入京学习。1868年7月，奕䜣在奏折中对上海同文馆第一次进京考试的5名学生给予了肯定：

---

① 朱有瓛主编：《中国近代学制史料》第一辑上册，华东师范大学出版社1983年版，第551~552页。
② （清）赵尔巽等撰：《清史稿》，中华书局1976年版，卷107《选举志》。
③ 同①，第215页。
④ 杨学为等主编：《中国考试制度史资料选编》，黄山书社1992年版，第446页。
⑤ 同上，第447页。
⑥ 同①，第45页。

"于算法颇能通晓，即翻译汉洋文字亦皆明顺，均无舛错。"① 1868~1896年间，上海同文馆（1869年后改为上海广方言馆）咨送到京学生计有28名；1871~1899年间，广东同文馆咨送到京学生共有40名（不包括1867年12月因事扣送者）。这些学生成为京师同文馆新生的重要来源。

上述各地同文馆招生考试虽然保留了传统科举考试的一些痕迹，如要求应考者身家清白，由官绅担保，以时文考试区分其水平高下，但已表现出明显差异。其考试目的在于选拔合格新生，以培养外语及科学技术专门人才，因而突破科举选官考试的樊篱；在考试内容上，它不仅检测中国传统人文知识及读写基本能力，而且还考察一些粗浅的近代自然科学知识。当然，这类考试尚处于摸索、尝试之中，变动性大。受科举选士的潜在制约，报考同文馆人数少，生源质量难以提高。这些反映出近代中国新式教育初创阶段学校招生考试的基本特征。

清末军事学堂招生与同文馆一样，是由主办者根据办学章程，通过面向社会公开考试或在一定范围内进行选调，择优录取合格者入学。由于国内新式中小学堂尚未配套兴办，军事学堂多从传统书塾及科举初级功名获得者中招考学生，也有从香港、通商口岸新制学校招收少量学生。在招生标准上，各学堂均要求应选者须身家清白、具备一定的中文读写基础，有的则增考英文基础和普通科学文化知识。

例如，1866年创立的福建船政学堂的招生对象既有12岁至15岁的文童，也有一些20岁以上的科举出身者。其招生途径，一是在福州城内张榜告示，对前来报名者，试以中国经典知识，或作起讲破承题，或作诗，选其清通者入学。如严复14岁报考，试题为"大孝终身慕父母论"，成文数百言，得到沈葆桢的赏识，"用冠其曹"。② 二是往香港、上海选招已读过英文或是具有一些新式技术经验的学生，如1876年从香港英国学堂挑选40名学生入学。船政学堂起初只招收"艺童"60名，学习制造、驾驶。后又由各厂分招业余学习各种技艺的十五六岁之"艺徒"100余人。至1872年5月，艺童、艺徒已发展到300余名。

1880年创立的广东实学馆仿照福建船政学堂章程进行招生。举贡生员年少有才者，亦准选录。入学后以洋文程度分班，5年内不许应科举文试。天津水师学堂规定，无论本籍或外省籍良家子弟，自13至17岁，已读过两三经，能作小讲半篇或全篇者，准其父兄觅具保人，送堂考验。如合选，留堂学习英文3个月，由堂中总办甄别，择其聪俊者留堂肄业。广东水陆师学堂1887年初办时，其学生系于博学馆旧生中挑选通晓外国语文、算法者50余名，分习驾驶、管轮

---

① 朱有瓛主编：《中国近代学制史料》第一辑上册，华东师范大学出版社1983年版，第219页。
② 王蘧常：《严几道年谱》，商务印书馆1936年版，第4页。

诸学；后经考校剔退，仅留30余名。由于在本地招不到足够的学生，1888年从天津选调曾充行伍胆力素优之武弁20名，专习陆师诸学。次年又从天津选取曾读经能文的幼童20名，并调致福建船政学堂已习驾驶、管轮三四年之学生37名，分班教学。在堂者仍准应文武科试。江南水师学堂创办较迟，招考条件较高。除年龄、中文基础、家长和绅士保结等一般要求外，还规定须曾习英文三四年，不寄籍外国，不崇奉异邪等教。先试以英文、翻译、地理、算学，四门皆有可观方能中选。招生120名，初开馆时，因符合要求者少，实际获选仅百人。其中一些学生曾就读于福建船政学堂或上海英文馆。学生入学4个月后再经考试鉴别，合格者视其英文深浅及资质高下，分作一、二、三班。

在陆军学堂招生方面，天津、湖北武备学堂具有典型性。1885年，李鸿章奏设北洋武备学堂，规制略仿西方陆军学堂。挑选营中精健聪颖、略通文义之下级军官、士兵及少量文员愿习武事者，入堂肄业，招生约100余名。1887年春，开始增办长期的军官培训班。通过考试招收40名13岁至16岁的具有最低限度儒家教育基础的军官或世家子弟。经过3个月的试读期考察，并保证5年内不参加科举考试，不结婚，才能继续学习。1897年张之洞在武昌设立武备学堂，招生120名，凡文武举贡生员、文监生、文武候补候选员弁及官绅世家子弟，不拘省籍，均准报考。招考时文员、文生试论一道，武弁、武生试说贴一道，一律糊名考试，由官署派员严密阅卷。其举贡另为一日考试，作策问一道，不必糊名。第一次考试华文，照定额倍取。经面试，选录其坚壮朴诚、素行谨饬者；其有文字不符、身体柔脆、气质浮嚣者，概行剔去。学生入学仍照额多取三四十名，3个月后再甄别一次，汰去不堪造就者。既经挑定，即截止增收新生。

从新学堂生源来看，这一时期由于受科举取士的巨大影响，各类军事学堂招收合格新生并非易事。其学额虽少却仍难以招足。"世家有志上进者皆不肯就学"，① 因而，"恒招募婪人子下及舆台贱役之子弟入充学生"。②有的学生中途辍学，以应科举考试。史言，李景先13岁参加福建船政学堂招考，名列第一。既而寄家书要求退学，专攻中文，致力于经史。③ 为了克服招生困难，各学堂实行跨省招考，兼收各地各类学生。如1876年，福州电报学堂一部分学生选自香港和广州，其余来自船政学堂。天津医学堂1881年12月15日开办第一班，学生（8名）全取自留美归国学生；1883年第二班学生（4名）则来自香港师范学校；第三班学生（12名）为香港中心学校的毕业生。1898年，江南制造局附设的工艺学堂招生50名，除将原有画图学生及本年调取各厂匠童20名照旧留馆

---

① 李鸿章1885年奏，中国史学会主编：《洋务运动》(2)，上海人民出版社1961年版，第569页。
② 郑观应1892年言，见《皇朝经世文三编》卷2《西学》附注。
③ 《闽候县志》卷67，第24页。

外，或招选聪颖子弟，或择上海广方言馆之优等生拨入，一并授课。

另一方面，军事学堂创办者采取多种措施，招揽学生。如李鸿章运用行政手段，在其权限范围内，为天津各个学校招生获得便利条件。近100名中途回国的留美学生被他分别指派入天津水师学堂、电报学堂和医学堂。再普遍实行的办法就是提高入学者的经济待遇，并提供一定的毕业出路，吸引学生前来就读。左宗棠认为："艺局初开，人之愿习者少，非优给月廪不能严课程，非量予登进不能示鼓舞。"因此，在学堂章程中明确规定：艺童考定留堂者，"饭食及患病医药之费，均由局中给发"；"仍每名月给银4两，俾赡其家，以昭体恤。"① 学成后授以水师官职或派充监工、船主。李鸿章1882年更改北洋水师学堂招考章程，将原定学生月给赡银1两增至4两。这样新学堂的学生不仅自身生活有保障，而且依靠赡银还可以养家糊口。"俾一经入选，八口有资。庶寒畯之家，咸知感奋。"② 此外，军事学堂大多招收一定数量的官员，作为特别生加以优待，这在一定程度上扩大了学生的来源。

（二） 新制学堂考试的变革

近代高等教育是建立在普通教育基础上的专业教育，客观上要求发展相应的中小学教育为其培养合格生源。20世纪初，随着科举制的废止和新学制的实施，国内普通教育开始发展，这就为高等专门以上学堂招生考试改革创造了前提条件。根据《奏定学堂章程》及《改定各学堂考试章程》规定，清末高等教育逐步建立起一套新的招生考试制度。从高等学堂及其他同等学堂，到分科大学、大学选科，其招生考试均由各校自行举办，并将所招学生姓名、年岁、籍贯、三代及毕业学校造册，呈报学部备案。通儒院作为高等教育的最高级，要求免试招收分科大学毕业生，实际上终清一代并未创办。以下仅就清末高等教育第一、二级招考演变轨迹略作考察。

高等教育第一级是专门教育之初阶，包括高等学堂、大学预科、高等实业学堂、实业教员讲习所、优级师范学堂、法政学堂、译学馆等。这些学堂的专业培养目标与招生对象虽不尽相同，但其入学考试内容均包括一定程度的外语及普通科学文化课程。如1908年，唐山路矿实业学堂招生，年限为18岁至22岁；考试内容第一场国文、历史策论一篇，地理策论一篇，不满300字者不阅。第二场英文论说一篇，华英互译两则，几何、代数、三角、格致、化学各数条。两场各

---

① 中国史学会主编：《洋务运动》(5)，上海人民出版社1961年版，第27~29页。
② 朱有瓛主编：《中国近代学制史料》第一辑上册，华东师范大学出版社1983年版，第514页。

限时刻，逾限不阅。① 该年，京师税务学堂在北京、上海、汉口、福州、广州同时招考16岁至22岁的专科生。考试分两次，第一次试以诵读英文书籍；第二次分为三场：第一场试华英文翻译、英文文法、英文普通地理、算学、几何学，第二场试以程度略高之地理学、数学、几何学以及代数学、格物学（后两科自选），第三场试以四书问题五道、汉文修身伦理大义一篇、叙事书札一篇、时务论略一篇。北京考场由税务大臣派员督考，外省由海关监督税司派员督考。三场试卷均汇至京师税务学堂评定，列榜录取。② 京师陆军测绘学堂1910年招考寻常科，学业要求为文理明通，曾习算术、初等代数、地理、历史等学。③ 由于初办时中学毕业生源奇缺，各专门学堂多变通考选举贡生员及同等学力者。高等学堂可酌量选录品行端谨、中国经史文学确有根底者，先补习历史、地理、算学、格致、图画、日语、英语、体操各种普通学1年，然后升入正科。1902～1911年间，各地共兴办高等学堂24所，除顺天、山东客籍高等学堂开办时即设高等正科外，其余都是从预科办起，后来才陆续开设正科。至清亡仍有5所高等学堂仅办预科。④

　　清末兴学以培养师范人才为首端，优级师范学堂招生的文化基础、品行和身体要求较其他专门学堂更为严格。其《考录入学章》规定：优级师范公共科须招考初级师范学堂及官立中学堂毕业生；私立中学堂毕业生，其学科程度需经本省学务处验明与官立中学堂相等者，始准考录入学。因初办时尚无合格毕业生备选，乃酌选旧有学堂之优等生入学，补习所缺学科。其原无学堂之省份，可精选本省18岁至25岁举贡生员之中学确有根底者，延长各公共科年限为3年，增补中等普通课程。公共科学生须由本地府州县官荐举，包括荐举单以及学生履历单、身体检查单、学业成绩单、人品考定凭单，再经本学堂考验后选取入学。考试科目定为中国文学、英语、算学、地理、历史、格致六科，初办时根据报考者实际，可酌照其学业成绩单所示，就其所长命题考试，再加面试察其学识。获选者须由正副保人出具保结备案，并自行出具甘结，毕业后切实履行教职义务。公共科卒业后，入读分类科，共分四类。分类科毕业后，择优选读加习科。

　　法政学堂是清末专门教育中招生数量最多的科类。它主要招收旧式官绅，培养新型法律、政治、经济人才。根据1907年2月学部酌拟的《京师法政学堂章程》，法政学堂设预科2年，考录20岁至25岁品行端正体质结实、中学

---

① 《政治官报》，光绪三十四年正月十一日，告白一。
② 《政治官报》，光绪三十四年五月二十八日，示谕报告类，第17页。
③ 《政治官报》，宣统二年二月初五日，示谕报告类，第15页。
④ 《清末高等学堂一览表》，《第一次中国教育年鉴》丙编，教育概况第13～14页。

具有根底者；正科招收预科毕业生及同等学力者；别科专为各部院候补、候选人员及35岁以下举贡生监在堂肄习。1907年11月，陕西巡抚奏设法政学堂，要求考取同通州县、佐贰及由正途出身的绅士；入学考试科目有史论、时务策各一篇。次年1月，有关考验外官章程规定："凡捐纳保举两项之道府同通州县以及佐杂人员，除正途出身及本系高等以上学堂学生及历任重要差使各员外，无论月选分发到省，一律俱入法政学堂。考其文理浅深，分为长期、速成两班，限年学习。"①《改订法政学堂章程》颁布后，预科停止招生，正科、别科的招考要求有所提高。别科入学应考中学程度的国文、地理、历史以及高等小学毕业程度的算学、格致5科，后两科不满50分而录取入学者，则应于第一年加授算学、格致课时。

高等教育第二级包括分科大学及大学选科，定章要求，应招收高等学堂、大学预科毕业生。如申请入学人数多于大学招生名额，则须考试择优录取；已考取而限于额数不得入学者，下期可免试依次入学；如名额不满，经学务大臣察实，也可招同等学力者。因故请假者，可保留入学资格，至下期入学。分科大学毕业生转习其他学科，可免试入学。由于缺少合格生源，清末兴办的京师、北洋、山西3所大学堂不得不从速成科、预科入手。以京师大学堂为例，1902年复办时，先设速成科，分为仕学馆和师范馆。前者由京师各衙门推荐考取学生，考试科目有史论、舆地策、政治策、交涉策、算学策、物理策、外国文论7门；后者由各省选送学生，大省7名、中省5名、小省3名，考试科目有修身伦理大义、教育学大义、中外史学、地理学、算学比例、开方代数、物理化学及英文日文等8门。两次招考共录取学生182名。同年，将同文馆并入，兴办译学馆。新学制公布后，译学馆变通考录文理明通、粗解外国文者或大学堂现设之速成科及进士科中略通外国文者。1904年初，设立进士馆，招收癸卯（1903年）科、甲辰（1904年）科进士共110余名。又添招师范生，增办预科。其招生方法是，京师由大学堂招考，各省按拟定格式考取学生，送京复试。京内考试分三场，内容包括中文、中外历史地理、东西文翻译、算学、代数、平面几何、物理学及无机化学诸题。共招生400余名。

上述各高等专门学堂入学考试的演变，反映出清末教育改革的历史进步。为了提高办学程度，减少变通招考对初、中等教育的负面影响，1908年5月，学部奏准《各项学堂招考限制章程》，规定：自该年7月始，凡分科大学、大学选科，非高等学堂、大学预科及与其同等程度之学堂毕业生，不得考升；其他属于

---

① 《政治官报》，光绪三十四年六月二十日，折奏类，第4页。

高等教育第一级之各类学堂，一概不得招收未经中等学堂毕业之学生。① 此后，高等教育招考程度渐趋规范。1909 年，京师大学堂筹办分科大学。次年 3 月，除医科外，其余 7 科正式开办。法政科即以师范第一类学生及译学馆毕业生、预科法文班学生升入，文学科以师范第二类、第三类学生升入，格致科以预科德文班学生升入，农科以师范第四类学生升入，工科以预科英文班学生升入，商科以译学馆及大学堂师范第一类学生升入。此外，还招考各省高等学堂毕业生。② 只有经科大学，因学生志愿入学者少，学部只得奏请选取举人及优、拔贡入读。具体办法是，由各省考选经学根柢素深者送京，经学部复试，招入大学堂经学分科。

二、民国前期高校的单独招考

民国时期是中国近代学校教育制度由模仿日本、移植欧美到逐渐本土化的转折阶段。在学校考试制度建设和实践上，受社会政治、教育变革和文化传统诸因素的影响，形成新的特征。

1912～1913 年颁布的《壬子癸丑学制》，把高等教育分为大学预科和高等专科、大学本科、大学院三级。大学预科附设于大学，学制 3 年，均要求招录中学毕业生或经选拔考试合格之同等学力者。大学本科学制 3 至 4 年，由预科毕业生或经考试有同等学力者升入。大学院招考本科毕业生。高等专门学校属于高等专科层次，分法政、医学、药学、农业、工业、商业、美术、音乐、商船、外国语 10 大类，设预科 1 年、正科 3 年、研究科 1 年以上。其入学资格与大学预科相同。其中，法政专门学校在 1915 年 7 月前，还可暂设别科，放宽条件，招收 25 岁以上、具有国学根底者。高等师范院校设预科，招收体格健全、品行端正，在师范学校、中学毕业或具同等学力者，1 年毕业后升入本科。

上述各项入学资格规定为不同层次高校招考新生提供了依据，而对其招生方式与考试方法则未多加限制，因此，高校招生享有较大的自主权。除了高等师范院校试行"划片"招生方式外，一般大学和高等专门学校均实行单独招生考试。在考试科目上，各级各类学校并无统一标准。如高等专门学校，除国文、外文、数学为必考科目，多数学校还从本校的专业要求出发，设置相关考试科目。法政专门学校增设历史、地理，工业专门学校增设理化与图画，医学专门学校加试理化、博物。同一所学校举办预科和本科等多层次的入学考试，考试科目也不一

---

① 《政治官报》，光绪三十四年四月二十日，折奏类。
② 《政治官报》，宣统元年十二月初二日，折奏类。

样。考试内容增加自然科学知识，并涉及中国近现代政治、外交史。各校招生考试形式与录取方式灵活多样，先公布招生章则，通告招生人数、投考资格、考试科目、时间地点和入学有关事宜；再组织命题考试，确定标准，择优录取。招考次数及考点设置往往随录取情况而定。

这种单独招考方式，既是清末引进西方教育模式的自然延续，也是这一时期教育发展的必然选择。因为，在近代高等教育体系形成之初，全国高校性质、层次和规模差异显著，很难用同一标准招考学生；中等学校毕业生数量不足，高校只有从办学实际出发，多途并举，才能招到足够的学生。此外，国内军阀割据，社会动荡不定，高校数量不多，由学校自主招生简便易行。从实施过程来看，北京大学、清华、上海交大等一些知名大学坚持严格招生，入学考试较难。但也有不少学校降格招考，尤其是对同等学力的标准把握不严。为此，1914年7月，教育部通令直辖各专门以上学校，此后招收新生，"除于应行升学之毕业生从严甄拔外，其遇有同等学力之学生，尤应严行甄录，以杜冒滥。切勿稍涉瞻徇，致妨学务。"① 次年6月，又限令专门学校招收同等学力新生不得超过中学生毕业生2/10。

其后，鉴于高校招生考试内容多与中学教学实际脱节，给中学教学造成很大困难，教育部于1919年公布各专门学校大学招生办法训令，对考试科目分别作程度说明。要求招考预科生，"命题概须依照中学毕业程度，勿使太过不及"；"各高等专门学校及大学招考新生，除外国语外，其他各学科，应以本国文命题。考生考试，应用本国文，但能以外文作答者，听便"。②

实行单独招考对高等教育学科结构、区域发展产生了直接的负面影响。尽管民国初期教育部已开始加强实科建设，控制文科的发展，但两者比例仍严重失衡。1922年颁布新学制，大学设置标准放宽。文科因所需办学经费少，仕途吸引力大，其招生规模居高不下。1931年全国高校在校生有44 167人，其中，文科（法政、文哲、教育、商科）占74.5%，实科（工、理、医、农科）仅占25.5%。③ 由此导致文科毕业生大量失业，实科人才缺乏。同时，高校单独考试，以同一标准招收不同地区的学生，经济文化落后省区的升学率远低于发达地区，加剧了各地入学机会的不公平。尽管教育部提出试行区域配额制等调节建议，但由于高校招生考试制度未改，仍难收实效。

---

① 潘懋元、刘海峰编：《中国近代教育史资料汇编·高等教育》，上海教育出版社1993年版，第767页。
② 《教育部公布专门学校大学校中学校招生办法训令》，载《教育杂志》1919年第11卷第3号。
③ 薛成龙：《近代中国高校招生考试研究》，厦门大学1999届硕士学位论文，第30页。

三、民国中后期的统一与联合招考①

由于民国前期高校单独招考基本上处于一种无政府状态,教育部对高等学校招生数缺乏宏观控制,导致专业比例严重失调。"九·一八"事变后,为了准备抵抗日本侵略者,高校急需造就更多的实用科学人才,国家不得不对高校招生实行宏观调控。因此,从1933年起,教育部决定实施"比例招生法",规定凡设有文、实科两类学院的大学,任何文科类学院所招新生数额,连同转学生在内,不得超过任何实科类学院所招新生数额;其文科、实科两类学院所设的学系数目有不同时,任何文科类学院各系招生的平均数,不得超过任何实科类学院各系招生的平均数。以学院为单位的"比例招生法"实施后,文科与实科比例失衡状况有所好转,但仍未得到根本性改善。1934年,又采取以系为单位的限制招生办法,规定任何文科类学院各系所招新生及转学生不得超过50名,实科类学院则应按照其设备状况及校舍容量,招收合格新生。1935~1937年,又将文科各系名额进一步压缩为30名。

实施上述计划招生后,高校专业比例失调状况有所克服,到1937年,全国高校文科和实科学生数的比例为48.8:51.2。比之1930年的75:25,教育当局的目的显然已经达到。但各校自行命题、自行考试和录取出现的弊端仍没有解决。

为解决各校自行招考的弊端,招收到合格的生源,教育部决定,在中央大学、浙江大学、武汉大学1937年试办"联合招生"的基础上,自1938年起实行国立各院校统一招生。同年,统一招生委员会设立,负责规划并执行统一招生各事宜,在武昌、广州等城市设立了12个招生区,各区设招生委员会,负责具体的考试事宜。该年度考试由各区统一命题,参加统一招生的共有22所院校。1939年,除参加统一招生院校增至28所,考区增至15个外,一个重要的改进便是由各区命题改由教育部统一命题。1940年,教育部基于前两年统一招生的经验,认为有必要确立制度,便设立了"永久性质的公立各院校统一招生委员会"。这一委员会的设立意义非同小可,它反映出教育部在多年摸索过程中已清醒意识到进行统一招考的必要性。同年,参加统一招生的院校又进一步扩大到省立大学和独立学院共计41所,考区增至16个。总的来看,这三年的统一招生院校并不多,且仅局限在部分公立院校,但其历史意义不可忽视,可以说,它是近

---

① 日本学者大冢丰认为,"统一"和"联合"两个概念的使用并无严格的差别,就实际操作看,二者的差别主要是就出题或判卷、录取等而言,"联合招生"只是有关的几所大学在考试手续上相互提供方便,与各校单独招生并无太大差异。而实行统一出题招考学生则可视为"统一招生"(详情请参阅大冢丰著,黄福涛译:《现代中国高等教育的形成》,北京师范大学出版社1998年版,第267页)。

现代高校招生考试改革的一次重要尝试，不仅有利于整齐文化程度，提高高校生源质量，而且有效控制了高校科、系发展的不平衡，在一定程度上维护了高校招生的区域公平，同时也有利于督促中学教学目标的实现。

1941年，抗日战争进入战略相持阶段，交通和通讯十分困难，教育部不得已停止了全国统一招生。抗战胜利后，又接着爆发内战。受战事限制，全国统一招生无法进行。为顾全学校及考生便利，由教育部划分考区，指定区内公私立院校联合招生，各区组织联合招生委员会。联合招生的报名、命题、阅卷等事宜，一般根据教育部的规定，由各区自行办理，各校招生名额亦由教育部核准。凡不在某区的院校，可征求该区的同意，委托该区代为招生，受委托的各区可于本区考试后举行入学考试，不必与本区考试同时举行。委托他区代招学生的命题、阅卷、揭晓等事宜，由校区间自行商定。此外，还实行了成绩审查和保送免试等招生办法①。

综上，民国时期高校招生考试总的趋势是由单独招考向统一考试渐进发展，但由于战争的阻断，统一考试失去了所依赖的社会条件，仅试行三年便告结束，打碎了教育部1940年设立"永久性质的公立各院校统一招生委员会"的美好梦想。然而，统一考试的种子却得以存留，为以后的联合和统一招考奠定了基础，1952年统一高考制度的建立，使这颗种子终于得以破土而出。

第三节　酝酿与建制

新中国成立伊始，考虑到教育上的衔接与过渡的需要，中央人民政府提出"维护原校，逐步改善"的原则，各高等学校仍沿旧制，单独招考。此后又尝试过区域的联合和统一招考，直至1952年建立全国普通高校统一招生考试制度。高考的建制，可谓是中国现代教育考试史上的一项伟大创举。

一、过渡时期的高校招考办法

1949年10月1日，中华人民共和国宣告成立。在饱经各种内外战争的创伤后，中国的政治、经济、文化、教育各项事业都遭受了严重破坏。新中国成立之初，中央人民政府的工作可谓是千头万绪。尽管如此，在全力恢复工农业生产和发展国民经济的同时，中央政府也将注意力投放到了对旧教育的接管和改造上。

---

① 参见谢青、汤德用主编：《中国考试制度史》，黄山书社1995年版，第560~575页。

在顺应政治、经济过渡的背景下，高校招生考试制度经历了一个单独招考——联合招生——统一招考的三年过渡时期。

1949年9月颁布的《中国人民政治协商会议共同纲领》中明确提出了改造旧教育制度的政策依据：即"有计划有步骤地改革旧的教育制度、教学内容和教学方法"。当时的高等学校性质复杂多样，既有在解放区干部学校的基础上创办的革命大学，又有借鉴苏联经验举办的大学，还有南京国民政府遗留下来的部分公、私立大学等。为保持高等教育的连续性，中央政府提出"维持现状，立即开学"的方针。因此，除北京大学、清华大学、南开大学、北平师范大学及北洋大学等少数几所高校在1949年实行非实质性的联合招考（即为减轻在外地招生的工作量以及为外地考生提供方便，委托外地高校代为招考，但命题、阅卷、录取均由本校负责）外，全国其他高等院校都实行单独招考。招生计划、招生条件及招生办法都由各校自行决定，各校享受了最大限度的招生自主权。

应该说，单独招考在当时为迅速恢复高等教育的各项工作起了很大的历史作用，也使各校得以通过考试的命题、方式、录取等体现各自的办学特色。然而，各校之间招生结果不平衡的问题很快就接踵而至。条件好的高校由于报考生源充足，所定名额通过一次或两次招生即可招满，而条件较差的学校则多次招考仍不足额。此外，由于成绩较好的学生往往被几所大学同时录取，而最终又只能"取其一而弃其余"，致使各校新生报到率高低不一，最高的达75%，最低的仅有20%。① 为了解决新生报到率低的问题、方便考生参加考试，更为了克服建国之初教育工作的混乱状态，1950年5月26日，教育部发布了新中国第一份高校招生考试文件《关于高等学校一九五零年度暑期招考新生的规定》②，统一了公、私立高等学校的报考资格、必考科目、考试及发榜时间，要求各大行政区教育部"根据该地区的情况，分别在适当地点定期实行全部或局部的联合或统一招生"，如统一招生有困难，各大行政区可"在符合本规定之基本精神范围内，允许各校自行招生。"各校招生名额由各大行政区负责审核。

这项规定的主要意图是促进高等学校招生的统一性和规范化，但由于单独招考操作上的惯性以及政治上的不稳定性，该年度高等学校的招考方式仍五花八门，不一而足。既有校际的联合，又有大区的统一，还有学校的单独招考，体现了过渡时期招生形式的复杂多样性和政策的不稳定性。在全国201所公、私立高等学校中仅有73所学校实行联合招考。③ 总的看来，1950年度的招生考试基本

---

① 《中国教育年鉴1949~1981》，中国大百科全书出版社1984年版，第337页。
② 载《人民日报》1950年5月29日。
③ [日]大塚丰著、黄福涛译：《现代中国高等教育的形成》，北京师范大学出版社1998年版，第254~260页。

达到了预期目的，其联合性或统一性较之以前有所加强。前一年度各校招生不足额的情况得到了很大改善，大部分学校一次招生即招满足额。

1951年，在教育部发布的《关于高等学校一九五一年暑期招考新生的规定及一九五〇年招生总结》①中，1950年招生规定的基本内容仍得到沿用，但对统一招生的范围和程度做了新的补充，即"为进一步改正各校自行招生所产生的混乱状态，各大行政区分别在适当地点争取实行全部或局部高等学校统一或联合招生，全国统一考试日期；如有困难，仍允许各校单独招生；在其他地区招生时应尽量采取委托的办法进行。"而且还规定，统一或联合招生要先于单独招生办理。

在这一政策的引导和推动下，1951年度统一招考的规模迅速扩大。据统计，全国214所高校中参加统一招考的学校达149所，比例高达69.6%，比前一年度的36%翻了将近一番。统一招考的实施仍像上一年度一样，以大行政区为单位进行，但跨区招考的趋势明显加强。例如，华北和东北地区高等学校成立统一招生委员会，在全国设立了16个考点，考生在报考本地区高校的同时还可以兼报其他地区的高等学校，从而使统一招考的范围实际上扩大到了其他地区；华东区除了在本区实行统一招考外，还以委托方式参加其他行政区的统考，同时也接受其他行政区的招生委托；西北区、中南区和西南区的各高校，也都纷纷加入各区统一招考的行列中。我们可以通过表1-1中对1950年和1951年参加联合或统一招考的高校数的对比以及考试时间的安排，清晰地看出这种变化。

表1-1   1950年和1951年参加统一招考的高校数量及考试时间

参　数	行政区	东北区	华北区	华东区	西北区	中南区	西南区	总计
1950年	高校数	11	17	14	7	—	—	73
	所占该区比例（%）	33	—	18.9	77.7			36
1951年	高校数	42*		51	7	29	20	149
	所占该区比例（%）	62.7	68.9	77.7	85.3	66.7		69.6
	考试时间**	7月22～24日***		7月22～24日	7月25～27日	7月22～24日	7月25～27日	

注：*因1950年各区以独立招考为主，时间很分散，故仅列出1951年的考试时间。
该区军事院校的考试时间为7月15～16日。*1951年东北地区与华北地区联合招考。
资料来源：[日]大塚丰著、黄福涛译：《现代中国高等教育的形成》，北京师范大学出版社1998年版，第254～265页。

① 载《人民日报》，1951年5月9日。

数据显示，1951年度招考的统一性得到明显加强，不仅统一招考的范围进一步扩大，招考时间也更为集中，基本达到了"全国统一考试时间"的预期目标。究其因，既有政策上的外部推动力，更有操作的简便与文化观念上的内部推动力。从政策上看，教育部除了作出"全部或局部高等学校统一或联合招生"的明确规定外，还要求统一或联合招考在单独招考之前举行。由于大部分高校实行了统一招考，单独招考的高校只占一小部分，所以在学生录取上，后者（除艺术类等特殊院校外）必然处于劣势。这样，参加统一招考自然成为录取到高质量足额生源的最佳选择。从操作上看，和单独招考相比，统一招考对学校来说既可以节省大量的人力物力，操作更为简便，又可以扩大考生的报考和录取范围，从而提高新生的报到率；对考生来说，则大大减轻了因参加各校单独考试而带来的沉重的经济负担，以及多处投考所带来的身心疲惫，同时也扩大了考生接受高等教育的选择范围和机会。从观念上看，数千年的中央集权制统治所带来的统一观念，以及存在了1300年之久、堪称中国统一考试历史上的典型代表的科举考试所积淀的文化上的"统一考试"基因，是统一考试得以顺利推广的深层潜在原因。因此，虽然在1951年的招考规定仍允许各校实行单独招考，但选择统一招考已成为绝大多数高校的一种共识。

当然，该年度的统一招考在取得较大成效的同时，也出现了一些问题。最主要的是各大行政区的生源不平衡，又没有作必要的跨区调剂，导致生源较少的东北、西北地区高等学校招生不足额。这些问题的产生既有统一考试初始阶段经验缺乏的原因，更有当时各大行政区之间教育水平不平衡的原因。然而，这些问题并没有也不可能阻止统一招生考试的阔步向前。

二、统一高考制度的建立

全国统一高考制度的建立，使得1952年成为中国考试史上一个重要的年份，开创了中国招生考试制度的新纪元。中央人民政府教育部于1952年6月12日发布了《关于全国高等学校一九五二年暑期招收新生的规定》，明确规定自该年度起，除个别学校经教育部批准外，全国高等学校一律参加全国统一招生考试，采取国家统一领导与分省、市、自治区办理相结合的招生办法。1952年确立的招生考试制度之所以被公认为中国现代考试史上统一高考的发轫，是因为和以往的招生办法相比，在招生名额、报考条件、考试内容、命题、阅卷、录取及调配等各环节，都由国家作出明确的统一规定，并严格执行这些规定。具体来看，主要表现在以下两方面：

首先，国家对招生名额严格控制。各校的招生名额需报请各大行政区人民政府（军政委员会）教育（文教）部根据全国招生计划（由教育部在通盘考虑全国高等教育的区域布局的基础上制定）审核批准，严禁招生中的"乱招乱拉"现象。其次，考试各环节均统一操作。国家对招生日期、考试科目（内容）、报考条件、政治审查标准、健康检查标准以及录取原则等都作出统一规定，考试的命题以及参考答案和评分标准的制定工作也由全国高等学校招生委员会统一组织。各地区只是依据教育部制定的统一招生方针、政策、办法，分别办理报名、考试、政审、体检、评卷和录取（1952年和1953年的录取由教育部主持在北京统一进行）等具体事宜。国家与地方在考试决策上完全是一种制定与执行的关系。这种决策部门与职能部门的明确分工，为统一招生的全面实施提供了制度上的有力保障。

三、统一高考的建制背景

诚然，中国高等学校统一招生考试制度的建立绝非一日之功，而是从民国时期的统一招考、联合招考和过渡时期的联合招考制度一步步发展而来。但它之所以在1952年正式建立，既受特定时势的推动，又有其独特的文化成因；既受制于当时社会的政治和经济需要，又受制于考试自身的发展规律。正是在各种内、外因素的共同作用下，中国近现代的高校招生考试制度在完成了量变的积累之后实现了质的飞跃，并沿用和发展至今。

（一）外部因素

当时社会政治和经济建设的需要，是统一高考建立的重要历史契机。立国之初，万业待兴。1952年7月，教育部发布了《关于实现一九五二年培养国家建设干部计划的指示》，强调指出，各地高等学校严格实行统一招考，是实现这一干部培养计划的关键。同年，中共中央还提出了过渡时期的总路线和制定了发展国民经济的第一个五年计划，各条战线都急需大量高级专门人才。而过去的经验证明，只有统一招考才能使高等学校招收到合格、足额的后备人才。因此，在高等教育尚十分薄弱的当时，统一招考制度是快速发展国民经济、提高国民整体素质、公平而高效地选拔和培养出各条战线上合格人才的最佳选择。此外，1952年的中国高等教育史上进行的第一次大规模院系调整，也是一个不可忽视的因素。1952年下半年，教育部根据"以培养工业建设人才和师资为重点"，发展专门学院，整顿和加强综合性大学的方针，对全国的高等学校的院系进行了一次全面调整。为使调整后的各类院校能招收到合格足额的新生，从而巩固这次全国范围内的高等教育重新布局的成果，也亟须加强高等学校招生的计划性。由此可见，正是上述政治、经济建设需要和教育结构的调整等外部因素，使得统一招生考试制度在 1952 年得以建立，并赋予其鲜明的时代性。

（二）内部因素

统一考试制度是大规模考试自身发展规律的产物，同时也受中国悠久考试文化的深厚积淀对现代教育的潜在影响。首先，作为一种大规模考试，追求效益是最为现实的考虑。由国家主持的统一考试，无论在经济效益上，抑或在保证考试的科学性和权威性上，比各校单独招考都要高效得多。实践证明，1952 年的统一招考，在为国家节省了大量的人力、物力、财力和为考生提供了经济便利的投考条件的同时，也解决了在统一招考制度建立之前各校普遍存在的招生不足额问题，而且还超额完成了原定招生计划。同时，充足的生源和科学的考试也保证了新生的质量，新生水平良莠不齐的现象也得到极大改观，而这正是提高高等教育质量的先决条件。其次，追求公平是大规模考试的题中之要义。以考试成绩而不是以金钱、权力为录取标准，才能保证大规模考试的健康发展。统一考试正是从制度上排除了考试之外的人为因素的干扰，有效地保证了考试的公平与健康发展，使全体国民享有平等参与接受高等教育的竞争机会。此外，悠久的科举考试所形成的中国独特的考试文化，也为广大国民接受和认同统一考试制度奠定了潜在却深厚的心理和文化基础。从这些内部因素看，统一招生考试制度的建立不仅仅是一定历史时期的偶发事件，而是考试发展史上的一种必然选择。

概言之，1952 年全国高校统一招生考试制度的建立是一定历史时期社会需要与考试自身发展规律相结合的产物，对当时选拔高等学校合格新生、平衡各地高等教育水平、改善高等教育布局、提高高等教育整体质量，以及实现国民教育机会均等，都立下了汗马之功；为当代考试制度的发展和完善奠定了全面而坚实的基础；对于推动中国现代高等教育的发展、提高整体国民素质、促进中华民族的团结与统一，更有着不可估量的深远影响。因此，将统一高考制度的建立誉为中国现代教育考试的创举，是毫不为过的。

第四节 发展与改革

1952 年统一高考制度的建立，是中国高等教育发展的一个里程碑。在建制迄今的 50 多年间，高考走过了一个曲折的发展历程。而自 1977 年至今的 30 多年，高考迎来了发展的重要契机，进行了方方面面的改革。

一、高考制度的发展

任何事物的发展都不可能一帆风顺。对高考这样一种牵涉面广、影响大、社会争议多的国家统一考试制度而言，就更是如此。自创立至今的 50 多年中，统一高考制度在发展的前半段由于被当作政治斗争的工具，加上制度本身尚不成熟，始终与各种政治运动交织在一起，随政治运动的跌宕起伏而经历了数次的反复与波动，到 1966 年更是被错误地当作"文化大革命"在文化教育领域的突破口而加以废除，直到 1977 年恢复，高考才得以迈入发展的新阶段。

（一）"文革"前高考制度的反复

统一高考制度在建制之初的几年中，在发挥自身选拔高校合格新生的基本功能、全面完成每年国家制定的招生计划的同时，也在包括组织领导、考试内容、报考资格以及录取原则在内的各项调整与改进中逐渐得以完善。调整与改进之一是，改变以往各专业采用相同的考试科目的做法，根据各大类对考生各科成绩的不同要求，分别于 1954 年、1955 年和 1958 年三次对考试科目做了相应的调整，并颁发了各科的考试大纲。这种分科类考试的做法一直沿用至今。调整与改进之二是，建立和完善了健康检查制度，要求在高中三年级建立学生健康记录卡片，学生报考高等学校时，由各中学将"健康记录卡片"连同其他材料一并转送高等学校审查。此举纠正了在高等学校招生前突击办理健康检查的应付行为，并使学生的健康检查得以制度化、经常化，使高校新生的健康质量得到基本保证。调整与改进之三是，增加了录取环节的灵活性。例如，1955 年录取新生的办法，就一改以往录取过程中的呆板作风，规定对政治和健康条件合格、考试成绩稍低于录取标准的考生，遇有学校缺额时，可录取为试读生。试读期限规定为一学期或一学年。试读期间不能跟班学习者，取消试读资格；试读期满，经考试合格者可转为正式生。这一灵活变通的录取原则，既使那些生源较少的学校在一定范围内扩大了生源基数，也给广大考生增加了接受高等教育的机会。而试读期满后的考试，又保证了这批特殊新生的教育质量。

经过几次大的改进，发展到 20 世纪 50 年代末，统一高考已形成了一套比较完整的制度。当然，早期的高考也并非十全十美。相反，由于建制之初国家统得过多过死，较少考虑到不同类型院校、系科和考生的特点，加上长期单独招考的思维定式作用，人们对"统一招考"与"单独招考"的是非优劣仍时有争论。但出发点都是基于如何更加完善统一招考制度。因此，这些争论非但没有阻挡反而有力地推动了统一高考的前进步伐。

然而到 1958 年，已顺利推行了六年的统一高考突然遭遇了第一次被颠覆的厄运。一方面，由于 1957 年反右派斗争的扩大化和党对阶级斗争形势估计得过于严重，导致了有关领导对统一高考的错误认识。当时认为在过去几年的招生工作中，由资产阶级右派知识分子主持了考试；录取新生没有以政治条件而以学科考试成绩为首要标准。因此提出，招生考试应强调政治挂帅，提高政审标准，对包括工人、农民在内的广大无产阶级，采取保送入学的办法。另一方面，在"大跃进"的错误方针指引下，中共中央在教育领域发起了一场极"左"的"教育革命"，提出要多快好省地发展教育事业，并提出了迅速发展教育的三个基本原则，其中之一便是"全面规划与地方分权相结合"原则，在全国统一的教育目的下，加强办学形式的多样性。正是在这样的政治背景下，统一高考制度于 1958 年被改回到各校单独招生或者联合招生的老路，并强调了当年录取政审要求的严格性。同时，为"贯彻阶级路线"，大批工人、农民、工农干部和老干部、工农速成中学毕业生，被免试保送入学。

由此可见，统一高考制度的第一次短暂受挫完全是政治运动的结果。所幸的是，仅仅一年后，统一高考制度便得以恢复。由于 1958 年进行的招生制度调整带有极大的片面性和浓厚的"左"的色彩，更由于该年度过于强调政治表现的做法和免试录取了大批工农成分者而造成新生质量严重下降，为保证新生的学业质量，1959 年起又恢复了全国统一高考制度，并取消了免试保送上大学的做法，对 1958 年政审标准中过"左"的内容也及时作了纠正，对政审标准重新作出解释。自此，统一高考制度在短暂的受挫后又得以继续前行，直至"文化大革命"的爆发。应该说，自 1952 至 1965 年的 14 年间，统一高考制度虽有波动与反复，但总体上还是在不断的改革中平稳运行的。

（二）"文革"中高考制度的废止

统一高考的步伐虽然在 1958 年暂时受阻，但如"塞翁失马"般，反而在当年的单独招生造成新生质量严重下降的事实的反照下，获得了更多的认同和赞许，此前几乎每年自发进行的关于"统一招生好还是单独招生好"的争论，自 1959 年恢复统一招生后也不再出现。然而，统一高考在"文革"中的遭遇远没有这么幸运。统一高考的命运有如戏剧般，第一次"被颠覆"就好比虽充满波折但以皆大欢喜的结局告终的喜剧，而第二次"被颠覆"则是一场真实的令人痛心疾首的社会悲剧。统一高考与其他社会文明成果一样，遭受了空前的劫难和破坏，从而使中国社会的发展水平严重倒退了若干年。

1966 年 5 月 4～26 日，中共中央召开政治局扩大会议，于 5 月 16 日通过了《五·一六通知》。自此，一场给中华民族带来了深重灾难的政治运动全面开始了。由于这场"文化大革命"选取了招生考试制度作为文化教育领域的"突破口",1966年当年的高等学校招生工作被推迟了半年进行,以便彻底改革招生考试制度。而"改革"的最终结果是:1966～1971年全国高等学校停止按计划招生达六年之久,其间仅在少数几所大学试点招收少量工农兵学员;1972年大部分高校恢复了招生工作,但取消了文化考试,而采取"自愿报名、群众推荐、领导批准、学校复审"的招生办法,直至1977年恢复统一高考。统一高考被废止的原因不外乎两方面:一是受脱离了正确轨道的政治运动的影响;二是高考制度本身的弊端导致社会特别是大权在握的决策者原本存在的对高考的认识偏差与责难更加严重,并最终导致高考被废。

从政治背景看,强调"高等学校向工农开门"和"坚持不懈地抓阶级斗争"一直是新中国成立后17年的主要政治路线。自新中国成立初确立"教育为工农服务"方针开始,国家就一直强调各级教育尤其是高等学校中工农成分学生所占比例。体现在高等学校招生工作上,便是对工农速成中学毕业生、产业工人、革命干部等实行优先录取或免试入学原则,并以此作为判断"贯彻阶级路线"与否的重要标准。鉴于1958年对部分工农成分者实行免试入学导致当年新生质量严重下降的教训,1960年的高考停止了对工农及工农干部免试保送上大学的办法,1962年又取消了对工人、农民、工农干部、复转军人、参加工作时间较长的老干部们实行优先录取的办法,要求他们与其他考生一样参加考试。此外,对以往政审中主要看家庭和社会关系的审查标准也作了修订,强调主要看本人表现,家庭出身不应作为决定因素。这些措施的落实,使得1962年新生的政治、文化质量显著提高,但工农家庭出身比例略有降低。

然而1962年以后,国内的阶级斗争却呈现出扩大化和绝对化趋势。学生中工农成分比例下降显然与这一局面极不相称,因此招致了严厉攻击。1964年,高考急剧"左倾",其核心是贬低考试来"突出政治",要"以阶级斗争的观点进行政治审查工作"。录取采取考试与推荐相结合的办法,并恢复了对工农成分考生的优先录取原则。这种"左倾"思想愈演愈烈,到1966年达到巅峰。先是在1966年4月6～14日的高等学校招生工作座谈会上,坚持"左倾"错误路线的少数人,对统一高考制度进行了猛烈抨击,把招生考试提升到"与资产阶级争夺下一代"的高度,提出要对招生工作"来一个解放"。此后,标志着"文革"全面开始的《五·一六通知》又提出要彻底改革招生考试制度。一个月以后,6月18日的《人民日报》发表了长篇社论,将《五·一六通知》中"彻底改革"招生考试制度的提法"发展"为"要彻底把它扔到垃圾堆里",废止现行统一高考,并提出推荐选拔的新办法。统一高考制度就这样成了"文化大革命"这把政治利斧砍向文化教育阵地的"刀口"。在狂热的政治运动中,高等教育已毫无尊严。

由此可见，统一高考的废除主要是政治运动的结果，其中亦不乏由个别主要领导人对高考存在的认识偏差所致，但高考制度自身存在的一些弊端也是一个不可否认的客观原因。正是这些弊端加大了对高考业已存在的认识偏差，进而使高考一步步走向政治斗争的祭坛。

当时高考最严重的弊端便是"片面追求升学率"问题。而这一问题的根源在于激烈的高考竞争。高考的录取率是反映竞争激烈程度的一个重要指标。一般说来，在高等教育规模发展较平稳时期，除个别年份受某些特殊因素的影响外，高考的录取率随民众对高等教育需求以及考生人数的增长而呈下降态势，或者说，高考竞争的激烈程度随民众接受高等教育意识的增强和考生人数的增加而加剧。1952~1965各年度高考录取率便基本符合这种走向（见表1-2）。

表1-2　　　　　　1952~1965年高考录取率　　　　　　单位：万人

年度	考生数	录取数	录取率（%）
1952	5.9	5.32	90.35
1953	8	6.24	77.88
1954	12.5	9.23	73.78
1955	17.5	9.78	55.92
1956	36.1	18.46	51.13
1957	25.2	10.56	41.89
1958	27.4	26.56	96.9
1959	32.7	27.14	83.72
1960	32	28.41	88.73
1961	37.2	16.9	45.44
1962	38.9	10.68	27.43
1963	39.8	13.28	33.36
1964	34.4	14.7	42.74
1965	35	16.42	46.92

资料来源：为之：《中国高考与社会、经济的关系》，载《中国考试》1997年第1期。

从表1-2可以看出，1952~1965年的14年间，参加高考的考生数迅速增加，1952年仅为5.9万考生，1965年已增至35万。与此同时，高等学校录取数也随高等教育规模的不断扩大而逐年上升，由1952年的5.32万人增至1965年的 16.42 万人（除 1958～1960 年三年因"教育大革命"的盲目冒进而使招生人数和录取率均出现非正常增长外）。由于受经济水平和教育自身发展规律的制约，加上我国高等教育适龄人口基数过大，高等学校的新生录取数不可能与高考的考生数同步增长，因而两者的差距也越拉越大，根据两者计算出来的高考录取率（录取数/考生数）自然会越来越低。1952 年录取率高达 90.35%，到 1965 年已下跌将近一半，仅为 46.92%。其中，1962 年因国家遭受三年自然灾害导致经济严重滑坡而不得不大幅度压缩高等教育规模，以及对 1958 年"教育大革命"中"左"的错误的纠正而进行的高等教育的压缩性调整，该年度的高考录取率更是跌至"文革"前的最低谷。"片面追求升学率"问题正是在这样一种竞争状态下开始出现。虽然教育主管部门在这一问题出现伊始便提出了相关的制止要求，但在强大的社会竞争压力下，"片追"现象仍愈演愈烈，并引发了学生学习负担过重、考试舞弊、录取过程中"走后门"等一连串问题。

　　随着这些问题的出现，对高考的责难也逐步升级。为了"彻底执行党中央和毛主席提出的教育方针……吸收更多工农兵革命青年进入高等学校"，为了"铲除资产阶级'苗圃'、挖掉修正主义毒根……打碎几千年来套在人民脖子上的文化桎梏"，1966 年 7 月 24 日，中共中央、国务院发出《关于改革高等学校招生工作的通知》①，提出从本年起，高等学校招生工作下放到省、市、自治区办理。高等学校取消考试，采取推荐与选拔相结合的办法。但因"文化大革命"的进行，各省、直辖市、自治区未能办理招生工作，高等学校在 1966～1971 年期间实际已停止招生，1972 年起，大部分高等学校才陆续恢复"推荐与选拔相结合"的招生。现代教育考试史上的"创举"——全国统一高考制度就这样被当作"反党反社会主义的黑线"，遭到彻底的"革命"，直至 1977 年才得以恢复。

（三）"文革"后高考的恢复

　　从 1966～1971 年的 6 年里，除北京大学、清华大学等少数高等学校试点招收少量工农兵学员外，高等学校的招生工作几近停滞。自 1972 年开始，大多数学校恢复招生，但文化考试仍未得到恢复。人们通常所说的"恢复高考"是指 1977 年恢复的文化考试制度。

　　1976 年"四人帮"的垮台，是导致统一高考制度于次年恢复最重要的外在原因。然而，考试制度自身的发展规律也是一个不可忽视的内在动力。考试作为一种选拔优秀人才的机制，其效率的高低与所倚重的选拔标准有很大关系。中国

---

① 载《人民日报》1966 年 7 月 24 日。

悠久的考试历史充分显示,科举之所以能选拔出大批优秀士子,就在于它不论考生门第、家世的高下,"一切以程文为去留",唯才是举。而1972年大多数高校所恢复的招生,却取消了文化考试,以政治表现、路线觉悟、实践经验等作为选拔学生的标准,对文化程度的规定则只要相当于初中毕业以上即可。1973年的招生工作有所改进,提出要"重视文化考查"。[①]然而,这一本是遵循了考试自身规律的正确做法,却因张铁生的"白卷事件",引发了一场围绕高校招生"文化考查"的大讨论。其结果,在"左"的思潮干扰下,文化考查被冠以"旧高考制度的复辟"、"资产阶级向无产阶级的反扑"等罪名,并将交"白卷"的张铁生树为"反潮流的英雄"。文化考查这条科学、客观、公正的新生选拔标准就这样莫名其妙地成了政治斗争的牺牲品。

在1972年恢复的"自愿报名、群众推荐、领导批准、学校复审"的招生办法中,"自愿报名"只是幌子,"地富反坏右"的"黑五类"子女是无报名资格的,即使是有报名资格的"可以教育好的子女",也是"基层不敢送,领导不敢批,学校不敢收";而后三个环节无一例外都成了"走后门"的代名词,弄虚作假、指名选送、授意录取、私留私送名额等各种丑态纷纷粉墨登场。尽管中共中央发出了《关于杜绝高等学校招生工作中"走后门"现象的通知》,仍难以阻挡这股由非客观选拔标准引发的"走后门"强流。而"走后门"的结果是导致高等学校新生文化程度极其低下并进而导致高等教育质量的严重滑坡,而且,"唯成分论"也严重挫伤了广大出身"不好"的青年的学习积极性。

粉碎"四人帮"之初,国家仍处于政治僵化、经济解体、教育断层的百废待兴局面,选择一个使国家由乱而治的突破口至关重要。1977年8月,刚刚复出的邓小平主持召开了科学与教育工作座谈会。此次会议实现了对1966年取消高考的否定之否定,变"十六字招生办法"为"文革"前的"统一考试,择优录取"。废止了11年的统一高考,就这样在全国人民的欢声雷动和奔走相告下恢复了它应有的地位。1977年的冬天,570万考生满怀热望走进了期盼多年的考场,1978年夏季,又有590万考生参加考试,两季考生共有1 160万人,是迄今为止世界上规模最大的一次考试。

恢复高考是中国教育乃至中国历史上的一件大事。从教育的角度看,高考的恢复使高校选拔出一批批在素质上与"文革"期间有着天壤之别的新生,极大地提升了高等教育质量,而且使中国的人才培养也重新走上健康的轨道。从社会的角度看,统一高考给所有考生提供的平等竞争权利,极大地激发了人们的学习积极性,并形成了浓厚的向学风气,使整个社会"由乱而治",为政治、经济的

---

① 《关于高等学校1973年招生工作的意见》。

各项改革与发展奠定了良好的文化基础。

二、高考制度的改革

1977年恢复高考至今，以全国统一的文化考试为根本的高校招生考试制度30余年不动摇。统一高考是人们择善而从、倍加珍惜的一项公平的人才选拔制度。因而，在坚持统一高考这种形式不动摇的30多年中，改革的脚步也从未歇息。改革是为了更好地发展——这是所有支持改革的人们的美好愿望，更是所有改革的出发点。鉴于高考30年的改革历程所涉极广，以下仅择招生体制、会考制度的建立、考试的方法、内容与形式、保送生制度、录取等方面简述之。

（一）招生体制的改革

1977年高考恢复后不久，中国即迎来了具有深远历史意义的改革开放。顺应政治和经济体制改革的形势，我国高校招生体制自20世纪80年代初也陆续进行了一系列改革，招生来源体制方面主要是实行定向、委培的办法；收费体制方面主要是实行自费上学和招生并轨的改革。

为了解决高等教育在农村地区存在的"招不来，分不去，留不住"这一"老大难"问题，1983年，教育部正式提出"定向招生，定向分配"的办法，规定在中央部门或国防科工委系统所属的某些院校，按一定比例实行面向农村或农场、牧场、矿区、油田等艰苦行业的定向招生。次年，教育部、国家计委、财政部又共同颁发了《高等学校接受委托培养学生的试行办法》，实行合同制委托培养的调节招生办法。定向生和委培生的录取分数线可适当降低，毕业后都必须回到定向或委培单位服务。委托单位要向培养单位交纳一定数量的培养费。1985年，《中共中央关于教育体制改革的决定》出台后，又规定：可以从参加统一高考的考生中招收少数国家计划外的自费生。这样，一向由国家"统包"的招生制度就变成了不收费的国家计划招生和收费的国家调节招生同时并存的"双轨制"。

由于委培生和自费生（即"两生"）比例的不断增加，以及收费和降分的挂钩，计划内和计划外两条录取分数线的距离被越拉越大，有的学校甚至将后者的分数线降到前者的最低录取分数线100分以上，"权力干预"、"分不够钱来凑"等不正之风趁机而入。"两生"的质量严重下降，高等教育的社会声誉也严重受损，违背了改革的初衷。鉴于此，1994年，以国家教委所属高校为主体的招生并轨改革拉开了序幕。此后，改革的步伐逐年加快。2000年，一直由国家"全包"的师范专业也实行了收费上学，标志着招生并轨改革的落幕。

上述招生体制改革,既是一个挑战传统的突破过程,又是一个不断完善的渐进过程。"定向招生,定向分配"的做法,为边远农村和艰苦行业输送了大量合格人才,极大地缓解了这些地区长期存在的人才缺乏危机。"两生"的招生,则使高等学校与用人单位建立了直接的联系,在很大程度上解决了高等教育中长期存在的"产销不对路"矛盾,且为高等教育多渠道筹集资金提供了很好的思路与实践,也为后来实行的招生并轨改革奠定了良好的基础。而以革除"两生"招生弊端为契机的招生并轨改革,除了具有"双包"(国家包上学、包分配)变"双自"(自费上学,自主择业)的深远历史意义外,还体现了教育的公平性原则,高等学校经费拮据的局面也得到一定程度的缓解,并促使高等学校主动保持与社会需求的动态适应。招生体制的改革,使中国高等教育三大基本职能中最薄弱的"为社会服务"职能得到了越来越全面的体现与拓展。

(二) 会考制度的建立

毕业会考是国家承认的省级普通高中文化课毕业水平考试,考试科目包括中学教学大纲的九门必修课。它与高考的不同之处在于:前者是考核普通高中学生文化课学习是否达到必修课教学大纲规定的基本要求的水平性考试;后者则是从高中毕业生中选拔优秀学生进入高等学校继续深造的选拔性考试。1952年高考制度建立以来,我国的高中毕业考试与高校招生考试一直是合二为一的。随着"片面追求升学率"现象的愈演愈烈,高考对中学教学绝对的"指挥棒"作用也越来越明显,"考什么教什么,教什么学什么",从而扭曲了普通高中教育的性质和任务,干扰了中学教育目标的实现。因此,教育部1983年在《关于进一步提高普通中学教育质量的几点意见》中便提出:毕业考试要和升学考试分开进行,并号召有条件的地方试行毕业会考制度。1984年,上海开始着手进行高中会考制度的试点改革。此后,浙江省于1988年在全省普通中学的高中实行证书会考制度。在各地试点均取得良好效果的基础上,1992年,普通高中毕业会考制度在全国范围内(西藏除外)实行。

会考制度的建立与改革实践表明,会考对于纠正学生偏科、促进学生的全面发展,调动大多数学校办学和学生学习的积极性,调整一些地方失控的高中办学规模,检查评估各地区办学状况与质量,以及运用会考成绩招工招干等方面,都发挥了积极的功用。① 此外,在建立会考制度的基础上还进行了减少高考科目的改革,将水平考试与选拔考试分开,使二者各司其职,各尽其用,也在一定程度上减轻了高考给学生带来的心理负担。然而,随着会考改革的深入,其弊端也日

---

① 孙玲:《实施会考与克服片追》,载《中国考试》1992年第3期。

渐显现，既有操作上的原因，也有制度本身的漏洞。个别地区的会考成绩不是作为高校录取的参考标准而是作为录取标准，使会考变成了"小高考"，非但没有减轻反而加重了学生学习负担；会考试题过易，通过率高，不能体现省级高中毕业文化水平；许多中学存在"应付会考，对付高考"的状况；会考标准的不可操作性及划分等第技术的不完善，使不少省市仍按比例确定及格线或等第；等等。此外，利用会考结果开展评价工作的研究仍不能满足形势的需要，会考的社会功能也远未得到充分的发挥。在如何更好地发挥会考对中学教学的导向功能，增强其"纠偏"效果，以及如何更好地处理与高考的关系等方面，会考的改革仍有很长的路要走。

（三）考试方法的改革

20世纪80年代中期以前，高考基本上是沿用传统的考试方法，存在着考试内容重知识轻能力，命题内容、形式、队伍的经验型和不稳定性，评分手段落后、误差大，考务的人工管理效率低下，难以有效完成日益扩大的考试规模所带来的巨大考务工作量等诸多问题。为了使高考更好地适应社会的发展需要，我国于1985年从美国引进标准化考试。标准化考试是一种具有统一标准、按照系统的科学程序组织并对误差做了严格控制的考试。其标准化的内容包括试题编制、考试实施、阅卷评分、分数组合与解释四个方面。1985年首先在广东省进行了英语、数学两科的试点。此后，试验的科目和范围逐年扩大。经过四年成功的试验，1989年8月，国家教委颁发了《高等学校招生全国统一考试标准化实施规划》，决定将标准化考试逐步在全国推行。

我国高考的标准化改革可以1993年为界大致分为两个阶段。第一阶段的改革侧重于考试大纲的制定、试题的编制与论述题评分细则的制定、题库的建设、分卷考试以及机器阅卷等。第二阶段主要是分数制度的改革。国家教委考试中心多次召开专家研讨和论证会议，研究了高考建立标准分数制度的科学性和可行性，并在参考国内试点经验和国外先进方法的基础上，于1993年制订了《普通高等学校招生全国统一考试建立标准分数制度实施方案》，规定标准分数制度由省级常模量表分数、等值量表分数和等级量表分数组成。同年，广东、海南、湖南三省建立标准分数制度，以省级常模分数作为录取的依据，不再公布原始分数；黑龙江、北京等8省市则进行了模拟试验。在试验的基础上，1995年初，国家教委颁发了《高考质量评审工作暂行办法》，在评审标准化考试前面三个环节改革的同时，也加快了标准分数制度改革的步伐。至1997年，全国已有一半以上的省（市、区）完成了建立标准分数制度的工作。

短短十五年，标准化考试由一个陌生的名词变为一种广为人知的考试方法，就连标准分数这一技术性很强的教育测量学中的术语,因其事关考生的录取,也逐渐褪去其神秘的面纱,为关心高考的老百姓们所了解。在教育界的共同努力下,我国的标准化考试改革在编制试题、建设题库、提高考试实施的技术含量、建立科学的分数制度等方面都取得了令人鼓舞的成效。但也还存在一些有待解决的问题,如试卷中主、客观题的比例问题,题库的充实及其题目难度常模的建立,对标准分数制度的进一步推介与使用,在省级常模分数基础上建立全国性的常模分数,等等。这些问题的解决仍需各级考试主管部门、考试研究界、高教界以及普教界的共同努力。

(四) 考试内容与形式的改革

从广义的角度看,实行标准化考试也是一种考试内容与形式的改革,但鉴于其独特性以及给中国高考产生的广泛影响,我们还是将它分离出来单独加以介绍。一般而言,人们谈到的考试内容与形式改革主要是指考试的科目与招考形式的改革。

1977年恢复高考以后,科目的设置开始是按文理分类。1985年试行会考制度后,高考改革的总体趋势是朝减少高考科目的方向发展。先是将理科7门、文科6门各减为3+2共5门(即所谓会考基础上的"新高考"),上海则实行3+1共4门的方案。1999年广东省又试行了"3+X"科目设置方案,语文、数学、外语三门为必考科目,根据考生的报考学校要求再从其余六门科目中另选"X"科(因96.53%的考生将"X"选为一科,该方案几乎变成了"3+1"模式共4门)。2000年这一方案试点范围又有所扩大。现在,"3+X"方案又扩展为"3+综合"、"3+综合+1"等诸多方案。

高考科目改革的目的不外乎两个:一是解决学生偏科问题,二是减轻学生的学习负担。但实践证明,减少科目的高考改革并没有达到这两个目的。从理论上讲,现在实行的"3+X"方案是能纠正偏科现象的,因为从总体上看,它覆盖了中学的9门课程,但实际上从学生个体来看却出现了更严重的偏科现象。许多中学为了提高升学率,从高中一年级起便开始让学生确定"3+X"中的"X",以便有针对性地学习。有的学生为了避难就易,尽量不选物理或化学等学科。这样,事实上偏科问题非但未得到解决,反而变本加厉地存在于单个学生身上,减少高考科目以减轻学生负担的改革初衷也没有达到。

高考是一种竞争性考试,在招生规模相对不变的前提下,其科目的多寡与竞争的激烈程度并无必然关联。这好比体育竞赛中的单项与全能比赛,在奖牌数不变的前提下,十项全能比赛因项目多,训练固然艰苦,但单项比赛也并未因项目单一而更轻松,相反,由于选手们都将全部精力投入单项训练,高手云集,其竞争的激烈程度可能更甚于十项全能。尽管"文革"之后的30多年，高等教育招生的绝对规模逐年扩大（表1-3），高考竞争的激烈程度有所缓解，但由于高考人数亦稳步上升，使招生的相对规模变动不大，竞争仍非常激烈。

表1-3　　　　　　　　1977~2006年高考录取率　　　　单位：人、%

年度	报考人数	录取人数	录取率	年度	报考人数	录取人数	录取率
1977	5 700 000	272 971	4.8	1992	3 026 357	754 192	24.9
1978	6 102 640	292 278	4.8	1993	2 861 361	923 952	32.3
1979	4 684 802	284 102	6.1	1994	2 508 061	899 846	35.9
1980	3 327 869	288 111	8.7	1995	2 530 813	925 940	36.6
1981	2 589 020	282 962	10.9	1996	2 665 917	956 812	35.9
1982	1 867 025	304 935	16.3	1997	2 842 659	1 080 411	38
1983	1 672 727	359 807	21.5	1998	3 191 307	1 083 627	33.96
1984	1 643 565	426 854	25.97	1999	2 840 972	1 548 554	54.5
1985	1 758 972	499 292	28.4	2000	3 677 344	2 206 072	59.99
1986	1 914 340	572 055	29.9	2001	4 208 711	2 682 790	63.74
1987	2 275 063	596 661	26.2	2002	5 665 787	3 037 614	53.61
1988	2 716 408	694 842	25.6	2003	4 870 021	3 821 701	78.47
1989	2 662 118	618 940	23.2	2004	8 001 643	4 473 422	55.91
1990	2 832 751	618 124	21.8	2005	8 109 876	5 044 581	62.2
1991	2 956 261	619 874	20.97	2006	8 865 405	5 460 530	61.59

注：2000年的报考人数为大致数值，录取人数根据全国平均录取率推算而得。

资料来源：（1）中华人民共和国国家教育委员会计划建设司主编：《中国教育统计年鉴》（2000、2001、2002、2003、2004、2005、2006），人民教育出版社历年版；

（2）胡平：《从普通高等学校招生统一考试看中国女子接受高等教育的发展趋势》，载《南京师大学报》（社会科学版）1996年增刊；

（3）刘海峰：《中国大陆高考与女性接受高等教育之现状与展望》，载《有色金属高教研究》1999年第1期。

鉴于此，我们认为较合理的科目设置方案应为：考试科目由语文、数学、外语、文科综合、理科综合5门组成，考试仍分文理两类，考试科目门数与名称文理皆同，数学科亦文理同卷，其中，文科综合是指政治、历史、地理三科的综合，理科综合是指物理、化学、生物三科的综合。不过，为满足高等学校的专业差异，文理两类在综合科目考试的难度上仍应有所侧重，即文科类的文科综合科目难度较理科类大，文科类的理科综合科目难度则较理科类小，反之亦然。当然，这一方案也面临着如何处理高考与会考的关系、综合科目如何命题、高等学校是否要再加试录取等十分复杂而操作难度大的问题。只有经过个别省市试验后方可择善而从、全面推行。①

与高考的内容改革相比，形式的改革则到近些年才引起人们的关注。其中，开考的次数是当前社会关于高考形式问题讨论的热点。由于它是一个社会影响面十分广泛的宏观制度层面的问题，尽管前些年已有一些零星的关于二次考试的讨论，但始终未被提上议事日程。1999年2月13日，教育部颁发了《关于进一步深化普通高等学校招生考试制度改革的意见》，提出"现行的一次性全国统考暂时不变。积极探索一年两次考试的方案，在试点的基础上待条件成熟时再实施。"1999年12月18日，教育部决定2000年1月19～21日在北京、上海、安徽三地市进行春季高考的试点。总结此次春考的经验教训，不少人认为，春季高考由于在招生院校、招生计划等方面都与夏季高考存在较大差距，已违背了其初衷，没有存在的必要。但也有论者认为，一年举行两次高考应长期坚持下去，但两次高考应该是完全相同的两次机会，即两次招生在录取率及招生学校数量、专业、档次上都大致平衡。同时，两次高考必须以不断扩大高等教育规模为前提，此外还应与高校内部体制改革配套进行。②

（五）保送生制度的建立与改革

保送生制度是指由确定的中等学校推荐、保举成绩优秀或有特长的学生，经高等学校考核同意，免予他们参加全国统一高考而直接进入高等学校学习的制度。1985年，国家教委决定在北京大学等43所高等学校进行招收保送生的试点工作。1988年，国家教委又颁发了《普通高等学校招收保送生的暂行规定》，对推荐保送生的中等学校的条件、保送生的条件、高等学校招收保送生的程序等作出明确规定，保送生工作从此步入正规化、法制化和制度化轨道。1998年，教育部在上海、湖北、河北、黑龙江、四川五省（市）试行保送生综合能力测试。同年12月4日，教育部发出《关于1999年普通高校招收保送生的通知》，明确规定，除获全国中学生学科奥林匹克竞赛省赛区一等奖的保送生外，1999年普通高等学校招收的保送生必须参加由教育部统一命题的综合能力测试，并以此成绩作为录取的重要依据。

国家实行保送生制度的目的，一是通过全面考核保送生在中学阶段的德、

---

① 郑若玲：《高考竞争与科目改革》，载《高等教育研究》2000年第4期，第41～44页。
② 田建荣：《高考形式的统一性与多样性》，载《高等教育研究》2000年第4期，第45～48页。

智、体情况，对中学实施素质教育和鼓励中学生的全面发展产生了良好的导向作用；二是通过对保送生进行面试了解其专长，为高等学校选拔出具有较好的专业适应性的优秀人才。从实行20年来的效果看，保送生制度的确在相当大程度上达到了以上目的，为高等学校输送了一批德智体全面发展或有某些特长的优秀培养对象。特别是这一制度实行之初，一般来说保送生的政治素质好，专业思想巩固，创造能力和发展潜力都比非保送生要高。

然而，保送生制度的弊端及其所带来的不良社会影响，也是显而易见甚至是触目惊心的。先是部分中学为保留"尖子生"在高考中的竞争力，"荐良不荐优"，使推荐材料含有相当多水分。此后，受社会不正之风的影响，权力和金钱逐渐侵蚀高考这块"净土"，"荐良不荐优"遂进一步滑向社会影响更为恶劣的"送官不送民"，为此，教育部于1996年曾一度打算暂停1997年的保送生工作，但未果。1999年以后，保送环节的腐败更是愈演愈烈。2000年夏被《中国教育报》、《中国青年报》等一些重要媒体先后披露的湖南隆回一中保送生选拔黑幕便是典型的例子。① 无怪乎很多人指责保送生制度是中国教育领域最大的腐败。如此选拔就不仅仅是一个轻飘飘的水分多少的教育问题，而是一个助长腐败、颠倒黑白、伤害民心的严重社会问题。

一些社会舆论认为，保送生制度不但基本失去了其最初的选拔特长学生的功能，而且被人情因素严重异化为教育腐败滋生的温床。既然保送生理论上应是重点中学的优秀毕业生，在高考录取率已大幅攀升的今天，他们凭自己的实力是完全可以考上理想的大学的。② 即使个别学生因临场发挥不好而未能考好，也不能因小失大，从而给歪门邪道留以余地。而进行保送生综合能力测试从制度上看也只是权宜之计，即使加大其难度亦非上策。既然都是全国统一考试，何必多此一举？因此，许多人认为，除特招少数中学生奥林匹克学科竞赛的尖子生和优秀运动员外，深受权利、金钱、人情、面子所累的保送生制度已到了寿终正寝的时候了，这导致2001年3月教育部对保送生工作作出了"压缩规模，严格标准，严格管理"的规定，将2001年的保送生压缩控制在5 000人，并在较大程度上提高了保送的标准和条件。③

（六）录取制度的改革

高考的录取制度从总体上看经历了一个不断完善、不断调适的过程。"文

---

① 周其俊、吴湘韩：《保送生选拔黑幕重重》，载《文汇报》2000年8月16日第8版。
② 刘海峰：《高考存废与科举存废》，载《高等教育研究》2000年第2期，第39~42页。
③ 朱文琴：《为何对保送生一压二严》，载《光明日报》2001年3月8日C1版。

革"前14年，高等学校主要采用"分段或分级录取"的办法，即按考试成绩的高低和考生志愿的顺序，从高分到低分分段录取。1983年，为扩大高等学校的招生自主权，在原来的录取办法基础上增加了投档比例（通常为120%），即招生部门按多于录取数20%的比例向招生学校提供考生档案，录取与否由招生学校提出意见、报招办审核批准，遗留问题由招办负责处理。随着经济体制改革的深化，教育体制改革也进一步要求简政放权。1987年，国家教委颁布了《普通高等学校招生暂行条例》，决定逐步实行"学校负责，招办监督"的录取体制，调阅考生档案数，录取与否由学校决定，遗留问题由学校负责处理，由招办进行监督。由于"学校负责，招办监督"的录取办法体现了高校办学的自主权，赋予了高校以法人地位，符合教育改革的方向，因此越来越多的省、自治区、直辖市都采取了这种体制。

以上录取环节的改革，主要是顺应时代要求，着力于扩大高校招生自主权，却始终没有针对录取环节的弊端进行实质性改革。这种传统录取方式的弊端是显而易见的。首先是人工操作、效率低下。其次是人情、权力和金钱的介入，损害了高考的公平公正原则及其所带来的良好社会声誉，严重降低了广大群众对统一高考公平公正的信任度。为了有效地完成不断增加的录取工作量，杜绝各种非成绩因素对录取造成的困扰，招生部门萌发并实现了网上招生录取的思想。网上录取是建立在计算机信息处理技术和计算机网络技术基础上的一种全新的录取管理模式，通过中国教育与科研网（CERNET）来进行。早在20世纪90年代初，广西便开始酝酿网上录取。1996年，广西、天津率先进行网上招生的试点。在收到良好效果后，1999年，教育部又将试点扩大到北京、上海、辽宁、四川、重庆、湖北、云南等7省（市），试点院校也进一步增加。教育部要求从1999年起用3年时间在全国范围内全面实行网上录取，分步实施，争取2000年一半左右的省市建立网上录取系统，2001年基本建成全国招生网上录取系统。教育部为加速网上录取进程的步伐，还利用电视、广播、报纸等新闻媒体大力宣传。2000年北京大学、清华大学两校的网上录取工作被中央电视台一套进行了现场直播，使高校的招生工作从幕后走到幕前。网上录取的快捷高效、公平公正等优点也因此广为人知。

然而，由于网上录取处于试点阶段，还存在许多有待解决的技术弱点和难题，例如招生管理系统和信息代码统一的问题，考生详细的基本信息登录问题，在专业微调时扩大高校的招生自主权问题，以及提高招生队伍的思想和业务素质问题，等等。而且，网上录取虽然比传统录取方式减少了"走后门"的可能性，但由于技术上的漏洞，并没有做到密不透风、滴水不漏。根本堵塞录取腐败的途径在于公开录取结果，充分发挥舆论的监督作用。可见，网上录取在改革道路上还需应对许多技术和非技术的难题和困扰。尽管如此，网上录取作为现代信息技术带来的高校招生录取手段的一项根本性变革，它标志着我国的招生工作在现代化管理水平上又上了一个新的也是近 50 多年来高考录取改革历程中最大的台阶。它的意义不仅仅在于提高了录取的工作效率和维护了高考的公平公正原则，而且为高考其他环节步入网络化提供了有益的借鉴。

中国高考制度创立和发展的曲折历程表明，在中国这样一个人情社会，统一高考的创立具有历史的必然性，其存在与发展也具有现实的必要性。历史一再证明，考试兴，人才选拔与社会发展就有序；考试亡，人才选拔与社会发展则混乱。在我国人口众多但教育资源严重不足的国情下，必须坚持统一高考，使广大考生平等地享有接受高等教育的竞争机会。与此同时，高考也必须根据社会发展需要适时、适度地进行改革，才会有长远的生命力。

第二章

高考制度的宏观研究（一）

高考从表面上看尽管只是一种为高校选拔新生的制度，但由于它同时肩负巨大的社会功能，致使其发展与制度之外的方方面面牵连甚深，尤其是与学校教育有着无法割舍的巨大关联。因此，对于高考制度的发展与改革，必须置于社会及教育的宏观背景中加以研究。

第一节 高考的社会功能与影响

"社会"[1]，是指以共同的物质生产活动为基础而相互联系的人们的总体。其中，物质资料的生产是社会存在的基本条件，人们在生产中形成的与一定生产力发展程度相适应的生产关系的总和，构成社会的经济基础，并在此基础上产生与之相适应的政治、法律、道德、哲学、艺术、宗教等观点和制度，即上层建筑。"功能"[2] 指功效和作用。由于考试是根据一定社会的要求而进行的有组织、有目的的测度或甄别活动，它在受社会母体——政治、经济、文化、教育等各要素制约的同时，也必然反作用于社会各要素，从而产生相应的社会功能。高考作为一种大规模教育考试制度，自1952年创立至今，已运行了半个世纪，为中国高

---

[1] 《辞海》，上海辞书出版社1980年版，第1577页。
[2] 同上，508页。

校选拔了大量合格新生,为提高国民整体素质和促进社会文化发展做出了巨大贡献。如今,高考已成为中国的"举国大考",其社会功能日益凸显。① 也正是由于高考"身兼数职",其社会影响亦日趋深广。

一、教育功能

高考建制最直接的理由是提高高校新生质量,巩固院系调整的成果。高考从诞生之日起,便和教育紧紧相连,或者说,高考产生的重要驱动力是教育活动的需要。教育功能因此成为高考最主要的社会功能。而且,高考的政治、经济、文化等其他功能,也都或多或少地通过其教育功能的折射而起作用。高考的教育功能主要体现在牵制教育目的、引导教育过程和评价教育结果等方面。

(一) 牵制教育目的

尽管从理论上说,高考制度具有教育目的制约性,必须由教育目的来决定高考的运作。但由于高考在高校新生选拔中发挥了巨大作用,且具有广泛而稳固的社会基础,使其社会功能常常凌驾于社会母体的制约之上。因此在实践中出现和理论上相悖的情形,即高考成为一根强势"指挥棒",牵制着教育目的,而且考试竞争越激烈,其对教育目的的牵制力越大。高考强大的"指挥棒"作用,使得一切教育教学活动皆以高考为中心,围绕高考来运作,教育因此成为一种应试教育。20世纪60年代以来,尤其是最近十几年,高考对中等教育教学的"指挥"已渐渐偏离正确轨道,不仅造成片面教学进而带来学生知识结构的缺失(尤其是非考试科目),而且带来学生偏科问题。高考"指挥棒"功能因此遭到社会各界的猛烈抨击,甚至被人指责为"人神共愤的考试"。②

客观地说,高考对教育目的的牵制,从总体上是不利于教育发展的。这是由于教育与考试各司其职,各有规律。在扮演好各自角色并处理好二者良性互动关系的前提下,双方只有遵循各自的规律来运作,才能获得良性发展。否则便可能导致畸形的考试和畸形的教育。不过,作为一种客观存在,高考这根"指挥棒"并非总是"瞎指挥",有时也能发挥出一定乃至相当大的积极功用。例如,高考实行"3+X"科目改革后,随着命题由以往的知识立意向能力立意转变,对学生的考查重点也由知识转为能力和素质,这必然牵动着教育教学朝培养学生能力和素质方向转化;为培养学生成为既"一心苦读圣贤书"又"两耳也闻窗外事"

---

① 郑若玲:《高考的社会功能》,载《现代大学教育》2007年第3期,第31~34页。
② 孙绍振:《废除全国统一高考体制》,载《艺术·生活》1998年第6期,第8~13页。

的关心国家和社会的合格公民,便可将一些需要关注的社会问题体现在考试内容中。再如,在会考制度建立前,由于评价高中教学的主要依据是高考,高中学校为追求升学率可谓"无所不用其极"。而以会考合格率作为评价高中教学的主要依据后,绝大多数高中则由以往的"升学教育"进步到了"教学面向大多数"。

高考由于激烈的竞争性而"反其道而行之"地牵制着教育目的,乃有其深刻的社会根源。从文化上看,"万般皆下品,唯有读书高"、"贫者因书富,富者因书贵"等传统观念仍充盈于现代人的头脑,而中国古代所谓的"读书"即相当于现代的"读大学";从社会地位(包括政治地位与经济地位)上看,赢得高考竞争所带来的人生际遇也是中国古代科举及第后"书中自有黄金屋,书中自有颜如玉"的现代版。因此,高考的竞争便成为人们一生的政治地位、经济地位等社会竞争在教育领域的"浓缩"。正是由于高考具有如此强大的社会功能,只要中国仍需要以高考来制约高校招生面临的关系、面子等人情困扰,高考的"指挥棒"作用便必然存在,亦实属正常。① 因此,在看待这一功能时,宜取客观理性的现实态度。事实证明,只要因势利导,考试这根"指挥棒"就不会"瞎指挥"。这恰恰是考试功能二重性的表现。

(二) 引导教育过程

教育过程是教育目的的实现的桥梁,它直接决定了能把受教育者培养成什么样质量和何种规格的人。教育过程包含教育者、受教育者和教育影响等要素。如果说考试对教育目的具有牵制作用,那么对教育过程则起着直接的引导作用。前者正是通过后者来实现。

高考使中学教与学的注意力完全放在所设的考试科目上,在"考什么便教什么学什么"的同时,造成"不考什么便不教什么不学什么"的弊病。例如1994年实行的在会考基础上的"新高考"制度改革,按文理分科,实行"3+2"科目组合,将地理、生物和政治(理科)等科目与高考"松绑"。随之而来的问题便是,这些科目在中学的教学中很快受到冷落,大学相应专业在教学过程中则面临学生基础差的问题,师范大学的相应专业毕业生也出现分配困难的窘况。为此,有关学者纷纷上书中央有关部门,高考科目减少给相关学科带来的问题甚至被反映到全国人大的提案中。1996年8月15日,71位中国科学院院士更是在《光明日报》上联名呼吁重视生命科学,提出:"必须立即恢复理科高考中生物学应有的地位,尤其是对报考生物系及有关医、农等科系,不得免考生物学,以保证学生来源和今后研究与教学的质量。当前,由于应试教育和取消生物

---

① 郑若玲:《试析高考的指挥棒作用》,载《厦门大学学报》(哲社版) 2002年第2期,第7~10页。

学考试的影响，中学生不重视学习生物学、中学生物学教师工作不安心、教学内容落后、实验教学设备匮乏等状况，严重影响中学生物学教学质量。"再如，1999 年广东省实行"3 + X"改革时，为减少备考科目数量，绝大多数考生将"X"选为"1"。

如果说，考试科目设置对教育过程的引导表现在形式上，那么，各科目考试内容的命制对教育过程的引导则具有实质意义。长期以来，我国高考命题基本上以知识立意为主，即以学生掌握了多少知识为考核目标。知识立意几乎成了记忆立意的代名词。中学的教学亦以知识传授为主。20 世纪 90 年代后，高考命题的立意开始由知识关注到能力上。起初是引入和研究美国学者布卢姆（B. S. Bloom）的"教育目标分类学"，但受高考纸笔测试形式的制约，只关注到了认知领域中的理解能力和技能等方面。此后，又将认知领域中的知识与能力测试"学科化"，即根据《教学大纲》的目标要求，确定开考各科所测试的内容、目标、形式和能力要求，并以《考试大纲》形式向社会公布，从而克服了制卷者和考生的盲目性。此举突出了高考检验考生的学习结果和进入高校继续学习的能力等任务。

到 20 世纪 90 年代末，随着高考内容改革进程的加快，学科能力测试又上升到综合能力测试。与此同时，积极进行"3 + X"的科目改革试点。"3 + X"改革的精神实质是更加注重对考生能力和素质的考查，旨在对中学实施素质教育产生良好的导向作用。其中，设立综合考试科目是此次改革的一个亮点。开设综合科目的意图是想改变过去文理分科绝对化、跨学科能力的综合和学科间知识的渗透力不够的状况，引导学生全面掌握中学阶段应当掌握的基础知识和基本技能，重视能力特别是学科内和跨学科的综合能力以及分析和解决问题能力的培养。因此，"3 + X"科目改革的实质与重点仍在于考试内容的改革，体现在命题上，便是变知识立意为能力立意，以考查学生的能力和素质为重点。① 相应地，中学教学也出现了新鲜事物：一是教学中合并若干学科，开设一些综合课程，以期提高学生的综合素质和能力。二是教学模式出现了新的变化，针对学生不同的学习动机与兴趣，从提高学生整体素质、发展个性的目标出发，在按大纲的要求开好必修课的同时，对各学科学有专长、兴趣浓厚的学生开好选修课，研究小班教学的组织方式、教学方法、教学手段，从智力、能力、潜力、努力程度全面分析学生，认真进行分层教学。②

虽然从理论上说，考试是为教育服务的，二者的关系本该是"教什么学什

---

① 马金科：《高考能力考查的研究与实践》，载《高等教育研究》2000 年第 3 期，第 32～35 页。
② 邓道玉：《高考改革与推行素质教育的关系及其导向效能探析》，第六届全国教育考试科研讨论会论文。

么便考什么"，但由于高考这样的大规模选拔性考试包含了浓郁的社会利益色彩，故而反过来变成为"引领者"。如果说考试对教育目的的牵制作用有点本末倒置，那么考试对教育过程的引导作用则既合理又合法——关键在于施行什么样的考试。

（三）评价教育结果

狭义的教育即学校教育，是指"教育者按照一定的社会要求，向受教育者的身心施加有目的、有计划、有组织的影响，以使受教育者发生预期变化的活动"。① 判断受教育者是否发生了"预期的变化"，以及发生了怎样的变化，都要借助于考试才能了解。因此，考试是评价教育结果的重要手段。与高考的前两个教育功能的"后发外生性"相比，高考的评价教育结果功能是自然的、技术的，因而也是其最本质的教育功能。

由于考试成绩是评价教育结果的一个最明确的指标，追求好的考试成绩便成为教育施行过程中的一个直接目标。我们现在常说的"片面追求升学率"就是这一目标的极端化。"片面追求升学率"是伴随着高考的激烈竞争而产生的一种不正常的教育现象。它与高考如影随形，成为笼罩在高考头上一块久久不散的乌云。它还赋予高考以"魔力指挥棒"的"美誉"，使整个中学乃至小学、幼儿园阶段的教育都在这根"魔棒"的指挥下运转得精疲力竭，怨声载道不绝于耳。对高考升学率的片面追求，使学生学无宁日、教师教无宁日，在一定程度上扭曲了全面发展的教育目标。如今，人们已越来越清醒地意识到，"片追"在破坏正常教学秩序的表象下，更深地危及社会风气和中国在 21 世纪的国际竞争力，对"片追"的喊打声也愈来愈响亮。

许多人认为，"片追"作为对高考教育评价功能的一种反应，给教育带来的负面影响是制造了"应试教育"，阻碍了"素质教育"，并导致了一种奇怪的现象：中学在将素质教育宣扬得轰轰烈烈的同时，也将应试教育开展得扎扎实实。其实，这决非考试评价功能的必然结果，而是社会竞争强加给考试的产物。当考试成为获取社会稀缺资源的主要乃至唯一手段时，考试在教育中占据轴心地位是再自然不过的了。即便如此，应试教育与素质教育也并非截然对立的关系，更无好坏之分。有考试即有应试，应试什么，如何应试，皆取决于如何考。素质教育也并非不要考试。由于高考"指挥棒"作用的客观存在，确立考试命题的素质立意，可以引导中学实施素质教育。素质立意的考测目标，既不是单纯的知识，也不是单纯的综合或动手能力，而是考生的综合素质，包括思想素质、道德素

---

① 鲁洁：《教育学》，人民教育出版社 1984 年版，第 19 页。

质、文化素质、心理素质等（身体素质的考测需要另辟途径）。例如，通过巧妙地设计道德推理或道德判断题，不仅可以考测学生的道德知识和综合推理与判断能力，而且在一定程度上可以考测出学生的道德水准。再比如，设计一些常识性试题，采取口试形式，既可以考测学生的知识水平和思维能力，也可以测量其心理素质。① 鉴于可操作性问题，如何实施素质立意的高考，则牵涉到考试形式的改革，在此不展开论述。

高考的教育评价功能因其富含社会色彩而分外强大，以致对基础教育的任何改革都产生巨大的影响。因此，若高考制度不变，任何其他教育改革都难见成效。例如，就目前正在进行的基础教育课程改革而言，不少教育专家认为，课程改革难以推行的主要原因是旧体制与旧观念的阻抗力太大。只要旧的高考制度依然不变，"应试文化"依然不变，新课改的命运将岌岌可危。我们认为，要使高考的教育评价功能对基础教育发挥积极功效，唯有将高考改革置于基础教育评价和课程体系的改革背景中，使二者相得益彰。

目前，基础教育的评价体系改革重点是在综合性评价和个性特长评价上。前者主要是改变以往单纯以学业（考试）成绩作为评价学生发展的唯一标准的做法，旨在建立包括学业成绩、道德修养、创新能力、实践能力等在内的综合性评价体系。后者则是基于"以生为本"的教育理念，旨在发展学生的个性，能扬其所长。这些改革要求高考在考试科目、考试内容、考试形式以及录取标准上都要作相应的变革。例如，现行的"3＋X"科目改革的综合科目的命题，由于技术上的原因，"学科知识拼盘"色彩仍较浓厚，没有很好实现预期改革目标。综合科目的考试命题只有真正向能力和素质立意转变，才能使基础教育的综合性评价体系得以落实。此外，为配合个性特长评价体系的实施，高考科目改革也应在不降低考试的信度与效度的前提下，在扩大学生对考试科目的自主选择性上做文章。

另外，基础教育课程体系改革的重点是在基础性上。基础教育，顾名思义就是为学生打基础的教育，因此，基础性是基础教育的永恒主题。但由于高考具有强大的社会导向功能和教育指挥作用，使得高考科目的设置成为决定基础教育是否具有基础性的关键所在。要使基础教育始终保持其基础性特点，要求高考的科目改革在将中学所有科目吸纳进考试科目的选择范围、增强命题的科学性、满足高等学校的专业差异等前提下，应保持一定的考试科目与内容覆盖面。

评价教育结果作为考试的最本质功能，不仅仅是被动地作为教育过程的一个

---

① 郑若玲、杨旭东：《高考改革：历史与现实的思考》，载《厦门大学学报》（哲社版）2003年第1期，第108～114页。

环节来行使其反映教育效果的职能，也可以主动地参与到教育过程中的各个环节。因此，评价标准的制定，对于教育的成败与否就显得至关重要。就高考而言，要使它既有利于高等教育阶段合格新生的选拔，又有利于基础教育阶段学生合理知识结构的形成，必须进行全方位的考试制度体系改革，尤其是内容与形式的改革。只有使高考的选拔标准与教育目标吻合起来，才能使其教育评价功能得到最大限度的发挥。

二、文化功能

考试本身就是一种独特的文化。考试的文化功能既是考试自身系统的一种自然属性，又与教育的文化功能密不可分。一方面，由于考试与教育的特殊关系，使得前者在后者发挥文化功能方面扮演着重要角色。另一方面，前者文化功能之发挥又常常借助于后者这个中介。

（一）文化的含义

文化是个具有多义性的非常复杂的概念。根据《辞海》的解释，"文化"有广义和狭义之分。广义的文化指人类社会历史实践过程中所创造的物质财富和精神财富的总和。狭义的文化指社会的意识形态，以及与之相适应的制度和组织机构。有时，文化也泛指一般知识。[①] 以上定义只是后人在不同语境下对"文化"一词所作的概括。若追根溯源，从词源学的角度看，"文化"则由"人文化成"一词简化而来，"基本上是指对人施以文治教化，把新生的本来不懂事理之人培养成有教养的人的过程"。[②] 因此，有时文化也被解释为中国古代帝制王朝所施行的文治和教化的总称，如南齐王融的《曲水诗序》中便有"设神理以景俗，敷文化以柔远"之说。中国现代文化学大师梁漱溟先生则对文化作了一个极为通俗的释义，认为文化"就是吾人生活所依靠之一切"，如农工生产的所有器具技术及其相关的社会制度，维持社会条理秩序的国家政治、法律制度、宗教信仰、道德习惯、法庭、警察、军队等，以及文字、图书、学术、学校及其相类相关之事。[③]

英文中的Culture一词，则源于拉丁文中的Cultus和Cultura，通常具有"耕耘"或"掘种土地"之意。到古罗马时代，著名思想家西塞罗（Cicerro）所用

[①] 《辞海》，上海辞书出版社1989年版，第1731页。
[②] 张应强：《文化视野中的高等教育》，南京师范大学出版社1999年版，第14页。
[③] 梁漱溟：《中国文化要义》，上海世纪出版集团、上海人民出版社2003年版，第9页。

的"文化"一词,则具有比喻和引申的含义,他所说的 Cultura mentis(耕耘智慧)已与拉丁语中的用法有所不同,意指改造、完善人的内心世界,使人具有理想公民的素质。此后所说的"文化"含义,大致与此相同。例如,18 世纪法国学者伏尔泰等人所使用的"文化","意指训练和修炼心智的结果和状态……很快这个词就被运用于形容某一位受过教育的人的实际成就。良好的风度、文学、艺术和科学——所有这些都被称为'文化',被认为是通过教育能够获得的东西"。到 18 世纪末,开始出现了文化一词的现代用法,例如德国学者赫尔德所用的"文化","乃是一个社会向善论的概念,它意味着人的完善,或者在发展他自己的过程中取得的工艺、技术和学识"。[①] 如今,文化一词在不同学科得到了广泛运用,文化的含义也因此越来越多,越来越复杂。

由于文化的多义性,我们难以给文化下一个普遍适用的定义。但从上述中西方对文化的不同解释,我们还是可以看出文化的表现形式包括三方面,即物质文明、精神文明和人的教化,且三者都是通过劳动而创造,关系密切。其中,人的教化或者说"人化",似乎是中西方对文化的一种共同把握,亦被视为文化的本质。可见,文化与教育具有本质上的一致性,都是对人的一种教化,使人获得发展和完善。从这一点上说,文化不愧是社会的灵魂,是推动社会发展的潜在动力。

(二) 考试的文化性

梁漱溟先生认为,文化是极其实在的东西。"文化之本义,应在经济、政治,乃至一切无所不包",既包含"物质食粮",也包含"精神食粮"。[②] 因此,作为一种与社会尤其是教育密切相关的活动,考试亦可视为文化的一分子。而经过长期实践形成的考试制度,则更是制度文化的重要组成部分。

为什么采行同样的现代教育制度,中国和西方却使用不同的高校招生考试办法?为什么有些在西方被认为行之有效的办法,移植到东方却"水土不服"?制度的文化性所使然也。制度的产生有其独特的文化氛围。由于文化具有民族差异性,各国各民族的文化有自己的性格,如中国的和谐保守传统,英国的贵族精神与绅士传统,德国的理性精神传统,美国的实用主义和功利主义传统等,在这一氛围中生成的制度必然带有鲜明的文化痕迹,其发展也必须有适宜自己生长的文化条件。以下以中美高校招生制度为例。

美国大学入学从 20 世纪初开始试行多元(综合)评价办法,经历一个世纪

[①] 张应强:《文化视野中的高等教育》,南京师范大学出版社 1999 年版,第 14~15 页。
[②] 梁漱溟:《中国文化要义》,上海世纪出版集团、上海人民出版社 2003 年版,第 10 页。

的发展，已形成较为完善的多元（综合）评价制度。多元评价主要包括两方面内容，一是高等学校的各类入学考试（如学术性向测验、大学入学考试、托福考试）；一是其他入学条件（包括学生在高中时所学课程及学分、学生在中学最后几年的平均成绩、中学毕业时学习成绩在班上的名次、社区活动的参与情况、入学推荐信和申请书、面试以及其他特殊才艺和能力等）。可见，多元（综合）评价制度的主要特点，一是评价标准多元，二是注重平时表现。它既能兼顾学生进入大学学习的权利与能力，又注重中学与大学的衔接，同时还能避免"一考定终身"的偶然性，应该说是一种比较理想的大学招生制度，因而也为西方许多国家所采用。

然而，这种在国外运行良好的多元（综合）评价制度，借鉴到中国却行不通。20世纪80年代中期实行的保送生制度，便是这样一种注重学生平时各方面成绩和表现的多元评价制度。但这一制度最终却被传统文化中讲人情、重关系、看面子等消极因素所累，其功能也因此被异化。[1] 因此，我们在改革高考制度、借鉴国外经验时，就不能不考虑自己的文化与国情。许多在国外行得通的良法，在中国的土壤里却不一定能生根发芽。就高校招生制度而言，各国都有自己的历史成因和传统特色。深思我们制度的利弊，提出适合中国国情的改革建议，比一味地用他国做法指责中国的考试制度，可能对改革高考更有助益。杨振宁教授在对中美教育进行比较时，曾谈到中美教育传统区别很大，中国的教育问题不是把美国的哲学搬过来就可以解决的。[2] 杨教授的观点同样适合于中国的高考改革。

可见，制度作为文化的产物，带有浓厚的文化性。而制度作为文化的一部分，又丰富着文化的内涵。考试的文化性，或者说考试作为一种文化，已进入我们的灵魂深处，并形成一种"考试基因"遗传下来，这也正是文化遗传性的一种表现。

（三）选择文化

狭义的考试作为教育活动的产物，其文化功能与教育的文化功能有一定的共性。教育特别是高等教育对文化具有选择、传递、传播、保存、批判和创造等功能。[3] 考试也在不同程度上发挥着教育的这些文化功能。但考试自身的特性决定了其文化功能之一主要体现在选择文化上。

文化作为一种社会现象，弥散于社会生产和生活的各个层面。随着社会的发

---

[1] 郑若玲：《保送生制度：异化与革新》，载《教育发展研究》2002年第6期，第43~46页。
[2] 李家杰：《杨振宁教授比较中美教育》，载《光明日报》2004年6月17日。
[3] 潘懋元、朱国仁：《高等教育的基本功能：文化选择与创造》，载《高等教育研究》1995年第1期，第1~9页。

展和文明的进步,文化的积累与日俱增。但是,文化在延续和传递的过程中,也在不断地进行着选择。选择性是文化的特性之一,也可以说,几乎人类的每一项活动都包含着文化选择的内涵。而文化选择的目的正是为了维持文化的存续和更新。文化的选择性是考试的选择文化功能实现之前提。

虽然考试和文化都是一种社会现象,都是社会母体中的子系统,但从宽泛意义上说,考试本身又是一种文化,"是隶属于文化母系统中的子系统,是整个人类文化的有机组成部分,是根据社会的需要而形成的一种文化行为和手段"。[①]因此,考试制度的选择,考试的目标、目的、内容、方法、对象等,都要受到文化的制约。然而,考试与文化之间的关系绝非单向、被动的,而是双向、互动的。考试既是文化的产物,要受文化的制约,反过来又能促进文化的发展,成为文化发展的动因。从这一点来看,考试的诸多受制因素与考试的功能是无法截然分开的,比如,考试制度和考试内容的选择,看起来是受到文化的制约,是文化的产物,但反过来也可以说是一种对文化的选择结果。

现代高考制度的建立与发展,便体现了一种对公平理念文化的追求与选择。1952年,新中国在经历了短暂的过渡时期后,建立了统一高考制度。由于历史与政治原因,高考制度从一开始即身兼为高校选拔合格新生和为国家选拔后备干部的双重任务。统一高考之建立,除效益和质量的考虑外,更有追求公平之本源因素。统一考试正是从制度上排除了考试以外人为因素的干扰,有效地保证了考试的公平与健康发展,使全体国民享有平等参与接受高等教育和追求社会地位竞争的机会。而"文革"时期统一高考的废止,使高校招生的公平性受到践踏,公正有序的干部选拔工作亦被帮派林立、任人唯亲、任人唯派的混乱局面所取代,中国社会的发展水平因此严重倒退了若干年。故而,1977年恢复高考,使整个社会"由乱而治",百姓为之欢声雷动奔走相告,为中国教育史乃至中国历史浓墨重彩地书写了一笔。高考的恢复,正是对舍出身、血统、关系等不公而取能力、学识、自身等公平因素的一种文化选择。

和考试制度相比,考试内容的文化选择功能则表现得更为直接。考试内容所选择的文化,往往是强势文化,或是先进文化。例如,历史上的科举之所以长期以儒家经典为考试内容,是因为强调"修齐治平"的儒家文化在维护和稳固帝制皇权统治方面,具有佛家、道家以及技术文化所无可比肩的优势。而它在科举考试内容中的唯一性,又反过来进一步强化了其强势地位。现代高考所考的中学九门基础课程,也是经过千百年锤炼的自然科学和人文社会科学之精华,是经过精挑细选而存留下来的先进文化。因此,考试内容的选定,也是对文化的一种选

[①] 程凯、王卫东:《考试社会学概论》,河南大学出版社2000年版,第89页。

择。不过，支撑考试内容的文化选择功能之发挥的，仍是考试制度本身。制度越重要，其考试内容的文化选择功能便越强大。

（四）提升文化

提升文化是考试文化功能的另一个主要体现。考试制度的好处甚多，其中之一是求己不求人。人生求人之处居多，而求人艰难，且成功与否操决于他人。考试则提供一个反求诸己的机会，成功与否主要靠自己的奋斗，故考试选才能够促人向学、催人奋进。① 考试的提升文化功能便与这种"以考促学"直接相关。从功利角度看，没有考试的压力，人们未必不学习，但有了考试的压力，学习的动力则更强劲，尽管这种动力可能是外在的。任何一种考试，只要它目标明确，便具有导向功能，即所谓的考试"指挥棒"，只不过考试的竞争性不同，其导向功能会有程度上的差别。但凡考试即有竞争。在水平性考试中，虽然从表面看是每个考生与既定目标之间的比照，考生之间并不会产生竞争实质，但竞争心理依然存在。不具备竞争实质的水平性考试尚且蕴含着无形的竞争心理和竞争压力，更遑论以选拔为目的的竞争性考试。为在竞争中取得优势，考生必须进行有针对性的学习。学习的针对性越强，赢得竞争的可能性越大。

正是这种竞争性，使考试在实现其甄拔人才目的的同时，也产生了促进学习的功能。现代高考作为统治阶级意志与教育教学活动之间的中介，正是通过对考试内容的规定，来达到指导中学按照国家意志办学的目的。而以考促学对于提升社会和个体的文化水平其作用是不言而喻的。1958 年，受教育革命和"左"的思想影响，取消了统一高考，改为各校单独或联合招生。当年度免试录取了大批工农成分者，致使新生质量和高等教育质量严重下降，次年不得不恢复统一高考。"文革"十年，统一高考又被废除，高等教育基本处于停顿状态，中国社会的文化发展水平也严重倒退了若干年。1977 年高考恢复，高校选拔了一批在文化素质上与"文革"期间有着天壤之别的新生，不仅极大地提升了高等教育质量，而且有力地激发了青年人的学习积极性，使整个社会"由乱而治"，并为政治、经济的各项改革与社会发展奠定了良好的文化基础。高考始终是激励考生奋发学习、激励高中不断改进教学的最实际和最强大的动力，并为提升社会文化水平提供了重要的制度支撑。② 从恢复高考至今，几乎每年都有数百万学生参加高考，全社会的读书学习热情在高考制度的促进下得以持续高涨。另外，考试难度不断加大，现在的高考试题难度和恢复高考之初相比已有天壤之别，也从一个侧面反映了考生的文化水平已大大提升，1977 年的高考语文答卷中，将孙悟空说

---

①② 刘海峰：《高考改革应稳步推进》，载《中国高等教育》2007 年第 2 期，第 9~11 页。

成是《红楼梦》作者之笑谈,想必已"驾鹤西归",一去不复返了。

三、政治功能

作为一种甄别个体差异性的社会活动,考试具有社会制约性,要受社会的政治制度所制约。考试制度的创建和实施,无不体现着国家和政府的意志。国家通过为考试制定法律法规、考试标准甚至进行命题等来传播和执行自己的意志。而国家意志恰恰是政治的一种体现。因此,从某种意义上看,考试制度亦隶属于政治制度的范畴,其政治功能不言而喻。高考的政治功能主要体现在影响社会结构和稳定社会秩序两方面。

(一) 影响社会结构

社会结构是指社会成员在具体的社会活动和社会关系中所处的位置结构,它包括静态和动态两种状态。社会的静态结构通过社会分层来反映,动态结构则通过社会流动来反映。社会分层与社会流动其实是一个事物的两个方面,流动本身即意味着有一个不平等的阶梯存在,而这不平等的阶梯即是社会分层的具体体现。

根据功能主义理论,社会分层对于满足一个复杂的社会系统的要求是必需的。只有让那些最有资格、最有能力和竞争力的人去承担那些最重要的工作或职位,社会系统才能保持平衡和协调,也才能实现正常运转。就高考而言,其对中国社会分层的影响是显而易见的。新中国成立50多年来,中国的社会分层机制发生了重大变化。20世纪50年代至1978年改革开放前,社会分层采取的是"身份制"制度体系,该制度将户口、家庭出身、参加工作时间、级别、工作单位所有制等作为"社会屏蔽"的基本指标,对社会群体进行区分。这些区分身份地位的指标由于多与"先赋因素"有关,缺少公平竞争的机会,束缚了社会成员的活力和积极性。改革开放后,身份制开始出现解体迹象。人们通过后天努力获得的文凭、学历、技术证书等取代了传统的先天身份指标,所发挥的社会屏蔽和筛选功能越来越突出。特别是20世纪80年代以来,中央在制定干部提升的标准上也强调学历的重要性,没有高等教育学历一般都得不到提升。[①] 这犹如给新的社会分层机制注入一剂强心针。而文凭、学历和技术证书等的获得,无一例外要通过考试尤其是高考的竞争或筛选这一渠道。随着社会结构开放性的加强,高考在社会分层中的作用将越来越重要。

---

① 李培林:《中国社会分层》,社会科学文献出版社2004年版,第17~19页。

而高考对社会进行分层恰恰又是通过其促进社会流动来实现的。除高考外，当今社会实行的各种考试，大到高考、自学考试、公务员考试，小到某一行业的职业资格考试、某一工种的职业技能鉴定，也无不促进着社会的纵向或横向流动，并由此不断更新着社会阶层的结构。

（二）稳定社会秩序

作为一种甄别个体差异性的社会活动，考试具有社会制约性，受社会的政治制度所制约。考试制度的创建与实施，无不体现着国家和政府的意志。因此，从某种意义上看，考试制度亦隶属于政治制度的范畴，其政治功能不言而喻。高考最主要也是最现实的政治功能便是稳定社会秩序。

实际上，考试的稳定社会秩序功能早在一千多年前便为古代中国统治者所意识到。从一定意义上说，中国的古代文化之所以成为世界上唯一延续数千年不断的文化，古代中国之所以成为世界上唯一在两千年间大体维护着广大疆域的统一的国家，科举考试制度功不可没。所以，历代统治者在打下江山、初定政权后，所做的第一件事往往都是重开科考，以笼络民心，网罗人才。古代社会封建统治者重视科举，主要是出于维护和稳固皇权统治的考虑，与当今高考为高校选拔合格生源的主旨有所不同。但高考同样起到了安定社会之功。

如前所述，高考具有更新社会结构之功，而社会的分层与流动都与政治稳定不无关联。许多政治分析家认为，一个工业社会的政治稳定或不稳定由其社会流动率所决定，高流动率的社会是稳定的，反之则是不稳定的。[①] 不仅如此，社会流动率与社会进步也呈正相关，社会流动越快、流动比率越高，则社会开放程度越高，社会也越进步。

高考体现的是国家意志，奉行的是公平公正原则。人们参加高考，不仅可以认同国家意志，而且通过公平的竞争获得一种满足感，因而对政府更多的是归顺而非忤逆。诚如中国台湾学者刘季洪所一语中的："考试制度的运用，可以加强全国人民对政府的向心力。无论他们属于哪一个种族，亦不论他们居住何方，皆可经由考试而加强他们与政府间的关系，使他们对国家更为忠诚。"而"循览前代史迹，则知人才恒倚考试而振兴，政治尤赖人才以推动，考试对政治之伟大功能，未因时代之递嬗而稍有贬损"。[②] 高考通过刚性的制度机制，为社会底层精英向上流动提供了保障，疏散了其对社会资源分配机制所郁积的不满，从而成为一种安全阀，具有稳定社会秩序的功用。尽管高考在50

---

① 许欣欣：《当代中国社会结构变迁与流动》，社会科学文献出版社2000年版，第61页。
② 廖平胜：《考试学原理》，华中师范大学出版社2002年版，第155页。

余年的历程中，不时受到人们的非议，最终仍无法被推荐制等其他办法所取代，不能不说有政治因素的考虑。再者，1966年最高领导层选择废除高考作为进行"文化大革命"的突破口，并由此带来的混乱时局，以及1977年选择恢复高考作为拨乱反正的突破口，使整个社会由乱而治，也说明高考对恢复和稳定社会秩序具有重大作用。

可见，高考是维护社会公平、坚持社会公正、稳定社会秩序的重要手段。归因于高考制度的长期实行，在相当程度上形成了一种无论贵贱贫富，"在考试面前人人平等"或"在分数面前人人平等"的观念和社会文化氛围。① 高考对于平民百姓好在哪儿？一位陕北老农的话是最好的回答："我的娃经过努力就能考上大学，县长的娃不努力就考不上大学！"② 千百年来，中国人都是不患寡而患不均，在考试方面则是不怨苦而怨不公。因为高考提供了公平竞争的机会，考生即使名落孙山，也只能怨自己的水平或运气不佳。因而，高考能释放较低阶层的不满，起到稳定社会秩序的功用。反之，如果考生因为不公平的竞争而落榜，他们怨的则是政府和社会。在推荐制下，走后门盛行，无法上大学的学生眼见有权有势者的子弟能够接受高等教育，极易感到无助和愤懑，他们的不满就可能聚集起来针对整个社会，形成对现存秩序的反抗力量，影响社会的和谐与稳定。

此外，以多次参加下一年的高考，以及考上较低层次高校的考生今后也还有考上其他重点名牌大学的机会而论，高考实际上并非"一试定终身"。特别是在取消报考年龄限制后，高考理论上成为一种终身考试，为每一个落榜者始终保留着下一次成功的机会与希望。这就为落榜考生提供了更多的选择，也使一些考生和家长的不满与失望不至积累到危险的程度。因此高考在一定程度上起到了社会的"减压阀"与"稳定器"的作用。③ 由此可见，稳定社会秩序是高考非常重要的政治功能。

四、经济功能

考试作为一种测度和甄别人的社会活动，其原始目的似乎与经济毫不相干。和教育、文化、政治等其他社会要素相比，经济与考试的关系更为间接，考试的经济功能也因此不甚显著和突出。但这并不意味着考试对经济发展不起作用。相反，随着考试制度的完善及其在社会生活中被越来越普遍地运用，考试的经济功能将越来越凸显和强大。考试不仅通过人力资本、教育发展和社会

---

①③ 刘海峰：《高考改革的教育与社会视角》，载《高等教育研究》2002年第5期，第33~38页。
② 堵力：《教育部考试中心负责人解析高考新思路》，载《中国青年报》2007年4月17日，第6版。

发展等中介间接促进经济发展,而且对发展经济有直接的作用。当考试的范围和规模达到一定程度时,往往会形成一条考试产业链,各种与考试有关的产业都会被带动起来,共同从考试活动中获取经济利益,并由此出现所谓的"考试经济"。

随着高考"举国大考"地位的确立,"高考经济"开始兴旺。"高考经济"既与一般的资格考试、水平考试等社会性考试所带来的考试经济有共同的内容,如给出版印刷业、餐饮旅店业、交通运输业、网络信息业等带来巨大商机,又因高考的特殊性而制造或强化着以下商机:

(一) 考前指导

考前指导有家教辅导和听名师讲学等。给孩子请家教并非高考的专利,但家长们"望子成龙,望女成凤"的心态,让家教市场日趋活跃。如今,家教已成为在校大学生打工兼职挣外快的最主要渠道。到了高考的节骨眼上,家长们更是针对孩子的学习弱项请专门的家教,期望孩子通过"临阵磨枪"能多考几分。这种时候,家长们考虑的已不是钱的问题,大把的钱花出去自然毫不吝啬。而大学生也抓住家长们的这种心态,纷纷打出高考辅导的家教广告,进军这一"新兴产业"。除了请人为孩子补习这种普通的家教方式外,高考之前还有一种特殊的家教,即听名师讲学。每年高考前夕,常常有京城名校的名师带着各种高考最新信息和动态到全国各地讲学。家长们岂会让孩子错过这大好的"考前指点"?因而,无论是名师本人还是主办讲座的单位,都可赚得"盆满钵满"。

(二) 烧香拜佛

到文庙祭拜,祈求神灵保佑自己高中,本是科举时代的一种习俗。到了现代社会,这一习俗随着高考地位的不断上升而"复活"。平素很少有人光顾的孔庙或文庙,到高考前夕却挤满了虔诚的家长和考生。和大陆同文同种的台湾,每年大学入学考试前夕,也有许多家长带着孩子到庙里求神拜佛,祈保孩子"金榜题名"。除了高考前夕的"临时抱佛脚"外,信佛的家长们在平时的祈神求佛时大概也不会忘了给孩子烧一炷"高香"。而高考成绩揭晓后,各地庙宇又会迎来一批批还愿的家长和考生。

(三) 保健求医

高考前夕,各种健脑补脑的广告常常会铺天盖地出现在各种媒体上。由于保健品生产者大多用消除疲劳、提高智商等不实之词将自己的产品吹得天花乱坠,迎合了家长们寄望考前给孩子突击补脑以便考试时能超常发挥的求胜心态。此时不买，更待何时？在家长们纷纷解囊的同时，商家则大赚其钱，窃喜不已。除保健品热销外，医院平时门前冷落的心理门诊也在考前变得热闹起来。巨大的考试压力，让许多考生患上"高考综合症"，轻则情绪急躁、精神紧张、学习效率低下、失眠，重则神经衰弱、强迫性思维等。心急如焚的家长们谁也不愿孩子十几年的苦学勤练功亏一篑、毁于一旦，于是不惜重金，寄望各种心理门诊和心理健康讲座能缓解孩子的考试焦虑。

值得一提的是，高考因其重要性，比之其他各类考试自然蕴藏着更大的商机。例如餐饮旅店业，除了农村考生赴城里参加考试的吃住费用外，离考场较远的城市学生也纷纷到考点附近的宾馆开设"白天房"、"半天房"、"钟点房"等"高考房"，仅此一项，每位考生的花费少则一两百元，多则数千元。高考录取结果揭晓后，家长们又要大摆"谢师宴"。经济条件许可的，自然是认为越高档越能表达对老师的感激，即使经济条件窘迫的家庭，也是尽可能让老师们吃好喝好。毕竟，孩子十余年的努力总算大功告成，多花点钱也心甘情愿。人们常说，高考是学生的"智战"，是家长的"心战"。其实，高考也是许多相关产业的一次"商战"。

但毋庸讳言，考试经济的兴旺发达在对社会发展起积极作用的同时，也带来了一些消极影响，例如，促使某些经济产业的盲目和无规律发展；造成经济活动中的不正当和不诚实竞争或其他一些经济失范行为；造成某些资源的浪费；给考生及其家庭带来许多无谓的经济负担和心理压力；助长考试功利主义行为，背离考试所提倡的公平竞争原则，不利于考试制度的良性和健康发展；等等。

五、高考改革的社会影响

多项社会功能使得高考作为教育系统的升学考试，却成为一种广受注目与重视的社会活动，并产生重大社会影响。单从规模的扩张上看，高考的牵涉面便令人惊叹，1952年全国仅5.9万名考生，而到2008年，报名人数已达1 050万名之多！更令人瞠目的是，高考期间甚至出现所谓"交通管制、警车专送、公交挪站、飞机改线"等特殊现象，高考也因此成为名副其实的"举国大考"，① 不仅政治领域对高考屡示"青睐"，学界关于高考的争论也多"剑拔弩张"，媒体的高考报道则可谓"狂轰滥炸"，普通民众对高考的街谈巷议也不绝于耳。

高考大概是中国社会唯一一项自建制伊始便被紧紧捆绑在政治"战车"上

---

① 方奕晗：《民调显示高考已成举国大考》，载《中国青年报》2004年6月14日。

的教育制度。1952年7月21日,教育部颁发了《关于实现一九五二年培养国家建设干部计划的指示》,强调指出,各地高等学校严格实行统一招生,是实现这一干部培养计划的关键。这使得高考在承担为高校选拔合格新生职责的同时,也肩负选拔国家后备干部的重任。1966年开始的"文化大革命",则选取了招生考试制度作为文化教育领域"革命"的"突破口",导致统一高考被废。1977年,高考的命运又紧随政治剧变而发生戏剧性变化,再次被选为社会实现由乱而治的"突破口"。因此有人说,恢复高考,无异于一场"'抢'才大典",'抢'出了人才,更'抢'出了社会发展的时间。1977年的冬天,既成为一个国家和时代的转折点,也成为千千万万中国人命运的转折点。①近年来,在中国最重要的全国性政治会议"两会"上,高考的话题也几乎年年被提及。

除"文革"这段特殊时期外,高考自建制特别是1977年恢复以来,以全国统一的文化考试为根本的高校招生考试制度数十年不动摇,因为统一高考是人们择善而从、倍加珍惜的一项相对公平的人才选拔制度。当然,高考也并非得到人们的交口称赞,相反,学界关于高考的论争一直以来都非常激烈,"炮轰"高考者有之;将高考与科举相提并论,认为废除统考制,就是要避免鸦片战争的历史悲剧重演者有之;认为无视高考的历史作用,而为当年的"推荐制"寻找某种"合理性"之举乃是荒诞不经、"吃错了药"者亦有之。

从社会大众的关注看,每年自年初的高考工作会议召开,考生和家长们便开始留意高考改革的种种动向;高考前夕,但凡举行有关高考信息或高校招生的发布会或咨询会,家长和考生们亦唯恐错漏;高考三天,各大报章、电视媒体等,更是将视角聚焦于考场内外的方方面面,构成一道独特的社会风景;高考之后,分数线和取录办法则成为万众瞩目、翘首以待的焦点,甚至落榜考生的命运,也会成为千百个家庭茶余饭后的谈资。到秋季入学前夕,贫困新生的入学和助学问题,虽属高等教育政策范畴,但依然能引发普通百姓对高考和社会公平等问题的又一轮反思。可见,社会大众对高考的关注有着经年不息的热情,而这在教育领域是绝无仅有的。

随着中国高等教育大众化和多样化的发展,"上大学"如今已基本上不是问题,作为高校招生主要途径的高考,本当越来越淡出民众的视野。但上述种种,无不显示出社会对高考的热度"高烧不退"。这说明,高考绝不仅是一项高校招生考试制度,也不仅是一根引导中小学教育教学的"魔力指挥棒",而且是一项有利于促进中华民族团结与统一、维护社会秩序、提高整体国民素质的社会制度。换言之,高考不是单纯的教育问题,这项教育考试制度表象的背后,蕴含着

---

① 晓宇:《恢复高考30年》,载《潇湘晨报》2007年4月6日(专栏评论)。

重要的社会功能,并使得高考承载着远远超出自身所必须承载的社会责任。高考就是高中毕业生面临的第一次强制性社会(脑体)大分工,高考的竞争也就是人们一生的政治地位、经济地位等社会竞争在教育领域的"浓缩",而三大差别(尤其是脑体差别)正是导致高考竞争的根源。"只要存在强制性的社会分工特别是脑体分工,竞争就会存在。高考取消不了,高考的竞争也取消不了"。① 相应地,高考重大的社会影响也绝不会在短期内弱化。其实,无论是政治对高考的"青睐",抑或学界关于高考争论的"剑拔弩张",也都从不同角度折射出高考对中国社会的重要影响。

尽管现行高考制度受到一些人的质疑及现实的挑战,尽管在恢复高考30周年之际,要求改革高考的呼声已成为社会舆论的主旋律,② 但有一个事实无法否认:高考已经成为当代中国最成熟和最权威的人才选拔机制,迄今尚没有任何一种制度可以取而代之。③ 高考的平民色彩、高考对中国社会的巨大贡献,以及民众对它的高度认可,都是无论多么激烈的批判都无法否定的。

但任何事物都是矛盾的对立统一。高考的公平和高效源于一个"统"字,其诸多弊病亦源于这个"统"。高考长期的"大一统"局面,特别是"千校一卷"的考试内容上的统一,使层次、类型各异的高等学校无法根据自己的需要选拔出适合培养的人才,不符合高等教育规律。此外,随着高等教育大众化进程的加快和终身教育体系的构建,高等教育对象的集中性也被打破,考生将来自各年龄段和各行各业。高考若不"与时俱进","统一"的优点则可能"突变"为自身命运的扼杀者。存在长达1300年的科举制之终结,便警示了这一点。④ 高考欲保持长远的生命力,必须在坚持统一考试的前提下,根据社会和教育发展的需要适时、适度地进行多样化改革。

毫不夸张地说,高考改革是当今教育领域意义最重大和影响最深广的改革之一。与此同时,高考改革又是一项复杂的系统工程,而且具有极强的社会导向功能。中国台湾清华大学校长沈君山在谈到台湾的大学联考制度时曾说:"联考不单决定个人的前途,而且左右了台湾的教育。……假若我们问台湾的教育工作人员:哪一个是影响台湾教育的最大因素?我想联考是有共识的答案,甚至说台湾近年来各方面的成功和局限,都间接受到联考所衍生的联考文化的影响,也不为过。"⑤ 大陆的高考也与之类似,甚至有过之而无不及。高考改革不仅关乎高等

---

① 杨学为:《高考改革与国情》,载《求是》1999年第5期,第32~35页。
② 宋晓梦:《理性对待高考改革》,载《光明日报》2007年4月18日,第10版。
③ 刘武俊:《考试立法缺席》,载《中国青年报》2000年7月14日,第8版。
④ 郑若玲:《科举启示录——考试与教育的关系》,载《清华大学教育研究》1999年第2期,第12~16页。
⑤ 沈君山:《台湾的高等教育与改革》,载《上海高教研究》1997年第5期,第16~20页。

学校新生的质量,更直接关系到中学教学和考生个人乃至其家庭的命运,因此它始终处于教育改革的风口浪尖上,成为教育领域少有的为社会各界关注的焦点问题。

就我国的高等教育而言,目前正处于从精英高等教育到大众高等教育发展的转型时期,如何使精英教育与大众教育协调发展,如何使高等教育更加多样化,如何发展高等职业教育等,成为现在高等教育研究的重点。高考作为目前高校选拔新生的最主要途径,与这些改革无不相关。例如,随着我国高等教育的迅速发展,高等教育的层次和类型也日益多样化,尤其是高等职业教育正成为我国实现高等教育大众化目标的一条重要途径。不同类型或层次的高等学校,其培养目标、教学计划和市场所需求的人才规格各不相同,所要求的生源素质也各有不同,对高考的科目与内容便提出了多样化的新要求。和高等教育相比,普通教育与高考的关系则更为直接,因此,普通教育界(包括教师、学生乃至家长)对高考的关注也更为密切。高考改革的任何一丝风吹草动,都有可能掀起轩然大波。一些教学改革也往往因为高考强大的导向功能而难以推行。

高考作为我国一项重要的大规模教育考试制度,每年的考生达数百万之众。高考中的任何一项变革都将牵涉到数百万考生及其家庭的利益。即使是一个省的改革不当,也会影响到十几万乃至几十万考生的前途和命运。而从国家利益的角度看,对高考这样一项有巨大难度和重大影响的考试制度,若只注意到问题的一面而忽视另一面,或轻言废除之,或为改革而改革,则很可能造成部分社会阶层或社会群体的巨大震荡,进而危害国家安定、阻碍社会发展。因此,高考作为连接中等教育和高等教育的一座桥梁,作为具有强大社会导向功能和重大社会影响的考试制度,其改革注定是复杂而艰巨的。①

第二节 高考与学校教育的关系

在高考与教育教学的关系问题上,如今基础教育中有关"应试教育"的文章,可谓"汗牛充栋"。在轰轰烈烈批评应试教育的观点中,其矛头往往直接指向高考,高考被认为是实施素质教育的最大障碍;学校教育尤其是高等教育在多样化发展中,个性不足的主要原因之一,往往认为也是高考。正是上述这些原

---

① 郑若玲:《高考改革的理想与现实》,载《上海电机技术高等专科学校学报》2004年第2期,第130~135页。

因，高考与学校教育的关系，是目前需要研究的热点和难点问题。

一、历史的视角

从历史的视角可以看到，无论是科举时代的教育，还是民国时期的教育，乃至于新中国建立以来的教育，考试制度对它们都有着十分强大的导向性。

（一）科举时代的"储才以应科目"

绵延了1300年的科举，与高考有许多共同之处。在一定意义上，"科举有如古代的高考"。① 科举考试的唯一目的，就是笼络天下英才，选拔统治阶级需要的各级官员。这给了科举时代的士子尤其是乡贡一条出路，即"学而优则仕"。但除此之外，一般士子没有其他可实现垂直流动的出路，这使得教育教学的目的，与科举考试目的一致，即"储才以应科目"。虽然科举与学校并列，"两者却不处于并列和同等的地位，科举成为凌驾于学校之上的一种考试制度，学校教育是受科举考试所制约的"。② 这样，科举取士的标准就成为学校培养人才的标准，科举时代的教育也就成为"科举教育"。科举所取之士需要的是能熟读儒家经典、恪守圣贤说教、效忠封建政治的官员，学校教育也就尽量朝着"修身、齐家、治国、平天下"的方向努力。结果是科举考试目的支配着教育教学目的，教育教学目的依附于科举考试目的。教育教学目的的转化、依附，决定实际的教学内容与科举考试内容一致。以选士为目的、以儒家经典为主要考试内容的科举，主要考查了举子们的记忆、理解能力。学校教育也主要是培养、考查士子的记忆、理解能力。整体说来，科举时代选拔的从政人才，都是当时社会中有真才实学之人。只不过他们中大多数人的"才"主要限于人文类素质。

回顾科举考试的历史，它对教育教学既有正面功能，也有负面功能。从正面功能看，科举考试激发了士子学习的根本动机，尽管中举机会很小，但"朝为田舍郎，暮登天子堂"的吸引力，使得以才学为主要录取依据的科举制，诱导着士子刻苦学习文化知识，调动着一代又一代士子的学习积极性，推动了重学风气的形成，促进了学校教育的发展。具体说，科举考什么，学校就教什么，士子就学什么，这使教育的主流文化传承功能发挥到极致。

从负面功能看，科举制"学而优则仕"的单一考试目的，使教育教学目标导向单一化为"做官"，科举不考什么，士子就不学什么，进而使教育教学内容

---

① 刘海峰：《科举存废与高考存废》，载《高等教育研究》2000年第2期，第39页。
② 刘海峰：《科举考试的教育视角》，湖北教育出版社1996年版，第139页。

多局限于儒家经典等人文学科范围，强化了中国先秦以来重视人文知识轻视自然科学的传统弊病，以至于工商异类被视为旁门左道，科技发明被看做"奇技淫巧"，窄化了人的素质结构，消解了学校教育的全面功能尤其是经济功能。

（二）民国时期的"升学主义教育"

民国时期的高校，基本上始终实行的是单独招考模式。① 实施单独招考，高校拥有较大的招考自主权，招生考试形式灵活多样。但给中学、大学的教育教学带来一定负面影响。例如，蒋介石认为，民国以来的教育在三个根本缺点之中首要的是升学主义，"这是小学和中学教育的根本缺点。小学的课程是为了升入中学作准备；中学的课程是为了升入大学作准备。中、小学课程没有帮助中、小学生教他们在家庭中怎样做子弟。更没有教那些不能升入中学和大学的中、小学生到社会去怎样求生活。只因大学入学考试重视某几个科目，所以从小学到中学都是把这几个科目做目标来努力教授和学习"。②

事实上，中学是大学的预备，不仅在西方教育中有浓厚的传统，也折射出中国科举教育"不中科举非好汉"的遗风。尽管近代民国中等教育的任务，一方面是为高等教育输送合格人才，一方面也为社会造就中等人才。可事实是，民国时期"中学为大学服务，中学课程设置过分以升学为目的的趋向始终十分突出"。③

（三）新中国的"片追"与"应试教育"

中华人民共和国成立以来，我国高考经历了一个创立与反复、废止、恢复与改革的过程。其间，既有一定的经验，也有诸多的教训。目前的高考改革尽管尚面临各种问题尤其是所谓的"应试教育"问题，但从以高考内容改革为重点的国家政策可以看到，高考改革的总趋势，是朝着以"素质教育思想"为指导的方向前进。

"片面追求升学率"现象早在1957年就出现了。当时主要是大部分学生不能升学，学习负担重、学习紧张的呼声。1961年的录取率大幅度下降为45.44%、1962年的录取率大幅度下降为27.43%时，上述问题又出现了。为此，1964年5月4日教育部在《关于克服中小学学生负担过重现象和提高教学质量

---

① 教育部教育年鉴编纂委员会：《第二次教育年鉴》（二），第五编《高等教育》，第一章《概述》，商务印书馆1948年版，第530～543页。
② 熊明安：《中华民国教育史》，重庆出版社1990年版，第217页。
③ 熊明安：《中国近现代教学改革史》，重庆出版社1999年版，第105～106页。

的报告》中提出了六条改进措施,并指出造成学生学习负担过重的原因是片面追求升学的思想。国务院在报告的批示中也指出:"克服中小学校学生学习过重的现象和片面追求升学的思想,不但是提高教学质量所必需的,而且还是关系到办什么样的学校、培养什么样的人的重大问题,必须引起各级党委和政府的足够重视"①。

恢复高考后,先是中小学教育曾一度被冠之以"升学教育",因"升学教育"一词国外一般指"升学指导"等含义,以后又用"应试教育"一词取代"升学教育",表示一种负面含义——教育病。1994年中共中央、国务院召开全国教育工作会议,分管教育工作的国务院副总理李岚清在总结讲话中指出:"现在社会上对教学改革呼声很强烈。基础教育必须从'应试教育'转到素质教育的轨道上来,全面贯彻教育方针,全面提高教育质量。"再以后,又有论者提出要辨证理解"应试教育"。目前,对"应试教育"一词仍有两种理解:其一是中性的理解,即"以应对升学考试为目的的教育"的意思,它既包括素质教育的一面,也包括教育病的一面;其二,即完全的负面含义,指一种教育病,如学业负担过重,复习资料泛滥,偏科教育,偏智而忽视德、体的教育,面向少数升学有望的学生而忽视多数学生的教育,违反学生身心发展规律的教育问题,等等。也有观点称第一种理解为"日常语义"的理解,第二种理解为"学术语义"的理解。②

恢复高考以后,面对中小学越来越普遍的"片追"或"应试教育"问题,国家教育主管部门频繁颁发相关的文件规定,极力控制教育病的一面。高考恢复迄今为止,我们在高考制度、内容、方法上进行了一些富有成效的改革。尤其进入20世纪90年代以来,我们有了更明确的素质教育指导思想,力图建立现代化的人才选拔机制,特别是人才选拔的标准,以正确引导教育教学水平蒸蒸日上。但其基本状况仍如有人形容的那样,"素质教育轰轰烈烈,应试教育扎扎实实"。③

二、理论的视角

考试与教学的关系,既是一个实际问题,也是一个理论问题。以下我们主要运用系统论、矛盾论以及实证的研究方法,对高考与高等教育、高中教育的关系作出一般性的分析,以探求高考在目的、过程、结果三个方面与高等教育、高中

---

① 杨学为:《高考四十年》,载《中国考试》1997年第2期,第2~5页。
② 叶澜主编:《中国基础教育的文化使命》,教育科学出版社2001年版,第143页。
③ 杨学为:《广西今年的高考改革——暨纪念全国统考五十周年》,载《中国教育报》2002年5月17日。

教育的内在联系。

（一）高考是高等教育与高中教育之间目的的调节阀

从高中、高校系统的连接看，高中教育的目的就是培养德智体美等方面全面发展的合格的高中毕业生。合格的高中毕业生，绝大部分也是合格的高校新生。高等教育的目的，就是培养具有创新精神和实践能力的高级专门人才。但高中教育系统与高等教育系统之间的矛盾，迫使高考系统不得不插入其间，于是高考目的合法地成了高等教育目的与高中教育目的之间的调节阀。

首先，高考目的要适应高等教育目的需要。高考目的，从教育视角说，就是高校通过考试来选择新生，保障高校的生源质量，简言之，就是为了招收较高质量的新生。就社会视角说，主要在于促进社会人才的有序竞争、合理流动，维护社会安定。

高校之所以主要通过"考试"方式来选择新生，在于另一种选才方式"推荐"缺乏标准的客观性与可比性。历史表明，完全采用推荐方式选才尤其是选拔大批量的人才，易滋生腐败进而导致社会的无序竞争，阻碍社会的进步。而通过考试的方法选择高校新生，既在于知识的内在逻辑（知识是社会进步的力量，知识是学校教育的基础），也在于考试可以对知识进行有效的测量，如日本学者藤田英典认为："学校作为学习更高深的知识、更先进技术的空间被分成若干阶段。在结构上，前一个阶段的学习为下一个阶段的学习作准备。这是一个以准备程度的高低来决定一个人在下一阶段进入什么样学校的体系。非学绩至上主义的学校体系、非能力至上主义的学校体系是不可能有的。"[①] 从这点讲，高考的目的通过高考目标体现，但主要是考试目标。

高校之所以需要"选择"人才，首要原因在于高等教育的供给小于学生的求学需求。试想，如果每个公民不仅能上大学还能上自己满意的专业，那就不需要"选择"了。我国高等教育虽已迈入大众化阶段，但与世界发达国家相比，高等教育的发展还远不适应社会发展的需要，高中生上大学的需求还远未得到满足，目前我国的高考录取率在60%左右，这就意味着全国在校高中生，每年大约4成左右的学生不能升入高等学校。在这种情况下，作为一种选才活动的高考，就必然承担起"选择新生"的任务。

高校需要"选择"人才的另一个重要原因，在于从高校总体培养目标到专业培养目标的多样化，每所高校都需要考虑招收到适应本校培养目标的新生。从国际上看，《国际教育分类法》把高等教育的培养目标分为理论型5A1与技能型

---

① ［日］藤田英典著，张琼华、许敏译：《走出教育改革的误区》，人民教育出版社2001年版，第150页。

5A2。1998 年我国教育部颁布的《普通高等学校本科专科目录》划分的学科大类，也有哲学、经济学、法学、教育学、文学、历史学、理学、工学、农学、医学、管理学等 11 个，实际的高校专业，至少有 249 个，它们有不同的人才培养规格，在很大程度上也会有不同的新生入学质量规格要求。正是在这种意义上，潘懋元指出，高考需要从选拔性走向适应性，适应性考试功能观的确立，并不意味着对高考选择性功能的否定与抛弃。国外的研究型大学，入学要求十分严格，有的专业型高校，社会地位高，毕业出路好，竞争很激烈，入学标准也很高。在中国，即使高考录取率达到 100%，高校招生仍需要通过入学考试。但此时高考的选拔功能，只是作为高校的局部功能而融入高考的适应性功能。[①]

从社会学上讲，高校通过高考选择人才，最终是为了国家多出人才，出好人才。也可以说，这种选才任务的确定，是任何国家办教育的重要社会功能之一，正如有学者所认为的，姑且不论教育资源是否有限，国家办教育总是为求人才，而人才总是有水平等差异而表现出一种教育分层现象，不可能在水平上出现你好我好大家好的平等局面，所以高校择优选才具有一定的必然性和合理性。

其次，高考目的是高中教育的重要目的。这主要是基于两点而言的：一是高中在目前"双轨制"分流情况下单一的升学任务，长期以来人们比较一致的看法是"升学"与"就业"的双重任务论，国家教育行政部门对此亦有多次规定；二是在单一任务情况下尚有大量高中生不能升学的现实情况。高考目的成为高中教育的主要目的，意即高考的目标是高中教育的主要目标之一。高考目标，从素质结构上说，首先是德智体美等方面的具有相对较高的综合素质，或者是在某方面具有特长；从对象目标说，主要是录取率以内的学生，或者说达到录取标准的学生；从选拔方法的角度说，主要是考试目标，即学科考试目标，表现为高中各学科中的认知、技能目标，高中生只有在学科考试目标中获得相对的好成绩，才有可能敲开高校的大门。

但高考目的与高中教育目的之间也存在着矛盾冲突。冲突之一，高中教育面临努力趋近高考标准的矛盾。受办学条件等诸多因素的影响，它预示着许多地方尤其是贫困地区的高中，很难使高考目的成为高中教育的目的之一。冲突之二，"双刃剑"似的功能导向矛盾。高考的直接目的，是为高校选择更加优质的人才，选择人才的数量受高等教育供给的限制，必然是只有部分高中生成为实际对象目标，这就需要通过考试等方法把考生水平"区分"出来，以至于考试选择标准好比"调节阀"、"过滤器"，它始终让一部分学生处于标准之下，或者说让

---

① 潘懋元、覃红霞：《高考：从选拔性到适应性考试》，载《湖北招生考试》2003 年第 12 期，第 22～23 页。

一部分学生达不到标准。它预示着部分考试成绩离标准较远的学生，产生失去学习积极性的可能，或者有被加重身心负担的可能。冲突之三，素质目标导向的矛盾。选择标准如果是对学生德智体美等素质的全面要求，则考生也会就朝全面发展的方向努力。选择标准如果体现了高校专业的性向标准，还会导向着学生的性向学习目标。高考以客观题为主，高中生就可能注重陈述性知识，强化自己的记忆水平；高考以主观题为主，高中生就可能注重程序性知识，在记忆基础上发展自己的高级智慧能力。

（二）高考过程与学校教育的规律性联系

从活动的过程视角来看，高考活动过程是高考目的的实现过程，也是高考目的的渗透过程。高考目的与高等教育、高中教育目的之间的关系，正是通过高考活动过程来展开与体现的。

高考作为选才的一种活动，它自然就有自身的结构或者组成要素。高考选才过程主要包括与一般意义上的考试有所不同的四大要素：选才者——高校；被选者——高中毕业生；选才标准；选才方法。考试活动只是高考选才活动中的一部分，当然从知识测量角度看也是主要的部分。

需要说明的是，在四大要素中，"高校"作为一个要素集合体，代表的是现实中各级各类高校的总和；"高中生"作为一个要素集合体，代表的是所有高中毕业生；"选才标准"作为一个要素集合体，代表的是各种不同的质量标准，是一个学生各种素质的总和，是高考目的的具体化。"选才方法"作为一个要素集合体，代表的主要是考试的方法，其次还有对学生素质的综合评价与录取方法，其中还包括这些方法中用到的技术、特殊环境等等，它们是达成选才目的或者说选才标准的各种手段的总和。

正是源于各要素集合体代表了丰富而复杂的局部要素，实践中高考选才的过程，也就是无数个以"选才标准"为核心的四大要素间矛盾运动的过程。选才结果，也就是四大要素之间矛盾运动的结果，它促进选才过程产生新的矛盾运动（见图2-1）。

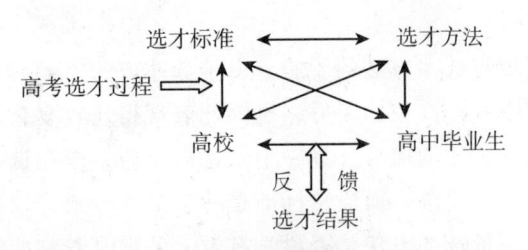

图2-1 高考过程各要素相互作用示意

从图中各要素间的相互作用方式可以看到，高考过程具有以下特点：第一，选才系统中每一个要素的变革，都会影响到其他要素的运行，进而改变整个选才过程的运行方式，换言之，四种要素在实践中是一体的；第二，选才过程明显地与高等教育、高中教育系统发生着联系，联系的方式是各要素相互间的矛盾运动；第三，理论上逐一分解以上运行过程中的矛盾运动，如箭头所示，至少可以找出六对矛盾，它们分别是：高校与高中毕业生的矛盾；高校与选才标准的矛盾；高校与选才方法的矛盾；高中毕业生与选才标准的矛盾；高中毕业生与选才方法的矛盾；选才标准与选才方法的矛盾，此外，按照主体的不同，还有各高校之间的矛盾，各高中毕业生之间的矛盾等。

矛盾之一即高校与高中毕业生的矛盾，是一种资源供求中主、客体之间数量与质量的矛盾。高考的选拔目的与任务，是高考选才活动中各种矛盾之源，其他各种矛盾由此而产生。在高等教育资源供给有限的情况下，教育资源的竞争是必然的。在这种情况下，它预示着"双刃剑"似的功能导向矛盾，即只有部分高中生成为实际对象目标。即使是高等教育资源非常充足，各高校的教育质量与入学要求总是有差别的，高中毕业生的水平与个人需求及选择也是有差别的，再加上劳动和职业之间以及社会阶层之间均存在差别，尽管处于不同高等教育发展阶段，这种矛盾的表现可能不一样，例如发达国家的考生已进入了对名校与理想专业的竞争，而发展中国家的大多数考生是对上大学的机会的竞争，但这些矛盾的存在将是一个历史的、永恒的进程。

矛盾之二即高校与选才标准的矛盾，是一种质量矛盾，意思是选才标准在多大程度上能够体现出高校的要求。从理论上说，高校的质量标准是多样化的，多样化的质量标准要求有多样化的新生选择标准，包括体现高校内部不同专业方向的一定的性向标准。而不同类型高校的不同选择标准，体现了各校新生的质量，决定了各高校教育质量的基础，影响到高等教育的效率与效益。需要指出的是，高校与选才标准的矛盾，永远是一个幅度，因为理论上讲，只要是一个合格的高中毕业生，他就具备了进入自己感兴趣的高校相应专业学习的素质基础，但高校始终要有自己的基本素质要求与个性要求，并通过高考推进高中教育目的的适时调整来更好地实现目的。

矛盾之三即高校与选才方法的矛盾，由于选才方法是实现选才标准的各种手段的集合体，现实中其与高校的矛盾，也因此表现得比较复杂多样。选才方法在多大程度上满足高校选才的需要，是一个永远的矛盾。毕竟选才方法得最终服务于高校一定的质量标准要求，而质量标准是一个幅度，最终取决于高中毕业生的实际水平。因此，衡量选才方法是否科学有效，关键是看它能否达到为本校挑选真才的目的：

首先，以考试方法来说，它是选才方法中主要的基础的选择方法。高校对笔试、口试、操作考试等不同方法的采用，一定意义上体现了高校培养目标的要求。笔试与口试主要可以检测学生的认知水平、思维能力与学习能力，操作考试主要可以检测学生的动手能力，各种实践调查、社会服务活动、校内活动成绩主要可以检测学生的社会实践意识与一定的社会适应能力。

其次，以录取方法来说，世界性的趋势主要是依据多种资料进行综合评价的录取办法。这种录取方法，根本上还是为了评价学生综合素质符合高校要求的程度高低，以及性向素质是否符合所报专业的要求。这实际上是决定学生能否最终考上所报大学的最后一次"考试"，不过主考官必须是以德才兼备的资深教授为主所组成的招生委员会。这其中的原因，正如美国著名学者亨利·罗索夫斯基介绍美国耶鲁等大学的选拔与录取时所说，"（招生）委员会中教授所占比例最大，因而它能反映出他们最好的判断力，外界的影响是微乎其微的。校友、名人、捐赠人以及各种类似的人物，时时都在为他们的子女、亲戚和朋友施加外部影响。每年的秋天，久不往来的朋友和一些泛泛之交，突然都出现了，有时还带上一点小礼物，表示强烈希望我见见他们的子女"。①

此外，还存在一种建立在考试基础上的特殊政策方式的选拔方法。中外历史都表明，对待落后地区、少数民族地区的弱势群体，选择标准往往较低，以利于把他们导入主流社会，高校对它的采用，直接反映了自身对高等教育效率与公平兼顾的程度。我国20世纪90年代后期高考录取线向京、津、沪的倾斜而引起了众多质疑，关键就在于倾斜的对象与范围出现了一定程度上的错位。另外，对某方面有专长的学生，一般只能采取特殊录取方法，以适应特殊个体的身心发展规律。

矛盾之四即高中毕业生与选才标准的矛盾，从育才的角度看，高中生的各种素质发展总是一个逐渐趋近、超过选才标准的过程，但能否超越选才标准，取决于高中生之间的实力竞争。这是一种博弈的过程，就学生间的竞争而言，这基本上是建立在一种不确定的信息基准之上，一个高中生到底具有多大的相对竞争优势，只能凭借自己的努力程度，只能依靠教师的经验与判断水准，只能建立在往年选才标准的基础上。一个主要原因就在于，在选拔性考试中，选才标准是随着高中毕业生整体水平的上升而提高的。但不论如何，任何一种选择标准，都要适应高等教育共性要求的、高中教育所要求的全面的基础素质目标。高中毕业生间的竞争，首先是这种综合素质的竞争，其次才是学生间在体现高校个性要求的选才标准方面的竞争。否则，就可能在全面素质的竞争上，人为地抬高了面向全体

---

① ［美］亨利·罗索夫斯基著，谢宗仙等译：《美国校园文化——学生·教授·管理》，山东人民出版社1996年版，第58页。

的高中教育目标要求，影响了高中整体目标的实现。从这个角度说，选才标准是一种高校录取中的评价标准，它包括两个方面，第一个标准即全面素质标准适宜用标准参照性考试或水平考试；第二个标准适宜用常模参照性考试或竞争考试。这样，两种标准加起来，选才的目的达到了，育才的目的也兼顾了，也就避免了高考目的对高中教育整体目标的冲击。

高中毕业生与选才标准的矛盾，表现在选拔性考试方面，即对第二个标准——个性标准的测试上，即刘海峰所说的"保持难度与减轻负担的矛盾"。①没有一定的难度和区分度，不足以把考生的水平区分开，而要维持一定的难度和区分度，往往又会加重某些考生的负担。高考是常模参照性考试，决定考生能否被录取、上什么大学，取决于他在考生中的相对位置，所以多数考生会尽最大努力去积极备考，这种竞争会迫使试卷难度维持在一定的水平之上。因此，竞争性的考试，一般都有必要的学习负担，但对实际水平相对位置靠后的考生而言，要考上大学，这种负担则相对较重。正如邓小平所言："学生负担太重是不好的，今后仍然要采取措施来防止和纠正。但是，同样明显的是，要极大地提高科学文化水平，没有'三老四严'的作风，没有从难从严的要求，没有严格训练，也不能达到目的。"② 从这种意义上说，教育部考试中心前主任杨学为的观点是有道理的，他认为"长期以来，不少人历数高考的种种'罪恶'，其实那并不是考试的'罪恶'，而是竞争的后果。有的人也承认'竞争'，也承认'择优'，却不愿见到'淘汰'，幻想保留'择优'而消灭'淘汰'"。③

矛盾之五即高中毕业生与选才方法的矛盾，主要表现为学习方式导向的矛盾。以高中生要达到选择标准的要求来说，由于考试是主要的选才方式，高中生就要努力趋近考试所要求的方式。恢复高考以来，考试基本上是采用笔试的方式，所以学生也注意笔头功夫的训练，实践性环节就可能注意得不够。由于还有"特殊政策方式的选拔方式"，例如对少数民族地区的学生适当降低要求录取，这在以效率为主的情况下，一定程度上兼顾了区域公平，起到了促进社会合理分层的作用。但生活中你往往可以发现一种奇怪的"户籍迁移暗流"，又称"高考移民"，或者是"民族身份变动暗流"现象；又例如当前北京等地区的录取率很高，于是这些地区的"户口"则对高中生显示出特别的吸引力与价值。

矛盾之六即选才标准与选才方法的矛盾，是当前高考选才中的重要矛盾，是目的与手段的矛盾关系。选才标准最终体现为一种质量标准，它需要通过一定的

---

① 刘海峰：《高考改革中的两难问题》，载《高等教育研究》2000年第3期，第36~38页。
② 《邓小平文选》（1975—1982），人民教育出版社1983年版，第101~102页。
③ 杨学为：《高考竞争与国情》，载《中国考试改革研究》，北京大学出版社2001年版，第413页。

选才方法来实现。这些方法从宏观上说主要是考试方法。不能以考试分数为唯一录取标准的依据,不同地区质量标准有差异,单一的考试方法体现出来的只是考试标准,而非选才标准的全部。

不同的选才标准,需要不同的方法。高校培养目标例如科学与研究型、科学应用型、操作和生产型人才,就表现为不同的质量规格,每种质量规格,就代表了相对高校全体而言的个性标准,它要求有不同的考试选才方法,或者至少是不同的试题与试卷。当然,对于高中而言,由于所有学生无论升学与否,都至少需要达到高中全面素质目标的合格要求,因此共性标准理论上说可以统一检测。至于统一检测时采用何种更具体的测试方法,要视具体目标而定。

但从理论上肯定选才标准包括高校共性要求或者高中的共性标准和高校个性标准,是高考选才首先需要确定的目标与任务。离开这点,谈高考科目设置,不管变换什么形式,都是毫无意义的,尽管最终目的与关键还体现在命题中对素质目标的检测程度上。也正是基于此,现在的"3＋X"科目改革,尽管建立在大量调研的基础上,2002年26个省(自治区、直辖市)均试行了"3＋文科综合/理科综合",广东、河南、上海、江苏、广西试行"3＋大综合＋1"或其他方案,但从高校录取评价来说,仅仅考虑这种共性的科目测试,也许还不是理想的方案,理由是它至少没有较好地体现出高校的个性要求。而且仅仅用单一的选拔性考试方法来检测,也就不可避免要冲击高中教育目的和目标的全面实现。

如果有了一定的标准,却不能找到有效的方法来鉴别,最终质量标准就不能很好地体现出来。例如质量标准中,品德素质和心理素质在统一考试中我们至今仍很难鉴别出谁高谁低,而只能找其下限。人的身体素质,虽然能鉴别谁高谁低,但在高考选才标准中很难正常体现出来(除非有特殊传染疾病和特殊专业要求),因为民主的观念认为残疾人也有上大学的权利,难怪乎部分高中生缺少锻炼。正如需要兼顾区域公平一样,正如把特长生与非特长生区别对待一样,把残疾人与非残疾人在某些标准上区别对待也是必要的,这就避免了在德、体等素质要求上只设下限(即不要出现问题就行)而往往导致的消极教育观念与实践。

从理论上说,为了考生之间标准的可比性,考试永远是统一的。不管是全省统一还是全国统一,在哪种范围上统一,目的主要取决于高校招生时对同一范围内的学生能有效地进行标准间的比较,以避免出现不公平现象。

选才过程中选才标准与选才方法既然是一对矛盾,统一考试这一必然的方法,也就与选才标准避免不了矛盾。换句话说,我们没必要苛求统一考试的方法,统一考试实在解决不了的问题,还可以寻找别的办法辅佐它,在没找到辅佐方法之前,更不能轻言废除统一考试。正是基于这种考虑,我们就需要正视"统一考试与考查品行的矛盾、统一考试与选拔专才的矛盾、考试公平与区域公平的矛盾"。① 另外,"考测能力与公平客观的矛盾、扩大自主与公平选才的矛盾",② 也都是我们需要正视和重视的"两难问题"。对它们的精辟概括、总结、提炼是对考试理论的贡献,它提示我们在高考改革时要自觉树立全局观的理念,不要为改革而改革,出现改革凿空的尴尬。一言以蔽之,所有这些两难问题,都属于选才标准与选才方法的矛盾。

上述六对主要矛盾中,由于高校与高中生两个主体要素,在现实中表现为无数丰富多样的个体,选才过程的矛盾关系因此而复杂多样,采用统一考试的方法实际上就是平衡诸多矛盾关系求取利益最大化的不得已而为之的办法。从这点上说,科举制度采用统一的考试模式,有其管理的理论基础;民国时期从单独考试走向统一考试的实践也有其必然性;新中国成立后很快由高校单独考试走向统一考试,也有其必要性。

上述对高考要素及其矛盾关系的分析,有助于我们探寻高考在发展过程中形成的基本规律。高考过程的基本规律,反映了各组成要素间的内在联系。高考的基本原则是对基本规律的反映,是高考系统中一系列活动如高考内容的选择、方法的运用等的准则。从前面的论述可以看到,选才活动四大要素间的六对主要矛盾运动,实践中常常是交织在一起的:就整个选才系统而言,矛盾之源是高校与高中生之间的矛盾,而高校与高中生的矛盾,本质上是高等教育与高中教育在数量和质量方面的矛盾,其他各对矛盾由此而生;质量由选才标准来体现,所以选才标准是矛盾的主要方面,是整个选才过程的关键和核心,其他各要素的运行、发展最终是为了它的发展(图2-2)。

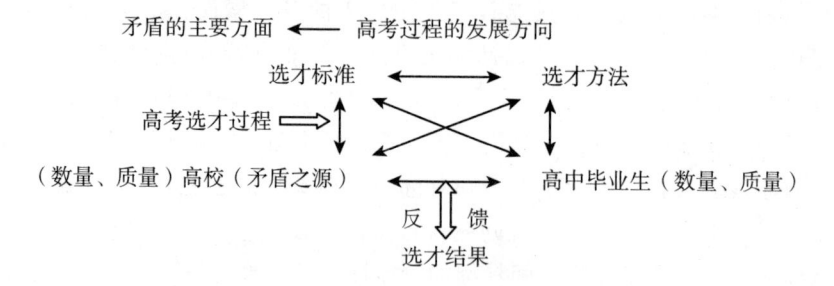

```
        矛盾的主要方面  ←——  高考过程的发展方向

                        选才标准  ←——→  选才方法
                              ╲    ╱
              高考选才过程 ⇒    ╳
                              ╱    ╲
   (数量、质量)高校(矛盾之源)  ←——→  高中毕业生(数量、质量)
                              反 ⇅ 馈
                              选才结果
```

图2-2　高考过程的基本矛盾运动示意

规律是事物之间的本质联系,或本质之间的联系。由上面分析的各对矛盾关系可见:高考过程的本质是一种选才过程,高中教育与高等教育在数量、质量方面的供求矛盾条件下,从选才主体——高校的角度说,它是各高校依据一定的质

---

① 刘海峰:《高考改革中的两难问题》,载《高等教育研究》2000年第3期,第36~38页。
② 刘海峰:《高考改革中的全局观》,载《教育研究》2002年第2期,第21~23页。

量标准对学生进行质量鉴别与挑选的过程；从选择对象——高中毕业生的角度来说，是高中生之间的一种主动竞争过程，是高中生向着标准、超越标准、超越同伴的一种竞争博弈过程。据此，我们尝试把选才过程的基本规律表述为：选才的双面性规律，选才的导向性规律，选才的竞争性规律。

选才的竞争规律主要从高校与高中毕业生、高中毕业生与选才标准、高校与高校之间以及高中毕业生之间等矛盾关系中引出。它表达的主要意思是，在高等教育资源的数量、质量与高中生的数量、质量以及需求之间存在必然矛盾的情况下，抛开国际化情况下的生源大战不论，国内高校之间存在生源竞争，特别是高中毕业生之间存在由上大学到上好大学乃至于上热门专业的竞争，这已经在我国的发达大城市和西方发达国家的招考中体现出来。

选才的竞争规律，表现在高校的招生上，如果招生的"游戏规则"不健全，则可能出现招生中的虚假广告宣传，各种形式的招生腐败问题。表现在考试上，高校与高中生间的供求矛盾关系，使考试的根本性质具有一定的选拔性，即考试必须要维持一定的区分度，这正是常模参照性考试存在的依据。表现在学生的学习上，决定考生的学习负担很可能超过他们的身心发展水平，特别是学习相对落后的学生，更可能招致自尊心的受损以及其他各种形式的挫折与失败感。就整个中学教育而言，它会因为教育质量起点与条件的差异，而出现更大的教育地区发展不平衡，进而可能出现升学率低的地区，在市场竞争中处于更为不利的地位。事实也是如此，因为升学率和升重点大学率高，全国各地皆可以看到家长们狂热追逐重点高中或高中名校，纵然是政府部门的教育投资，稍不理性就会出现过度倾斜，出现学校发展中的"马太效应"，重点校与名校在此过程中更是占尽了先机，出现所谓"赢者通吃"的结果。

选才的指挥棒规律主要从选才标准与其他要素的矛盾关系中引出，选才标准是整个选才过程系统中矛盾的主要方面，所以不论是选才方法的改进，还是高中生学习的方式与目标改进，或者是高校教育目的对新生的需求，都围绕着选才标准而进行，例如历史上的科举教育，民国时期的"升学主义教育"，新中国建立以来出现的"应试教育"，都反映了考试对教育的导向。选才标准最终体现为质量标准，就目前时代的需要来说，它一方面是高中全面素质的发展导向，另一方面也要导向高等教育分类发展的个性目标，过于偏向任何一方，皆是不利的。当然，它对高等教育个性的导向永远没有满足的极致，而只能有一个下限或者说最低要求，因为终身教育的需求，最终是解决高校与高中生间的数量与质量矛盾。或者简单说，一个合格的高中毕业生，从质量要求上说，就可以选择到他感兴趣的高校相应专业学习。

选才的双刃剑规律则主要由高校与高中毕业生的矛盾关系引出，它说明的是选才数量在一定录取率的条件下，高考具有正、负双面性教育功能，好比一把锋利的"双刃剑"。正面功能，主要是引导高中生积极向学，有序竞争，提高高中教育的水平，加固高等教育的质量基础等。但在竞争条件下，它可能同时使没有通过选择标准的学生产生身心负担甚至失落、失败的情结，扰乱高中教育另一任务或者说目标的实现。此外，这种双刃剑规律反映在目标的导向中，可能由于选才目标的误导，如"文革"时期的误导，或者现实中改革的失误，使得高考选才可能部分偏离高中教育的轨道，或者偏离高等教育个性需要的一面而导致高中教育、高等教育人才培养质量的下降。

总的来看，高考改革尚面临"教育与社会的两难选择"，[①] 如果进一步分析高考与社会其他系统的关系，还可能有其他的基本规律及原则，但任何具体的高考改革实践可能最终需要通过上述高考过程的三条基本规律及相应的原则来实现。否则，很可能会出现高考过程与高等教育、高中教育过大幅度的矛盾冲突。

（三）高考结果对学校教育的影响

高考结果取决于高考目的，由高考目的与高等教育目的、高中教育目的之关系来决定，是高考过程各要素间围绕选才标准的矛盾运动而最终形成的、必然的结果。高考结果，通过反馈机制作用于高考过程，继而作用于高考目的，最终帮助修正高考，修正高考与高等教育、高中教育间的矛盾关系。因此，注意高考结果这个反馈机制，是高考改革的理论与实践需要，也是教育的需要。

高考有什么样的结果呢？首先，一部分人通过考试被大学录取，一部分人则需要另谋出路，要么继续复读来年再战，要么边就业边接受其他形式的高等教育，要么成为社会的闲人像日本的"浪人"一样。被大学录取，如果在科举时代则意味着"学而优则仕"，一生享有荣华富贵的极大可能；在知识经济初见端倪的现代社会，则意味着"学而优则富"的较大可能。没被大学录取，人们往往得出结论，要么是你"愚蠢"、"迟钝"，要么是你"懒惰"。

其次，高考结果意味着人生成功或人生失败，似乎难以一概言之。马克思认为，人生成功的标准，一在社会贡献，二在个人价值回报。就这两点说，生活中我们往往可以看到，接受过高等教育者似乎总体上比没有接受过高等教育者成功的可能性更大，尤其在科技是第一生产力的时代，没有一定的科技知识，往往会处于不利的竞争地位。但人生失败者与高考结果往往也没有必然联系。看来，扭转对高考结果的"失败情结"导向至关重要，没有失败情结的人，哪怕是家境不好的人，总会通过自学的方式或者自学考试制度或其他形式学习必要的知识与

---

① 刘海峰：《高考改革的教育与社会视角》，载《高等教育研究》2002年第5期，第38页。

技能，增强自己谋生的本领。

最后，高考是联系高等教育与高中教育的纽带，高考竞争的结果必然表现为对高等教育和高中教育的影响。事实上，由于高考相对强大的社会功能或者价值，它还影响到高中以下的所有教育阶段，所谓"不要让孩子输在起跑线上"即为影响之明证。

高考结果与高等教育的关系，一言以蔽之就是大学新生的质量影响着高等教育的质量。影响的方向，一是高等教育质量的起点，二是高等教育最终的质量。也就是说，高等学校要想培养出适应社会需要的各类优秀人才，关键在于高质量的新生，他们最终会影响到高等教育的质量与效益的高低。一般说来，他们除应具备接受高等专业教育的思想政治品德、身体素质外，还必须具有接受高等专业教育的知识结构、专业性向能力和专业思想。

对于高考结果对高等教育质量的影响大小，也许没有人能作出精确的定量分析。就定性分析来说，一般而言也就是提出"新生质量是高等教育的基石"之类的观点。因此，找出一个判断的标准很有必要。我们认为，这个标准就是看高考是否达到了高考目的，即是否选拔出了符合高考目的所要求的质量标准的大学新生。因为高考目的或者说选拔标准，本身是依据高等教育目的、高中教育目的而定的。再说，大学新生的质量，从根本上取决于高中教育的质量，高考作为一种质量鉴别与评价活动，它本身不是提高高中生水平的育人过程。

因此，在高考体现社会公平的情况下，高考的结果应尽可能反映选拔质量标准的要求，以保障高等教育的起点与终点质量。从前面对高考目的与过程的分析来看，这些要求主要是：素质结构上，德智体美心（理）兼顾；知识结构上，文、理学科兼顾；总的专业性向上，一般首先要满足高校培养科学研究型、科学应用型、操作与生产型人才所要求的不同性向标准，以促进高等教育分类发展，办出特色，次之才是具体的专业性向，主要通过报考志愿、按院（系）招生，以及进入高校后根据实际学习能力分流，或者通过最后一年或两年对专业方向课程的选择来实现。

就正面影响论，不可否认的是，改革开放以来由于坚持高考、改革高考，坚持"德智体全面考核、择优录取"的原则，高考较好地完成了选拔较高素质人才的任务。具体而言，高考能够基本发挥正面影响，与考试科目的设置是分不开的。当然，与科目设置同等重要的是，高考命题的指导思想逐步明确，20世纪90年代末以来总体上更加注重能力与素质的考察，命题逐步与现实生活紧密联系起来。内容改革方面，综合试题突出了能力的考查，命题更加紧密联系国内外政治、经济、社会、技术的发展。① 这就使得高考更加适应了高等教育培养实践

---

① 钱钟：《关于高考改革的若干思考》，载《光明日报》2002年1月22日，A3版。

能力与创新精神的高级专门人才的基础素质需要。

就负面影响看,根据已有的一些调查以及高考结果与大学成绩的相关性研究,概括起来主要是新生素质不够全面,专业思想不牢固,缺乏学习后劲,高考信度不够,甚至也有效度不够的问题,一定程度上不利于高等学校培养更高质量的人才。

早在1982年,即有一些理工科学校把低年级部分学生的能力归纳为六个弱点:"抽象思维能力弱,文字理解与表述能力弱,综合分析能力弱,判断结论能力弱,正确合理的运算能力弱,动手和作图能力弱";反映在学习上也有六个不适应:"大学课程多进度快,接受上不适应;大学课程多,较抽象,理解上不适应;大学要学生自己看参考书,复习方法上不适应;大学上课时间分散,时间利用上不适应;大学老师管得少,管理上不适应;大学课外活动多,学习和生活安排上不适应"。一些文科院校也反映许多新生"知识面窄,理解能力、独立思考能力与分析综合能力较差,给学习深造带来一定困难"。[①]

1997年,湖北中医学院对1997届毕业生的大学成绩与高考成绩作了相关关系的统计分析,发现学生的大学学习成绩与高考成绩无线性相关。该分析认为高考分数只能表明过去,与学生的大学学习关系不太大,但学生的学习成绩与专业思想是否牢固关系较大。因此,单纯的高考分数并不能表明考生的实际水平,要全面衡量考生的德、智、体、能、年龄、特长、爱好以及是否应届生等。[②]

2002年,南京大学的学者对1999年和2000年入学的学生在大一学习和发展情况进行调研的基础上,探讨了高考成绩与学生在大学期间发展潜力之间的相关性。认为:(1)以分取舍并非十分公平的选拔机制,但目前还没有找到更好的办法。(2)2000年理科语文与文科语文试卷信度较低,未能选拔出好学生;2000年理科综合和文科综合与学分值的相关度都很低,值得主管部门充分重视。(3)科目分值的设置比例问题,建议应遵循以下原则:一是与各科在中学的学习总课时相匹配,应该相信中学的课时数反映了各科的知识含量、知识深度和学习难度;二是与考试时间相匹配,试题应有较高的覆盖面,否则会造成机会主义,应该根据学科特性确定考试时间,不应该先确定考试时间再出题目;三是与试题难度相匹配,试题难度要适当,以保证最高的区分度为准则,难度与分值之间的关系是"难度×题量 = 分值×K(经验常数,可粗略地用考试时间代替)"。[③] 此外,就综合能力测试进行的调研表明,认为综合考试"是拼盘",

---

① 陈浩:《中国高等教育改革潮走笔》,武汉大学出版社1999年版,第301~302页。
② 别学君、李祖超:《大学成绩与高考成绩相关关系的统计分析》,载《建材高教理论与实践》1997年第4期,第52页。
③ 钱钟、吴祖偿:《高考成绩与发展潜力的相关性研究》,载《江苏高教》2002年第3期,第40~41页。

"知识点少，随意性大"，"考生凭运气"的校长不在少数。①

事实上，高考结果对高等教育的负面影响，除了上面的事实描述，最根本的还在于高考不能很好地体现高等教育目的目标所要求的个性，从而使高等教育的多样化培养目标不能很好地实现。单以智育来说，同一种试题模式，尽管各省在X科目上有些差别，尽管各高校录取的分数线也有高有低，但很难满足不同类别高校培养目标的基本要求。高考要兼顾高等教育的个性需求，才能发挥它在整个教育体系中的战略地位，进而对基础教育的改革与发展产生"指导、激励与提升"的作用。

高考结果对高中教育也具有双面影响。高考结果首先是一种信息，一种有关选拔性考试的结果与录取结果的反馈信息，看待这种信息的观念不同，对待这种信息的方式也就不同，进而会对高中教育产生不同的影响。这种影响，就性质而论，有正面的，也有负面的，其正、负面影响的大小，取决于现实中各不同主体的观念与对待方式的正向合力与负向合力的大小。

不能否认，高中教育的主要任务之一是为高等学校输送人才，但问题是高中教育能为高等学校输送多少人才，不取决于高校的水平考试检验结果，而取决于上百万乃至千万高中生之间的竞争结果。所以学生的考试结果与录取结果，尽管是一种反馈信息，但这种信息只是反映了竞争的结果。这种信息也许能证明升学率很高的高中很好地完成了输送人才的任务，但它不能反过来说升学率很低的高中完成输送人才的任务就一定不好。所以，要实事求是地看待与处理好升学率低的问题。

我们假定一所高中升学率很低，但实际培养了大量具备大学新生素质要求的学生，另一所高中升学率很高。这种不同的信息反馈会对以后各自的高中教育发展带来什么影响呢？先不管主体是谁，我们不妨找出几种看待与处理这两种情形的观念与办法：前者很好，后者也好，于是强化前者，关心帮助后者；前者很好，后者不好，于是强化前者，批评甚至惩罚后者；前者好，后者也好，于是顺应前者，关心帮助后者；前者好，后者不好，于是顺应前者，批评甚至惩罚后者；无所谓，于是对前者和后者都顺其自然。那么，升学率高的高中与升学率低的高中，他们各自的发展会出现一些什么结果呢？

结果之一，前者很好，后者也好，强化前者，关心帮助后者。升学率高的高中，大都是我国的重点高中，他们大多数是20世纪80年代初在财力有限的情况下国家为适应多出人才、出好人才的需要，集中财力与人力等资源重点支持的。凭着相对较好的条件，他们在升学竞争中往往占有较大的优势，也为国家输送了

---

① 钱钟：《关于高考改革的若干思考》，载《光明日报》2002年1月22日，A3版。

大量基础较好的大学新生。因为他们升学率高，受到了广大家长的欢迎，地方教育主管部门以及当地政府更是不惜于大量投入各种资源，希望他们能为更多的老百姓带来福音。进一步"强化"升学率高的高中教育，是义无反顾的选择。

升学率低的高中，在高考强大社会功能的导向下，他们通常是无人喝彩的。但考虑到高中为本地经济发展能够作出一定的贡献，考虑到高考竞争中的升学率是学生间的竞争形成的，它不能完全反映出高中的办学水平，各级主管高中的部门仍然尽力关心帮助这些高中，并尽量为他们解决资金、师资问题，帮助他们提高教育教学水平，升学率低的高中教育，也会稳步发展，并为本地的经济建设作出贡献。

但是，既然强化高升学率，当然在一定意义上，对低升学率的高中财力等的投入必然会降低。毕竟在地方财力有限的条件下，分配前者过多，后者便相对减少。但无论如何，对后者的关心与帮助是有益的。

结果之二，前者很好，后者不好，强化前者，批评甚至惩罚后者。升学率高，高中教育水平不说很高起码也是不错的；升学率低，当然高中教育水平很"低"。在这种观念下，低升学率的高中自然会遭到各级主管部门的批评，他们被要求尽快提高教育水平，尽快提高升学率，但受制于各种条件，如师资水平、物力条件，以及低升学率的消极反馈信息，他们虽经过努力，但提高升学率的成效甚微，于是他们再次受到批评。一年年的高考，给他们带来一次次的压力与困惑，教学上根本谈不上学生有自我效能感，所有的努力似乎都是徒劳，于是恶性循环开始了，高中教育质量开始滑坡。

结果之三，前者好，后者也好，顺应前者，关心帮助后者。升学率很高的高中，教育质量等各方面都好。升学率低的高中，因为能够培养具备大学新生素质要求的学生，同时适应了本地经济建设的需要，也好。这种观念下，尽量合理配置教育资源，让升学率高的高中，保持其发展的势头，同时也尽量关心、帮助升学率低的高中求得更好的发展。结果是，各高中教育质量都稳步提高。

结果之四，前者好，后者不好，顺应前者，批评甚至惩罚后者。升学率很高的高中，教育质量等各方面都好，保持其发展的势头，没有特意的资源倾斜，没有大肆的舆论渲染。但升学率低的高中，显然教育质量不好，所以应该批评，甚至对他们各方面的要求尽量不予理睬，如：资金不够需要自己解决且不能乱收费，师资力量不够也没有教师培训的机会。如此继续下去，低升学率的高中教育质量势必下降。

结果之五，无所谓，对两者都顺其自然。升学率高低，无所谓。质量好与坏，看高中自己的本事。高中教育质量监控失调，高中教育发展呈一盘散沙。

面对上述五种不同的高考结果，五种不同观念与处理办法作为反馈，显然会给高中教育发展带来不同的正负面影响。相比之下,第一和第三种观念与办法,给高中教育发展总体上带来的正面影响更多一些,其他几种观念与办法给高中教育发展带来的都是畸形的发展,总体上可能负面影响更大。但就第一和第三种观念与办法的比较看,谁给高中教育发展带来的正面影响更大呢?我们只能回到现实对他们做一分析。

现实中,高考的目的、过程与高中教育的矛盾关系,最终通过高考结果体现。历经三年高中教育的中学生,一旦走上高考之桥,人生的又一起点便明显变得不平等起来,经过狭窄的拥挤之桥,有人顺利而幸运地走向了大学教育的起跑线,有人迫不得已回到高中想要重来,有人却只能凭着积蓄得显然还不够的力量去从业。因此,高考结果对高中生们十分重要。既然肩负着高中生们人生重任的是高中教育,高考结果对高中教育来说也就具有特别的分量与意义。

现实似乎是"残酷"的,现实中升学率高始终是被"强化"的,升学率低是被"弱化"甚至被"丑化"的。对高升学率的"强化",一是来自于社会发展的客观规律,即在科学技术是第一生产力的现实社会中,高中生"升学"以提高科技等素质为目标是提高社会生产力的需要,也是个人进步的需要;二是来自于家长的要求、各级地方教育及其他主管部门的要求,他们都希望能有更多的学生考上大学,这是对社会的贡献,如王策三教授所言:"广大劳动人民子弟,不再像旧中国那样,也不像西方双轨制那样,完全地、根本地、无条件地、硬性地被拒于大学门槛之外。如今,要求继续接受高深的教育,享受更高的物质文明和精神文明,不仅是正当的,而且有了希望和可能性。这反映了他们的积极进取心,是社会和个人进步的巨大动力,更是社会主义制度的优越性的表现"。[①]

由此,对高中教育来说,无形与有形的动力与压力并存,高升学率是光荣的,但低升学率遭到了唾弃,低升学率的高中受到了委屈,教师的积极性一定程度上被有形无形的质量低的批评与暗示打击了(受不正当观念与做法的消极影响),结果衍生了更多不利于提高教育质量的因素;由此,汗牛充栋的有关"片追"、"应试教育"的讨论出现了,变着说法历数"应试教育"危害的文章至今大有人在,其核心的观点是"面向少数学生,片面发展,加重了负担",等等;同时,主张辨证认识"应试教育"的文章也出现了,核心观点是"应试教育的两面性,既有提高素质的一面,也有不利于提高素质的一面,但主流是提高素质的一面,否则很难解释改革开放以来的教育成就"。所有这些讨论最终催生了"素质教育"思想的出台,引发了高等教育扩招政策的出台,引发了高考的科目

---

① 王策三:《保证基础教育健康成长——关于由"应试教育"向素质教育转轨提法的讨论》,载《北京师范大学学报》2001年第5期,第66页。

与内容以及同步的课程等教育改革。

　　无论如何，高考结果事实上存在着两面的影响。消除这种影响是徒劳的，但减轻这种影响是完全可能的。譬如：第一，高考的结果事实上就是只有升学率数量以内的高中生才可能上全日制的大学，发展其他形式的高等教育尤其是民办高教因此显得十分重要。第二，高考的结果事实上是只有部分高中生能够通过选拔标准，它是学生间的相互竞争形成的，因此升学率不能作为奖惩高中师生的指标而使学生承受不必要的负担。第三，高考的结果事实上就是学生个人及其家庭、学校共同努力的结果，它体现为一种可比较的综合素质高低，例如最后以分数来表示并体现为一种"分数面前人人平等"的、透明的、公平的制度安排，因而责怪"高分低能"、"分数不代表能力等素质"就只有尽可能改进选拔标准的意义，而没有推翻"分数面前人人平等"的制度安排的意义，更得不出"取消高考"的结论。如果一种标准不能转化为分数，又凭什么说"低分高能"呢？相反，有学者认为"分数面前人人平等"的招生，较之以往是一大进步，如今我们对"金钱面前人人平等"的"优质优价"收费教育尚且提倡，为什么唯独苛求"分数面前人人平等"呢？① 第四，高考的结果事实上从心理上给人以"成功"与"失败"的感受，它是教育及社会的分流，关心与帮助所谓"落榜生"也就显得很重要，关心与帮助低升学率高中教育的发展因此十分重要。第五，高考的结果事实上表现为高中教育发展的不平衡以及社会发展的不平衡，高考兼顾教育发展不平衡的现实结果也就因此十分重要。第六，高考的结果在事实上被无形的社会发展规律所强化，顺应部分高中升学率高的现实而不人为地在社会舆论上渲染高升学率的传奇也就十分必要。第七，高考的结果事实上不代表人生真正的成功与失败，各种舆论与政策对未考上大学者的倾斜关心也就十分重要。第八，高考的结果事实上应该是高中教育共性与高校个性的集合，高考标准照顾高中的共性也就十分重要。第九，高考的结果本来就是体现高考过程三大规律及其原则（选才的竞争规律，选才的"指挥棒"规律，选才的"双刃剑"规律）的结果，按照高考过程的规律办事，必须正视和应对高考的两面性作用。

　　按照系统中的矛盾运动规律，如果我们希望一个系统围绕其核心要素加速前进，我们就要找出并强化这个核心要素，同时找出并弱化那个最能阻止系统前进的要素；如果我们希望减缓这个系统的运行速度，就要找出并强化最能阻止系统前进的要素，即向相反的方向增加力量。以高考系统来说，高考的强大社会功能是客观的，它符合"科学知识是第一生产力"的社会发展规律，也就是说"升学"是当今人们的普遍愿望，想要阻止它是不符合社会发展规律的，但要强化

---

① 李鸣：《素质教育与应试教育不应对立》，载《新华文摘》2000年第6期，第144页。

它却是很容易，主管部门只需要高举"升学率"，以升学率作为奖惩的唯一依据，同时大力发展高等教育即可办到。但在"升学"已经得到外部社会发展规律强化的条件下，其实正确的选择是只需是顺应它即可。在这种情况下，我们要关注的恰恰是它的负面影响，关注它对升学率低的高中的"伤害"，因此，我们在顺应升学的同时，要特别关注低升学率的高中的建设与发展，从各方面扶持他们，力求他们为本地多培养更加合格的人才，同时大力发展其他各种形式的高等教育，把他们送到有条件学习的地方，增长他们的力量与影响，减轻低升学率高中的负面心理。从这个角度说，在上述假设中，第三种观念与办法即"前者好，后者也好，顺应前者，关心帮助后者"，是适用于高中教育发展的。高考结果的反馈朝着这个方向努力，会对高中教育发展带来更多的正面影响。

通过上述研究，我们认为高考与高等教育的关系就是高校选择符合自身培养要求的人才；高考与基础教育的关系客观上会产生应试教育，除了主流的积极影响，也会产生一定的消极影响。高考改革的关键就是按照高考过程的规律办事，例如深化高校招生评价机制改革，建立高中学业评价的标准等，同时满足高等教育和基础教育发展的需要，促进高考与学校教育的良性互动。

第三节 高考与高中新课改的关系

21世纪初，新中国成立以来的第八次基础教育课程改革在小学和初中阶段逐步展开。2004年，山东、广东、海南和宁夏四个省区率先开始了高中阶段的新课程改革试验。按照教育部的计划，到2010年，全国所有省份（港、澳、台除外）的高中阶段都将进行新课程改革。相对于小学和初中部分的课程而言，高中课程与高考以及高等教育的联系更为紧密，直接关系到众多学生和家长的切身利益。新课改背景下沿袭多年的高考制度必将在内容、形式等方面发生较大的变化。因此，随着高中新课程改革的逐步推进，与课改相对应的高考改革也备受社会各界关注，高中课程改革与高考改革的关系成为当前教育研究的热点问题之一。

一、普通高中推行新课程改革的背景

首先，普通高中推行新课程是我国响应时代发展需要、顺应国际课程改革潮流、深化义务教育和高等教育改革、全面推进素质教育的重大改革。从根本上

说，新课程改革的动因是我国时代与社会发展的需要。当今时代，科技迅猛发展、知识日新月异，由于知识更新速度加快，旧有的课程内容和课程结构已经无法适应新时代的教育教学目标。高中教育是基础教育的重要阶段，对人的知识和能力的形成具有重要的作用。只有推进高中课程改革，才能进一步推进义务教育的课程改革，真正提高基础教育的质量。另外，终身学习成为21世纪教育的一种基本理念。过去在一个阶段接受完毕便可满足终生需求的教育不再存在，联合国教科文组织在《教育——财富蕴藏其中》的报告中指出，终身教育需要建立在四个支柱之上：学会认知、学会做事、学会共同生活、学会生存。这就要求个体有能力在自己的一生中不断更新、深化、扩展已有的知识结构，以适应不断变革的世界。因此，真正对学生负责的教育，就要培养他们的学习能力、操作能力和创新能力，促进他们的全面发展。显然，全国"万校一书"的课程体系、"万人一面"的培养方式，是无法满足这种培养需求的。

其次，实施普通高中新课程是国际教育改革的发展趋势。当今国际竞争的实质是科技和人才的竞争。为了提高综合国力和竞争力，20世纪中后期以来，世界各国在推进教育改革中都十分重视中小学课程改革，在政策上将其作为关系国家、民族生存与发展的重大问题优先予以考虑。以美、英、法为首的西方发达国家积极地、全方位地检讨反思自己的课程体系，提出种种改革方案。[①] 1983年美国发表了题为《国家处在危险之中，教育改革势在必行》的报告，掀起了"回归基础"的教育运动。1988年英国也颁布了《教育改革法案》，改变传统的"多轨"、"多元"的课程设置状况，强调基础教育阶段的学生应学习广博的、平衡的、相关的课程。在这种背景下，我国的课程改革必然要置于国际视野中去规划和实施。[②]

此外，普通高中课程自身存在的问题也是这次课程改革的重要原因。随着社会进步和教育的发展，我国传统的基础教育课程存在的问题和弊端日显突出：学校教育过于注重知识传授，忽视了学生的社会性和创造性；课程内容过于注重书本知识，"繁、难、偏、旧"脱离学生经验；课程体系过于强调学科本位，学科独立、科目过多，忽视了学科之间的整合性和关联性；学生学习过于强调接受式学习，死记硬背、机械训练，缺乏自主探究和合作学习的机制；教育评价过于强调甄别和选拔功能，忽视评价促进学习者发展和提高的教育功能；课程管理过于集中、统一，忽视学校在课程管理与开发中的作用等。这些问题制约着我国基础教育的发展。

[①] 国家教育行政学院编著：《基础教育新视点》，教育科学出版社2003年版，第98～115页。

[②] 李朝仙：《高中课程改革与高考关系研究》，厦门大学2006年硕士学位论文，第27页。

基于以上原因，我国提出全面贯彻素质教育的理念，要求重新构建符合素质教育要求的课程体系。1999年1月，国务院批转了教育部《面向21世纪教育振兴行动计划》，明确提出要"实施'跨世纪素质教育工程'，整体推进素质教育，全面提高国民素质和民族创新能力，改革课程体系和评价制度，2000年初步形成现代化基础教育课程框架和课程标准，改革教育内容和教学方法，推行新的评价制度，开展教师培训，启动新课程的实验。争取经过10年左右的实验，在全国推行21世纪基础教育课程教材体系"。新中国成立以来改革力度最大、影响最为深远的第八次基础教育课程改革自此启动。

二、高考与高中新课改目标的一致性

高中新课程实验是一项复杂的系统工程，牵涉到课程价值观、课程结构、课程内容、学习方式、课程评价以及课程管理等多方面的变革。作为一种评价制度，高考也是课程改革的一个重要组成部分。在实质上，新课程改革与高考的关系就是教育与考试的关系。在实践中，高考改革与高中新课程改革都是围绕素质教育的目标和主线进行的。

理论上，考试与教育的关系是"子体"与"母体"的关系。[1] 考试是检查和评价学校教育、教学效果的一种手段，"学校考试受到诸如教学目标、教学内容、教育思想、教育目的等学校教育内部的制约"。[2] 它必须服从于教育、教学目标的需求，它的内容和结构也必然受制于教学的内容和结构。高考同样属于学校考试，但它兼具选拔性考试和教育考试的双重性质，既是对考生在基础教育阶段学习结果的检验，同时也为高等学校选拔新生提供了依据。高考的选拔标准成为高等教育与高中教育的连接机制，因此在教育实践中，高考成了一把利弊兼具的"双刃剑"，对学校教育的正面功能和负面功能都十分显著。[3]

高考制度的正面功能主要表现为以考促学、以考促教。知识改变命运，作为一种考试选拔制度，高考被众多考生视为改变人生与命运的重要途径。高考调动了我国成千上万中学生的学习积极性，不仅保证了向高校输送优质合格的生源，而且对于提高我国民众的文化素质也起到了积极的作用。"以考促教"主要是指高考的形式与内容直接影响着基础教育教学的内容和评价方式。尽管教育界及社会舆论一直抨击"教育服从于考试"的现象，但是自高考制度恢

---

[1] 郑若玲：《试析高考的指挥棒作用》，载《厦门大学学报》2002年第2期。
[2] 廖平胜等：《考试学》，华中师范大学出版社1988年版，第8页。
[3] 刘海峰：《高考改革的教育与社会视角》，载《高等教育研究》2002年第5期，第33~38页。

复以来，高考制度显然利大于弊。我们"不应也不可能扼杀高考指挥棒的作用"，① 高考以考促教的正面功能是应值得肯定的。高考的负面功能则主要表现为诱发中学片面追求升学率、学生偏科和知识结构不合理、学业负担过重、个性发展不足等。高校凭借考生成绩录取学生、中学把高考升学率作为评估教学质量的指标，致使"教师为了分数而教，学生为了分数而学"，中学教育将高考作为唯一目标，扭曲了考试与教育教学的关系，从而造成我们通常所说的"应试教育"的弊病。

高考对教育的影响是不仅评价教育结果，而且牵制教育目的，引导教育过程。② 在这种情况下，高考必然成为影响新课程改革成败的关键因素之一，新课程的实施也必然会遇到未来高考如何改革的困惑。我们必须辩证地看待高考对基础教育的积极与消极作用，并采取措施尽量减少其消极作用。

教育部颁布的《普通高中课程方案（实验）》规定，普通高中教育的基本任务是培养高中生的健全人格或公民基本素养，这也是本次新课程改革所追求的理念。高考改革是适应高中新课程改革的需要提出来的，改革的目标在于推进素质教育、为高校选拔高素质人才。可见，高考改革的目标与高中新课程改革的目标是一致的。

新一轮高中新课程从课程实施的行为方式到深层次的课程理念和课程制度，都贯彻着素质教育的精神。根据《普通高中课程方案（实验）》的规定，普通高中新课程的具体目标是：（1）精选终身学习必备的基础内容，增强与社会进步、科技发展、学生经验的联系，拓展视野，引导创新与实践。（2）适应社会需求的多样化和学生全面而有个性的发展，构建重基础、多样化、有层次、综合性的课程结构。（3）创设有利于引导学生主动学习的课程实施环境，提高学生自主学习、合作交流以及分析和解决问题的能力。（4）建立发展性评价体系，改进校内评价，实行学生学业成绩与成长记录相结合的综合评价方式，建立教育质量监测机制。（5）赋予学校合理而充分的课程自主权，为学校创造性实施国家课程、因地制宜地开发学校课程，为学生有效选择课程提供保障。

为了适应高中新课程改革的需要，解决高考制度本身存在的弊端，教育部也出台了高考改革的指导政策，例如，《教育部关于进一步加强普通高中新课程实验工作的指导意见》指出，高考改革的指导思想和原则是："高校招生考试方案的研究制定要遵循有助于高校科学公正地选拔人才，有助于实施素质教育，有助于高校依法行使办学自主权的原则，切实体现普通高中新课程的改革精神，反映

---

① 郑若玲：《试析高考的指挥棒作用》，载《厦门大学学报》2002年第2期，第7~10页。
② 郑若玲：《论高考的教育功能》，载《教育导刊》2005年第1期，第4~6页。

各学科课程标准的整体要求。"

作为我国基础教育的两大改革，普通高中新课改实验与高考的配套改革在目标趋向上是高度一致的，即落实素质教育，培养学生的创新精神和实践能力。当然，在具体的改革实践中，要实现"两改接轨"、全面推进素质教育，高考改革还必须与高中课程改革同步进行。

三、高考新方案与新课程改革的接轨

2007年6月，山东、广东、海南、宁夏四省区的高三学生作为新一轮高中课程改革的首批考生走进了高考考场。到2013年，全国所有省份（港、澳、台除外）将全部进行新课程高考。因此，四省区的新课程高考不是孤立的事件，它的实施不仅可以检验四省区新课程改革的成效，而且在很大程度上将影响高考的进一步改革。

（一）四省区高考方案的"改"与"新"

根据新课程改革全面推进素质教育、培养学生创新精神和实践能力的目标要求，四省区在考试科目设置方面作了大幅度调整。山东实行"3＋X（文科综合或理科综合）＋1"模式，广东实行"3＋文科基础/理科基础＋X"模式，海南实行"3＋3＋基础会考"模式，宁夏实行"3＋小综合"模式。与之相对应的考试内容、命题方式和评价标准，也是各有侧重、各具亮点。

其中，"基本能力测试"是山东省新课程高考的创新之举。考试内容涵盖了人文、科学、艺术、技术、体育与健康、综合实践活动六大领域、十二个学科的必修内容。对传统文化、民间文化及齐鲁文化均有所涉及，地域色彩明显；广东省则将"综合能力测试"改为"文科基础或理科基础"，在考查学生的学科基础知识的基础上，增加了考生自主选择的"X"选考科目；海南省高考新方案的一项重要内容是减少会考科目、强化会考结果的利用，它是唯一实行基础会考且将会考成绩的10％计入高考总成绩的省份，目的在于保障学生的共同基础和知识学习的结构完整。

由于"新课标"由学习领域、科目、模块三个层次构成，由必修、选修两部分组成，意在促进学生主动而富有个性的学习，让他们"学会选择"，能够按照自己的兴趣和特点选择要上的课程，引导他们养成主动参与、勤于探究、乐于合作的精神，四省区的高考新方案在试卷结构和命题形式上，便都以不同方式体现了这一指导思想。山东省试卷引入必做题和选做题的形式；广东省将现行的"综合能力测试"改为"文科基础/理科基础"，考查的是学科的基础性知识，只

考课程标准规定的学生正常学习所应知应会的必修部分内容；海南省"超量命题、限量做题"的命题方式与其他三省市的方案思路其实是异曲同工，在于给不同学习特点的学生提供不同的课程选择和发挥潜能的机会和条件。

录取标准和评价方式方面，新课改后高中段教育最鲜明的特点就是从高一开始，为学生建立学业成绩和成长记录相结合的成长档案，为高校选拔人才提供信息。四省区高考新方案，都将学生综合素质评价作为高考报名的必备材料和高考录取的重要参考，例如，海南省将学生综合素质评价纳入了课程评价，在思想道德、学习能力、实践能力、体育、健康、合作精神等方面对学生进行综合评价；广东省将以写实性文字表述的学生"综合素质评价"项目记入考生电子档案，作为高校录取参考的依据之一。

（二）高考新方案与新课程改革理念的融合

综观四省区的新课程高考可以看到，尽管它们采取的措施、科目的设置有所不同，但在指导思想、评价标准、追求目标等方面表现出一些共性，体现了高考改革目标与新课程改革理念的融合，预示了高考改革的新方向和新趋势。

第一，体现新课改的理念，考试命题具有可选性、开放性等多重特点。2007年的高考是新课程背景下的高考，四省区的考试体现了新课程的理念与要求。现行的高中新课程是根据学生个性、特长发展的改革理念进行设置的，不同学生可以选择不同的模块进行修读。四省区高考新方案中的命题设置满足了考生选择的需要：山东、宁夏、广东省区引入选做题机制；海南省的超量命题、限量做题，不仅体现了以人为本的思想，满足了不同考生的不同需要，还在一定程度上有利于促进学生不同学科发展倾向的形成，减轻他们的负担。

第二，遵循素质教育的原则，综合评价成为录取参考依据。高考改革必须和新课程改革一致，通过高考为实施素质教育发挥正面引导作用。四省区新课程高考都将学生综合素质评价作为高考报名的必备材料和高考录取的重要参考指标，并且在对学生综合素质评定的过程中尽量做到公正、客观。选才标准从一元变为多元，对于促进学生朝着全面、健康、生动活泼的方向发展，成为富有个性、富有创造性、富有社会责任感的人，具有鲜明的引导作用。

第三，追求教育公平的目标，兼顾统一性与多样性。教育公平对于社会公平有特殊的促进作用，也是高考改革的不变诉求。高考改革方案的差异，折射出各省区的社会经济、文化发展的差异。为充分照顾学生水平差异和各省实际情况，新课程高考采取自主命题方式。各省在必考科目的基础上设置不同选考科目和选做题目，避免偏题、怪题，考虑城市和农村的不同教学条件和能力，各模块的题目难度、区分度等力求均衡，为每个考生在力所能及的范围内提供了充分发挥的空间和机会，表现出对考生不同个性的尊重。

当然，在实践过程中也存在一些有待解决的问题，但不可否认的是，已陆续实施了与课程改革相配套的高考改革方案，对于今后的高考改革和新课程改革实施都发挥着重要的导向作用。

四、新课程背景下的高考改革趋向

新课程改革与高考改革不是彼此分离、互不相干的，其间存在着相互引导与相互制约的关系。高中新课程的重大变革必然要求高考在内容、形式与录取标准等方面作相应改革，高考改革的方向与力度也可能成为制约新课程贯彻落实的现实"瓶颈"。[①] 高考改革与新课程改革既有共同的目标也有各自的原则和标准，如何在二者之间找到一个平衡点和结合点，使它们平稳、健康发展，不仅是一个理论问题，更是一个智慧实践和制度建设的问题。

（一）新课改背景下高考改革面临的挑战

在新课改的教育背景下，高考改革面临诸多的挑战与矛盾：首先是理论与实践、改革与稳定的矛盾。理论上高考是作为课程改革的一部分，但实际上却"指挥着"课程改革的进展，导致人们对新课改"既爱又恨"。一方面人们希望通过课程改革来纠正当前教育的某些弊端，促进学生全面发展；另一方面又担心高考的成绩影响了他们的将来。由于历史和现实的原因，高考的"指挥棒"作用已成为一种客观事实，如何发挥好高考的正面导向作用，尽量消除负面影响，是高考改革中需要解决的一个重大问题。另外，高考作为一种选拔性考试，不仅影响中学的教育教学工作的开展、影响高校人才的选拔，也可能影响到整个国家和社会的稳定与和谐。新课程强调培养多样化、个性化人才的教育理念和目标，但是改革和公众的心理承受能力、整个社会的大环境是密切相关的，必须综合考虑国情省情、诚信环境、公众的承受心理以及各个方面的影响因素，才能确保高考新方案为各方面所接受，[②] 这是高考改革中需要考虑的又一问题。

其次是共性与个性的协调。所谓共性与个性的关系，主要是指高中新课程多样性的目标要求与现行单一性的高考的反差。我国幅员辽阔，由于各地经济发展的不平衡及文化传统的差异，导致了教育发展的不均衡。新一轮课程改革提倡"一纲多本"的理念，在统一的课程标准下，各个省、自治区和直辖市可以使用

---

① 潘庆玉：《新课程，新高考，新起点，新希望》，载《当代教育科学》2005年第4期，第9~14页。
② 顾之川：《对新课程语文高考改革的思考》，载《中学语文教学参考》2005年第6期。

具有本地特色且促进学生素质拓展的教材。全国统一模式不符合各地实际,信度上难以照顾到各地的不同特点,效度上难以选拔满足社会需求的多样化人才,因此必然要求不同的高考方案与不同的课程相配套。地域的差异性决定了新的高考方案在遵守共性、保证新课程共同要求的同时,必须兼顾多样化模式和各实验区不同的省情。

此外还有高等教育与基础教育的协调问题。高等院校与普通中学对高考改革要求不完全一致。新的高考改革方案既要考虑我国高等教育的发展,又要考虑目前基础教育的实际情况,注意中学教育与大学教育的衔接。① 例如,实行自主招生是改革"大一统"高考体制的有益尝试,既发现了学业成绩或竞赛成绩突出的学生,又给突破传统的偏才、怪才开辟了绿色通道。但高校自主招生同时对中学教育存在一定的负面影响。高校的自主招生考试没有大纲,由大学教授命题,知识点多,部分甚至超纲。为了争得多一次的考试机会,许多考生牺牲课余时间去学习超纲知识,参加各类比赛,考取各种证书,想要搭上自主招生的"快车",结果反而增加了学生的负担。高考制度在改革过程中如何兼顾高等教育与基础教育的双重要求,值得改革者思考。

(二)高考改革应遵循的原则

高考改革的实施总体上应遵循"既保证平稳过渡,又体现新课程理念"的原则。要进一步推进新课程改革与高考改革稳步进行,我们认为还应坚持并遵循以下三个基本原则:

第一,有利于高校选拔人才。我国高等教育目前已由精英转向大众,本科教育越来越重视"厚基础"和"宽口径",在专业与课程设置上逐步由原来的学科过细、专业过多向学科综合、科际整合的方向发展,尤其在大学起始阶段,淡化专业界限,强调学科间的贯通和融合已成发展趋势。因此,高考不仅应加强对学生进行全面的知识文化素质的考查,而且还要考查学生综合运用各种知识技能解决跨学科问题的能力,这样才能为高校选拔那些具有较大发展潜力和发展空间的学生。拓宽高考考查的知识与能力范围,是新一轮高考改革应努力改进的方向之一。

第二,有利于提高学生综合素质,体现个性。由于高等教育大众化以及我国优质高等教育资源的匮乏,高考竞争的重点已由原来能否上大学转移到了上什么样的大学。新课程下的高考改革应该深入研究如何区分能力、考出素质,以体现学生的综合素质和个体特质。高考新方案中的题型或科目的设置应在坚持统一与

---

① 顾之川:《对新课程语文高考改革的思考》,载《中学语文教学参考》2005 年第 6 期。

公平的基础上，基本满足每个学生的个性需要，让每个学生都发挥出自己的最高水平，让考试变成每个人自我选择、自我实现的过程，赋予考试人性化的意义。①

第三，有利于高考的公平、有效，有利于高考制度自身的完善。公平性是高考制度得以坚持与完善的生命线，但公平总是相对的，对公平性的追求不能超越时代的制约。目前高考能够提供的是机会平等，而不是过程平等与实质平等。要在为考生提供更多的过程平等与实质平等的基础上，追求高考公平与效率的平衡。另外，实施新课程改革不是否定高考，而是继续改进、完善高考。新课程改革与高考必须实现有机结合、平稳过渡，高考政策或方案一经公布就不能轻易修改，②以维护高考的公正性、稳定性与有效性。

（三）新课程背景下的高考改革思路

新一轮基础教育课程改革的纲领性文件《基础教育课程改革纲要（试行）》中明确指出："高等学校招生考试制度改革，应与基础教育课程改革相衔接，要按照有助于高校选拔人才，有助于中学实施素质教育，有助于扩大高校办学自主权的原则，加强对学生能力和素质的考查，改革高校招生考试内容，探索提供多次机会、双向选择、综合评价的考试选拔方式。"显然，在给高考改革规定原则的同时，新课改同样在内容和方式方面，为高考改革指明了改革的方向。在此基础上，我们可以从考试内容、考试形式和录取方式等方面来思考新课程背景下的高考制度变革。

首先，高考内容应从知识立意转向能力立意。受知识本位价值观的影响，我国传统的中学课程体系存在诸多的弊端，最终导致中学教育重视知识的传授，轻视能力的培养。与此相应，高考的考试内容也主要以书本知识为主，只重视考查学生的记忆力与理解力，忽视对学生的应用力和创造力的考查。为了改变课程目标过于注重知识技能的价值取向，新课程确立了以"知识与技能"、"过程与方法以及情感"、"态度与价值观"三个方面的整合作为各学科课程目标的价值取向。要求加强课程内容与学生生活以及现代社会、科技发展的联系，关注学生的学习兴趣和经验，同时倡导学生主动参与、乐于探究、勤于动手，培养学生获取新知识、分析和解决问题的能力等。基于新课程改革与高考改革的内在关系，高考内容也应加快实现由知识考试向能力考试的转变，在知识考试的基础上更注重

---

①② 《从几省区高考新方案看高考改革大趋势》，载《北京青年报》2006年11月12日。

能力考试，重点放在对知识的独立分析、综合应用和创新能力的考查上。①

其次，高考形式应由全国"大一统"走向多样化。为增强新课程对地方、学校及学生的适应性，新一轮课程改革以省（自治区、直辖市）为单位开展实验，实行国家、地方、学校三级课程管理。顺应高考改革要求，与分省高中新课程实验相对应，我国推出了分省命题的高考改革。多年来，"统一命题、统一考试"的高考模式，因其具有公平、高效、权威的特点，成为社会最为认可的高校新生选拔方式。但这种简单化的"分数面前人人平等"的考试理念与考试方式，因为必须照顾全国的情况，无法兼顾各省经济、文化与教育水平的差异，也就不可能全面、深入地体现素质教育精神。而分省命题可以照顾本省的经济、文化、地理、资源等情况，可以考虑到本省教育发展的实际水平和课程改革的实际情况，因此成为高考改革在坚持统一的基础上走向多样化的关键步骤之一。此外，分层、多次考试也可以成为高考改革多样化的有益尝试。

最后，建立多元综合性的高考评价与录取制度。新课程改革在课程评价上，要求高校招生必须改变以高考成绩为唯一录取标准的做法，建立与素质教育理念相一致的评价与考试制度。为此，新课程方案设计了学生成长记录、综合素质评价等项目，并将此纳入高校招生的录取标准。单一的高考成绩已不是高校录取新生的唯一依据，学生在学校的具体表现、选修的课程、取得的成绩、参加的社区服务活动、获得的科技成果等，也是高校考察学生的重要内容。多元、综合的评价标准不仅可以加强高校对录取生源的立体了解，而且对于推行素质教育、促进学生全面发展能起到积极的作用。

总之，高考作为普通教育与高等教育的链接点，其改革不仅是教育界的理论和实践问题，而且是社会各界密切关注的社会问题。新课程改革是一场反映时代精神的深刻变革，是对与当今社会发展严重脱节的"应试教育"课程体系的重建。对其中的任何一项改革，都应进行充分论证和小范围试点，证明可行后方可全面铺开。一方面，决策者应有"因时制宜"的强烈改革意识；另一方面又必须保持循序渐进的平稳心态，② 通过理论论证和实践试点后，证明是行之有效的，方可逐步推进，逐渐完善，使新课程改革和高考改革都能健康、稳步地发展。

---

① 罗立祝：《新课程改革与高考改革的互动关系》，载《福建师范大学学报》2007年第4期，第46～50页。

② 郑若玲：《高考改革应循序渐进》，载《粤海风》2001年第6期，第57～58页。

第三章

高考制度的宏观研究（二）

高考之所以成为当今中国万目聚焦的关注点，是因为它不仅关乎高等教育的质量，而且与考生个人利益攸关。高考有力地促进了社会流动，这一功效不仅使高考成为一种个人实现社会升迁的刚性机制，而且加大了社会结构的弹性，从而赋予社会发展以更大的活力。在高等教育资源尤其是其中的优质资源相对匮乏的中国社会，高考还是实现教育公平乃至社会公平的重要保障。尽管如此，由于人们一贯将社会理想的实现寄寓高考，使高考不堪重负，并因此常常受到质疑。因此，本章试图通过研究高考的社会流动功能、高考制度的合理性、高校招考政策的合法性等宏观问题，回应相关质疑，并通过招生考试的法治研究，使高考制度建设更加完善。

第一节 高考对社会流动的影响

社会流动是指在一定的社会分层结构中，人们在各种社会集团内部、各种社会集团之间，以及在各种活动空间之间变动、转移的形式和过程。[①] 作为考察社会动态结构变化以及衡量社会开放和发展的重要指标，社会流动是社会学研究的一个核心概念。一般认为，社会流动有垂直流动和水平流动两种基本类型。其

---

① 程继隆编：《社会学大辞典》，中国人事出版社1995年版，第290页。

中，垂直流动是指在社会分层体系中个人或群体跨越等级（或阶层）界限的位置移动情况，根据移动的方向，又可进一步分为上向流动和下向流动。由于垂直流动可以给处于较低地位的人提供破坏不平等制度的动力，因而高的社会流动率可以作为一种安全阀，释放较低阶层的不满，起到稳定社会秩序的功能。社会流动受政治、经济、教育、地理、人口乃至战争等多种因素的影响，考试特别是大规模考试也是其中较为重要的因素之一。事实上，在中国这个考试的故乡，考试与社会流动的关系是个古老的话题。对于历史上科举引发的社会流动，历史学和社会学界的研究兴趣一直不减，无论是定性还是定量研究，成果都很多，各种观点的争鸣互动也颇为热烈。①

相比于科举，高考建制时间仅 50 余年，人们对它的研究兴趣多数时候集中于这一制度本身的改革与完善。对高考与社会流动关系的研究，远不如科举与社会流动的关系研究之热闹。这一问题之所以被忽视，原因之一在于几乎没有人怀疑高考促进社会流动、平民子弟通过高考改变命运的事实。高考究竟在多大程度上影响社会流动？其影响受到何种因素的制约？应如何认识高考在二元结构社会解体和社会稳定中的作用？这些问题都甚少被关注。总体上看，学界对高考与社会流动的关系研究，仅有屈指可数却值得关注的数项成果。我们试图通过实证调查，探究高考制度对社会阶层上向流动的影响力，并由此分析它对于社会发展的意义。

一、研究综述

关于高考对社会流动的影响这一问题，我们看到的有一定理论深度的相关定性研究成果主要有两项：一是张宝昆的著作《大规模教育考试的社会控制功能研究》，② 二是李家林的论文《论考试在社会流动中的作用》。③ 但这两项研究主要针对的是包括高考在内的大规模考试制度对社会流动的研究，所做的也基本上是定性综合研究，而且没有进行统一高考与非统考办法的对比。从这一角度看，高考对社会流动的影响力之大小，几乎是一个空白的研究领域。尽管与之相关的高等教育与社会分层的研究成果颇为丰富，但均未将视角直接落到高考制度的分析上，直接针对高考与社会流动关系研究的仅有王伟宜的论文《高考对社会阶

---

① 详情请参阅刘海峰：《科举学导论》，华中师范大学出版社 2005 年版，第 236～245 页。
② 张宝昆：《大规模教育考试的社会控制功能研究》，云南大学出版社 1999 年版，第 100～109 页。
③ 李家林：《论考试在社会流动中的作用》，载《安徽师大学报》（哲社版）1998 年第 1 期，第 123～140 页。

层流动的影响——以福建省为例》。①

（一）张宝昆的研究

张宝昆的《大规模教育考试的社会控制功能研究》主要是从宏观上探讨大规模教育考试（如科举、高考、自学考试等）的社会控制功能，其中，针对考试控制社会流动的功能进行了历史与现状的考察。作者对科举考试控制社会流动的历史做了简要的定性考察，认为科举除造成并控制了向上层社会流动之外，也间接地对其他形式的社会流动（如水平流动和向下流动等）造成影响。作者特别对考试控制社会流动的现状进行了考察，得出新中国自成立至1997年实行的35次高考（除去1950年、1958年和1966~1979年），促成了1 354.05万人的向上流动②（"文革"前14年录取了200.95万人，1977~1997年共录取了1 153.1万人，其中，农村人口约占50%）。

具体从城乡流动来看，由于长期以来我国人口主要是按农村和城市加以固定并实行严格的户籍管理，农村人口要向城市流动，取得合法的城市户口地位，最重要的一条道路就是参加大规模教育考试，尤其是高考对这种城乡流动起刚性控制作用。以1993年全国普通高校录取学生的成分情况为例，该年共录取97万人，其中农村学生517 188人，占录取总数的53%左右。按每年大约50%的比例推算，我国在35次高考中，使650万农村青年实现了由乡村向城镇的空间流动，虽然这一数据与农村人口总数相比是很小的一个群体，却有着深远的社会意义。通过考试促进农村人口流动，一方面是社会主义一定历史时期教育民主化、平等化的必然要求；另外，也是社会主义建设的需要，同时也可促进农村教育的发展，成为激发农业人口接受教育的无形驱动力量。

从地域流动看，高等院校通过高考选拔来自全国各地的新生，造成了地域之间、民族之间的全国性、全省性流动。尤其是部属重点大学和面向全国招生的省属重点大学促成的地域流动功能十分明显。另外，全国统一考试为人才的地域流动提供了可能和条件。作者还特别以云南这一中国最典型的边疆民族省份为例作了分析。1995年全省有26所高校及许多省外高校在云南招收22 448人，其中，由地州、县流向省城昆明读书的占85%，出省流向全国各高校的占10%，其余在地州高校读书。总之，无论是从县、地州、省或是全国高校招生录取年度

---

① 王伟宜：《高考对社会阶层流动的影响——以福建省为例》，载《招生考试研究》2007年第3期，第13~21页。

② 需要指出的是，张宝昆所提及的35次高考促成1 300多万人的向上流动有失准确，因为录取人数中有一部分人只是实现了阶层的水平流动而非向上流动（这里涉及阶层的界定问题）。在上大学与向上流动之间并不能简单画等号。

情况的统计分析看，高考都是人才从农村向城镇流动或区域流动的重要渠道，相当广泛、深刻地影响着中国的社会结构。

根据对高考造成的城乡和地域流动等分析，作者认为高考制度（尤其是自1977年恢复高考后）充当了促进社会流动并控制这种社会流动的角色，起到了一个社会安全阀的重要作用。①

（二）李家林的研究

李家林的论文《论考试在社会流动中的作用》从考试强化社会流动的有序性、协调控制社会流动的流速和流量、促进社会流动主客观目标的动态平衡以及导引社会成员社会流动行为的价值取向等方面，分析了考试在社会流动中的作用。作者认为：

第一，社会资源的价值、所有权及其有限性等，使个人追求社会资源不是一种孤立的行为，而是一种涉及他人利益的社会行为，难免要受到他人的制约，从而产生了某种社会秩序的必然性。同样，作为社会资源再分配过程的社会流动，就要求人们的流动行为须在有序的状态下进行。而考试之所以在促进社会流动有序性方面具有强化作用，是通过建立考试制度并参与社会流动系统的运行来实现的。

第二，国家需要根据本国一定历史阶段的特殊需要与国情，对社会流动的流速与流量进行宏观调控，而考试政策恰恰能在这方面发挥协助调控的作用，例如，可以通过考试届次、施考时间的增减，调控一定时期内社会流动的流速；通过考试规模、考试门类设置、录取名额、考试结果的使用、报考资格等规定，调控一定时期内社会流动的流量。

第三，由于社会流动的现实过程，是社会成员个体流动需要与社会系统客观需求相结合的过程，在这一结合过程中，往往存在着个体的主观目标（即希望通过社会流动所要达到的社会地位目标）与社会的客观目标（即通过社会流动能够使个体达到的社会地位目标）的矛盾。考试作为社会流动供求双方的中介，可以通过设定标准、提供检测结果、调整考试内容等，使社会流动的主客观目标始终保持一种动态的平衡。

此外，考试还能导引社会成员社会流动行为的价值取向，考试为人们提供了一种"公平竞争、择优录用"的社会氛围，使人们获得平等竞争的权利，并形成社会流动行为的正确价值观。而且，"标准面前人人平等"的民主、平等观念，本身也产生了一种示范和教育作用。考试制度本身所具有的规范体系，也能

---

① 张宝昆：《大规模教育考试的社会控制功能研究》，云南大学出版社1999年版，第100~109页。

提高社会成员的受控意识，形成规范的流动行为。①

虽然此项研究中的社会流动并非特别指向阶层流动，考试也并非专门指向高考，但对我们研究高考与社会流动的关系还是有一定参考价值。相比之下，《高考对社会阶层流动的影响——以福建省为例》更切中主旨，值得关注。

(三) 王伟宜的研究

王伟宜的论文《高考对社会阶层流动的影响——以福建省为例》通过对1977年以来部分高校在校学生家庭所处社会阶层变化的实证调查，探讨高考制度对社会阶层向上流动的影响力及其对社会发展的现实意义。鉴于高考制度恢复至今的三十年，我国的社会结构发生了较大的变化，作者以调查对象父母亲的职业为基础将我国的社会阶层划分为五大类：党政机关、企事业单位干部（相当于现今的国家与社会管理者、经理人员和办事人员阶层②）、专业技术人员、工人、农业劳动者和不便分类的其他阶层，并着重分析高考对工农阶层子女向上流动的影响。

在现实的社会环境下，促进社会阶层流动的渠道虽然很多，比如参军、经商及婚姻等，但对于广大工农阶层子女而言，他们向上流动的渠道非常单一，而高考为他们提供了向上流动的一种制度安排。长期以来高考是他们改变自身命运、进入社会中上层的主要甚至唯一的途径。对广大工农阶层子女来说，通过高考获得接受高等教育的机会并不必然意味着将来一定能够实现向上流动的愿望，但这毕竟是他们开始向上流动的重要一步。基于这样的考虑，该文主要是通过分析30年来各阶层尤其是工农阶层子女高等教育入学机会的变化情况，探讨高考在促进社会阶层流动方面所发挥的作用。具体而言，以福建省为例，选取五所高校1982级、1990级和2003级的学生作为调查对象，通过对这三个年级福建籍学生家庭背景资料的抽样调查（调查的样本量为2 729份），了解30年来我国各阶层子女高等教育入学机会的变化情况，从而分析高考在促进社会阶层流动方面起着何种作用。③

文章主要从两个方面分析了高考对社会阶层流动的影响：一方面，通过对三个年级各阶层子女高等教育入学机会变迁的实证调查，分析高考对社会阶层流动的整体影响；另一方面，通过调查三个年级各阶层子女在不同类型高校中入学机

---

① 李家林：《论考试在社会流动中的作用》，载《安徽师大学报》（哲社版）1998年第1期，第123~140页。
② 陆学艺：《当代中国社会流动》，社会科学文献出版社2004年版，第2页。
③ 研究数据来自于全国教育科学"十五"规划国家重点课题"高等教育大众化与缩小社会阶层高等教育差异的研究"课题组建立的数据库。

会的变迁情形，来深入探究高考促进社会阶层流动的影响力尤其是底层社会子女向上流动的路径及现实可能性。

从福建省各阶层子女高等学校入学机会的总体变化情况看，统计表明，党政机关、企事业单位干部的辈出率①一直处于下降的趋势，从 1982 年的 8.47 下降到 2003 年的 2.88；专业技术人员阶层的辈出率 1990 年后也开始下降，降到 1.75。需要指出的是，辈出率的下降并非意味着来自这两个阶层的子女所获得的高等教育入学机会在下降，而只是相对于其他阶层子女而言，他们在入学机会方面的相对优势在下降（1982 年，党政机关、企事业单位干部阶层子女所获得的相对入学机会是农业劳动者阶层子女的 14.1 倍，而到 2003 年，这一差距缩小到 3.7 倍）。与这两个阶层不同的是，这一时期工人阶层的辈出率除 1990 年稍有下降外基本保持不变，而农业劳动者阶层的辈出率一直呈现稳步上升的趋势，从 1982 年的 0.60 增长到 2003 年的 0.79。这说明，农业劳动者阶层子女的入学机会在逐渐增加。

作者认为这种变化的主要原因在于，20 世纪 80 年代初期，我国高等教育处于高度精英阶段，党政机关、企事业单位干部等阶层子女在极其有限的高等教育机会总量中占据较多的份额从而处于绝对的优势地位。② 20 世纪 80 年代中期起，我国高等教育规模开始扩张，尤其是 20 世纪末以来，我国高等教育进入大规模扩张时期。因高等教育大规模扩展而增加的新的入学机会，有一部分入学机会便惠及中下阶层子女。因此，上层社会子女的相对优势在逐渐减弱，而下层社会子女的入学机会有所增加。

从福建省各阶层子女在不同层次高校中的入学机会演变看，尽管研究表明高考在促进底层社会尤其是农业劳动者阶层子女向上流动方面起到重要的作用，但通过高考进入不同层次、不同类型的高校就读，其未来的社会流动是大不相同的。该文从办学层次上将福建省高校分为三类：部属重点高校、普通本科院校和专科院校，并选取部属重点高校 1 所、普通本科院校 2 所、专科院校 2 所共 5 所院校的在校学生作为调查对象。对这三类高校中各阶层子女 1982 级、1990 级和 2003 级三个年级入学机会变化情况的抽样调查结果表明，工人及农业劳动者这两个阶层的辈出率总体上呈现下降趋势，说明这两个阶层的子女在部属重点高校就读的机会在减少，大部分入学机会被中上阶层子女所占据。

作者认为之所以出现这种现象，原因在于中上层社会子女首先是争夺一定份

---

① 指某一个社会阶层子女在大学生中的比例与该阶层人口在同一社会全体职业人口中所占比例之比。
② 这些上层社会子女之所以会获取较多的入学机会，主要原因在于相对于下层社会子女，他们拥有更多的文化资本、经济资本及社会资本，这些资本在帮助他们争取有限的入学机会方面起到了非常重要的作用。

额的入学机会，在高等教育进入大众化阶段后，优质的高等教育资源（即重点高校的入学机会）则成为他们争夺的主要目标。由于一定时期的优质高等教育资源总量是既定的，加之这些中上阶层子女拥有较多的文化资本等，在争取部属重点高校的入学机会方面有一定的优势，同时，大部分下层社会子女难以达到部属重点高校相对较高的入学标准，结果是，中上阶层子女在部属重点高校获得越来越多的入学机会，而下层社会子女在此类高校的处境愈加不利。

统计还表明，与部属重点高校的情况有所不同的是，占就业人口很大一部分的农业劳动者阶层子女在普通本科院校[①]和专科院校的入学机会在逐渐增加（工人阶层子女在专科院校的入学机会也在增多），接近社会平均水平，这主要归因于：一方面，中上阶层子女主要是争夺在高层次高校就读的机会，从而在较低层次的高校空余出一定份额的入学机会；另一方面，较低层次尤其是专科院校的入学标准相对较低，从而使没有多少文化资本的底层社会子女获得接受高等教育的机会成为可能。

综上所述可以看到，自1977年恢复高考以来，高考在促进社会底层子女向上流动方面起到积极的作用，但这主要体现在较低层次的特别是专科层次的院校为大量底层社会子女提供了一定的入学机会，从而为他们开始向上流动提供了可能性。从社会学角度来看，高考对一个社会结构的变迁起着非常重要的作用，它是社会下层向中上层流动的动力机制和重要途径。对于像工人、农业劳动者这些底层人民群众而言，通过高考接受高等教育是其代际间改变职业地位、实现向上流动进而有望进入中上阶层的有效途径。在没有其他途径可凭借的情况下，他们对高考充满希望。正因为如此，虽然全国统一高考也存在一些弊端，但在没有更有效的选才机制的前提下，我们仍需坚持、维护和不断完善这一制度，充分发挥高考促进社会底层子女向上流动的积极作用。

需要指出的是，虽然社会底层子女通过高考获得接受高等教育的机会意味着向上流动的开始，但这仅仅是一种可能性。有机会接受高等教育并获取相应的证书只是向上流动的必要而非充分条件，最终能否真正实现向上流动以及上升的程度如何还与一个人的社会出身（也就是除了自身所拥有的文化资本外，一个人从家庭所继承的经济资本、权力资本及社会资本等）以及学历社会的形成等多种因素有关。鉴于此，作者认为应理性地看待高考促进社会阶层流动的作用，不

---

① 农业劳动者阶层子女在普通本科院校入学机会增加的主要原因在于，选取的两所本科院校，一所为师范类院校，一所为农林类院校，所调查的学生大多就读于收费相对较低的师范类专业和较冷门的专业。这些专业竞争不是很激烈、就学成本较低，而农业劳动者阶层子女就读这些院校的这些专业可以降低入学风险，提高被录取的可能性，因此，我们看到，该阶层子女的入学机会在逐渐上升。这方面较为详细的论述可见《各阶层子女对高校科类选择的偏好与入学机会差异——基于偏好模型的解释》（载《教育与经济》2005年第2期）。

能否定，也不能随意夸大这一作用，而应正确引导、合理利用。①

二、调查与统计

人们在研究科举对社会阶层流动的影响时，惯常的方法是对比科举与之前各种人才选拔制度下统治阶层的社会成分。同理，高考对社会阶层流动的影响大小，也要通过与未采行高考时期学生阶层分布的对比来体现。鉴于新中国从1952年建立统一高考制度后，除"文革"十年，其余时间均采取了这一制度，而"文革"的情况又十分特殊，难以进行常态比较，因而我们只能对比新中国成立前未采行统一高考时期和成立后采行统一高考时期的情况。

我们选取了厦门大学为个案，通过对比统一高考建制前后学生家长职业构成的差异，来分析高考对社会流动的影响。通过浏览厦门大学几乎所有新中国成立前的学生档案，并查阅学生家庭状况、教育环境调查表、人事调查表、入学志愿书、清寒学生调查表、学生人事考查表、学生自传等文献，共得到文理各院系学生档案3 141份，其中，有家庭出身情况记载的有效样本计2 356份。相比之下，新中国成立后的档案要齐全得多。我们分别查阅了1950～1952、1965、1976～1980年各年的学籍表，得到学生档案共计6 465份。新中国成立前和成立后档案总计8 821份，采用Excel进行归类。与成立后分年或分阶段统计不同的是，成立前各年由于性质基本相同，且样本较少，被统一归为"新中国成立前"大类。调查对象系别分布广泛，涉及当时几乎所有系别。

在调查中，家长职业（以父亲为依据来统计，极少数父亲情况不详而母亲职业详者，则以母亲为依据）被划为工、农、军、学、政、商、其他七大类，其中，工包括工人、职工和手工业者；农指农民；军包括普通军人和军医；学包括大学教师、教师（中小学）、医生和科技人员；政指干部（包括农村干部）；商包括商人、华侨和华侨店员，其他包括非农（据其综合信息推断不是农民者）和失业者。在这七大类职业中，学、政、商界的职业因占有较多的文化、权力或经济资本而享有较高的社会地位，可以认为这些领域的职业处于较高的社会阶层，而工、农界职业的社会地位则较低，无论是从社会威望、经济收入还是文化资本的占有上看，都可以认为是处于较低的社会阶层。当然，某些职业或阶层由于政治原因在新中国成立前后所享有的政治或经济地位可能略有不同，但总体上看，其社会地位的变化并不大。例如，尽管农民阶层在新中国成立后享有了与其

---

① 王伟宜：《高考对社会阶层流动的影响——以福建省为例》，载《招生考试研究》2007年第3期，第13～21页。

他阶层同等的政治地位，但其社会资本尤其是文化和经济资本占有上的弱势地位并没有任何改变，仍然是一个处于中国社会阶层结构金字塔底部的弱势群体。即使现在涌现了大量流向城市谋生的农民工，他们充其量也只能成为一个亦农亦工的"边缘群体"，和弱势群体无甚大异。工人阶层的情形也大致相同。

统计得出新中国成立前后厦门大学学生家庭职业阶层的变异情况（表3-1）。数据显示，在新中国成立前，学生父亲职业比例列前三位的分别是商界、学界和政界，三者相加为79.11%，而工、农的比例则分别占2.21%和13.54%，二者相加为15.75%，说明新中国成立前高等教育入学机会有近八成为较高社会阶层子女所占有，通过单独招考①实现阶层向上流动的工、农子女所占不到二成。而在新中国成立后的1965年，学生父亲职业分布发生了根本性逆转，商界、学界和政界三者相加的比例降至为27.91%，工、农比例相加则增至64.40%，说明新中国成立后较低社会阶层子女凭借统一高考实现阶层上向流动的比例已大幅增加。1965年以后各年的比例也都说明了这一点。

表3-1　　厦门大学新中国成立前、后学生家庭职业分布　　单位：人、%

期间		1949年以前	1950~1952	1965	1976	1977	1978	1979	1980
家庭职业	学生总数	2 356	772	559	763	989	1 313	1 024	1 045
工	人数	52	87	97	122	151	237	187	187
	百分比	2.21	11.27	17.35	15.99	15.27	18.05	18.26	17.89
农	人数	319	176	263	199	118	148	173	235
	百分比	13.54	22.80	47.05	26.08	11.93	11.27	16.89	22.49
军	人数	58	3	6	25	42	38	15	15
	百分比	2.46	0.39	1.07	3.28	4.25	2.89	1.46	1.44
学	人数	502	146	35	75	251	308	228	242
	百分比	21.30	18.91	6.26	9.83	25.38	23.46	22.27	23.16
政	人数	418	78	45	276	292	374	324	299
	百分比	17.74	10.10	8.05	36.17	29.52	28.48	31.64	28.61
商	人数	944	278	76	5	11	15	16	17
	百分比	40.07	36.01	13.60	0.66	1.11	1.14	1.56	1.63
其他	人数	63	4	37	61	124	193	81	50
	百分比	2.67	0.52	6.62	7.99	12.54	14.70	7.91	4.78

---

① 尽管1938~1940年厦门大学曾参加过部分国立大学联合举行的统一招考，但由于规模甚小，在影响面和影响力度上，与新中国成立后的统一高考不可同日而语。

如果说，在"文革"即将来临的1965年，过于强调阶级成分的政治因素对当年的工、农子女高等教育机会有较大影响，那么相比于新中国成立前，1977~1980年与1965年相似的比例则说明，在实行统一高考的情况下，政治对于阶层流动并非一个有持久影响力的因素。而教育政策和家庭经济条件对于较低阶层子女实现社会流动却是不容小觑的影响因子。一方面，自新中国成立伊始，政府便提出教育要"为工农服务"，加上高等教育实行免费教育，使工、农子弟有较多机会接受高等教育；另一方面，新中国成立前实行单独招考，到各校参加考试所需费用对较低阶层家庭来说实在是一笔不小的负担，若参加几所学校的考试，则更不堪重负。而实行统一高考省却了考试旅费，也使较低阶层子女接受高等教育的机会大大增加。

再看新中国成立后不同年份的对比。在新中国成立后的各年中，1976年是个较特殊的年份。统一高考在1966~1976年被停废了11年（虽然从1972年高校开始恢复招生，但实行的是政治色彩浓厚的推荐制），直到1977年才恢复统一文化考试，因而，1976年采取的不是统一高考招生办法，理论上是可以与实行统一高考的其他时期进行对比。但遗憾的是，由于"文革"对政治背景的过度强调，其所反映的情况不能视为常态。

尽管如此，1976年的数据仍有其对照意义。表3-1显示，1976年父亲职业分布以政界为最高，比例高达36.17%，这一结果与一般所认为的"文革"中"好大学"（或者说"重点大学"）以干部子女居多的看法大体吻合。农界和工界步后，分别为26.08%和15.99%，而学界仅为9.83%。这样的反常分布很可能与其时强调学生出身的工、农成分比例，权力在推荐制入学办法中起关键作用，以及"文革"中知识分子地位严重下降等因素有关。1977~1980年各年，父亲职业中政界的比例下降到30%左右，相反地，在1965年和1976年都出奇低的学界比例（1965年学界比例低可能与"文革"前夕知识分子地位下降有关），则骤然上升并基本稳定在22%以上，仅略低于政界。政界比例下降而学界比例上升并与政界比例基本相当，且与新中国成立前学、政界持平的情况也基本一致，说明权力因素对统一高考的干扰现象基本上已不复存在。工界和农界的比例则亦有所上升。

此外，由于1965年、1976年特殊的政治背景，我们无法根据其农界的比例而判断统一高考对较低阶层子女社会流动的影响力大小，但却可从政界比例的升降看出统一高考和推荐制二者的公平程度之孰高孰低。而公平性恰恰是影响社会阶层流动的重要因素，考试制度越公平，低阶层子女借此制度实现阶层向上流动的可能性便越大。

三、实现流动的"独木桥"

必须指出的是，新中国成立前、后学生家长职业阶层的变异，并不仅仅受高考制度的影响，它与政治、经济和教育体制都有一定的关联，有时某些关联甚至起决定性作用。例如，高等教育收费与否，就直接影响着较低阶层子女接受高等教育的积极性和可能性，进而影响着学生家长职业阶层的构成。有统计表明，在近几年高等学校录取的新生中，农村生源所占的比例已经由原来的30%多下降到现在的15%左右。[①] 在目前高等教育助学贷款制度尚很不完善的情况下，日渐上涨的学费、后勤社会化和日益扩大的教育资源城乡差异不能不说是最主要的原因。再如，新中国成立前商人阶层大量存在，而成立后到改革开放前由于实行国营经济，个体经商形式几乎消亡，造成商人阶层在各阶层中所占比例由成立前的40%锐减为成立后的不到2%，也影响了家长职业阶层构成的相对稳定性。因此，我们在判断高考对社会流动影响力的大小时，必须根据各种因素进行综合分析，既不要夸大高考在社会流动中的作用，正视它发挥促进社会流动功能所需要的其他教育政策和社会条件支持，也不能因此否定它对社会流动的意义。

由于关联因素较多，新中国成立前后学生家长社会阶层的对比所折射出的高考对社会流动的影响，难以像科举考试对其时社会流动的影响那样清晰，这一研究成果因此也存在很大的局限性。但若单从工、农阶层新中国成立前后的对比来看，统一高考比单独招考给较低阶层子女实现向上流动提供了更多机会则毋庸置疑。

另据许欣欣对1990年和1993年中国不同地位群体间的代际流动研究，得出国家干部这一我国社会分层体系中地位最高的阶层，同职率[②]很低，相反，流入率（从其他阶层流入某一阶层的概率）则很高，1990年和1993年分别为73.8%和64.3%，说明在接受新成员方面干部阶层的开放程度是相当高的。[③] 而新中国曾有相当长一段时期，能够被列入干部编制的一条最主要途径便是取得国家正式的全日制中专以上学历后，被人事部门按计划分配到具体工作单位。在统一高考几乎是当时取得国家正式全日制中专以上学历机会唯一通行证的中国，干部阶层有如此高的流入率，以及由此所反映出的相应高的社会阶层流动率，不可否认统

---

① 潘多拉：《农村生源比例逐年下降 门槛考量下的教育不公》，2005年6月24日（http://edu.beelink.com.cn/20050815/1907244.shtml）。

② 同职率是从子代角度出发考察特定阶层（或群体）成员的社会背景，可以体现某社会群体在吸纳新成员方面所具有的开放程度。

③ 许欣欣：《当代中国社会结构变迁与流动》，社会科学文献出版社2000年版，第242页。

一高考对其发挥的作用。此外,郑若玲也曾对厦门大学 1997~2001 届博士毕业生的家庭出身做过统计,有 56.7% 的博士来自除教师和干部外的非知识阶层家庭(其中 37% 来自农民阶层)。① 尽管来自农民阶层学生的辈出率相对而言仍较低,但低阶层子女通过层层竞争性考试(包括高考)得以有机会成为国家栋梁从而实现社会阶层的上向流动,却是不争的事实。

现行的高考制度因弊端甚多而遭到越来越激烈的社会批判,甚至有人将其形容为"一头让人哭笑不得,又无可奈何的怪物"和"一个荒谬的制度"。② 但正是这种刚性的制度,让社会底层精英有了"公平的立基",为其向上流动提供了保障,并疏散了其对社会资源分配机制所郁积的不满。必须正视的是,新中国成立后我国的二元结构局面非但没有改观,而且阶层差异还在不断扩大,各阶层尤其是优势阶层的代际继承性也呈日趋增强的态势。这种阶层流动机制的弱化,反过来将强化阶层间的对立与敌意,甚至造成社会的"断裂"。阶层流动障碍的加强,对社会发展而言无疑是一个十分危险的信号。

在如今的高等教育机会分配中,权力的侵扰虽然已不明显,但金钱的作用却越来越大。对钱权皆无的广大草根家庭子女来说,高考作为一个自致性因素,几乎成为他们获得高等教育机会、实现阶层上向流动的一条最公平合理的"独木桥",而教育机会的公平竞争恰恰是社会和谐发展的重要内容。社会正义论研究权威罗尔斯认为,一种正义的社会制度应该通过各种制度性安排来改善或优待那些处于社会底层的"最不利成员"的处境,缩小他们与其他人之间的差距。③ 虽然以目前高等教育资源仍非常匮乏的国情,我们在短时期内尚无法刻意增加社会底层的高等教育机会,但至少应保存高考这条使其得以实现正常社会流动的"独木桥"。这实在也是他们的权力,而非优待。

第二节 高考与教育公平

公平是人类文明史上争论不休的一个永恒话题。人们认为教育可以促进社会公平。而考试作为教育的一个环节,一直是人们追求社会公平与教育公平的重要

---

① 郑若玲:《高等教育与社会的关系——侧重分析高等教育与社会分层之互动》,载《现代大学教育》2003 年第 2 期,第 21~25 页。
② 许纪霖:《高考制度:迫不得已的荒谬?》,载《中国新闻周刊》2005 年第 27 期,第 65 页。
③ [美]约翰·罗尔斯著、姚大志译:《作为公平的正义——正义新论》,上海三联书店 2002 年版,第 447 页。

手段。从公元前165年西汉文帝首次举行书面测试算起，考试已有两千多年的历史。在这漫长的发展过程中，考试经历了许多变革。回顾这些变革，不难发现贯穿始终的主旋律——追求公平。帝制中国之所以从门第社会走向科举社会，其背后有极其深刻的社会文化根源——摆脱人情请托困扰，追求社会公平正义。在选拔人才过程中饱受人情困扰的先人们，发明了考试这把客观公正的"量才尺"。近年来，随着高考改革的推进，考试的公平性不断地被人们提及。尤其是涉及考试公平与区域公平这个两难问题的时候，人们更是难以取舍。以下我们通过考察考试发展历程中公平动机的变迁，分析当前高考改革的公平诉求，力图探索考试与公平的规律性关联，并对高考制度存在的合理性作出理性思考。

一、科举之前选士制度变革的公平色彩

在汉代以前，最初的任官实行世袭制，即所谓的"世卿世禄制"。到春秋战国时期，则主要通过招贤察能、奖励军功、"上计"考绩、养士等多种途径，选拔符合统治者需要的人才。尽管这些注重实际的考核方法有时确能招纳到贤能之士，但由于取士标准带有浓厚的主观色彩，且变化无常，难免因人而异，有失公允。

到了汉文帝时期，不仅下诏举贤能方正及直言极谏之士，而且对被荐举者采用"策问"的方式进行考试。这使得选士标准发生根本性变化，即以文墨才学取代军功和政绩。特别是汉文帝十五年（前165年）的那次笔试，不仅由皇帝亲自下诏命题，"著之于篇，朕亲览焉"，而且所写对策文章要"周之密之，重之闭之"，① 交由皇帝亲自拆封批阅，以定优劣。这种以"文墨"定优劣以及密封试卷的防弊手段，都包含了一定的公平思想。

汉武帝即位后，在董仲舒的力促下，不仅将察举孝廉的办法加以制度化，并且实行按郡国人口比例举孝廉的做法，这种按口数举人的办法一直为后世所沿用。此外，针对任官中论资排辈的弊病，董仲舒提出"毋以日月为功，实试贤能为上，量材而授官，录德而定位"。② 按人口比例举荐人才的做法，体现了一种对区域公平的追求，以贤能取代资历（日月）、量才授官、录德定位等做法，也体现了"才能面前人人平等"。

东汉的察举制在公平诉求上又有了革新，变化之一是在按郡国人口比例岁举孝廉的基础上，念及边郡人口稀少，"束修良吏，进仕路狭"，特别优待边郡，同样的人口数，边郡所配得的孝廉举额是内陆的一倍。变化之二是举孝廉

---

① （汉）班固撰、（唐）颜师古注：《汉书》卷四十九《晁错传》，中华书局1962年版，第2290页。
② 田建荣：《中国考试思想史》，商务印书馆2004年版，第62页。

后要"诸生试家法,文吏课笺奏"。针对当时举孝廉的重重弊窦,东汉顺帝接受了尚书令左雄的改革建议,不仅对被荐孝廉者限制在四十岁以上,而且要对其才学和工作能力进行严格的考试,并且还要经过端门复试后才能量才录用,以求公允。

值得一提的还有曹魏时期的"唯才是举"思想和"九品官人法"制度。汉献帝建安二十二年(217年),曹操在《举贤勿拘品行令》中淋漓尽致地表达了"唯才是举"的思想:"昔伊挚、傅说出于贱人,管仲,桓公贼也,皆用之以兴。萧何、曹参,县吏也,韩信、陈平负污辱之名,有见笑之耻,卒能成就王业,声着千载。吴起贪将,杀妻自信,散金求官,母死不归,然在魏,秦人不敢向东,在楚,则三晋不敢南谋。今天下得无有至德之人放在民间,及果勇不顾,临敌力战;若文俗之吏,高才异质,或堪为将守;负污辱之名,见笑之行,或不仁不孝而有治国用兵之术;其各举所知,勿有所遗。"① 曹操的"唯才是举"思想固然带有典型的实用主义特征,只求为我所用之才,不问其出身门第,甚至不问其道德品行,但其间也闪烁着一定的公平色彩。

曹丕时期实行的"九品官人法"则是"唯才是举"思想的具体化。择州郡之贤有识鉴者为中正官,选拔品评人物,"盖以论人才优劣,非为世族高卑"。② 应该说,九品官人法本质上不失为一种公平的铨选制度。但由于"贤有识鉴者"多为当地世家大族,家世出身很快就变成唯一的人物品评标准,寒门子弟自然被排斥在外,九品官人法也因此沦为门阀世族把持政权的得力工具,如晋人卫瓘所言,"中间渐染,遂计资定品,使天下观望,唯以居位为贵,人弃德而忽道业,争多少于锥刀之末,伤损风俗,其弊不细"。③

需要指出的是,以上这些取士改革,虽或多或少包含着公平因子,但绝非出自改革者内心真正的公平理念和"以民为本"思想,而是出于统治者维护和稳固政权的需要。而且在帝制社会,公平的改革总是与权贵们的既得利益相冲突。因而,在隋唐取士标准和方法客观化和制度化之前,由于包含考试环节的察举只是众多选士途径之一,征辟、任子、军功、纳赀、年资上书、献赋等,均无需考试,出现"权富子弟多以人事得举,而贫约守志者以穷退见遗"④ 现象也就不足为奇了。

---

① 田建荣:《中国考试思想史》,商务印书馆2004年版,第86~88页。
② (梁)沈约撰:《宋书》卷九十四《恩倖传》,中华书局1974年版,第2301页。
③ (唐)房玄龄等撰:《晋书》卷三十六《卫瓘传》,中华书局1974年版,第1274页。
④ (南朝·宋)范晔撰、(唐)李贤等注:《后汉书》卷六十一《黄琬传》,中华书局1965年版,第2040页。

二、科举改革的公平诉求

科举经历了隋唐的草创阶段,进入宋代以后,得以改革、发展和完善。随着考试一步步从社会边缘走向中心,科举地位日重,改革也日益以公平为诉求,以使其更好地为稳固帝王统治服务。

(一) 唐代:公平的奠基

进入唐代后,出于稳固统治的需要,科举得以迅速发展,唐政权在科举改革中也努力掺入公平因素,但毕竟草创期的科举面对的是"'血'而优则仕"的强大惯性,其公平诉求之路可谓关山重重,备显艰难。尽管如此,唐代科举还是有不少值得称道的出于公平动机的改革。

首先是"投牒自举"。在科举之前身察举制中,被察举者需有人推荐,方可获察举资格。唐代科举则改由举子自由报考,乡贡考生"怀牒自列于州县",只要考生德行无缺,名实相符,便可自由报考。这种怀牒自进的开放的报考方式被一直沿袭下来,使平民子弟享有参政的公平竞争机会。其次是立法。为防范举贡中的舞弊现象,保证贡举活动的公正性和科举制度的严肃性,唐代颁布了一系列法令,如"废举者"[①]和"坐州长"[②]等,对考试不实者作了详细的法办规定。在《唐律疏议》、《全唐文》、《唐大诏令集》、《册府元龟》等典籍中,均可找到这样的法令规制。此外,唐代还制订了严密的考场规制,分别实行过搜检、锁院、糊名和别头试等防弊制度。唐代科举这些关涉公平的改革,都在某种程度上起了"开先河"作用,尽管有些制度并未严格实行,但为后世科举的公平性奠定了思想和实践基础。

(二) 宋代:关于公平的理性论争

在唐制科举的基础上,宋代又在殿试制度、糊名法、誊录法和双复位等第法等方面作了进一步革新。这些革新都萌发于科场实践,莫不以追求公平为己任。然而,比制度改革更有深远意义的,恐怕还应数发自名公重臣们的关于公平的理性论争——科举取才的南北地域之争。

宋英宗治平三年(1066年),大臣司马光针对京师和其他诸路及第人数"大段不均"的情况,上奏《乞贡院逐路取人状》,力主在考卷上"各以逐路糊名",

---

[①] (宋)欧阳修、宋祁撰:《新唐书》卷四十四《选举志》(上),中华书局1982年版,第1162页。
[②] (唐)杜佑撰:《通典》卷十五《选举三·历代制下》,中华书局1984年版,第354页。

并且"逐路以分数裁定取人。"① 对此,参知政事欧阳修针锋相对地指出,"国家取士之制,比于前世,最号至公。……不问东西南北人,尽聚诸路贡士,混合为一,而惟材是择。"因此,他主张"且尊旧制,但务择人,推朝廷之公,待四方如一,惟能是选,人自无言。"② 由于争论双方各有充足理由,是非难以定夺,结果仍依成法,一切以程文定去留。

应该说,这场争论既包含了朝廷政治势力博弈的因素,也反映了区域公平与考试公平之间的矛盾。"区域公平"重地域均衡,"考试公平"则重考试结果,相比而言,后者有更浓厚的公平色彩。这场论争以"考试公平"取胜,也在一定意义上体现了公平性在宋代科举改革中的重要地位。

(三)明代:贡院形制的公平意蕴

明代制定科举成式后,考试取人的政治地位进一步提高。与此同时,统治者对科举制度的公平诉求也进一步加强,不仅通过制定科举成式来强化考试的严肃性与权威性,而且通过规范贡院形制来保证考试过程的公平。

贡院的建筑从明远楼到至公堂,从外帘到内帘,都布局得谨严有序,无不蕴涵着统治者力求维护考试权威和保证考试公平的良苦用心。明远楼中所悬挂的明代名臣杨士奇的题联:"场列东西,两道文光齐射斗;帘分内外,一毫关节不通风",则进一步强化了考场的严肃和公平气氛。如果说贡院的建筑布局体现的只是统治者形而上的力求公正的良苦用心,那么,贡院的规制对于维护考试的公平性则能起到实实在在的作用。发展到明代中期以后,贡院已在考官的选任、考场、阅卷以及取录各环节形成一套严密的规制。③

可见,无论是从有形的贡院建筑,还是从无形的贡院规制,无不围绕"公平"二字做文章。正是由于统治者不遗余力地维持科场公平,使明代科举赢得"天下之公"的美誉,时人更是认为"我朝二百余年公道,赖有科场一事"。④

(四)清代:公平的惨烈代价

发展到清代,科举由于有巨大的中举效应及其千年积弊,科场舞弊风行之盛

---

① 刘海峰:《科举取才中的南北地域之争》,载《中国历史地理论丛》1997年第1期,第153~168页。

② (宋)欧阳修:《欧阳修全集》(下),《奏议集》卷17《政府》,中国书店1986年版,第894~895页。

③ 详情请参阅刘海峰、李兵:《中国科举史》,东方出版中心2004年版,第321~324页、第333~345页。

④ (明)王世贞撰,魏连科点校:《弇山堂别集》第4册卷84《科试考》,中华书局1985年版,第1604页。

已到了无以复加的地步。为整肃科场、维护公正，以试图挽救行将崩溃的科举体系与统治政权，清代统治者对科举制度建设及其公平公正的关注与重视"远轶前代"，不仅制定了严密性几乎达到滴水难漏地步的《钦定科场条例》，而且对科场舞弊事件刀挥斧砍，制造了一起起惊心动魄的科场惨案，其中，顺治丁酉、康熙辛卯和咸丰戊午三大科场案，至今令人不寒而栗。

顺治十四年（1657年）发生的江南乡试考场案，缘于考官纳贿。查办结果，使正副主考遭斩刑，妻子、家产入官，其他考官及监场官员17人被处绞刑，新科举人也有若干人受革名或停考处罚。康熙五十年（1711年），江南又发生了轰动一时的考场案。主考官同样被指责纳贿私取。康熙遂将主考官等三人处斩，另两人畏罪自尽，并有多人遭流放。咸丰八年（1858年），顺天乡试也发生考场大案。此案亦起因于举子怀疑主考官取人不公。同样，主考被处斩，另有一大批官员分别被处死、籍没、流放、革职、降职等。

除这三场科场大案外，清朝还有若干起类似的大大小小的科场案。这些案件中有些虽牵涉到派系斗争，但最终目标莫不指向清理舞弊，力求公平取士。之所以如此，乃因千年科举积弊甚深，"盖不有此严刑峻法，恐弊端更甚，不克维持至清末。"① 尽管科场案在历朝都发生过，但以清代罚则最重。

历史表明，科举因其一切以程文定去留的公平做法而广受社会各层的维护。然而，作为一种以笔试为主的选拔人才手段，科举毕竟有其局限性，且任何制度都会"法久终弊"，因而，科举在1300年的历程中，也经历过数次高层次的争论或改制。② 争论的结果是科举数次被废。但科举总似有"神灵"相庇，旋废旋复。各代统治者之所以仍要采用这种取士办法，原因就在于始终没有人找到一种比它更公正有效的选才方式。可见，佑护科举之"神灵"非为他物，乃是科举自身的程序公正性。科举在经历了历朝以公平为动机的改革后，日臻完备。科举考试能使真正的人才出人头地，而不论其出身于草根阶层抑或上流社会。从这一点来说，科举无疑是公平的，正如美国学者费正清所说："在一个我们看来特别注重私人关系的社会里，中国的科举考试却是惊人的大公无私。每当国势鼎盛、科举制度有效施行时，总是尽一切努力消除科场中的徇私舞弊。"③

然而，这一中国历史上最具"现代性"、最具形式理性、平等精神的制度，却必须在20世纪初中国想进入"现代化"时最先被废除，成为一种"历史的揶揄"。④ 内忧外患、风雨飘摇的清末政府之所以终结科举的命运，是欲以此振兴

---

① 邓嗣禹纂著：《中国考试制度史》，国民政府考选委员会1936年影印版，第371页。
② 刘海峰：《科举制长期存在原因析论》，载《厦门大学学报》1997年第4期，第1~6页。
③ [美]费正清著，孙瑞芹、陈泽宪译：《美国与中国》，商务印书馆1971年版，第41页。
④ 何怀宏：《1905年废除科举的社会含义》，载《东方》1996年第5期，第47~51页。

教育，挽救时艰。遗憾的是，新教育在废科举后却出现了一种奇怪现象，即：一方面因学校严重短缺致使大多数适龄儿童上不了学，另一方面又因学校费用过高招不到学生。新教育遂出现贵族化倾向。黄炎培在1931年出版的《中国教育史要》一书的序言中说："公家教育，最初是偏于贵族方面的。由贵族教育移到平民教育身上，靠什么东西做它们的过渡的舟子呢？倒是科举。""等到后来科举废，学校兴，转不免多少带贵族教育的意味。"[①] 而在科举时代，由于举业可以自学为主，学习费用较低廉。即使要上学，也由于宗族学田、义田、义学的存在，使相当一部分同族子弟不分贫富均可通过就读本族的宗族学校，获得一定的文化知识，成为农村的准文化人。当然，在阶级社会，所有的公平都只能是相对的，科举也概莫能外。

三、民国时期教育均平之努力

1911年，孙中山领导的辛亥革命取得胜利，推翻了清王朝，结束了在中国长达两千多年的封建统治，建立了中华民国。从1912到1932年，高等学校一直实行单独招考。教育部为各高等学校划定相同的入学资格，但考试权被下放到学校，各校自行公布招生简章，自行组织命题、考试、阅卷，自行制定录取标准。这种单独招考的办法，最大的优点是灵活多样，学校可以根据各自情况，随时调整考试次数，设立不同的考试层次，并能在一定程度上体现各校的学科与专业特点。但单独招考的缺点亦十分突出，例如选拔标准不统一，专业比例失调，竞争的平等性得不到保证，等等。尤其是国家缺乏对高等学校在各地招生的统摄，造成地区间教育的严重失衡。为缩小地区教育差异、实现民主社会的教育统一理想，民国政府在20世纪20年代前后至少进行过两次公平诉求的努力。

第一次是高等师范学校实行的"招考划一"特别招生办法。民国政府成立后，为便于对师范教育的管理，1913年6月，教育部将全国划分为直隶、江苏、湖北、广东、四川和东三省六个高等师范区，要求每区各设一所高等师范学校。到1918年，全国共设立了6所高等师范学校，分别为：北京高等师范学校、南京高等师范学校、武昌高等师范学校、广东高等师范学校、成都高等师范学校和沈阳高等师范学校。鉴于各高等师范学校学科不尽相同，力量亦强弱不一，为谋地方教育之均平、扬教育之统一精神，教育部认为高等师范学校的招生"应破除省区界限，采取普遍主义。"1918年5月31日，颁布了《教育部通令各高等

---

① 杨齐福、吴敏霞：《近代新教育在废科举后发展取向的偏差》，载《福建师范大学学报》2001年第2期，第108~114页。

师范学校招考学生办法》，决定各高等师范学校实行"招考划一"的招生办法，即"每届招考学生，应以各校每次学额四分之三，为由各省选送之额，以四分之一为各校直接招考之额。"并规定各省选送名额，"应以各省省份之大小，距离其校之远近，及其省区内有无高师为标准，由各校具拟呈部核准，咨行各省办理（省之大小以教育厅官制所定标准）。"① 例如，1920 年，沈阳高等师范学校的招生便依此令，该年所招预科学生 120 名中，只有四分之一计 30 名是在沈阳直接招考的，其余四分之三计 90 名，则由该校呈文教育部行文各省（特别区、地方）长官，按表中所定名额选送（见表 3-2）。② 这种"招考划一"的办法，虽然只是在师范学校系统内实行，其"划一"的范围及程度均不及后来的统一招考，但这种招考思路所体现出的平等思想及其对当时边远落后地区教育水平的提携与促进，却具有重要的价值与影响，而且对今天的教育实践仍有一定的借鉴意义。

表 3-2　　沈阳高等师范学校拟各省（特别区、地方）选送预科学生名额分配表

省别	吉林	山东	江西	河南	山西	湖南	云南	江苏	广东	广西	甘肃	京兆	绥远
名额	10	8	4	4	4	3	3	2	2	2	2	2	2
省别	直隶	安徽	福建	浙江	陕西	四川	湖北	贵州	新疆	热河	黑龙江	察哈尔	
名额	6	4	4	3	3	4	2	2	2	2	10	2	

第二次是 20 世纪 20 年代教育部要求高等学校招生名额按比例分配给各省区的做法。当时虽然实行单独命题、自行录取的招生办法，但各高校在全国各省的录取标准却是统一的。由于各省区经济、教育、文化发展水平存在很大差异，执行同一个录取标准不但导致了内地省区之间升学率的不平衡，而且使一些边疆省（特别区、地方）陷入无学可升的尴尬境地。从北京大学 1922 年度的招生结果便可见一斑（见表 3-3）。为解决这一问题，当时的教育部第 10 届教育联合会建议，国立专门以上学校将招生名额的一部分分给各省（特别区、地方）。③ 虽然由于录取最终取决于学校，这一建议并未得到很好的落实，但教育主管部门已经意识到高校招生中地区不均这一问题的严重性，并努力寻求解决的办法，对教育公平的诉求理念之建构具有积极意义。

---

① 《教育杂志》第 10 卷第 7 号《记事》，1918 年 7 日。
② 《教育杂志》第 12 卷第 9 号《记事》，1920 年 9 日。
③ 谢青、汤德用：《中国考试制度史》，黄山书社 1995 年版，第 531 页。

表 3 – 3　　　　1922 年北京大学应试及录取生省籍情况

省别	报考人数	录取人数	省别	报考人数	录取人数
直　隶	271	34	京　兆	34	3
四　川	269	16	吉　林	29	3
江　苏	208	15	台　湾	4	2
湖　南	268	14	贵　州	32	1
安　徽	153	13	广　西	30	1
浙　江	104	13	云　南	55	0
河　南	149	10	福　建	23	0
山　东	185	8	甘　肃	13	0
湖　北	108	7	黑龙江	12	0
广　东	156	6	热　河	8	0
江　西	125	4	绥　河	8	0
山　西	99	4	察哈尔	5	0
陕　西	83	3	蒙　古	1	0
奉　天	57	3	西　藏	—	—

注：表中数据来自《教育杂志》第 15 卷第 12 号，1922 年。

历史告诉我们，在各种选拔人才的途径中，考试作为一种崇高的、具有可信性的正义程序的执行过程，最为公平和有效。一方面，对公平竞考的追求，中外古今，概莫能外。无论察举制和九品中正制的消亡，科举制的建立和长期存在，还是科举终结后新教育的贵族化，抑或民国时期教育公平的诉求，都因缘于"公平"二字。这些选官用人制度和教育制度，或因不公而渐亡，或因公平而长存。古老的中国因发明了考试选才办法，并被西方国家借鉴创立了文官考试制度，而被尊为考试的故乡，中国人的"考试基因"亦得以传承至今。另一方面，人情的困扰，常常使没有采行考试选才的社会时期陷入无序状态。民国时期所出现的政局混乱、军阀混战并因此向政府绩效索取的高额代价便是很好的证明，正如余秋雨在《十万进士》中所言："新型的学者在成批地产生，留学外国的科学家在一船船回来，但管理他们的官员又是从何产生的呢？而如果没有优秀的行政管理者，一切学者、科学家都会在无序状态中磨耗终身，都会在逃难、倾轧、改行中折腾得精疲力竭。"①

四、高考改革的公平要素

1952 年创建的高考制度，是新中国成立以来教育领域最重要的教育制度之一。高考不仅是高等学校选拔新生的最主要甚至是唯一手段，在相当长时期内还

---

① 余秋雨：《山居笔记》，文汇出版社 1998 年版，第 271 页。

担当了选拔国家后备干部的职责（直到20世纪90年代高等教育领域实行"双包"变"双自"改革，大学毕业生"准干部"身份方被破除），而且它是一项有利于促进中华民族团结与统一、维护社会秩序、提高整体国民素质的重要社会制度。50余年的历史说明，高考是一项人们择善而从、倍加珍惜的公平选才制度。因而，1977年恢复高考后，以全国统一的文化考试为根本的高校招生考试制度20余年不动摇，但其改革的脚步并未歇息过。高考制度由于上关国家政策和民族前途，下系民众个人命运，且与高等教育的招生与发展和普通教育的教学与改革都紧密相关，其改革要受到政治、经济、文化、教育、人口、社会等多种因素的交互影响，重要且复杂。各种因素对高考都有制约作用，而公平可能是其中最敏感却又最难以兼顾的要素。

1952年之所以建立统一高考制度，除效益和质量的考虑外，更有追求公平之本源因素。统一高考正是从制度上排除了考试之外的人为因素的干扰，有效地保证了考试的公平与健康发展，使全体国民享有平等接受高等教育和追求社会地位的机会。"文革"时期统一高考的废止，使高校招生的公平性受到践踏，公正有序的干部选拔工作亦被帮派林立、任人唯亲、任人唯派的混乱局面所取代，中国社会的发展水平因此严重倒退了若干年。1977年恢复高考，整个社会"由乱而治"，百姓为之欢声雷动、奔走相告，成为中国教育乃至中国历史上的一件大事。

高考改革但凡涉及公平，无不引起社会上下的深切关注，有些改革因此亦难善终。例如，在招生体制方面，20世纪80年代实行的招收委培生和自费生制度，本是一种有助于解决高等教育中长期存在的"产销不对路"矛盾之良策，可发展到后来，终因收费和降分挂钩，"权力干预"、"分不够钱来凑"等不正之风乘虚而入，严重破坏了高校招考的公平原则，损毁了高等教育的社会声誉而终遭唾弃。

在考试内容方面，由于我国长期处于城乡二元结构之下，形成了一种忽视城乡差别的"城市中心"价值取向。高考内容多以城市学生的知识背景为依据，这对农村和边远地区学生无疑是很不公平的。如2001年广东、河南文理综合试卷中的第31题：《你认为我国应如何调整汽车工业结构》就体现出明显的城市倾向性。近年来加试外语口语和考测实验能力的改革，对教育资源占弱势的农村考生群体而言，其公平性也甚为民众所质疑。

在保送生制度方面，问题更为严重。实行保送生制度的本意是为了弥补高考笔试的不足，创设一种利于拔尖人才脱颖而出的环境。然而，人为因素的干扰，很快就将这一良法美意异化为"推劣不推良、送官不送民"，致使操作环节严重失范。难怪很多人指责保送生制度是中国教育领域最大的腐败。除了高考笔试之外的其他形式的考查，大多数人都认为暗箱操作太多，不公平。一个典型的例子是，考生们的报考志愿表上一般都有着各体育项目测试达标的记录，可据许多高校反映，大一年级各科不及格率最高的恰恰就是体育。这就更使人们对分数情有独钟。① 毕竟，从高考分数上，人们能够直观地看到公平所在。②

在某种意义上，录取制度方面的公平比考试程序上的公平更为重要，因为录取是考生最终能否接受更高一级层次教育的决定性环节。录取若不公平，再科学公正的考试也是枉然。但在现实中，录取的公平性亦受到了来自各个方面的威胁与挑战，成为制约招生制度公平性的"瓶颈"。培根曾经说过，一次不公正的审判，其恶果要超过十次犯罪，因为犯罪污染的是水流，而审判不公污染的是水源。同样，高考录取不公所造成的不良影响也是十分深远的。③ 20世纪80年代为扩大高校招生自主权而增加的投档比例的改革，却造成录取季节"条子票子满天飞"的"奇观"，使高考这块社会净土遭到人情、权力和金钱的严重侵蚀。20世纪末推广的网上录取改革，出发点之一正是为了杜绝各种非成绩因素对录取造成的困扰，维护高考的公平公正原则。

近年来讨论热烈的高考录取分数线失衡问题，也是一个直接关系到不同地区考生高等教育机会分配的公平性问题，尽管现在实行的分省命题，让各省分数线变得越来越不具可比性，但我们仍需正视分省命题下高考录取的区域不公问题。2006年3月初，中国政法大学向社会披露了他们的改革决定，该校招生指标将首次按照各省人口比例进行分配。④ 民众对这一"破冰之举"褒贬不一，但总体上以肯定者居多。

我国高考自建制伊始便实行分省定额录取制度（1952年、1953年实行全国统一录取除外），面向全国招生的高校一般由各省根据所分配的名额按分数从高到低录取。此外，国家也制定了一些特殊的招生政策，例如对少数民族或边远落后地区考生可优先或降分录取。但受政治、经济、教育水平、高等院校布局等多种因素的综合影响，高考录取制度导致的受教育机会多寡不均的地区差异在近20年明显加大。因此，很多人倡议实行按分数统一录取的制度，认为只有这样才能彰显考试的公平性。但究竟是按照高考分数统一录取还是分省区定额录取更为公平？这是一个很难说清楚的问题。因为这不仅仅是一个教育内部的问题，而且还是一个受到政治、经济、文化、人口、就业以及高等教育布局等多种因素综

---

① 周大平：《让更多的人感受高考改革的公平》，载《瞭望》新闻周刊1997年第25期。
② 郑若玲、樊本富：《公平：考试的永恒诉求》，刘海峰主编：《高等教育与社会发展》，厦门大学出版社2007年版，第410~415页。
③ 乔学杰：《教育公平：失衡与重建——以高考录取为例》，载《郑州大学学报》（哲学社会科学版）2002年第6期，第68~71页。
④ 张锡磊：《高校尝试按人口比例招生 推广破冰之举面临难题》，载《郑州晚报》2006年3月17日。

合影响的复杂问题，需要我们冷静、理性地审视。① 同一个公平原则应用于不同的领域会造成不同的社会后果，这便是公平复杂性的集中表现。萨托利曾说："平等问题的复杂性——我把它称为迷宫——其程度要比自由的复杂性更大"。② 平等问题如此，公平问题亦然。

统一高考录取分数线被很多人认为是真正的公平所在。但是，他们并没有真正理解公平的含义。对于不同地区的学生来讲，分数线的简单统一并不是真正的公平，因为在此之前他们的起点已经不平等。如果说教育落后地区的学生在高考前已经遭受了不公平的待遇，那么在高考时让其享受公平的受教育权，则无疑是一种补救。对高考弱势群体的政策倾斜，不应看作不公平。③

始于20世纪80年代的"高考移民"现象，就是对考试公平的一种诉求。由于我国高考制度实行分省区定额录取的模式，造成各省区间高考录取率和高考录取分数线不一。客观存在的分数差诱使大批处于录取分数线较高的省区的考生纷纷通过转学或迁移户口等办法，到高考分数线相对较低、录取率较高的省区应考，并引发了移民潮。"高考移民"现象的存在无疑破坏了高考分省区定额录取的"游戏规则"，但在某种程度上也体现了人们追求考试公平的愿望，是一种以非正常手段反映的公平诉求。需要指出的是，"高考移民"在追求考试公平的同时，却破坏了区域公平，带来了新的社会问题。

为此，处于"高考洼地"的省区纷纷出台措施封堵"高考移民"，这种封堵保障了当地考生的权益，但同时却剥夺了移民考生参加高考的权利。这种措施对当地考生来说可能是公平的，但对移民考生来说却未必公平。解决"高考移民"问题，必然牵涉到考试公平与区域公平这一两难问题，历史证明，这是一个很难解决的问题。要想彻底解决"高考移民"绝非一日之功，而必须优化全国高校布局结构，加大对教育落后地区的投入（包括人才投入与财力投入），使全国教育水平处于一种相对平衡的状态。尽管在寻求公平的道路上，考试通过采取各种方式解决其中存在的不公平现象，但却始终得不到满意的结果。尤其在考试公平与区域公平之间，人们更是难以做出取舍。古今900余年来关于这一两难问题讨论的观点如出一辙，不存在绝对的公平和完美的解决之道，只能在兼顾两端的情况下求得相对的平衡。④

2004年9省市实行自主命题，成为高考改革的热门话题。2004年1月，教

---

① 郑若玲：《考试公平与区域公平：高考录取中的两难选择》，载《高等教育研究》2001年第6期，第53~57页。
② [美]乔·萨托利著，冯克利等译：《民主新论》，东方出版社1993年版，第357页。
③ 刘海峰、樊本富：《论西部地区的"高考移民"问题》，载《教育研究》2004年第10期，第76~80页。
④ 刘海峰：《高考改革中的两难问题》，载《高等教育研究》2000年第3期，第36~38页。

育部要求天津、江苏、浙江、福建等 9 省市按照全国统一考试大纲实行自主命题，2005 年在全国推广。自主命题对于绝大多数省市而言还是新鲜事物。从这几年的实际运作看，自主命题的试点较为平稳，没有出现大的问题。不少省市的调查反映，自主命题有利于实施素质教育、推进高中课程改革，考题难度较以往更小。但毋庸讳言，自主命题也带来了一些问题。最突出的是考题押中率增高，个别省份的个别科目押中率甚至达到 40%。由于自主命题只从本省中挑选命题人员，命题人员和教师互动的概率，较之从全国范围挑选命题人员的全国统一命题肯定更大。因之，自主命题一方面减少了因一省泄题波及全国的风险；但另一方面，在抵御高押题率、人情请托和特权干涉等方面，却可能低于全国统一命题，由此也会带来新的公平问题。此外，不少考生认为自主命题的权威性不及全国命题。客观上讲，各省命题在命题水平和管理经验上一时确难企及全国命题，命题质量势必受到影响。而命题质量即试题信度、效度和区分度的高下，又直接关系到考试选优劣汰功能的发挥进而影响到考试的公平性，考试的权威性也会因此大打折扣。要使各省自主命题在全国顺利推广，各省应在题库建设、命题人员培训、命题管理等方面花大力气，使自主命题在不降低命题质量的前提下，达到促进各地素质教育、规避全国范围泄题风险的目的。

2001 年，高校招生开始试行"自主招生录取"改革。实行 6 年来，引发了教育界不少争论，以赞成或正面肯定者居多，但赞成者也心存顾虑，认为此举可能是对公平选才的一次严重冲击。

2008 年 4 月，浙江公布的新高考改革方案，又引起不少关注。为配合浙江省的高中新课改试点，从 2009 年起，除高考成绩外，高中会考成绩、综合素质评价都将成为能否被高校录取的重要依据。此举打破了"高考一试定终身"局面，为高校招生考试改革注入了新元素，也有利于引导中学更好地实施素质教育。具体而言，浙江高考新方案不同于以往做法的亮点主要有以下数端：一是综合素质评价信息的高度综合性，其内容涵盖了学生的品质与素养、学习能力、审美与艺术、运动与健康、探究与实践、劳动与技能六个方面；二是按高中新课改实际和各类高校人才培养目标的差异，分三类设置考试科目，分别对应于学术型、一般专业型、技能型高校，学生可根据自身情况自主选择考试类别和模块；三是将英语听力、技术考试的次数增加为每年两次，由学生自主决定参加考试次数、选择考试成绩，成绩有效期为两年。

众所周知，高考长期以来因其高度的"统一性"而为人所诟病，甚至不时有人呼吁废除统一高考。因此，对于这些改革，我们没有理由不为之鼓与呼。如果方案确能切实推行，且行之有效，则考生幸甚、高校幸甚、国家幸甚！但笔者认为改革方案也暗含隐忧。首先，如果综合素质的评价者即教师与所在中学的评价权力被滥用,如何加以监控?如何才能有效地防免外围权钱与内在私心的侵扰以及由此给评价信息注入的水分?以往的高考政策不是没有提倡将学生的平时表现或曰成长记录作为高校录取的重要依据,但最终高校选择的还是"以分取人,分分计较"的录取机制。其次,综合素质信息中的学习能力主要通过会考成绩而非平时成绩来体现,实际上等于将会考变成另一种高考,而对学生的平时学业表现鲜为关注,仍无法达到分散高度集中的考试压力之目的。再次,分类设考固然大大增加了考生选择的自主性,符合"以生为本"的改革原则,但传统等级观念的作祟可能会使不同类别考试的考生数量失衡,且考试模块(科目)的不同也会在高校之间的录取调剂上设置障碍,从而增加考生的录取风险。

在目前的中国国情下,高考作为连接高等教育与中等教育的桥梁,作为关涉中国民众尤其是广大考生切身利益一种高利害、高风险的"举国大考",身兼政治、经济、文化、教育数种功能,其改革有重大的影响与巨大的难度。毫无疑问,理想的高考制度应该是既能科学、公平、高效地选择适合的高等教育对象,又不至于给学生带来沉重的考试压力与学习负担,且能正面导向中学素质教育的开展。但由于中国的教育资源尤其是优质高等教育资源及其背后隐含的社会资源稀缺导致升学竞争激烈,传统文化中重人情、讲关系、看面子等因素形成国人崇尚考试竞争的文化传统,受某些社会不良风气影响所存在的教育领域的腐败,以及社会诚信机制尚不健全等原因,理想的高考制度一时难以建立,要克服因激烈的社会竞争浓缩到高考身上而带来的所谓"应试教育"的诸多弊端实属不易,"替人受过"的高考在可以预见的将来,也仍摆脱不了本不该承受的苛责与不时被"妖魔化"的命运。

因此,高考改革在守望理想的同时,必须立足现实,否则就可能使改革流于形式,难以付诸实践。① 无论高考改革朝何种方向行进,最不可忘却"公平"二字。几十年的高考改革经验告诉我们,公平一直是高考所追求的要素。即使在高等教育实现了大众化的今天,乃至迈入普及化的明天,也仍存在优质教育资源的竞争,公平仍是且将一直是高考改革的要素。事实上,历史经验和现实教训都昭示了这样一个命题:公平是任何社会永恒的诉求。在日益追求公平、公正与效率的今天,任何一项制度,其生存或发展空间的大小,已越来越取决于其程序的公正程度。考试制度的改革,若改掉公平,就等于革自己的命。这似乎也成了考试历史上一个颠扑不破的真理。② 当然,稳步推进基于"公平"的多样化改革,仍是现时高考制度发展一条最适切的道路。

物极则必反。由于对公平的过分追求,有时反倒可能投鼠忌器,妨碍应该有

---

① 郑若玲:《高考改革:守望理想,更应立足现实》,载《科学时报》2008年4月23日,第1版。
② 郑若玲:《高考改革必须凸显公平》,载《教育研究》2005年第3期,第36~37页。

的变革和正常的发展,正如刘海峰所认为,"长期固执地维护程序公平有可能将考试推向穷途末路。科举时代从众多科目发展到只剩进士一科,八股文命题从明白正大走向偏难险怪,都是一定程度上受维护公平的压力的驱使。"① 科举如此,高考如此,一切考试制度的改革皆如此。因此,考试对公平的诉求也需要奉行"中庸之道"。

五、高考的合理性

中国是考试的故乡,也历来是一个考试大国。科举制度这一古代中国社会的"抡才大典",在历史上曾长存 1300 年,直到 1905 年清政府在内忧外患的情势下被迫废止。但制度的废止并没有令后人就此遗忘它,百年来的科举反思从未断绝过,乃至"为科举制平反"成为当代中国学术界的一种思潮与趋势,科举百年祭的 2005 年也因此被称为中国的"科举年"。作为现代中国的"举国大考",高考在 2007 年迎来了建制 55 年、恢复 30 年纪念。从年初到年末,各种媒体或在不同的时节,或以不同的篇幅聚焦于高考,以至于演绎出一种"集体性怀旧",在某种意义上,2007 年可谓中国的"高考年",足见高考在中国社会所具有的深广影响。20 世纪 90 年代末以来,针对高考的弊端,废除高考的观点时有出现,尽管呼声不高,也非主流民意,但对普通民众的高考观却有不小的牵制与影响,加之高考的确事关重大,常导致他们误解高考。

随着高等教育步入后大众化时代,高考竞争压力从数量上说已大为缓解,但实际上学生、老师和家长们脑中的"高考弦"却依然紧绷。之所以如此,除了高等教育学历文凭对个人的前途命运具有越来越重要的影响,以及高考竞争由以往的"上大学"上移到"上名牌大学、读热门专业"等原因外,还有一个因素便是人们对公平的关注与追求达到了前所未有的高度。一谈到高考改革,老百姓首先想到的便是改革公平与否。高考之所以备受瞩目,维护公平是一个非常关键的因素。为了公平,人们的高考改革心态也非常矛盾,可以说对它是爱恨交加,既爱之深,又恨之切。一方面,许多高考的过来人,尤其是 1977、1978 级考生,对邓小平果断恢复中断已达 11 年之久的高考,鲜有不由衷感激和拥戴者,但也有人对"黑色七月"或"黑色六月"笼罩下的高考制度怀有切肤之痛,恨不能即刻"除之而后快"。假如真废止了高考,又会如何呢?恐怕不少人会发觉自己对高考其实是有着深深眷恋的。考试制度确有其弊病,但它的最大优点就是相对公平。有人说,高考剥夺了孩子们的童年,却给了每一个孩子同样做梦的权利和

---

① 刘海峰:《高考改革中的公平与效率问题》,载《教育研究》2002 年第 12 期,第 80~84 页。

实现梦想的机会。① 这种说法便为人们面对高考所产生的矛盾心态作了一个最恰当的注脚。

历史告诉我们,在各种选拔人才的途径中,考试作为一种崇高的、具有可信性的正义程序的执行过程,最为公平和有效;而大规模统一考试的公平与效率恰恰又居各种考试形式之首。使人人享有参与高等教育和社会资源竞争的公平机会,是高考制度存在的根基。在中国这样一个尤重人情关系、社会资源相对紧张的发展中大国,民众的公平忧患意识与渴望较许多国家的民众更为强烈。"不患寡而患不公"是社会大众的普遍心理,亦是对高考改革的现实心态。为什么针对中小学生学业负担过重而颁发的"减负令",却一次次难过"家长关"?为什么30年前恢复高考的消息让老百姓奔走相告、欢声雷动,迄今回首仍温情依旧乃至心潮澎湃?为什么高考饱受非议却一直被实行?别无他因,唯因考试在制度上遵循"分数面前人人平等"的公平竞争规则,正如晋代葛洪在《抱朴子·审举》中所指出的,考试可以杜绝"人事因缘"和"属托之冀"。② 学校为摆脱人情请托,避免或少惹麻烦,家长为求得子女公平竞争的机会,自然都更愿意选择考试。因为,在"公平"与"减负"的天平上,秤杆永远都指向前者。再比如,在艺术院校的招生中,考前给考官送黑钱成为公开的秘密与招生的"潜规则",以至于有人发出"穷人的孩子不要学音乐"之慨叹。2002年中国音乐学院发生音乐教授因质疑招生公正而被解聘的丑闻,一些主要媒体竟冠之以"4·17高考事件"。为什么一所艺术院校的专业复试,却引发媒体和社会如此关注?公平是也!在高等教育供需矛盾仍较突出的情况下,确保教育机会公平以及由此带来的社会公平乃第一要义。可见,高考制度的根基并未被动摇。

虽然我们无法准确预测高考命运的走向,但有一点可以肯定,考试作为检测人才的手段,具有恒久的价值。悠久的考试历史制造了中国社会至今浓郁不化的"考试情结",以致高考期间几乎成为"高考节",民众对其他各种考试也越来越"趋之若鹜"。追究个中缘由,维护公平是一个原始且最重要的动机。尽管现行的高考制度因弊端甚多而遭到越来越激烈的社会批判,但正是这种刚性的制度,让社会底层精英在社会竞争中有了"公平的立基",而公平竞争正是推动社会有序发展和进步的原动力。这说明,高考的存在具有坚实的社会基础。

高考是历史的选择,更是现实的需要。正如教育部部长周济在2007年"两会"期间接受新华网记者采访时所说,高考是一项在中国行得通的非常公平的

---

① 顾卫临:《高考:还有更好的路可走吗》,《瞭望》1997年第20期,第36~39页。
② (晋)葛洪:《抱朴子·审举》,台湾中华书局版(据平津馆本校刊),第5页。

制度。教育公平是最重要的社会公平。① 而社会公平正是建设和谐社会的重要保障。高考所具有的公平意蕴、复杂功能与重大影响，无不夯实和力证了其存在的社会"立基"与合理性。

第三节 高校招生考试政策的合法性

高等教育入学机会竞争的实质是一个人获得职业、财富与社会地位的竞争，因而作为高等教育入学机会分配机制的高校招生考试政策就备受社会各界的高度关注。政策是政治权威的一种输出形式，其合法性不仅关系到政策本身是否会得到公众的认可和执行，而且本身作为政治合法性的一个组成部分会直接对政治权威产生重要影响。因此，研究高校招生考试政策合法性的构成基础及其运作机制就成为值得研究的、具有现实性的理论问题。

一、合法性理论与高校招生考试政策

在我国，政治学界与社会学界对政治合法性的理论研究起步很晚，而且研究尚不够深入，对高校招考政策合法性的理论研究更是薄弱。因此，对我国高校招生考试政策合法性的来源、导致合法性危机的因素以及提高合法性的途径等问题进行研究具有重要的理论价值。不仅如此，高校招生考试政策还属于政治性与现实性很强的实践问题，而合法性问题又具有社会学研究中"真问题"的属性，对高校招生考试政策合法性的研究也就同时具有强烈的现实意义。作为政府权威而输出的政策，若不能被公众认可，最终将侵蚀政治合法性的基础，甚至直接引发政治合法性危机。合法性研究因此也就不仅是高校招生考试领域内的问题，还是一个关系社会秩序稳定的政治问题。

（一）合法性理论

合法性是"社会秩序和权威被自觉认可和服从的性质和状态"。② 哈贝马斯认为，"一种合法的秩序应该得到承认，合法性意味着某种政治秩序被认可的价

---

① 《教育部部长周济畅谈中国教育》，2007年3月9日，新华网（http://www.cast.org.cn/n435777/n435799/n1093768/n1093817/39825_3.html）。

② 俞可平：《治理与善治》，社会科学文献出版社2000年版，第9页。

值。"① 普拉诺认为"合法性是指一种政治统治或政治权力能够让被统治的客体认为是正当的、合乎道义的,从而自愿服从或认可的能力与属性。"② 合法性的核心在于公众内心所认为的"合道义性"、"正当性"或"适当性"。从历史演变看,对合法性理论的研究主要有三个流派。

一是规范性合法性理论。以苏格拉底、柏拉图、黑格尔、洛克、孟德斯鸠、卢梭等学者为代表。主张以某种永恒的平等、自由、正义、美德、善等终极价值作为判断政治统治是否合法的理性标准,即一种统治是否合法,不依赖于社会成员对它的信任、赞同或忠诚,只要它符合这些理性标准,即使得不到社会成员的认可和忠诚,也是合法的。规范性合法性理论的集大成者卢梭提出通过建立契约产生的公意是政治合法性的唯一基础,是当权者应该忠于的最终价值。规范性合法性理论强调实质正义,超越了现实政治的实际问题,其不足之处是试图寻找一种超越任何历史文化的永恒的、普适的正义标准,陷入了价值绝对主义。

二是经验性合法性理论。以马基雅维利、马克斯·韦伯、帕森斯、阿尔蒙德等学者为代表。坚持以经验事实为标准,即把社会成员对于统治是否信任、赞同与忠诚作为判断统治是否具有合法性的标准。韦伯认为凡是被公众所信任、赞同与忠诚的统治就是合法的统治,与价值无关。现代的统治必然以法理基础合法性为皈依,亦即现代国家谋取合法性只需遵从法律程序即可。③ 经验性合法理论认为政府可以依靠"政治绩效"与"意识形态灌输"来取得公众对其合法性的认同,强调程序正义,重视政治合法性的现实基础,现实可操作性强,但忽视了价值问题而过于强调合法性的技术层面。

三是重建性合法性理论。德国社会历史学家哈贝马斯在克服上述两种合法性理论局限性的基础上提出了重建性合法性理论。他强调经验性和规范性的融合:"合法性意味着,对于某种作为正确的和公正的存在物而被认可的政治秩序来说,有着一些好的根据。一个合法的秩序应该得到承认。合法性意味着某种政治秩序被认可的价值。"④ 哈贝马斯强调的价值基础是与一定的历史和文化相联系的社会规范。在不同历史时期和文化传统中,公众所认可的社会规范有很大差异,因此合法性基础也就各不相同。换言之,合法性是一个具体的历史概念,评价某一政治统治是否合法,只能把它放在具体的历史环境中,而不能用一种永恒的、终极的价值作为评价标准。哈贝马斯把合法性作为一个历史问题来对待是对合法性理论的重大突破。

---

① [德] 尤尔根·哈贝马斯:《交往与社会进化》,重庆出版社 1989 年版,第 184 页。
② [美] 普拉诺等:《政治学分析词典》,中国社会科学出版社 1986 年版,第 82 页。
③ [德] 马克斯·韦伯:《经济与社会》,商务印书馆 1997 年版,第 61 页。
④ [德] 尤尔根·哈贝马斯:《交往与社会进化》,重庆出版社 1989 年版,第 13 页。

（二）高校招生考试政策合法性的界定

学界关于政策的定义种类较多，如美国学者戴维·伊斯顿认为："政策是对全社会的价值做权威性的分配。"① 陈振明认为："政策是国家机构、政党和其他政治团体在特定时期为实现或服务于一定社会政治、经济、文化目标所采取的政治行为或规定的行为准则，它是一系列谋略、法令、措施、办法、条例等的总称。"② 我们认为政策是政府、政党、权威社会团体为了实现既定目标而制定的行动准则，它的实质是对社会价值利益做权威性的分配与调节。相应地，高校招生考试政策可定义为政府、教育组织（高校与中学）以及其他社会权威组织为高等学校选择合适的新生而制定的行为准则，其实质是对高等学校的入学机会进行权威性的分配与调节。从政策构成而言，高校招生考试政策可以划分为高考政策与高校招生政策两大组成部分，高考政策包括报考资格政策、高考科目设置政策、分省命题政策、评卷政策、标准分数政策等，而高校招生政策包括保送生政策、高招录取政策、高校自主招生政策、高考加分政策等。高校招生考试政策是由许多子政策组成、具有一定结构形态的政策系统，不同子政策在系统中具有不同的属性、功能与重要性。

高校招生考试政策的合法性，是指政府与其他社会权威组织为高等学校选择合适的新生所制定的行为准则符合社会普遍的规范而被社会公众认为是公平、正义、有效的，从而自愿服从或认可的能力与属性。合法性的定义可以从两个角度来理解，一方面，从政策制订的主体来说，合法性意味着一种有效的政治统治所必备的性质和功能，必须有能力使公众认为这种统治是"应该服从"的，即政府应积极履行公共服务和政治管理两大职能。高校招考政策要获得合法性不仅要满足政府的政治管理职能，即高校招考政策要有利于社会稳定、民族团结和国家统一，而且要满足其公共服务职能，即高校招考政策能够使有才之士脱颖而出，并应为公众创设公平有序的入学机会及竞争环境，具体表现为对少数民族、港澳台、华侨考生实行优惠入学政策，通过高考区域配额政策保护落后地区考生的利益等。这类合法性可称为政治合法性。

另一方面，从政策的客体来说，合法性意味着公众基于某种社会规范或价值信念而认可、赞同某种政治统治，将这种统治视为"正当"或"应当"的，这类合法性可称为社会合法性。高校招考政策必须获得包括高校、中学、考生及其家长在内的政策执行主体和利益主体的认可。高校招考政策不仅要有利于为高校选拔合

---

① ［美］戴维·伊斯顿著，王浦劬译：《政治生活的系统分析》，华夏出版社1999年版，第4~5页。
② 陈振明主编：《公共政策分析》，中国人民大学出版社2003年版，第43页。

适的新生,而且要为高校节约招生成本,否则政策的执行就会遭到高校的抵制和反对。对中学而言,高校招考政策要有利于积极引导中学教育的发展,有利于学生的全面发展。高校招考政策若要获得考生及家长的认可,就不仅要在考试内容和招生标准上能促进学生全面发展,更要求招生考试要符合社会公平、正义等普遍原则。

可见,合法性并不是政府权威单向作用所能达到的,而是政府权威与社会公众双向互动的结果。连接政策主体和政策客体的纽带就是社会规范,根据哈贝马斯的合法性理论,社会规范具有历史文化特征,在不同历史、文化中,社会规范的内涵不同。在我国现代的高校招考政策中,这种社会规范应指"广泛参与、公平竞争、择优录取"的原则,"广泛参与"是指高等教育入学机会应不分性别、种族、地域、身份、阶层等,为社会各群体、阶层提供平等的参与机会;"公平竞争"是指高等教育入学机会的分配规则应公平、正当、有效;"择优录取"是指这种分配机制应能够把有才能的人选拔到合适的位置上。这种社会规范是规范性合法性理论所强调的平等、正义、善等终极价值与现实国情及文化传统相结合的表现形式。值得注意的是,政策主客体的利益需求是随着社会发展而变化的,高校招考政策的合法性不可能保持恒久稳固的状态。一项政策由于不能满足主体的新需求或原有政策体系遭到破坏,都会造成政策合法性的削弱或消失,意味着该政策面临改革的需要或淘汰的局面。

二、高校招生考试政策的合法性基础

德国学者马克斯·韦伯从经验分析出发,提出了合法性的三种来源基础:传统基础合法性,即政治合法性建立在历史"遗传"下来的制度和政治权力神圣性的基础上;魅力基础合法性,合法性建立在领袖"超人的或特别非凡的、任何其他人无法企及的力量和元素"的基础上;法理基础合法性,即合法性是建立在"相信统治者所规定的制度和指令权利的合法性"的基础上。[1] 借鉴韦伯的合法性理论,戴维·伊斯顿把合法性的源泉归为意识形态、结构和个人品质三个方面。[2] 意识形态为政治合法性提供道义上的信任,从而导致对执政者的信任,有助于培养社会成员对于政治权威和体制的认可与情感。结构是指政治系统的掌权者通过一定的政治制度和典则规范获得统治的合法性,合法的政治结构能赋予执政者以合法地位,公众因对这种规则或制度的认可而形成对执政者的认可。个人品质是指凭借执政者的个人品质赢得社会成员对政治系统的信任与忠诚。提供

---

[1] [德]马克斯·韦伯:《经济与社会》,商务印书馆1997年版,第251页。
[2] [美]戴维·伊斯顿:《政治生活的系统分析》,华夏出版社1989年版,第317~318页。

合法性的政治价值是在特定的政治程序中经由多方利益与价值的博弈产生的。从不同历史发展阶段和不同国家的演变情形来看，不同的政府具有不同的合法性模式。有的国家把合法性建立在社会经济发展的"政绩"之上，有些则把合法性建立在权威领袖的个人威信上，还有一些把合法性建立在"传统"和"习惯"的基础上，而越来越多国家把民主宪政作为建立合法性的基础。从政权长远维系的角度看，因制度结构合理而受到民众认可，显然比因意识形态灌输、某个领袖受人认可更加有效。

结合我国社会制度环境与高校招生考试制度的历史，我们认为，构成高校招生考试政策的合法性基础来源于以下四个方面：制度规则结构、意识形态、政策绩效、执政者品质。高校招生考试政策合法性来源与形成机制如图 3-1 所示，政治集团在尊重现有社会规范价值（如高校招生考试的公平性、科学性、弱势补偿等）的基础上，通过制度规则结构的设计、意识形态灌输、提高政策绩效以及提升执政者队伍的道德与能力等四方面途径，获取社会公众对政府政策合法性的认可与忠诚。

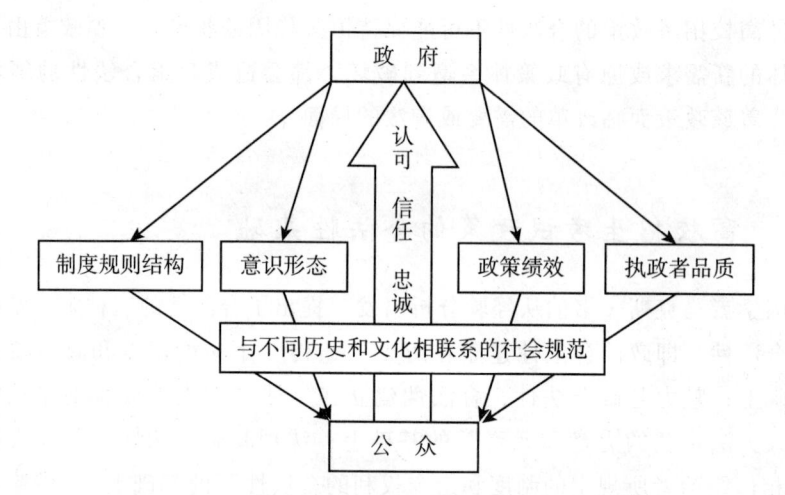

图 3-1　高校招生考试政策合法性的获得图式

（一）制度规则结构

制度分为正式制度和非正式制度。正式制度是指人们有意识创造的一系列政策规则，包括法律、政策、经济制度、公司章程等。非正式制度是人们在长期交往中无意识形成的，包括价值信念、伦理规范、风俗习惯、意识形态等。[①] 政策

---

① ［美］道格拉斯·诺思著，陈郁等译：《经济史中的结构与变迁》，上海三联书店 1994 年版，第 226 页。

属于正式制度的组成部分。制度规则若能被当代社会规范认可具有道义性和正当性，而且这种制度规则能够被有效执行，那么这种制度规则结构就成为政治合法性的最主要来源。美国著名学者阿尔蒙德通过政治比较研究后得出结论，认为政治权威要通过政治系统的政治制度和规范才能获得统治的合法性。制度规则不仅对政治权力的产生方式进行制约，而且对政治权力的运行方式进行制约。政治权力应当在一定的制度和规则范围内运行，倘若违背了既定的制度和规则，社会公众将不再服从其政治统治。我们把制度规则结构归属为"法理式"的合法性论证。

制度规则结构应是对终极价值与当代社会制度环境相结合的社会规范的一种形式表现。一个好的制度规则不仅结构严密完整，而且这种结构能够降低成本，产生规模效应。若对统一高考政策、保送生政策与自主招生政策的制度规则结构进行比较，统一高考的制度规则结构明显比保送生与自主招生的制度规则结构要更加严密完善，统一考试不仅从报考资格、试卷命题、试卷印刷与押送、考场监控、试卷批阅等各个环节都有严密的管理规则，各个环节都制定了严格的规章要求，并建立了相应的处罚机制，而且对于试题内容如考查知识与能力的比例、主观题与客观题的比例、试卷的题型与内容、考试的区分度、效度及信度等也进行了精密的技术研究与控制。统一高考通过建立一套严密的人才筛选机制而成为一种公平的规则体系。正是这种制度规则结构的严密性，使得统一高考有效地抵制了中国人情社会的权钱关系等不良因素的侵蚀，其实践操作的公平性和有效性高于保送生政策和自主招生政策，因而受到社会公众的普遍认可。保送生政策的规则结构、执行程序与监督机制则较为松散，因此无法体现选才的公平性与有效性。高校自主招生政策规则结构的严密程度介于统一高考与保送生政策之间，它只能在部分诚信水平较高的重点大学中采用，若大规模使用，则可能会出现与保送生政策同样的政策执行与监督成本过高的问题。目前社会公众对高校自主招生的认可程度要比保送生高一些。可见，制度规则结构的严密与否是一项选才政策是否取得公众认可的关键，我们可以得出这样的结论：高校招生考试的制度规则结构是决定高校招生考试政策是否具有合法性的最重要基础。

（二）意识形态

意识形态是指特定社会群体的信仰体系。根据诺斯的制度变迁理论，意识形态由习俗、道德、文化等所构成，是一种节约机制，可以降低统治成本。合法性意味着某种政治秩序被认可的价值，意识形态对于获得政治合法性的作用机制是通过为政治系统的合法性提供观念与信仰上的阐释，影响社会公众对政治秩序的看法与态度，从而获得公众对权威的认同。意识形态的基本功能就是说明权威与义务的合法性，意识形态具有阶级性和强烈的政治性，它为一定政治集团的利益服务。几乎所有的政治集团都把意识形态作为取得政治合法性的重要工具，借助意识形态对所维护的政治秩序进行充分论证并大力渲染其合理性和正当性。如果社会公众接受了意识形态，他们就会相信该意识形态所维护的政治秩序是合理的和正当的，那么在行动中，社会公众就会自觉地服从统治阶级所确定的政治秩序。在现实社会中，政治集团一般通过强调自己的政治行动是为了促进整个社会的共同利益，为公众确立共同的价值目标，吸引社会公众采取一致的行动积极投身于政治行动中，以图在实现社会共同利益时借以实现自己的个人利益。在公众的认可与积极参与中，政治集团借机实现了自身的政治目标。因此，意识形态是政治集团获得政治合法性的重要来源，它是一种"灌输式"的合法性论证。

在历史上，意识形态成为提高高校招生考试政策合法性的有效工具。针对新中国成立初期高校新生来源严重不足和学生只报考热门校系的问题，当时采取了各种动员和宣传手段，鼓励社会各界符合报考条件的人员积极报考，除了中央直接发布文件动员外，如教育部在1952年7月发布了《关于实现一九五二年培养国家建设干部计划的指示》，还在权威报刊上动员人们参加高考，如《人民日报》1953年9月25日发表题为《做好组织全国高等学校新生入学的工作》的社论，并刊登了时任教育部副部长的曾昭抡题为《为全部实现高等学校招生计划而努力》的文章；1954年4月6日教育部和高等教育部发布了《对高中毕业生进行关于升学的思想教育的通知》，1954年5月20日新华社发布了《中共中央向各级党委发出〈关于保证完成一九五四年全国高等学校招生计划的决定〉》，紧接着《人民日报》1954年5月25日发表了题为《努力完成今年全国高等学校的招生任务》的社论。① 这些宣传动员奇迹般地解决了当时高考生源严重不足和报考志愿差异的问题，这是一种积极的意识形态。

同样，为了说明工农阶层免试保送入学政策的合法性，当时日益升级的阶级斗争氛围中大力采用了意识形态的力量。《人民日报》1958年7月3日发表社论《加强党的领导做好高等学校招生工作》对工农及工农干部实行保送入学的规定进行了评价："保送和优先录取一批工农学生、工农干部等，不仅不会降低高等学校新生的质量，还会提高新生质量。那些轻视劳动人民，歧视工农学生的资产阶级观点是错误的，应该进行批判。"② 我们还可以从大量文献中看到，"文革"期间曾大量动用意识形态灌输方式极力渲染甚至上纲上线扩大招生考试制度的弊端，其目的就是为工农兵免试推荐入学政策获得合法性支持。当然，这是一种消

---

① 参见杨学为：《高考文献》（上），高等教育出版社2003年版，第21~56页。
② 同上，第330页。

极的意识形态。由此可见,作为具有强烈政治性的意识形态所阐释的合法性有时与客观事实相符,有时却与客观事实相背离。

(三) 政策绩效

一个政治权力或权威主体要通过实际取得的成就才能赢得合法的支持。政策绩效成为政治合法性来源主要是指政治集团通过政策实施而取得的实际效果,使得社会公众实现了自身的利益需求,从而增强公众对政策的认同和信任,进而获得政策合法性,它是一种"实证式"的合法性论证。高校招生考试的政策绩效,即指政策的实施结果不仅实现了政策既定目标、有效地把有才之士选拔出来,而且这个过程具有公平性。政策绩效是由制度规则结构和政策的执行效果共同决定的。因高校招生考试政策关系到千家万户的切身利益而备受瞩目,其政策绩效自然就成为获得政策合法性的重要标准。

就高校招生考试政策所构成的子政策而言,高考报考政策的绩效体现为扩大了公众平等参与高等教育入学竞争的机会,如新中国成立以来逐步取消了对报考者的身份限制、职业限制、年龄限制、婚否限制,因此公众对报考政策的认可程度逐步提高。高考科目设置政策的绩效体现为能否有效解决选拔专才、学生全面发展与学生课业负担三者之间的矛盾,30 年来对高考科目的频繁调整并没有达到预期目的,这项政策的绩效不明显。公众对高考科目政策的争议始终没有停止过。保送生政策的本意是为了改变统一高考选才的局限性,能不拘一格地选拔人才,但从实践看,政策效果差强人意,国内上下曾一度对该项政策"意欲灭之而后快"。分省命题政策意在降低全国统一高考的系统风险,改变"大一统"的局面,并力图体现各省区的特色。从实施情况看,其政策绩效得到一定程度的实现,但巨大的分省命题成本以及各省各行其是的做法又使得这项政策进退两难。高校自主招生政策的目的是为了克服统一高考的不足,将招生权归还高校,由高校自主地根据自身定位与专业发展需要选拔新生。这项政策目前还是得到公众一定程度的认可,但该政策的预期优势并没有充分发挥出来。可以看出,政策绩效实实在在地反映了社会公众的利益需求得到满足的程度,在政策合法性的建立与维持中扮演着重要角色。

(四) 执政者品质

在现代庞大的科层政治管理体系中,作为政治合法性来源之一的领袖个人品质已经转换成为由不同科层构成的整个政府工作人员的整体素质与品质。合法性的个人基础就取决于执政者队伍能否赢得公众的信任和赞同。它是一种"魅力式"的合法性论证。部分甚至个别政府工作人员的低素质或违纪违法行为都可能危及政策的合法性权威。可见，执政者队伍的品质构成了政策合法性的基础。

意识形态、结构和规则、治理绩效和执政者品质四者通过发挥各自的作用而共同构成了高校招生考试政策的合法性基础。四者有机结合的程度越高，在此基础上建立的高校招生考试政策的合法性就越牢固。

三、增强高校招生考试政策合法性的对策

合法性危机是指政治集团未能获得社会公众的信任与忠诚，或者虽已获得但随之丧失的状况。根据政策合法性的构成基础，制度规则结构的合理性与正义性的缺乏是导致政策合法性危机的根本因素，而政策程序的不公平会导致社会公众对政策的不满，若对新出台的，尤其是改革力度较大的政策宣传不得力，新政策就容易遭到社会公众的抵制，而政策决策者和执行者的政策执行不公正或腐败等行为将直接挑战政策的合法性基础。因此，增强高校招生考试政策的合法性应从上述构成其合法性基础的四个方面着手寻找对策。

（一）形式合法性：完善高校招生考试政策程序的民主性与公平性

"程序决定了法治与恣意的人治之间的基本区别。"① 从逻辑上说，不正确的程序必然导致不合理的结果。

首先，应努力完善高校招考政策制订过程的民主性。程序的本质特点是过程性和交涉性，普通民众的人格尊严应该得到善待，有充分的意志表达空间，自身的利益能够在博弈中得到不同程度的体现。高校招考政策实质上是不同社会阶层与群体利益博弈与协调的结果，作为高校招考政策主体的政府、高校、中学、招办以及学生、家长都有各自不同的利益诉求。一项政策能否获得社会广泛认同取决于其是否表达和满足了政策主体的利益需求。例如1955年和1957年的高招统独之争，当时参与高校招生政策决策的主要有政府、高校和中学三方面的代表，教育高层决策者倾向于采用联合招生或单独招生，而全国招生工作会议所讨论的结果与高层决策者的想法有很大不同，除了少数全国重点大学外，大多数高校和中学代表都支持全国统一招考的方案。由于统一招考方案综合反映了政府、高校与中学三个方面的利益诉求，因而在其后将近40年里都没有发生高考的统独之争。在20世纪90年代后期至21世纪初，高考统独之争再次爆发，但经过专家论证、大量的座谈调研与问卷调查后，多数人士依然坚持统一高考政策。这种民主决策的结果就具有坚实的合法性基础，政策能够得到忠实地执行，政策效果容

---

① ［美］查尔斯·E·林布隆著，朱国斌译：《政策制定过程》，华夏出版社1988年版，第157页。

易被公众普遍认可。由于"文革"期间的工农兵学员推荐入学政策并没有经过一个民主的决策过程，而是以政治出身作为保送前提条件，且大幅度降低保送入学标准，其结果是既损害了社会各阶层的机会均等原则，又造成高校办学质量的严重滑坡。可见，如果某项政策决策缺乏科学与民主，那么其结果不仅可能降低选才的效率，还可能加剧选才的不公平。

其次，应完善高校招考制度规则体系的公平性。公平是一种利益或机会分配关系。社会由不同的阶层、群体和个人组成，他们对社会资源分配有各自不同的诉求和主张，往往可能存在着激烈的利益冲突。为了实现社会发展与稳定，必须确定一个让各个阶层和群体都能接受的利益分配规则。从选拔程序的严密程度看，高考制度是一种严密而公正的人才选拔机制，它通过严格的考试程序有效排除了人情、特权与金钱等因素的侵蚀，因而被认为是社会"最公正的制度"。从公平规则体系来看，高考不仅对所有具有报考资格的人平等开放，符合"机会平等规则"，而且高考的整个组织过程都在严密的控制之下，有详细的命题规定、试题押运与保管要求、考场规定等，阅卷也有严格要求。高考制度构建了一套严密的规则体系，确保了高考形式的公平性，因此具备坚实的形式合法性基础。即便如此，高校招生考试的制度规则体系也有尚待完善之处，如高考命题与阅卷的规则体系、高校招生录取环节的规则体系，这些"部件"并未被一般公众所熟知，问题并没有充分暴露，但管理部门应主动对其加以改革完善。

（二）实质合法性：增强高校招生考试政策内容的科学性与有效性

高校招生考试的形式合法性已经获得公众的普遍认可，但其实质合法性一直存在较多争议，争议集中在能否有效选才与如何有效选才上。

从比较而言，统一高考政策、保送生政策与高校自主招生政策在选拔人才上各具优势。统一高考是一种规则严密、公平有效的人才筛选技术机制，它能有效地排除人情关系、权力、金钱等因素的干扰，是大规模选拔人才的首选，因而一直成为高校选拔新生的主流渠道，其缺点是选拔标准单一且无法阻止具有文化资本优势阶层的优势复制，那些具有文化资本优势的阶层往往通过严格的技术选择而获得优质的高等教育入学机会，这是统一高考在"文革"期间被废止的最根本原因。现在，一些人士也是基于这一原因对统一高考的实质合法性提出质疑，甚至要求废除统一高考制度。

保送生政策出台的本意是为了克服统一高考制度无法选拔"非常之才"的制度缺陷，不拘一格地选拔在德、智、体、行等方面有特殊表现的人才，其缺陷是选才标准缺少刚性、政策执行与监督成本过大，容易被权、钱、人情关系所侵蚀，最终使保送生政策处于存与亡的边缘。

高校自主招生政策的出台是为了弥补统一高考的制度缺陷和体现高校招生权力的复归，其实质是一种考虑学生的高考成绩、个性特长、品行表现等多因素的综合选才办法。自主招生高校都制定了严格的执行程序，并把这些执行程序通过多种形式向社会公示，欢迎社会各界进行监督，而且校内也建立了监督机制，在执行程序和社会监督上做得比保送生政策更为完善。作为一种新政策，由于其规则体系尚未被社会所普遍熟知，政策执行过程与结果所暴露的问题较少，目前的执行效果还较为理想。但我们根据制度规则结构进行推测，由于高校办学资源的外在依赖性、中国人情社会、政府对高校的直接干预管理方式制约了高校招生自主权，自主招生在规模上具有一定的限度，目前只能在诚信水平较高的重点大学中的部分学科中采用；在实质公平性上，高校自主招生存在机会平等、阶层再生产、成本以及招生人员诚信水平等问题，而且没有像统一高考那样建立保护社会弱势群体的制度设计，这将导致自主招生在总体上对家庭条件和教育条件优越的学生更有利。可以推测，高校自主招生政策所产生的高等教育入学机会的实质公平性将明显要比统一高考政策逊色，从长期来看，公众对保送生政策与高校自主招生政策的认可程度不会超过统一高考政策。

在现今区域经济教育资源差异巨大的情况下，高校招生考试政策的追求目标不能仅停留在形式合法性上，而应更加重视实质合法性建设，因为实质的不公平最终会危害社会稳定和政治团结，显然，社会稳定与政治团结的价值高于考试技术公平的价值。因此，我们要建立对弱势群体的补偿机制。"突出考试的公正是适当的，因为它能在考生中均等地分配机会。但对主持考试的政府来说，这种制度要达成另外可能更为远大的目标，它必须满足社会的、地缘的，尤其是道德评判的要求。"[①]

（三）政策执行的有效性：提升高校招生考试政策合法性的必要条件

在现代民主政治中，政治制度的合法性不仅仅在于它的民主性，而且还在于它的有效性。若政治制度丧失民主性，就会产生合法性危机；如果缺乏有效性，也同样会导致合法性危机。一项政策即使规则结构严密，但若不能忠实地被执行，其合法性也会大大降低。因此，高校招考政策的合法性以其有效性为必要条件。制度规则结构是否反映各利益团体的利益、执行程序的规则设计是否严密、监督机制是否有效、执行人员是否忠诚等都成为制约政策执行有效性的因素。政府官员、高招人员、中学校长与教师、学生及其家长的利益追求具有双重性，既

---

① Thomas H. C. Lee, Government Education and Examinations in Sung China. Hong Kong: The Chinese University Press, 1985, P. 204.

有正当的公益追求,又有自利的私利需要,都有可能为了私利而破坏高校招生考试规则。保送生政策因有利于选拔特殊人才而具备存在的合理性,但其制度规则设计松散,对政策执行的各个具体环节缺少详细的约束机制,缺乏有效的监督程序,把政策目标仅寄希望于相关人员的道德诚信是很不现实的。高考加分政策的本意也很好,是对高考制度缺陷的重要弥补。但执行操作程序的缺失是导致其变味的重要原因,"加分制度之所以腐变,重要原因之一在于加分制度本身的缺陷,即对'程序公平'的忽视,其操作过程往往是封闭的、不公开和不受监督的,没有在操作程序方面的严密规定。"①

总而论之,提高政策执行有效性的措施除了继续完善报考、考试(命题、试卷保管、测试、评卷等)、录取等各环节的执行规则体系外,还应制定对执行程序的监督机制,广泛发动利益相关者、考生家长、新闻媒体、社会舆论等参与监督,并加强考试与招生工作人员的职业培训。

(四)加强政策宣传:维护高校招生考试政策的公正性与权威性

从合法性的内涵来看,政治合法性由政治集团所取得的政治效绩与社会公众对这种政绩的主观认识两个方面构成,面对同样的政治绩效,公众可能会产生两种截然相反的认识——认可或否定,甚至不好的政治绩效也可以通过改变公众的主观认识而获得政治合法性。意识形态正是通过为政治系统的合法性提供观念与信仰上的阐释而使其成为获得政治合法性的重要手段。因此,政府应重视政策宣传,尤其是对那些利国利民、能有效选才又具有公平性的政策应大力宣传,如统一高考制度、对边远地区的倾斜政策、"阳光工程"等。尽管社会甚至决策层对考试选才制存在一些争议,但从学理与实践上分析,大规模选才的积极作用远远大于消极作用,没有其他选才制度可以完全取代它,自主招生、保送生等只能作为考试选才制的补充机制,这一点应坚定认识并积极宣传。

(五)提升招考人员素质:夯实高校招生考试政策合法性的个人基础

任何一项政策无论其政策本意多么至善、规则结构设计多么完美,最终还是由具体的人来操作的,而个人的道德、能力、学识、性格等将影响其对政策的理解与执行的效果。就算是规则结构和执行程序都设计严密,我们也不能理所当然地认为所有招考人员都能完全理解政策的要旨并忠实地执行政策,因为每个人的理解水平、执行能力以及公正程度都存在很大差异,何况我们的许多政策并没有

---

① 《车模比赛挂钩高考加分 市民建议取消加分制》,城市中国网(http://www.ccoo.cn/edu/eduShow.asp?id=12044)。

建立严密的执行程序。法定的操作程序是无法对人的良心起作用的,但有良知、良心的人,即使没有受到各种外在的监控,也会努力地按他所认同的公平原则、公平程序去做。道德良心对于保证操作的公平性也是一个关键的因素。① 提升招考人员的素质有助于提高政策合法性的"人格魅力"。因此,必须建立专业化的、稳定的招生考试队伍,并不断优化招考队伍结构,建立常规性的招考人员专业培训制度,同时,对违反与破坏招生考试制度规则的人予以严惩。

第四节 高校招生考试法治研究

随着"依法治国"方略的提出,以及社会对普通高校招生考试的普遍关注,"法治招考"、"依法治招"、"依法治考"等成为当前学术研究与实践的热点。然而,与"依法治招"、"依法治考"、"法治"成为当下流行话语相对应的是,在种种法治招考观念的背后,希望通过法律来加强管理,维护管理权威的有之,希望通过法律获得更多的权力与利益的有之,希望通过建立新的招生考试法把所有问题解决的简单思维也有之。就高校招生考试而言,我们认为,"招考法治"与"依法治招"("依法治考")是两个既有联系又有区别的概念,前者更侧重目的,后者更侧重过程与手段。法治招考意味着高校招生考试领域一系列思想的变革与行为模式的改变,而不是简单的"加大招生考试立法的力度"可以概括的。因此,审视与梳理法治在高校招生考试领域的内涵,分析与之相适应的一系列思想与行为方式的变革,对于当前招生考试法治建设有着重要意义。

一、高校招生考试法治的内涵与意义

"依法治招"、"依法治考"、"法治招考"等词来源于"依法治国"、"依法行政"、"法治国家"的推演,同时也是我国普通高校招生考试实践的现实要求。高校招生考试作为分配高等教育资源的重要手段,从来都是利益冲突的焦点,尤其在优质高等教育资源有限的情况下,高考已经成为高中毕业生面临的第一次强制性的"社会(脑体)大分工"。② 在这场众人瞩目的竞争中,如何防止人情关系的困扰和权力的渗透,维护考生和高校的合法权益、维持招

---

① 徐梦秋:《公平的类别与公平中的比例》,载《中国社会科学》2001年第1期,第35~43页。
② 郑若玲:《试析高考的指挥棒作用》,载《厦门大学学报》(哲社版) 2002年第2期,第7~10页。

考过程中的公平与公正是国家、社会、个人对招生考试制度建设最根本的要求。

对依法治招、依法治考的理解，人们往往简单地理解为"以法治招"、"以法治考"。实际上，二者是既有联系也有区别的不同概念。相通之处在于都重视法律在招考过程中的作用意义，不同之处在于两者对行政管理者与法律之间的关系有不同的处理。"以法治招"、"以法治考"意味着法律仅仅只是治理招生考试的一种手段，在法的地位之上还有以法律为手段的管理者的权威，这就先决地赋予了政府、教育行政管理部门绝对的主导地位。在这种理念的指导下，法律必然成为管理的手段和工具，而管理者本身却无须受法律的约束。"依法治招"、"依法治考"并不排除政府与教育行政管理部门以法律作为治理招生考试的重要手段。但在管理者与法律的关系问题上，强调的是法律的主导地位，强调法律是一种超越于任何当事人之上的普遍化的规则。这意味着政府与相关教育行政管理部门固然可以作为治理者向社会发号施令，可以要求考生与院校服从自己的支配，但是，这必须以一种普遍化的平等守法义务为前提。因此，法治并不仅仅针对考生群体，对高校、各级招办及其工作人员、教育行政管理部门以及其他社会成员而言，无论是身居高位或者是平民百姓都共同承担普遍化的平等守法义务，合法享有法律所规定的权利。这样，在"法律面前人人平等"的原则下，管理者及其权力也将被纳入法治的范围。

法的运行往往是各种具体利益进行斗争、妥协的结果，而高校招生考试法治本身就是一个利益选择、协调与平衡的过程。这个平衡点与关键就是维护社会公共利益，反映社会公共意志，它要求法治主体摆脱狭隘的地方主义、部门利益与个人私利，主动对各种利益进行协调与平衡，处理好改革、发展与稳定，公平、效率与秩序，权力、权利与利益等相互关系。普通高校招生考试法治所追求的社会公共利益就在于追求社会平等和社会正义，维护招生考试的公平与秩序。因此，它反对作为公权力的招生权、考试管理权等权力异化为私权力的权力滥用与腐败，反对群体舞弊与个人舞弊行为对招考秩序的破坏，要求每个参与者在平等竞争的招考规则下，实现个人的受教育权与社会选才的目的。普通高校招生考试法治要求各主体在现代民主和文明的基础上，实现充分的理解与相互尊重，在寻找利益一致的目标上，通过听证会、程序公开、信息公开、参与监督等方式，沟通与吸收各方面的意见与建议，明确各成员的权利与义务、权力与责任，明确当公共利益与私人利益发生冲突时，提供相应的补偿措施与权利救济模式，从而实现社会公共利益、集体利益与个人利益的兼顾与平衡，而不是简单地以牺牲个人利益为代价，追求社会公共利益。

二、法治招考的基本内容

强调法治,其目的与意义就在于通过对利益关系的调整来实现考生及其家庭、管理部门、高校以及社会之间的相互关系,从而实现高校招生考试系统的和谐、秩序与发展。因此,高校招生考试法治的基本内容离不开各个主体以及社会的参与。

首先是各级行政机关。各级人民政府及其教育管理部门和招生考试管理部门,各级权力机关、审判机关和检察机关,新闻媒体及其社会大众等,他们在法治进程中扮演重要的角色,只是不同的主体在不同层面、通过不同的途径和方式实现对普通高校招生考试的监督与管理而已。

其次是高校。根据《高等教育法》以及相关普通高校招生考试条例规定,普通高等学校享有招生自主权。高校依法颁布各自的招生简章,并按照相关法律以及招生简章的规定,实现招生录取的自主,并对招生过程与结果负责。

再其次是考生。从传统的观点来看,考生属于被管理的对象,只能服从相关部门的管理与命令,似乎不属于治理的主体。但随着社会权利意识的复苏,考生及其家庭维护自身合法权利的意识日益高涨,要求增强招生考试的透明度、实现自身的知情权与参与权成为招生考试领域的新气象。同时,这也成为监督高校与相关管理部门合法使用权力、揭露与惩治权力腐败、维护招生考试正义与秩序的生力军。实践证明,考生不仅是整个招生考试过程中的参与者,也是招生考试进程的监督者。考生的法律意识,特别是权利意识、维权意识是普通高校招生考试法治进程中不可或缺的内在驱动力。只有考生真正意识到自身的权利,并积极主动地去寻找合理的途径实现正义的诉求,才能真正实现对权力腐败的监督与制约。

最后是招生考试管理部门。思想的转变是法治的应有之义。政府及其教育行政管理部门应逐渐从管理者向服务者转变。这不仅仅是名称上的变化,更是精神上的再造。服务意味着传统单纯的以层级节制的权力体系和严格缜密的规章制度约束为显著特点的管理不是管理的全部,而是在民主和法制的制度框架内,管理行为更多地强调社会公共利益,强调满足考生与社会大众的信息需求、发展需求与合法利益,保障考生与高校具有相应的知情权、选择权与参与权。服务也意味着管理公开、信息公开,管理机构不是管理行为的权威与主宰,必须正视考生、高校、社会在招考过程中的主体地位。因此,招考管理的基点不应由管理者内部一相情愿地确定,仅仅反映管理者的要求和意图,而应充分听取与吸纳招生考试过程中最大的相关者——高校、考生及其家长的参与和建议。此外,服务还意味着积极地管理,我们强调服务,并不是否认管理,否认权力,也不是单纯地限制权力，我们既应关注权力不能做什么，从而避免权力的恶；更应关注权力能够做什么，从而致力于发挥权力的善。积极管理从本质上而言，意味着在法律的职责范围内积极、主动地提供公共服务。

与服务相一致的是各主体间的合作与参与。各主体全方位、多层次的合作，构成了尊重与平等对话的基础。管理机关与考生、高校、社会之间的合作以提供服务而实现，而考生、高校、社会与管理机关的合作则表现为配合、监督与参与。管理机关、高校、考生与社会之间的合作源于法治的根本目的即维护社会公共利益，维护招生考试改革的公平与秩序；源于社会公共利益一致基础上的各种利益的冲突与平衡。合作不仅是考生与管理者、管理机构的合作，还包括考生与高校、高校与管理机构、高校与各级招办、社会之间的普遍的合作。合作不是单纯地配合、服从管理部门的工作，不仅仅是考生在诚信的基础上参与招生考试，高校在遵守法律的前提下履行招生自主权，更为重要的是，各主体合法地享有参与及监督的权利，防止权力对考生合法受教育权的伤害；监督权力积极履行相应的职责，利用权力更好地为社会和考生、高校服务，维护整个招考过程的秩序与和谐；并以主体的身份对招生考试流程提出合理的意见与建议。参与是合作的本质内容，只有积极地参与，才能保证人民的意愿能不断传递给领导者①。

只有在真正的合作、参与的基础上，考生的受教育权、高校的招生自主权以及社会公共利益才真正成为管理行为的关注点，而不是被边缘化的管理对象。各级招办也就不是单纯的管理机构，而是在积极介入招生考试过程的前提下，构成考生与高校之间的中介、沟通者与协调者，不仅是考生利益的代言人，同样也是高校利益的表达者，为满足双方的共同利益和社会公共利益搭起合作与沟通的桥梁。因此，从根本上说，普通高校招生考试法治秩序的建立，是政府、管理者、考生以及社会共同合作促成的道路选择，其所倡导的服务与合作观念与模式的转变，意味着社会公共利益与个人利益的一致，意味着各主体间的尊重、信任与支持。

三、法治招考的基本问题：权力监督与权利保障

个人权利的最大威胁始终是权力，权利宣言与其说是法律告知公众有多少权利，不如说是法律在告知权力有多大限度。在涉及招生考试的诉讼案件中，往往以高校、管理部门及其权力拥有者对考生合法权利的侵犯居多，而常见的招生权力的腐败实际上是招生权力主体人为地混淆公权力与私权利的界限，权力被权利

---

① [美]阿尔孟德等著、曹沛霖等译：《比较政治学》，上海译文出版社1987年版，第183页。

化，为谋取私利而行使，这必将侵犯考生的正当权利。正因为如此，加强对权力的限制或监督一直是法学家关注的焦点。

在招生考试领域，要实现对招生腐败、考试腐败的遏制，实现社会公众的合法权益的保护，维护招生考试公平与公正，必须加强对权力的制约。这不仅需要通过立法将这一基本原则得到真实的体现，也需要通过媒体、社会公众的监督来实现。当然，权利保护的实现意味着国家必须运用权力的力量来保卫权利，因此加强对权力的监督并不意味着对权力运行的粗暴干涉，而是在保证权力正常运行的同时，防止权力的异化。权利保障与权力监督是一个问题的两个方面。控权是法治的基本精神，它使得权力成为合法的权力，而合法的权力源于权利，权利乃权力之本，权力服务于权利，权力应以权利为界限[①]。因此，控权的根本目的在于维护公民的合法权利。权利保障首先意味着公众享有法律规定的知情权、参与权，能够了解与自己利益相关的信息，并参与到相关法规、规则的制定与管理中来；意味着法律应该赋予高校、管理部门及考生之间的权利（权力）义务（职责），使之成为各自行为的依据；同时也意味着当权力突破界限，侵犯到考生的合法权益时必须提供相应的救济方式，并获得相应的补偿。

首先，根据我国《高等教育法》的规定，高等学校拥有一定的办学自主权，其中就包括招生自主权，具体而言，即高等学校有权根据社会需求、办学条件和国家核定的办学规模，制订招生方案，决定招生的具体数量和人员，确定招生范围和来源，自主调节系、科招生比例等方面的权力。从权力性质来看，招生权无疑首先是一种权力，而且属于公权力的范畴，即它是高校以及相关机构根据法律的规定，对考生能否进入高等教育阶段学习或者说对高等教育这一社会稀缺资源进行分配的行为能力。因为这一权力的存在，在资源有限的情况下，必然导致有部分学生被淘汰，因此，它对考生、家庭乃至整个社会都具有重要的影响。从招生的权力来源看，招生权是由法律授予的、为保障高校选拔合格新生、维护社会公平的一种权力。其权力来源于国家教育权。可以说，招生权本质上属于社会与公众的委托与授予，其目的是保证国家和社会的公共利益的公权力[②]，并突出地表现为保证招生考试领域的公平、公正与正义，实现考生的受教育机会均等，并保证有能力的人实现受教育权。

落实高校招生自主权无疑是当前招生考试改革的重点与热点问题之一。虽然进一步扩大高校招生自主权已经成为高校招生考试改革的突破口，但在实践中，

---

① 张文显：《法哲学范畴研究》，中国政法大学出版社2001年版，第396页。
② 《中华人民共和国教育法》第八条规定："教育活动必须符合国家和社会的公共利益。"

高校招生领域出现的权力异化、权力腐败等问题，已经引起了社会对高校招生自主权的疑惑与不满。因此，如何对高校招生权力进行有效的监督与约束，维护招生领域的公平与公正，不仅是关系到高校招生自主权能否真正实现与进一步扩大的关键，也是实现普通高校招生考试法治的重要问题。

招生权的内在特质要求对招生权的规制必然是刚性而具体的。公共权力人虽然是代表公意的公权的行使者，但他首先是一个活生生的自然人。人都有求生的欲望和趋利避害的本能，这是人作为生物体的一种天性，也是一种自然而真实的存在。对招生领域的利益问题采取忽视与回避的态度必然导致对公共利益个人化的可能性缺乏刚性的制约，缺乏监督与节制的权力本身便鼓励着招生权的拥有者在录取中扮演"经济人"的角色，谋取不当私利。权力的滥用不仅削弱了社会对招生考试制度的信任度，损害了弱势群体的合法权益，破坏了社会公平，也使高校难以获得社会的信任，使高校的法律地位和招生自主权难以真正实现。因此，高校在行使招生权时必须坚持法治的原则，有必要制定相关的程序与制度，依法选拔招生人员，切实保证招生人员通过法定的程序、标准和途径选拔合适的人选；有必要对高校的招生简章进行严格的法律审视，并坚持在招生过程中，按照简章所规定的程序进行。与此同时，也应该加强信息公开，加强社会监督。阳光是最好的防腐剂。信息要在广为公众所知的媒体上提前、定期、周期性公开，让每一个利益相关者查询到相关信息，以接受公众的广泛监督。

其次，防止高考舞弊、维护高校招生的公平与公正是社会关心的重要议题。高考舞弊是对高考公平精神的最大挑战。其中，群体舞弊事件是高考舞弊中最严重和最恶劣的舞弊行为，它不仅导致招生考试过程的不公，而且助长个人舞弊的发生。大量事实表明，群体舞弊与个人舞弊往往是交织在一起的。群体舞弊的存在与蔓延客观上刺激了个人舞弊行为的增加，由于群体舞弊的示范作用，也必然增加遏制个人舞弊的难度。

目前从媒体曝光的高考舞弊事件来看，当前的高考舞弊有以下几个突出特点：一是发生地点大多为远离省会城市与中心城市、较为偏远的县或县级市；二是利用高科技手段进行的舞弊事件比较突出；三是监考人员、学校或者相关领导直接介入其中的群体舞弊事件比较突出；四是涉案人员比较多，通常是有组织、有计划、有预谋的舞弊事件；五是目的与动机比较复杂，有的是为谋取暴利，有的是受熟人或领导暗示委托，有的则为了提高学校的升学率，各种利益和目的交织在一起。但从当前的防弊措施来看，主要有两条，一是要求学生必须签署考试诚信承诺书，二是加强相关的反舞弊硬件建设，包括电子监控、无线电干扰、金属物品检测等仪器。值得指出的是，诚信承诺书只能从道德上约束学生的行为，并对部分个人舞弊行为产生一定的威慑作用,但对于大规模的群体舞弊事件作用较小;而硬件建设则集中到省会城市与中心城市,这与舞弊事件往往发生在偏远县或县级市的基本特征并不相符。

防止高考舞弊一直是高考工作的重中之重,教育部先后颁布了一系列的法律法规,对高考中的舞弊行为进行规制,2004年出台了《国家考试违规处理办法》,《国家教育考试法》的起草工作已基本完成。我们认为就高考而言,特别是对于县一级的高考管理而言,应加强对考试管理者和组织者权力的制约以及对监考人员权力的监督与制约。为保证高考秩序、维护社会公平,省级招办应选派专门的负责者对考场的设置、监考人员的选拔与委派等具体事宜进行监督,以实现对各县级招生办考试管理权力的制约与监督,同时也可以防止其他权力对考试的渗透。同时,加强对考生权利意识的教育与宣传。事实证明,只有考生真正意识到了自己的权利,才能真正保护自己的合法权益,也才能真正监督权力。此外,加强新闻媒体对高考的监督也是遏制考试舞弊的有效办法。

当代媒体具有告知、启迪、监督三大社会职能。具体而言,媒体通过加强对维权意识及其相关信息的告知、启发考生自己维护自身权利的勇气与行为,并通过以舞弊案件的曝光揭露唤起公众对高考中不公平、腐败、阴暗的现象的警醒与正视,净化高考社会环境,维系高考机制的正常运行。虽然媒体存在着夸大事实,猎奇追新、追求轰动新闻的一面,也曾因为新闻工作者追求新闻的轰动效应而没有去举报的行为受到批评与质疑,但我们认为,当前新闻的监督作用是有效的,其积极作用也值得肯定与发扬。

此外,考生在招生考试过程中的权利一直没有引起足够的重视。我们认为,考生的基本权利至少有以下几项:

一是参与招生考试管理的权利。包括批评、建议权,即对招生考试管理机构、高校等以各种方式直接提出,或者通过有关的组织、团体以及新闻媒体反映批评、意见、建议的权利;控告、检举权,即对招生考试机关及其公务人员的违法失职行为提出控告或检举的权利;协助公务权,即协助实施公务活动的权利(如当场检举有关作弊的行为);知情权,即考生依法享有对招生考试活动有关内容、资料及其他信息的了解权,而招生考试管理机构及高校则有依法向社会公开自身行政活动的义务。

二是受平等对待的权利,即行政相对人个体在招生考试活动中应当得到有关管理者的平等对待。而作为行政主体的有关机构及人员则有对每一个考生个体平等对待的义务,如高校招生章程不能规定男女生的录取比例,除特殊专业的特殊规定外不得因为考生个体的外貌、体重、身高、残疾、嗜好等拒绝录取。

三是受益权利,指考生通过招生考试管理部门的积极行为而获得各种利益及利益保障的权利。例如在考试中，考生有权要求监考老师制止作弊行为，从而保障自己的合法权。

四是自由权利。这种权利的核心是考生的一切合法权益和自由排除行政主体的妨碍，不受非法侵害。包括各种合法权益和自由的自主享有，如考生可以自由填报自己想要填报的学校，学校及其教师或其他部门不得横加干涉；抵制行政主体非法侵害的权利，如抵制对于高校录取中额外收费、侵害受教育权的权利；合法权益受侵害后获得赔偿的权利等。

五是程序权利，主要是行政程序中的权利和事后救济程序中的权利。行政程序中的权利包括：在某一具体行政程序中，特定的行政相对人为了自身的利益，向行政主体要求了解与本人有关的档案资料和其他相关信息的权利，如考生有了解自己卷面分值、复查分数的权利；提出申请的权利，如在考试过程中，考生因为卷面的原因，有权申请监考者确认的权利；得到通知的权利，特定的行政相对人在行政主体制定涉及他的权益的法规、规章或作出具体处理决定前，有得到行政主体告知有关内容、理由、依据等相关情况的权利，如对作弊考生的处理，主管机关必须予以告知；评论权；申请回避的权利；举证的权利；辩论权等。事后救济程序中的权利，包括：被主要行政主体告知救济途径和方法的权利；提出申诉、复议和诉讼的权利；委托代理人的权利；申请回避的权利；陈述和辩论的权利；上诉的权利；申请执行的权利等。

考生最关注、最基本的权利无疑是受教育权。如何对受教育权进行有效的权利保障是实现法治的核心。一般认为，广义的权利保障事实上包含了权利的事前保障和权利救济两个方面的问题。事前保障主要体现为立法机关的立法保障和行政主体的执法保障。而权利救济则包括诉讼渠道（即司法救济渠道）和非诉讼渠道（主要是申诉制度）。司法救济是权利救济中最有效、最常用的救济途径。从教育法律及相关的招生考试法规的具体规定来看，招生考试领域的受教育权具有可诉性。但在招生考试领域，受教育权的司法救济才刚刚开展起来。为了更好地解决学生受教育权利与高校之间的冲突，部分省市的招生考试管理机构内部已经开始酝酿相应的改革，以便更好地维护考生的合法权益，保障考生受教育权的实现。如天津成立了招生考试仲裁委员会，聘请教育行政部门及有关部门的专家、学者和律师担任专职或兼职仲裁员，以解决高校与考生之间比较复杂和难以调和的分歧。这一改革虽然还在实践中，尚有很多方面需要不断得到完善与成熟，但可以肯定的是，随着招生考试管理机构职能的转变、法律地位的变化以及高校招生自主权的实现，通过中介机构建立学生群体以及附带的家长群体与高校之间沟通与交流的渠道，有助于解决招生考试领域的法律纠纷等问题，在天津试行的仲裁制度无疑是一种值得肯定与借鉴的方式。

四、法治招考的现实要求：《高校招生考试法》的建立

普通高校招生考试法治理念在实践中，似乎面临一种尴尬的悖论：一方面，要实现招生考试法治必须以社会普通的法律意识与法律信仰为基础；另一方面，由于法治传统的缺乏，因此法律意识淡漠，社会缺乏法律信仰。在这种循环的怪圈中，悲观者似乎看不到法治的希望。我们认为，这其实不是一个"蛋生鸡抑或鸡生蛋"的难题，从当前中国普通高校招生考试法治建设的现实来看，从当前招生考试法规体系中存在的问题出发，结合高校招生考试的实践需要，建立新的《高校招生考试法》是当前法治的重要任务之一。

注重法制建设是我国高校招生考试管理的重要基础，通过立法，特别是加强行政法规的建设，为保证我国高校招生考试的公平、公正与秩序发挥了重要作用。目前，我国招生考试立法已取得一定的成绩，逐渐形成了现行有关高校招生考试的法律法规体系和基本制度。随着依法治国、依法行政、依法治教的理念逐渐被社会所接受与认可，在招生考试体系内"依法治考"、"依法治招"也得到普遍的认同。不仅考生的维权意识不断增强，利用法律武器保护自己合法权益的事件时有发生，在教育行政部门、各级招生委员会及其考试院或相关部门、高校要求依法行政、依法进行招生考试的理念也正在形成。但我国的考试法制建设还处于起步阶段，立法方面尚不够完善。到目前为止，我国已经制定了相当数量的有关招生考试的法律、法规和规范性文件，但还不成熟，具有暂时性和针对性的特点。从招生考试法规的名称来看，往往对有关法规加注"暂行规定"等字样（在前面列举的有关招生法规基本上是以"暂行规定"出现的），或者专门针对具体单项问题作出规定，一般以"通知"、"批复"、"指示"、"指导意见"等形式出现，凸显了当前招生考试法规的不成熟性。

从具体的规定内容来看：首先，普通高校招生考试法规行政性强，有关招生考试规定是以政府的行政管理为出发点的，在社会公众、学校尤其是受教育者权利的保障方面还比较欠缺。如何引导管理部门发挥服务的精神，而不是简单的行政管理，如何保障高校、考生以及社会对普通高校招生考试的知情权、监督权等合法权益是当前普通高校招生考试法治建设的核心内容之一。其次，重实体、轻程序。法治与程序存在着天然的联系，法治最终表现为一种按照严格的法律程序建立起来的公正合理的秩序。由于程序法治观念的缺失，我国历来存在重实体、轻程序的倾向。如何实现考生对权力的监督，高校、考生的合法权益受损时，如何实现法律救济等都缺乏有效的程序规定。因此，加强程序建设，并逐渐实现程序公开也是实现法治的基本内容之一。最后，缺乏操作性。操作性是从"文本

上的法律"转变为"行动中的法律"的先决条件。考察我国当前的招生考试立法可以发现，诸多的文本对于不同的主体拥有什么样的权利以及负有什么样的义务做了大量规定。然而遗憾的是，对于这些规定却缺少详细的、带有较强操作性的进一步规定，使得招生考试法规面临无法真正实现法律调控的功能缺失。因此，强调招生考试法规的可操作性，强调法必须解决现实具体问题的观点应该在招生考试立法中得到体现，除了不够成熟、争议特别大或者必须原则一些的问题可以规定得粗一些外，其他内容应体现"能细则细"的立法追求。

制度建设要整体规划，建立新的《高校招生考试法》是当前的重要任务之一。有人认为，当前招生考试中的种种问题只需修改《高等教育法》即可，"修改《高教法》可以涵盖招生方面的，有没有必要专门制定一个《招生法》，很复杂，需要研究"①。但是，《高等教育法》一般主要针对进入高等教育阶段后的法律规范，比较少涉及招生考试，即使其中有部分内容涉及招生考试，也主要是原则性的，缺乏操作性，难以指导高考实践中的法律纠纷和问题。这几年由于考试舞弊事件的频繁发生以及所导致的恶劣影响，研究者对于如何防治考试舞弊等问题表现出浓厚的兴趣，呼吁通过法律加强对考试作弊行为的惩治；"北航招生事件"也重新唤起了人们对招生腐败等问题的关注。但招生与考试从来都是高校招生考试的重要环节，防止考试与招生舞弊只是法律规范的一部分，而不是全部。因此，招生考试法不是考试防弊法，也不是单纯的教育考试法或招生法，而是包含了从报名、考试到招生全过程，调整教育部、各级招办、高校以及考生各主体之间法律关系的法；不仅需要对招生考试过程中的权力进行规制，也需要保障权力的合法行使；既需要对招生考试过程中的权利义务、权力责任关系进行合理的分配，也需要对招生考试过程中的程序以及相关执法程序进行具体的规定。

概言之，如何顺应社会时代的要求、针对高校招生考试的发展与需要，建立一部统筹整个招生考试过程，兼顾国家、社会、教育行政管理部门、高校、考生等多方面的利益，具有可操作性，对招考过程中体检制度、报名制度、录取制度、监督制度、公开制度、招考的基本程序与权限范围、发生纠纷时的信访或仲裁以及救济制度上升到法律层面进行规范的《高校招生考试法》，是当前的必然选择。需要指出的是，立法是当前法治建设的重要内容，但法治绝不仅仅是法制建设。"法学界、经济学界及其他社会科学界过去十多年的研究表明，法律的作用被人们大大高估了；社会规范，而非法律规则，才是社会秩序的主要支撑力量。特别是，如果法律与人们普遍认可的社会规范不一致的话，法律能起的作用

---

① 郑超：《委员建言立法遏止招生腐败》，载《北京娱乐信报》2005年3月8日。

是非常有限的。"①

　　法治招考是一项内容浩瀚的系统工程,既包括立法、执法、司法等方面的内容,包括对招生、考试等环节的治理,也包括了对考生、高校等主体的管理,还包括对考生、高校及招生考试管理机构的管理者与工作人员法律意识与法律信仰的培育等等。从招生考试的实际来看,这一活动本身是一个政策性很强、变化频繁、十分复杂的活动,在这一活动中,如何处理高等教育资源有限与广大人民群众需求日益旺盛的矛盾,处理好情、理、法的冲突,维护大多数人的正当利益,必须综合运用多种手段,保证招生考试活动的公平、公正、公开。

　　从招生考试法治的基本内容来看,普通高校招生考试法治的重点亦即难点表现在：能否制定出真正体现法治精神的普通高校招生考试法；能否建立严格执法的机制和体制；能否建立严格执法的正当程序；能否保证制定的法律得到切实的遵守；能否在全社会树立崇尚法律的普遍心理。而这主要取决于整个国家实施法治的决心和能力,从而真正达到治权（力）和保障公民合法权利的目的。

---

① 张维迎：《法律与社会规范》，载《文汇报》2004年4月25日，第6版。

第四章

高考制度的微观研究

高考制度的发展与改革,不仅应置于广阔的背景下进行研究,还应条分缕析,进行微观层面的考试形式、内容、录取等方面的研究。这些微观研究由于直接关涉高考的生存活力与发展空间,尤显重要,也更为民众尤其是相关群体所关注。

第一节 高考形式:统一与多样

高考形式改革是高考制度改革的重要组成部分,社会大众接受高校招生考试制度通常是以招生考试的方式、形式为起点,因此从一定程度上说,建立符合特定时期社会发展与大多数人利益的考试形式是高考制度改革成功的重要前提。1999年2月13日教育部公布的《关于进一步深化普通高等学校招生考试制度的意见》以及《高考内容和形式改革方案(讨论稿)》规定:现行的一次性全国统考方式不变,积极探讨一年两次考试的方案。这是首次把形式改革作为高考制度改革的重要组成部分。尽管明确提出高考形式改革只是近十年来的事,但有关高考形式的讨论和变革则一直贯穿在高考制度发展过程中,例如高考的存与废、国家统考与各校单考、统考选拔与自主招生的利与弊等。由于高考形式在高考制度中是首先为人们所观察和接触到的,所以引发了激烈争论,基于不同的视角与侧重点,争论形成的观点千差万别。但从整体上看,这些争论都反映了高考形式的统一与多样的矛盾。

一、统一性：现实与国情的必然选择

1952 年建立的全国普通高校招生统一考试制度被誉为中国现代教育考试的创举。① 高考在迄今 50 多年的发展过程中，除 1958 年实行以地方为单位的联合招考，以及"文革"期间的推荐选拔制度外，基本上都是实行全国统一招考。国家统考形式占据主导地位，发挥了重要的作用。统一高考恢复 30 多年来，尽管在考试形式上多有变革，也逐渐经历着从统一向多样的转变，但统考仍然是理性的中国民众无法轻言舍弃的招考形式，因为统考对于特殊文化和现实背景下的中国社会有着很强的适切性。

（一）统考形式公平、公正，是社会资源的合理分配方式之一

考试是一种客观、合理而公正的能力评价手段，其彰显出的"公平竞争"、"能力优先"等价值取向确定了某种社会各方都可以接受的分配社会资源的规则，因而受到各国社会的重视。高校入学考试制度，是国家公平分配高等教育机会的主要手段之一，以考试成绩而不是以金钱、权力为录取标准，才能保证大规模考试的健康发展。统一考试正是从制度上排除了考试之外人为因素的干扰，保证了考试的公平与健康发展，使全体国民享有平等参与接受高等教育的竞争机会。② 因此，统考制度的建立，是考试发展的一种必然选择。

此外，中国社会自古以来就存在"不患寡而患不均"的思想，统一高考自建制以来一直被看成是最公平的选拔制度，多年来尽管高考改革持续不断，但"改什么也不能改掉公平"一直成为老百姓看待高考改革的"底线"，能否公平选才也逐渐成为衡量高考改革成败与否的根本标尺。统一高考实施 50 多年来，考试的公平性主要体现在高考形式即国家统一高考上。国家统考之所以能够体现公平性，是因为在形式上，它"采用公开考试、择优录取的公平竞争方式，以考试成绩作为取舍的依据，只认成绩不认人，在分数面前人人平等"③，排除了人为因素对大学招生录取的影响。此外，在重人情、关系、面子的中国传统文化环境中，发展到以统考考试分数为主要录取依据，体现了一种不以人的主观意志

---

① 刘海峰等：《中国考试发展史》，华中师范大学出版社 2002 年版，第 330 页。
② 郑若玲、杨旭东：《高考改革：历史与现实的思考》，载《厦门大学学报》（哲社版）2003 年第 1 期，第 108～114 页。
③ 刘海峰：《高考存废与科举存废》，载《高等教育研究》2000 年第 2 期，第 39～42 页。

为转移的客观趋势。从理论上说，考试不一定是最好的选才方式，这种办法有诸多弊病，但实际上却找不到更好的可操作的公平竞争方式，而考试的办法至少可以防止最坏的情况出现。因为若不以考试来竞争，就很可能用权力、金钱或关系来竞争，所以说统一考试是维护公平竞争、维护竞争秩序的有效手段，是适合中国社会和文化国情的制度。①

2007年5~6月，教育部考试中心与中国青年报，以及专门从高考和教育服务的ATA（American Testing Authority）公司等联合主办的"恢复高考30年大型公众调查"显示，社会对高考的公平还是持肯定态度的：有73.3%的公众认为现行高考制度大体上是公平的，可以为社会筛选出可造就的人才；超过95%的教师认为，高考制度仍是目前最好的选拔方式；56.8%的教师认为，高考受益最多的人是"有真才实学的人"。在如何促进高考公平问题上，公众表现出较为强烈的对"统一"的期盼。35.2%的人认为"全国统一试卷"有助高考公平，30.4%的人认为"全国统一录取分数线"能促进高考公平。②

（二）统考形式具有经济高效的巨大优势

统一考试有着较强的规模效益，组织大规模的统考较各校单独考试可以节约大量的人力、物力和财力，减轻了高校的经济压力，也减轻了考生投考的负担。特别是对于50多年来考生人数不断增加的现实，统考形式仍有着不可替代的优势。与统考形式相比，单独招考缺乏效率，很难想象单个的高校能够承担起如此规模的招考成本。因此，不仅中国，世界各国大学在面对庞大的考生群体时，都会采取一定形式的统考。

二、多样化：统一高考改革的现实之需

统一高考以多样化为改革方向，是我国社会、文化和教育发展到特定阶段的必然选择。长期以来，高考的利与弊都十分明显。因为"统一"形成的公平客观、经济高效、维系社会稳定、促进社会流动等优点，与因"统一"暴露出的重才轻德、压抑考生个性和求异思维、缺乏特色和灵活性等缺憾，共存于高考制度的发展始终。20世纪90年代末以来，国家积极推动多元化改革，将多样化、多元化作为统一高考的补偏救弊之策，甚至把其看成是对高考制度进行兴利除弊

---

① 刘海峰：《传统文化与两岸大学招考改革》，载《高等教育研究》2004年第3期，第80~85页。
② 袁新文：《高考调查：七成公众认为高考制度大体公平》，新华网，2007年6月28日（http://news.jsinfo.net/guonei/2007/6/381162.shtml）。

的唯一出路。① 高校招生考试从一次统考逐渐转向建立多层次、多样化考试体系转变。

（一）高考形式多样化的特定社会背景

大众化是当前世界各国高等教育曾经和正在面临的重要课题。中国在实现高等教育大众化的过程中，确立了建立以社会需要为导向的多样化的高等教育体制，融学术型、职业型高等教育机构为一体的多层次、多类型教育结构的发展方向。高等教育的多样化客观上要求高校入学考试的多样化。这便使一直采用的单一形式的招生入学考试面临越来越严峻的考验。

此外，20世纪80年代中期，国家开始对教育行政体制进行改革，下放部分管理权，高等学校得到一定程度的松绑。随着市场经济的深入发展，高等学校为争夺有限的办学资源，校际间的竞争越来越明显，高等学校的主体意识和特色意识逐渐增强。高校招生个性要求日益突出，要求高考制度走向弹性与多元。同时，20世纪90年代以来，随着个体在社会生活中的地位和价值不断增强，个体意识以及个性发展日益受到重视，"以人为本"的理念逐渐渗透至中小学的教育改革中。相应地，强调高考改革逐渐体现"服务性"与"适应性"，以高校和考生为服务对象，针对大学实际需要"量身"设计考试，并反映考生的实际，实现高校和考生互相适应的要求越来越明显，这些都促使改变原先单一的考试形式，建立多样化的招考体系。因此，从2000年开始，高考形式在坚持国家统考为主体的基础上对部分地区的考试组织（命题）主体、考试次数以及考试类型等进行了一系列改革。考试形式逐渐从统一走向多样。

（二）考试次数的多样化——春夏二次高考

针对社会长期提出单一的考试引发"一考定终身"、减轻学生的巨大心理压力、给考生宽松的应考环境和充裕的考试机会等问题，2000年国家开始在北京、安徽等地进行"春季高考"试点改革。2001年、2002年试点范围进一步扩大到上海、天津、内蒙古等地。招生院校、专业以及报考人数逐年增加。高考次数走向了多样。

春夏两次高考改革试点之后，社会各界对其评价仍然褒贬不一。有人认为"增加一次考试不仅给考生增加一次选择的机会，减缓了升学压力，还极大地增强了考生的心理承受力，进而有助于中学开展素质教育，有利于高校加快内部体

---

① 袁小鹏：《现行高考制度的内在冲突及其改革之目标与方向——再论改革全国统一高考制度势在必行》，载《湖北招生考试》2005年第8期，第55页。

制改革的步伐"①，也有人指出"春季高考投入过大，效益不高，没有达到预期目的"，"多数学生仅仅把春季考试当成是参加秋季高考的'练兵场'。"② 春季高考试点改革已实行数年，然而从各方面的情况看，春季招考一直是"不温不火"，其影响与作用难以与夏季高考相比。此外，许多高校的内部体制改革难以适应春季招生，而且春季招生在很大程度上加重了高校的负担。所以数年来，参加春季招生的学校特别是对考生吸引力较大的名牌或本科院校的数量较少，多数地区的春季招考逐渐演变成民办高校唱主角、专科或高职院校占主导的局面，招生学校的数量、专业选择范围和招考的影响远不能与夏季招考相提并论，这与改革的初衷显然差距较大。随着高考录取率提高和高考落榜生逐年减少，部分地区春季高考的生源和招生高校的数量逐渐压缩，所以2004年内蒙古停止春季高考，安徽省也从2005年起停止春季招生考试试点。

（三）考试种类的多样化——广西本、专科高考分考

长期以来，高考形式和考试种类的单一化使得不同层次和不同类型的高校使用同样的考试标准招收新生，既无法体现不同类别高校培养规格对生源共同要求之外的差异，也忽视了同一考试标准给不同水平层次考生带来的不良影响。因此，不断受到公众的责难。

鉴于此，由教育部授权，2002年广西在全国首次获得专科单独考试权和专科命题权。将原先统一高考的一套试卷改为本科和专科两种类型的考试。本、专科考试彻底分离，本科院校招生考试科目仍由教育部统一命题，并按教育部规定的时间组织考试。填报专科层次学校和专业以及招收高中毕业生的中专学校的考生，必须参加该年9月份由广西命题的专科统考。从当年广西"二次高考"的实际来看，专科的单独考试和单独命题以及两次考试的分开录取给招生考试部门和学校带来了沉重的负担，而且部分学生在"求稳"心态下两次高考都参加，学生的负担也没有得以减轻。本专科分开考试是高考不断走向科学性的一次重要尝试，它的实行和推广有利于经济水平、考试命题以及考务技术水平的提高，这是当前高考改革中不应忽视的。③ 然而从当前本、专科两类高考的命题和考试实际来看，这种两次高考只反映了两种不同层次的高校在招生考试难度上的差异，仍然无法在考试中体现不同种类高校（例如学术型大学与高职类学校）以及不同学科专业对考生的特殊要求，这仍是改革需要努力的方向。

---

① 《二次高考，好事》，载《考试报》2000年2月29日，第2版。
② 田建荣：《高考形式的统一性与多样化》，载《高等教育研究》2000年4月，第45页。
③ 张耀萍：《关于"二次高考"的理论思考》，载《考试研究》2003年第2期，第47页。

（四）考试组织主体的多样化——国家命题、分省命题和学校考测并行

我国自建立高考制度以来，采用高考招生的时期，大学入学考试的组织与命题主体都是国家，除1985年上海获得高考单独命题权并延续使用至今外，2002年以前全国其他地区高考的命题权都在国家。国家统考有力地保证了考试的质量、水平与效率，采用统一的考试标准，增强了考试的可比性，方便了不同学校之间录取的流动。但统考的共性过多也在一定程度上抹杀了不同学校的特点和对不同学生的要求，也难以适应地区、高校和考生的个性需要。因此，扩大考试组织主体有其必要性与必然性。

20世纪90年代末以来高考组织主体的变革主要包括两种形式：一种是将部分地区的高考命题权下放到地方，形成国家统考和地方统考并存的局面；第二种形式是将国家（地方）统一高考与高校单独考试相结合。

高考分省命题改革始于1985年上海高考单独命题，2002年北京开始试行，到2004年又推广至天津、辽宁、江苏、浙江、福建、湖北、湖南、广东、重庆等9个省市，2006年全国共有16个省市实行高考分省命题。从整体上看，高考分省命题改革试点力度非常大，试点的范围迅速扩大。从1985年改革开始到2002年17年间只有北京、上海两地试点，而到2008年试点省市迅速增加到18个。从改革初衷上看，分省命题主要致力于满足各省基础教育发展不平衡，减轻统一高考压力，然而实践中却出现明显的利弊参半。

首先，从维护国家标准与适应地方教育水平角度看，高考分省命题有长有短。高考分省命题没有改变原先全国高校招生统一考试的性质，只是考试在组织方式上有所变化，统考的范围由国家变成省市。由于我国幅员辽阔，各地基础教育发展水平不一，以往国家统考在很大程度上无法照顾各地的特点与差异。省市拥有了高考单独命题权以后，可以根据各省的教育实际情况来命题，有利于各地因地制宜地推动基础教育和中等教育的发展。然而，随着高考分省命题试点以及各地课程改革的不断深入，各省市的教学大纲、教学计划以及教材等都会发生变化，基础教育和中等教育的特色与多样性将逐渐增强，差异也随之扩大，如何维持中等教育相对统一的国家标准、体现国家意志将成为分省命题改革需要思考的问题。

其次，从考试风险上看，高考分省命题化解了一种风险却又隐含着另一种风险。随着社会对高考关注的程度日渐增强，高考承载的社会功能越来越多，其风险也越来越大。通过将高考命题划归至各省市，缩小命题集中程度的确可以部分地化解国家统考目标集中、影响范围广泛所带来的过大风险，但这对于各省市而言，风险也并未消除或减轻。事实证明，国家统考有力地保证了考试的权威性、严肃性，在试卷的保密水平上也远非地方统考所能及。而在分省命题中，由于命题人员多以本省中学或大学教师为主，相比国家统考命题而言，命题人员的相对集中则在一定程度上增加了试题失密、泄密和舞弊的风险。

其次，从考试命题质量上看，高考分省命题水平的提高还需要一定的时间和经验的积累。除个别省市外，近年来参与试点的省市多在高考命题经验上存在不足，缺乏有效的经验、稳定的命题队伍和考试管理人员，分省命题的权威性和科学性受到一定限制，某些省市各年间高考试题的难度难以稳定，难度分布、排列不够合理，质量有待提高，既给中学和考生带来了一定的负担，也对考试测量的有效性、考试分数的可靠性、考试的公平公正性等产生潜在威胁。①

最后，高考分省命题给各省市招生考试部门带来了繁重的压力。不管是国家命题还是分省命题，都意味着沉重的工作量，并不只是随便组织几个人出出题那样简单。同时由于高考责任重大，社会对考试试题的科学性和权威性十分关注，国家每年都需要对高考命题进行深入的科学研究，不断提高命题的科学性和权威性。但每年集合全国力量而完成的全国统一试卷，仍然有人评头论足，甚至不时还出现抨击之声。将命题权下放到地方，地方无论在命题的人力还是财力的投入上都远不如国家，要保证考试的科学性、权威性和安全性，需要加大人财物的投入，而各地方的财力存在较大差别，对于财力不甚雄厚的省份，分省命题自然会成为沉重的负担与压力。

2003年开始的高校自主选拔录取试点则是提高高校办学自主权的一次有益尝试，此次改革试点借鉴了2001年江苏三所高校"自主招生录取"改革经验，将高校考核和高考测试相结合，由试点高校按照自主确定并经公示的标准和考核办法对各中学推荐的考生进行全面审查，并在进行面试等相关测评和考核后确定入选考生。入选考生若通过了随后的全国统考并达到了报考学校在该省的录取分数线，可以按照先前跟学校达成的协议（例如适当降分等）被该校录取。这就使得高校招生录取的自主权在原先1∶1.2的投档率之外得以扩大。2004年高校自主招生试点改革进一步推行，试点高校增至28所，在选拔对象和招生规模上有所扩大，同时推荐方式也由2003年的指定地区、指定高校推荐改为"个人推荐与中学推荐相结合"的方式，并且不仅仅是重点中学的学生可以报名，一般中学的学生如果认为自己有较强的实力也可以自荐。② 到2008年，参与自主选拔录取的高校已达到68所③。

---

① 雷新勇：《应该理性地对待高考分省命题》，载《中国教育报》2006年9月27日，第7版。
② 王珲：《透视2004年22所高校自主招生政策新变化》，载《现代教育报》2004年1月13日。
③ 教育部：《2007年进行自主招生的59所普通高校名单》（http://gaokao.chsi.com.cn/gkxx/zzzs/200612/20061219/728953.html）。

几年来的自主招生试点一直遭遇负担过重的问题。虽然自主招生的考核和录取办法的制定权在高校,但学校在标准制定和操作过程中的难度很大,所以有校长甚至提出,期盼教育部指定一个比较细的切实可行的规范和标准①,以减小改革实际中的困难。然而,当高校进行大量投入之后,几年来参加自主选拔录取试点的部分高校却又不约而同遭遇了"高分考生不辞而别、自主招生招不满"的尴尬处境。② 2004年推荐方式发生变化,部分高校的负担更重。以北京大学为例,2004年自主招生改革取消指定中学推荐后,北大自主招生的报名人数达到5 000人,面对这5 000多考生的材料,教师需要从中挑选出最后进入复试的300多个名额。③ 可想而知,选拔和考试的成本必然日益成为高校的沉重负担。

总之,在建立多样化的招考体系过程中,考试次数、类型和考试组织主体的多样化,部分解决了统考形式的弊端,也引发了其他的问题,仍然需要进一步深化改革。

三、高考形式改革的利益主体及其博弈

社会改革的实质是权力和利益的再调整和再分配过程,改革涉及广泛而深刻的物质利益调整与物质利益冲突。当前,高考形式改革时常陷入左右为难、举步维艰的两难境地,其原因之一就在于改革牵涉的各利益群体之间冲突日益激烈,矛盾难以调和。高考形式改革从统一走向多样,在很大程度上是社会利益格局变化与调整的结果。因此,改革必须从利益集团的冲突中寻求前进的依据。

(一)高考形式改革中的利益主体

高校招生入学考试是一项涉及面广、影响深远的社会制度。从直接目的上看,它是高等学校的生源选拔手段;就长远的目标而言,它又是社会人才的遴选机制,担负着为国家选才的重任。一方面,它制约着高等学校的生源质量,影响着中学教育、教学目标的实现,另一方面,它又决定着有限的高等教育资源在考生中的分配。因此,高考不可避免地成为社会各方利益追求的焦点。

参与高考的个体和群体多种多样,也不同程度地因为高考而受益,他们或利用高考选才,或借助高考获取高等教育资源,或通过高升学率获得更充裕的办学

---

① 蒲红果:《"自主招生"引来议论 记者五问北大校长》,新华网2003年3月14日(http://news.xinhuanet.com/edu/2003-03/14/content_778569.htm)。

② 王骏勇、蔡玉高:《高校自主招生面临尴尬:高分考生"另攀高枝"》,新华网2004年2月10日(http://www.cyol.com/edu/gb/edu/2004-02/10/content_816311.htm)。

③ 《自主招生能否公平效率兼顾》,载《北京青年报》2004年2月23日。

资源。由于他们占有和支配着高考带来的"成果",因此,自然地成为高考改革中的利益主体。具体而言,这些利益主体包括政府、高校、中学、考生和家长。政府通过组织实施统考,实现维系社会稳定,体现社会公正,实施社会管理,强化社会控制;督导中学教育,调整人才结构。高校在高考改革中的利益追求有二:保证充足生源,提高生源质量,获取足够的社会和经济效益;扩大高校的办学自主权。中学期望在改革中实施素质教育,减缓社会对学校的巨大压力,同时提高升学率,以获取自身最佳办学资源。而考生和家长则把"上大学,上好大学"作为他们的最终利益追求。

上述四个利益主体,由于有着各自独特的、不可替代的利益追求,因此各以其独特的行为方式对高考形式改革产生重大影响。他们之间的差异与统一相互作用,即构成了高考制度的运行机制。主体间的根本利益一致性是运行和谐的前提,而利益差异及各主体对这种差异的追求是运行的动力所在。

(二) 高考形式改革中的利益博弈及调整

高考形式从统一走向多样,很大程度上是不同利益主体之间力量、地位的增减和升降的结果。因此,形成了新的利益格局。高考形式的多元化,是以中央政府招考权的部分下放为线索的。与1999年前的国家统考相比,目前的高考组织,地方政府和高校获得了一定的自主权,中央政府占绝对主导权的局面逐渐打破,高考改革中的权力格局开始改变。尽管高校、中学的招考权仍然很小,但政府权力的"分割"引起了公共利益的部分转移和调整。同时,由于传统的习惯性,高考形式改革中政府之外的利益主体获取的权力(利)仍然十分有限,其权力(利)的获得和扩大是一个长期而缓慢的过程。

现有的高考形式改革,在很大程度上就是不同利益主体矛盾激化的产物。与原有的统考形式相比,考试次数的增加反映了考生地位的提升,考试类型的多样反映了高校对提高招生科学性、针对性的追求,考试组织主体的多元则反映了不同利益主体地位和力量的博弈。但无论从哪一项形式改革来看,招考权力的分化导致原有利益集团利益格局的调整,各利益主体受益大小不一、程度不均。同时,不同利益主体,如高校、中学和考生等利益主体彼此依赖、相互影响,但由于三者在利益诉求上存在一定差异,而各主体均以实现个人利益的最大化为出发点和归宿,矛盾难以避免,在一定程度上会造成社会公共利益的缺失,从而影响改革效果的全面实现。因此,形式改革亟待厘清不同利益主体的利益差别,通过调整各主体之间的利益关系,根据各受益群体权力、利益的大小加强约束制度建设,对每个利益主体逐利行为的规范与约束,从而达到利益的相对均衡。

四、高考形式改革的基本走向

高考是社会各种群体利益博弈的集中点，其牵涉面太广，社会负担太重，不仅使高考改革左右为难，也让围绕高考的考生、家长，以及学校、教师长期为之所累。考虑到当前高考改革需要正视这些如此复杂和多样的利益纠葛，我们认为，高考形式改革会呈现出以下发展特征：

（一）"多元化"是改革的方向，但"统考"仍是重要环节

近年来，随着高校、中学和考生的地位不断提升，高考改革越来越需要兼顾他们的需求。一方面，高等教育多层次、多类型的发展实际影响和制约着考试形式的发展与变革，要求改变原先一张考卷、一次考试的局面，满足不同层次、种类高校的生源要求。另一方面，中小学素质教育的发展、学生个性的张扬以及主体性的提高也要求改变考试的形式，建立多元多样的考试体系，为水平和个性爱好不同的考生选择适应自己的考试创造条件。因此，高考形式改革的趋势是建立多元多样、层次和类别分明的考试体系。

同时，高考改革也应该体现其代表社会公共利益的要求。我国高考改革一贯坚持以公平为准绳，为维护考试的公平公正，长期实行标准统一、内容统一的国家统一高考，不仅满足了社会民众崇尚考试、重视公平的心理，而且也在很大程度上维护了社会的安定和民族的融合。在很长时间内，统一高考被认为是最公平的社会制度。尽管当前高考制度存在种种弊端，但在目前的社会环境下，与其他各种方式比较，统一高考仍然是唯一的、能够为所有受教育者提供公平机会的手段，尽管可能不是最好的，却是最有效的。此外，统一考试也使得高等学校招生考试工作统一化、标准化以及通用化，对于提高招生效率、减轻学校和考生负担都起了很大的作用。因此，高考形式改革仍然不能忽视统考的作用。

改革可以通过增加考试次数、拓宽考试种类、设置不同考卷、发挥不同组织主体的作用来促进高考形式的多样化。但受招考效率、社会诚信环境等多种条件的限制，多层次、多样化考试体系的建立是一个长期的过程。高考形式改革不能忽视改革的现实条件，但也不能回避社会和教育的发展要求，因此统一考试与分散考试的结合有着必要性和必然性，建立以统一高考为主体的分层分类、多样多次考试体系是当前我国高考改革的目标。

（二）高考公平性与科学性的矛盾将随着招考的多样化而日益激烈

高考从统一走向多元，从注重"共性"到强调"个性"，很大程度上是应招

考的科学性要求所致。高考建制50多年来，提高高考的科学性主要集中在科目与内容改革方面，主要是将现代统计与测量理论运用于考试试题设置、题库建立等方面，不断提高高考的信度、效度。经过长期考试技术的研究与试验，高考内容的科学性得到不断增强。但随着近年来高考改革的逐渐深入、高考地位的日益突出，仅仅局限于利用考试技术来提高高考的科学性已越来越难以适应改革的实际要求，高考的科学性问题也渐渐从考试的科目、内容扩充到高考形式、高考录取等各个领域。

就高考形式而言，由于统一高考利用一次考试为所有层次、类型高校选拔生源，尽管效率高，但在考试内容、考试标准上根本无法兼顾所有高校的要求，其科学性与合理性不断受到质疑。从理论上看，要提高高考形式的科学性，需要依靠高校的参与。从这个意义上说，分散性考试、高校的单独招考比一次统考更有利于体现人才选拔的科学性。但是，由于统考形式的变化，即考试组织主体和考试类型的多样化又隐含着对考试公平的削弱，特别在我国当前政治、经济和文化背景下，社会对高考公平性的强烈诉求，导致了对统一高考的过分依赖。正如有的学者所言，由于优质高等教育资源的稀缺性导致了激烈的高等教育入学机会竞争，加之社会诚信缺失，因此社会对高校招生考试的关注程度始终很高，甚至有片面苛求之嫌。① 在改革朝向多样化方向发展，并逐渐强化和提高高校招考自主权的背景下，两者之间的矛盾将进一步凸显。

（三）高校和中学的关系将会随着高考形式的多样化而变得更为密切

高校以中学毕业生为选拔对象，客观上要求以招考制度为中介加强同中学的联系。但自1952年以来，高校招生主要依靠独立于高校之外的统一高考。高校与中学都只跟高考发生联系，彼此之间却少有关系，两者逐渐成为独立的、泾渭分明的两个系统。中学不了解高校的生源需要，高校也不清楚中学的教学实际，导致两者产生了一定的隔膜。

近年来的高考改革逐渐沿着"放权"的方向发展，增强高等学校招考自主权的趋势已越来越明显。高等学校可以参与设置招考形式，也可以选择既成的考试形式，高校的独立性更加突出，其利用新的招考形式与中学发生联系的可能性就越大，两者之间的关系也随之变得更为密切。

---

① 罗立祝：《我国高校招生考试政策研究》，华中师范大学出版社2007年版，第281页。

（四）高考内容与形式的结合是改革推进的关键

尽管高考形式与内容改革一直是作为两项独立的改革而各自进行，但实际上这两者的关系是十分密切。高考无论采取何种形式选拔新生，都涉及具体的考试命题；而高考命题要体现生源选拔要求，也需要依靠考试形式表现出来。

当前，高考内容要既导向中学素质教育，又满足不同类型、层次高校的人才选拔要求，需要设置考试标准不同、命题要求各异、考测目标多样的试题。而"一次高考"、"一张考卷"无法反映考试内容多样化的需求，必须推进高考形式的改革，利用考试形式的多样化来分解不同目标、缓解不同矛盾。反过来，高考形式改革的多样性，无论是国家统考、地方考试，是统一考试还是单独考试，其实施都离不开具体的考试命题、考试标准制定以及考试内容选择，而这一切均有赖于高考内容改革的实际水平。因此，高考改革要反映不同高校的生源需求，需要借助高考形式和内容的密切配合。

第二节　高考内容：科学与公平

考试内容是教育部门为测试受教育者的学习结果，有目的、有计划地安排的考核内容。它是实现考试测量、甄别、评价人才功能的核心环节。高考内容是一个约定俗成的概念，指的是"考什么"的问题。对于高考来说，考试内容主要有两个方面：一是考试科目的设置问题；二是考知识与考能力的问题。高考内容主要通过命题来体现，命题立意因此成为内容改革的关键。本节对内容改革的研究主要集中在宏观的命题立意上。

一、科学性：高考内容改革的永恒追求

考试是一种测定人的能力、知识、技能、性格等有无程度的方法[①]。一般认为，衡量考试成功与否的标准在于：考试欲测的内容是否与考试所测的结果一致；考试的结果与被测者应试方面的实际水平是否一致。如果考试内容、考试结果、应试者所具有的实际水平三者一致，说明考试是成功的。因此，考试是一项

---

① 贾非：《考试与教学》，吉林教育出版社1994年版，第2页。

严格而又庄严的科学鉴别方法①，科学性是它的灵魂与生命。那么，什么是高考内容的科学性呢？我们认为至少包含两个方面的内容：

（一）命题要处理好知识与能力的关系

自统一高考恢复以来，有关高考命题中知识和能力的关系的讨论就一直未曾中断过。1977年教育部在《高等学校招生工作的意见》中就指出，组织统一考试的目的主要是了解学生掌握基础知识的状况和分析问题、解决问题的能力。但由于此一阶段命题水平尚浅，高考还是偏重于知识记忆的考核，对能力的考查还很有限。部分学科死记硬背试题仍然大量存在，产生了巨大的社会负面影响。为此，1990年国家教委高校学生司《关于征求在会考基础上改革高考科目设置及录取新生办法意见的通知》②中指出，新的高考科目组在注重基础学科的同时，应侧重对考生性向能力的考查，即通过考试将某一学科方面有特长和发展潜力的学生选拔出来。能力考试逐渐受到重视，为20世纪90年代末高考改革突出能力考查奠定了基础。

为了落实考能力的命题指导思想，维持高考内容的一致性，同时确保高考试题质量的稳定性，从1991年开始，国家教委考试中心聘请各有关学科专家组成高考各学科命题委员会和相对稳定的学科命题组，在完成当年命题任务的同时，研究制定各学科的《考试说明》。《考试说明》依据中学教学大纲编制，体现各学科的能力考查目标和能力层次，总结能力考查原则和方法，将考查能力学科化、具体化，有利于克服考试工作中的盲目性，实现科学化、标准化；也有利于考生复习备考，减轻盲目的、不必要的负担。《考试说明》有力地促进了当时高考改革不断突出能力考查目标的实现。

1999年开始，高考内容改革更是着重集中于命题上。转变传统的"以知识立意"的命题指导思想，确立"以能力立意"的命题指导思想，更加注重考查考生的能力和素质，以有关学科知识为材料，考查考生能力结构中的一般能力因素，考查对知识的理解、运用、分析与综合的能力。因此，在命题中增加了应用性和能力型试题，命题取材更加密切联系我国和世界文化、经济、科技、教育、社会的发展。此外，内容改革设置"综合能力测试"，强调学科内部及学科之间相关内容的渗透、交叉与综合，强调理论和实际相结合、学以致用，强调人与自然、社会协调发展的现代意识。在这一前提下，命题的立意多以现实生活中的有关理论问题和实际问题为主，要求更加真实和全面地模拟现实。因此，在试题的

---

① 王建成：《考试学概论》，江西科学技术出版社1997年版，第1页。
② 杨学为：《高考文献》（下），高等教育出版社2003年版，第439页。

设计上，综合试题侧重于应用型题目，突出能力的考查，选择的材料大多数是日常生活中人们的话题以及与人类社会密切相关的事件。

为理顺中学教学与高考命题的关系，考试内容改革确立了"遵循教学大纲，但在应用与选材上又不拘泥于大纲"的命题指导原则。在命题范围的控制上，凡涉及学科基础知识的掌握程度及相关内容的测试，一定要遵循高中教学大纲，但在应用上又不拘泥于大纲，考生要能利用已学的知识，去分析解决实际问题。

（二）命题应贴近中学教学实际，反映不同高校的招生要求

科学选才是高考改革的核心。高考从本质上看，是高校的生源选拔考试。因此，科学选才主要体现为招考制度能有效地针对高校的生源选择需求，实施选拔。其中，"什么是大学需要的生源"是基本问题。从理论上看，大学的生源要求与各大学的培养目标和培养规格密切相关，不同层次和类型的大学在生源的要求上既有一致，也存有差异。例如，无论是研究型大学还是职业型大学，都要求新生掌握一定水平的科学文化知识，具有继续学习专业的文化知识基础。但研究型大学对学生的学科知识水平有更高要求，职业型大学则对学生实际操作能力更加关注。因此各大学的生源选拔标准应包含两个方面：一是要求学生具有基本的知识和能力结构，这是不同类型和层次大学对生源的共同要求；二是要求学生在已有知识和能力结构基本相同的基础上能够适应各种类型大学的特殊需要。这种双重标准反映了大学人才培养的规律与特点，也是高考内容改革的目的所在。高考内容改革要在命题立意、试题编制、考试内容的选择上体现这种双重标准；而高考形式改革则要从形式和方式上促进高考内容对双重标准的实现。鉴于此，设置针对不同类型和层次高校生源要求的考试内容，有助于提高选才的科学性。分散性考试、高校的单独招考比一次统考更有利于体现人才选拔的科学性。

然而，与反映统一的（中学）学科标准相比，当前高考内容反映高校的要求十分有限。普通高等学校招生全国统一考试是由合格的高中毕业生参加的选拔性考试。高等学校根据考生的成绩，按已确定的招生计划，德、智、体全面衡量，择优录取。为了避免考试中的盲目性，实现考试的科学化、标准化，同时利于学生复习备考，国家每年均颁布《考试大纲》，规定考试的性质、内容和形式等。《考试大纲》是根据普通高等学校对新生文化素质的要求，参照《全日制中学教学大纲》，并考虑中学教学实际而制定的。为了避免高考命题超纲，难度过大，造成学生负担过重等问题，长期以来高考命题一直被要求紧紧围绕《全日制中学教学大纲》，这在《考试大纲》有所反映。由于命题的范围不能超出中学

教学范围,加之又有统一的《考试大纲》,因此,尽管高考试卷逐渐走向多样,但考试内容仍然以反映中学学科教学要求为标准,表现出很大的同源性和同质性。

与统一考试相比,高校的自主选拔录取在考核的内容上,反映出一定的多样化和个性化。自主选拔录取试点中,各高校在考核标准的制定上拥有较大自主权,选拔测试的形式也出现明显的差别。但考核不外乎两类:一是文化课考试,二是综合面试(详见表4-1)。文化课考试主要以中学教学为命题范围,考试科目主要为中学主干课程,反映出明显的学科标准。各校的面试差别较大,但命题主要是以考查学生的综合素质为目标,力图对学生的表达能力、文化素质、科学知识、思维能力、心理素质等方面的综合素质和发展潜能进行考测。总体上看,高校的自主考测仍以贴近中学教学实际,反映中学教学水平为核心,虽然从形式上获得了命题权,但实质上并未在考试内容的设置上过多体现高校的要求与标准。

表4-1　　　　2007年部分高校自主选拔录取中的选拔考测

学　校	文化课考试	其他考试
中国人民大学	语文　数学　英语	综合能力面试
大连理工大学	理科:数学　物理　英语 文科:数学　语文　英语	专家面试
北京理工大学	综合测试(语文　数学　英语及其他高中相关科目)	专家面试
北京交通大学	语文　数学　英语及综合能力笔试 (由北京交通大学等五所高校联考)	面试
哈尔滨工业大学	理科:数学　物理化学　英语 文科:语文　数学　英语	面试

资料来源:各校公布的2007年自主选拔录取招生简章。

高考内容科学性的提高,目的在于实现学生素质的提升,以及满足高校的招生要求。从这一角度看,高考内容科学化的推进要着力于"能力立意"、"素质立意"的实现,以及考试试题的多样化。

二、公平性:高考内容改革中日渐升温的话题

与高考形式的公平性相比,社会公众对高考内容公平与否的关注一直相对较

少。近年来，随着高考内容由知识立意向能力立意转变，能力考试逐渐成为高考命题的重点，考试题型减少了记忆性、知识性问题，增加了灵活性和开放型的问题。同时，高考越来越突出应用性，注重理论与实践的结合，强调学以致用，要求学生综合、灵活地运用各方面的知识解决生活和社会的问题，反映其在生活中解决实际问题的能力。这些命题理念的转变，不仅深刻影响着学生的知识和能力结构，也对中学的教学提出更高的要求。由于处于不同社会阶层的中学生掌握的教育、社会资源存在差异，特别对那些缺乏足够物质资源、权力资源以及处于信息不对称处境的中下阶层考生而言，高考命题立意的转变在一定意义上意味着阶层的差距进一步扩大。因此，考试命题的公平性越来越为公众所关注。

（一）高考内容公平性的定性分析

科学选才与公平选才是高考改革的共同目标，但由于二者侧重点不同，矛盾难以避免。以高考内容改革为例，20 世纪 90 年代末的内容改革确立了能力立意的方向，但实践表明，考测能力与公平客观的矛盾是当前高考改革需要认真面对和思考的矛盾之一。现阶段，中国存在相当大的城乡差别，农村学生受教育的条件远不如城市学生，在高考竞争中从一开始就处于不同的起跑线上。在过去偏重考察知识面和记忆力的情形下，刻苦攻读记诵不辍也可能取得高分。而当高考日益侧重于考测能力的时候，应该承认勤奋刻苦的因素在高考成绩中所起的作用有所下降，而受教育的条件和环境所起的作用有所上升。[①] 因此，为了避免高考命题立意可能产生的对农村考生的不公平，高考命题一方面应该增加能力考查，给考生发挥创造性的空间，另一方面，试题应避免出现性别、城乡及文化背景的歧视内容。[②] 也有学者认为，当前高考政策已出现"城市价值"，在制定政策时主要以城市学生的学力为依据而制定全国统一大纲、统一教材和统一标准，不仅没有照顾到农村考生的利益，而且还明显地存在着城市价值中心的倾向，在原本就已经不公平的起点上，又将政策向城市考生倾斜，这对农村和边远地区的考生无疑是很不公平的。[③]

余秀兰在"中国教育的城乡差异"的研究中，以高考语文试题为切入点，分析了高考作为教育评价标准中的文化倾向，考察学校教育中的文化再生产现象，以及其与中国教育的城乡差异的关系。该研究统计了 1992 年至 2001 年 10 年间高考语文试题，通过分析试卷的结构和试卷内容的选择，认为试卷中存在一

[①] 刘海峰：《高考改革中的全局观》，载《教育研究》2002 年第 2 期，第 22 页。
[②] 刘海峰：《高考改革中的公平与效率问题》，载《教育研究》2002 年第 12 期，第 83 页。
[③] 李立峰：《高考科目与内容改革中的公平问题》，收入刘海峰主编：《公平与效率：21 世纪高等教育改革与发展》，福建教育出版社 2003 年版，第 405 页。

定程度的文化偏向,不利于农村考生。具体表现为以下几个方面:

第一,语文试卷内容较多地反映城市生活。所反映的热门话题或时代话题,多是城市背景下的。有些内容,农村孩子非常陌生,甚至是从未听说过的,反映农村生活的考题极少。这集中反映在句子的考查、现代文的阅读和作文上。第二,考试对语言、文字的要求非常规范,完全排斥口语和乡土的、不规范的东西。这在对音、字、词、句、标点的考核中得到最明显的反映。而这套规范与农村孩子平时的生活相去甚远,他们要掌握这套全然外在的、陌生的符号,就必须完全抛弃在家庭或乡村中已经习得的那套符号,并接受非常规范、严格、扎实的基础教育。第三,考试的综合性、技巧性、创造性越来越高,要求考生有扎实的基础知识、宽广的阅历、丰富的想象、多元的思维。事实上,语文考试一向是"功夫在诗外",书本上的内容考得很少。这些在句子的仿写、文学鉴赏、文言文阅读、现代文阅读以及作文中都有很好的体现。这样,考生平时的积累、课外的阅读和训练就显得格外重要,而这对条件有限的农村考生显然不利。第四,信息不对称。有些考题选自报纸、有关文章、书籍,这对信息不灵、缺乏报刊书籍、资料较少的农村考生来说,显然是不公平的。① 所以,有人指出,高考实际上是乡村与城市的一种竞争,以贫困乡村的匮乏资源与城市的雄厚资源竞争,乡村地方难免要付出些人道的代价。②

法国学者布迪厄(Pierre Bourdieu)作为文化再生产理论的杰出代表人物,一直强调文化过程对于维护现存社会经济结构的重要性,认为教育有助于维护一个不平等的、分化为阶级的社会,并使之合法化。教育通过被构建为有利于统治阶级的文化而实现了文化再生产。③ 在他看来,考试的选拔是非常不公平的,考试并不只是学校价值和教育系统暗含的选择的最明显表现。在它把知识和表现知识的方式的社会定义作为值得大学认可的东西强加于人的时候,它向主文化及其价值的灌输工作提供了它最有效的工具之一。……它通过掩饰以技术选择为外衣的社会选择,通过利用把社会等级变为学校等级从而使社会等级的再生产合法化,为某些阶级提供了这种服务。④ 因此,考试含有明显的文化偏向,从而有利于一些群体而不利于另一些群体。这些都不禁让人对高考内容科学化推进中试题

---

① 余秀兰:《中国教育的城乡差异——一种文化再生产现象的分析》,教育科学出版社2004年版,第151~152页。

② 李书磊:《村落中的"国家"——文化变迁中的乡村学校》,浙江人民出版社1999年版,第148页。

③ 余秀兰:《中国教育的城乡差异——一种文化再生产现象的分析》,教育科学出版社2004年版,第25页。

④ [法]布迪厄著、邢克超译:《再生产——一种教育系统理论的要点》,商务印书馆2002年版,第154、165页。

的公平性与公正性产生担心。

（二）高考内容公平的案例分析——某省高考语文、英语试题的DIF分析

对高考试题进行统计学上的项目功能差异（DIF）分析，为把握高考试题的公平性提供了一个有效的研究视角。理解DIF的含义，需要将其同项目偏差相区别。项目偏差是指如果来自不同团体的具有相同能力或熟练的个体对某道题正确回答的概率不同，则这道题就是有偏差的。[①] 例如，某个测验项目要求学生计算关于地铁速度和距离问题，测验编制者的目的是了解学生的计算能力，但由于大城市的学生和边远农村的学生对于"地铁"的了解程度不一样，因而大城市学生在这道题上的得分比具有相同计算能力的边远农村学生高，这道题对农村学生不利，即有偏差。用这个测验分数做推论时，就会产生不公平现象。而DIF即项目功能差异，指的是对于某个特定项目，如果在来自同一目标特质的两批平行被试组中，显现出不同的统计特性，那么该项目就存在功能差异。[②] 以下我们通过对某省语文、英语试题的DIF分析，来考察高考内容的公平性问题。

我们采用某省2005年高考语文、英语试卷，对两份试卷中的选择题（1、0记分制）进行分析。研究的数据资料由该省招办提供，对当年的考生进行随机抽取，获取语文试卷2 140份，英语试卷2 069份。各组考生在语文、英语考试选择题上的成绩分布分别如表4-2、表4-3所示：

表4-2　　各组考生在2005年某省语文高考的选择题上的分布情况

项目	男生组	女生组	城市组	农村组
人数	1 045	1 095	950	1 190
平均分	91.56	93.63	92.99	92.94
标准差	12.856	12.429	13.44	11.54

---

① 曾秀芹、孟庆茂：《项目功能差异及其检测办法》，载《心理学动态》1999年第2期，第42页。
② 董圣鸿、马世晔：《三种常用DIF检测方法的比较研究》，载《心理学探新》2001年第1期，第43页。

表4-3 各组考生在2005年某省英语高考的选择题上的分布情况

项目	男生组	女生组	城市组	农村组
人数	1 007	1 062	905	1 164
平均分	73.34	82.90	76.15	79.88
标准差	23.24	22.072	24.664	21.754

本研究采用由希利（Shealy）、斯托特（Stout）和鲁索斯（Roussos）等人开发的SIBTEST即"同步项目偏差测试程序"（Simultaneous Item Bias Procedure）为工具，分别把男生组、城市组作为参照组，把女生组、农村组作为目标组。抽取两个样本大小相同的小组。各门考试每组人数分布如表4-4所示：

表4-4 语文、英语、数学（文）各小组人数分布   单位：人

科目	男生组	女生组	城市组	农村组
语文	1 045	1 045	950	950
英语	1 000	1 000	783	783

用SIBTEST的自动检测程序，逐项对语文考试中的14道、英语考卷中的75道选择题进行男生/女生、城市/农村的DIF检测，得到表4-5的结果。

表4-5 2005年高考语文、英语试题中的性别DIF与城乡DIF   单位：道

试卷 \ DIF类型	参照组/目标组 男生/女生	参照组/目标组 城市/农村
语文	6	3
英语	13	10

表4-5显示，2005年高考语文和英语试卷中都存在DIF。其中存在性别DIF的题目数量分别为：语文6道、英语13道，分别占客观题总题量的42.9%、17.3%；城乡DIF的题目数量为：语文3道、英语10道，各占客观题总题量的21.4%、13%。两项考试中性别DIF更明显，表明高考语文和英语考试试题在男女之间产生了较大的差异。至于这种差异是利于男生还是利于女生，利于城市还

是利于农村,还需要从表 4-6、表 4-7 的 DIF 分布情况进行分析。

表 4-6   2005 年某省高考语文选择题中出现 DIF 的题号及统计值

题号	性别 DIF：男生/女生		城市 DIF：城市/农村	
	Beta 值	P-value	Beta 值	P-value
1	-0.053	0.012983E	-0.064	0.0042E
3			0.060	0.0046E
6			0.079	0.00473E
7	0.052	0.020828E		
8	0.044	0.03022E		
9	0.068	0.000438E		
11	-0.061	0.002781E		
14	0.047	0.0004.5E		

注：Beta 值的正负显示了利于的组别,正值表示有利于参照组,负值表示有利于目标组。P 值表示显著水平,$P \leq 0.05$ 表示结果有差异,$P \leq 0.01$ 表明有显著差异;$P \leq 0.001$ 表明差异十分显著。

表 4-7   2005 年某省高考英语选择题中出现 DIF 的题号及统计值

题号	性别 DIF：男生/女生		城市 DIF：城市/农村	
	Beta 值	P-value	Beta 值	P-value
2			-0.056	0.015E
3			-0.066	0.003E
6			-0.111	0.000E
11	0.051	0.011E		
13	0.049	0.030E		
14	-0.064	0.005E		
15	0.043	0.042E		
21	-0.067	0.002E		
23	-0.053	0.002E		

续表

题号	性别 DIF：男生/女生		城市 DIF：城市/农村	
	Beta 值	P-value	Beta 值	P-value
27			-0.059	0.008E
28	-0.069	0.002E		
36	0.057	0.002E		
37	0.061	0.005E		
38	-0.053	0.005E		
43			0.053	0.035E
50	0.090	0.000E		
55			-0.032	0.095E
59	-0.061	0.005E		
62			0.065	0.008E
64			0.048	0.044E
65	-0.036	0.000E		
66	-0.041	0.021E	0.053	0.009E
67			0.065	0.006E

注：Beta 值的正负显示了利于的组别，正值表示有利于参照组，负值表示有利于目标组。P 值表示显著水平，$P \leq 0.05$ 表示结果有差异，$P \leq 0.01$ 表明有显著差异；$P \leq 0.001$ 表明差异十分显著。

如表 4-6 所示，高考语文试题中出现性别 DIF 的分别为第 1、7、8、9、11、14 等 6 题。P 值均小于 0.05，有的甚至小于 0.01，差异十分显著。在出现的性别 DIF 中，Beta 值的正负有特定的含义。若 Beta 值为正值，表明利于参照组；若为负值则表明利于目标组。根据表 4-6 显示的，第 7、8、9、14 等题 Beta 值为正值，因此利于参照组（男生）；第 1、11 题利于目标组（女生）。同理，第 1、3、6 题出现城乡 DIF，其中第 1 题利于农村考生，第 3、6 题利于城市考生。表 4-7 则显示，高考英语试题也多次出现 DIF，其中性别 DIF 高于城乡 DIF，13 道出现性别 DIF 的试题中，有 6 道利于男生，7 道利于女生；而 10 道城乡 DIF 的试题中，利于城市考生的和利于农村考生的试题各为 5 道。

经过对上面的数据进行分析，可以得出以下结论：

第一，与性别有关的 DIF 比与城乡有关 DIF 更加明显。利用 SIBTEST 方法对 2005 年某省高考语文和英语试题进行 DIF 检测可以看出，这两门考试都存在一定数量的 DIF 试题。其中与性别有关的 DIF 项目在这两项考试中都占较大比重。语文试卷 14 道选择题中，与性别有关的 DIF 项目有 6 道，其中优于男生为 4 道，占 66.7%，2 道优于女生，占 33.3.%。而 75 道英语选择题中，共有 13 题出现性别 DIF，其中优于男生的 6 道，占 46.2%，优于女生的 7 道，占 53.8%。与性别有关的 DIF 项目占较大比重，原因之一在于男女的差异很大。研究已表明男女两性在生理、一般心理、智力结构、情绪与情感、自我意识等方面都存在差异，这些差异造成男女生在认知方式、认知结构和兴趣爱好等方面都产生很大差别。

以语文试卷为例，与性别有关的 6 道 DIF 项目中，利于男生的 4 题均为阅读题，具体分布为：现代文阅读 3 道，文言文阅读 1 道。其中现代文阅读题中，社会科学类文章 1 道，自然科学类文章 2 道。我们不妨来看看一篇自然学科类的文章内容。该年科技文阅读的主题是关于"恐龙灭绝"之谜的假说，是当前相关学科领域的新观点。该文选自《科学画报》2005 年第 1 期，文章介绍了一种有关恐龙灭绝原因的新观点，即"凡尔纳爆炸"理论，具有前沿性，属于科普类读物。限于篇幅，这里无法列出整篇文章的内容，但可以把出现 DIF 项目的两道题目的题干列出来进行分析。

8. 下列有关克拉通的表述，不正确的一项是

   A. 克拉通分裂常伴随着陨石撞击地球的发生
   B. 克拉通是一种厚实坚固、状态稳定的大陆地块
   C. 克拉通下存有大量的气体和岩浆
   D. 克拉通分裂即稳定地块的裂开，其发生周期约为 1 亿年

9. 下列对于"凡尔纳爆炸"理论的理解，不正确的一项是

   A. 根据"凡尔纳爆炸"理论，陨石撞击地球不是造成恐龙最终灭绝的原因
   B. "凡尔纳爆炸"是指克拉通分裂时积蓄其下的气体引起的巨大爆炸
   C. "凡尔纳爆炸"的喷发机制是摩根受《从地球到月球》小说中的巨型枪原理启发而发现的
   D. "凡尔纳爆炸"释放的能量可能相当于 1 200 亿吨炸药，可以把岩石抛到高空，岩石落回地面时撞出大坑

如果从阅读兴趣，以及这篇文章对学生考查的逻辑推理能力来看，这两题可能更利于男生。男生与女生在逻辑思维上存在差别，男生擅长抽象逻辑思维，而女生则更擅长形象逻辑思维。自然类的科普文章通常与价值无涉，内容相对理性和不带感情色彩，而且相对逻辑严密，体系完整。这对大多数男生而言，不管涉及的内容是否会引起他们的兴趣，对这类文章的阅读都不存在情感上的抗拒。与男生相比，大多数女生对形象的、富有感情的现代文学作品更感兴趣。自然科普

性的文章则比较不容易引起她们的关注。从这一角度上看，男女考生对这一类型试题的作答就可能存在差异。

再来看看试卷中利于女生的试题。出现 DIF 项目的两题均为字词题。具体试题如下：

1. 下列词语中加点的字的读音完全相同的一组是：
A. 暂且　砧板　颤栗　明修栈道　技艺精湛
B. 与会　峪口　熨帖　瑕不掩瑜　钟灵毓秀
C. 陌路　蓦然　病殁　拐弯抹角　没齿不忘
D. 强劲　根茎　颈椎　大相径庭　不胫而走

11. 对下列句子中加点的词的解释，不正确的一项是
A. 如是三年，国衰，诸侯谋之　　谋：为……谋划
B. 请治剑服　　　　　　　　　　治：备办
C. 庄子入殿门不趋　　　　　　　趋：小步快走
D. 王乃校剑士七日　　　　　　　校：使……较量

以上两道字词题，考查的是学生对字词的音、形、义的掌握和理解，精确性的要求很高。一般而言，男女对语言的敏感度不同。从平均水平上看，女性相对更加细致、耐心，对字词的记忆、理解更加精确，对词句中表达的感情也有更深刻的体会和准确的把握。而男性就平均水平而言，其细致和耐心程度不及女性，特别对记忆性的东西，其精确性、准确度、持久度通常低于女性。因此，在这两道考查对字词的精确理解的题目上，女生的优势可能相对更大。

第二，高考语文、英语试题中存在与城乡有关的 DIF，但城乡差异总体较小。同与性别有关的 DIF 相比，高考试题中出现城乡 DIF 相对较少。具体来看，语文 3 道、英语 10 道，各自占语文、英语客观题总题量的 21.4%、13%。对于这种现象，有学者指出，城乡学生的差别只是由于他们从小接触的事物和所受的教育条件有所不同，但所受的课程教育大部分是相同的，他们在学校要求掌握的知识结构中差异不大，因而与城乡有关的 DIF 较少。[①]

我们认为此类问题还可能存在的原因之一是，高考命题过程中对公平性的指导原则的强调发挥了一定的作用。在调研中我们了解到，长期以来，国家一直强调高考命题始终要以公平原则作为基本原则。具体来说，就是要确保学生的能力得到客观、公正的评价。试题对所有应考者是公平的，要保证试题的原创性，避免与现有模拟试题相似或雷同。描述试题的素材内容、参考答案和评分标准要考

---

① 曾秀芹等：《英语高考试题的项目功能差异（DIF）分析》，载教育部考试中心《中国考试》杂志社主编：《1999 年考试研究论文专集》，高等教育出版社 1999 年版，第 26 页。

虑到全体应考者，要避免与某些被试群体经济不相干的试题，避免因种族、民族、地域、风俗、性别等社会部门、行业间的差异引起的不公正结果，避免对某个或某些特点的群体产生与考试目的无关的过激反映，从而影响考试质量。我们所选择的该省，经济发展水平全国中上，且高考的命题水平也在全国处于领先地位，所以这可能也是城乡 DIF 较少的原因之一。

尽管从语文、英语试题中检测的 DIF 项目占各自试题总量有相当的分量，但从整体上看，其在参照组和目标组之间的分布大致是相当的。例如，语文考试中性别 DIF 有 6 题，其中利于男生的为 4 题，利于女生的为 2 题，城乡 DIF 有 3 题，利于城市考生的 2 题，农村考生的 1 题；英语考试中性别 DIF 有 13 题，利于男生的 6 题，利于女生的 7 题；城乡 DIF 有 10 题，其中利于城市和农村考生的各为 5 题。两门考试都没有出现 DIF 项目完全偏向参照组或目标组的现象。

根据 DIF 的检测标准，若试卷中各试题不出现完全偏向一组而忽视另一组，DIF 项目在参照组和目标组的分布大致相当的话，这样的试题就是相对公平的。因此，从上述语文和英语高考中的 DIF 分布来看，可以说该省当年的高考语文和英语命题中对保持客观题的公平性关注是较为成功的。

总而言之，高考内容的公平性在一定意义上会受制于科学性的推进程度，除了"能力立意"可能会加剧原本就存在的城乡差距外，高考内容的多样化，也使得各地、各校考生成绩的可比性越来越小，引发社会对公平性的争论也将日益明显。因此，高考内容改革不能脱离中国社会"二元"差异增大这一现实背景，"能力立意"的推进程度应该与缩小中国社会教育的城乡差异的改革同步，否则可能会出现"马太效应"，降低高校招生考试制度这一社会资源分配方式的科学性和合理性。

第三节　高考录取：考试公平与区域公平

录取制度的改革是高考改革的重要组成部分，也是关涉到各省之间高等教育入学机会如何分配的重大问题。高考建立之初，实行大行政区录取的体制，1958 年后改为分省定额录取的体制。20 世纪 90 年代以来，由于历史、地理、政策和体制多种因素的影响，各省区之间经济、文化和教育等方面非均衡的发展，"倾斜的高考分数线"问题逐渐开始显露。高考分数线在向西部边远省区倾向的同时，也开始向东部发达的京津沪倾斜。在湖北、山东等地只能读专科的分数，在北京却可以上重点本科院校。在有些大学中，同一寝室的同学高考分数最多相差

200分。① 这一现象被认为是教育领域"最刺眼的不公正"②。如何认识和解决"倾斜的高考录取分数线"问题？是实行全国统一考试、统一录取的制度，追求考试公平，还是坚持分省定额录取制度，追求区域公平？各省的高等教育入学机会实际上处于何种状态？未来高考录取制度改革所秉持的价值取向又是什么？这些都是本节要解答的问题。

一、高考录取制度的历史观照

作为统一的大规模竞争性考试，高考制度有其深厚的历史底蕴和文化传统。无论是科举考试制度还是民国的大学入学考试制度，都对高考录取制度有着重要的借鉴和参考意义。考察历史上的大规模统一考试的录取问题，对高考录取制度的演化动因和发展方向都有不言自明的重要意义。

（一）科举取士的地域之争

在科举制度存在的1300年中，就曾出现过几次关于"凭才取人"与"逐路取人"的争论。"凭才取人"是不拘地域额数，实行考试面前人人平等；"逐路取人"是指按区域分配名额，两者的矛盾是大规模竞争考试中必须面对而又难以解决的两难问题。

隋唐两代，科场都实行自由竞争制度，即凭才取人，而不论举子的地域来源，因此北方士人在科场中占据着绝对的优势，但唐末已经出现了科举配额制的萌芽。宋代在地方一级的州府试中实行解额制，并且经历了从比例配额到固定配额的演化，而且那时"凭才取人"与"逐路取人"的争论和冲突也是空前激烈的，司马光建议"其诸道州府举人试卷，各以逐路糊名，委封弥官于试卷上以在京师、逐路字，用印送考试官，其南省所放合格进士乞于在京、逐路以分数裁定取人。"③ 而欧阳修则认为："国家取士之制，比于前世，最号至公。……且遵旧制，但务择人，推朝廷之至公，待四方如一，惟能是选，人自无言，此乃当今可行之法尔。"④ 这是中国科举史上关于"凭才取人"和"逐路取人"的第一次激烈争论，其实质是经济南移和政治变迁中南北地域集团的利益之争，直到现

---

① 罗新宇、陈志文：《倾斜的高考分数线》，载《中国青年报》2000年2月24日，第5版。
② 肖雪慧：《最刺眼的不公正》，载《社会科学论坛》2001年第11期，第43~45页。
③ 刘海峰：《科举取才中的南北地域之争》，载《中国历史地理论丛》1997年第1期，第153~168页。
④ （宋）欧阳修：《欧阳修全集》（下）"奏议集"卷一《政府》，中国书店1986年版，第894~895页。

在，这一争论还对我们不无启示。及至明代，开始在会试中实行南北分卷的配额制度，但是科举取才的南北地域之争仍未消失殆尽。明代中后期配额制度改革的焦点由"分地而取"转为"革弊去滥"的实质也说明了取士地域公正的原则已经被政府和士人所普遍认同。清代分省定额录取制度的确立也反映了公平分配政治利益的思想，而且对分区取人的非议和争论也很少出现。

总之，"中国科举史上关于凭才取人与分区取人的争论，越到后来越是分区取人占了优势，而且分区取人的办法还越来越具体，区域配额越分越细，这成了中国科举史上的一个发展趋势和规律。"① 分区定额取中带有优待边疆和文化相对落后地区的用意，有利于边远省区人文教育水准的提高。"1300年的科举演变史告诉我们，在考试公平与区域公平之间常存在着矛盾，越到后来，越是从考试公平逐渐趋向更注重区域公平。这一传统一直影响到近代以来高等学校区域布局和高考分省定额划线录取制度的实行。"② 实际上，考试公平往往是一种理想或原则，具有"简单平等主义"的倾向，"一切以程文定去留"的考试公平原则不可能在为帝国政治体系选拔精英的科举制度中得以完全贯彻。而区域公平则是一种政治策略或手段，是综合考虑多种矛盾以公平分配政治利益的"复合平等主义"，它超越了考试技术公正的内在要求，以达成社会整合和地缘政治等更高意义上的政治意图，在很大程度上体现了"平等"、"公正"等传统伦理观念。

（二）民国招考的名额均衡

民国时期实行单独招考的大学入学制度，在高等教育地理分布偏重沿海及经济发达地区的情况下，加上单独招考制度的实行，使得各省区高等教育入学机会失衡的问题变本加厉。在北京、上海等经济文化比较发达的省区录取率相当之高，而在文化相对落后的边远省区却非常低，某些省区的录取率甚至几乎为零。

在抗战爆发之后，各地交通阻断，国民政府教育部从1938年开始在国立院校实行统一招考制度。与单独招考相比，统一招考在解决区域公平的问题上更具有适应性和生命力。首先，广设招生区，使学生克服了过去因交通不便而难以赴考的问题。三年中，招生区逐年增加，其地理分布也是因地制宜地不断调整，为边远省区的学生提供了更多的入学机会。其次，实行统一考试、命题及录取标准等方法为考生营造了一个更为平等的竞争环境。同时，招生委员会在录取学生时采取调整分数灵活处理的办法，对特殊专业的招生名额也有较为合理的分配。最

---

① 刘海峰：《科举取才中的南北地域之争》，载《中国历史地理论丛》1997年第1期，第153~168页。

② 刘海峰：《科举学导论》，华中师范大学出版社2005年版，第319页。

后，统一招考克服了单独招考在不同省区采行同一标准所带来的问题，对边远地区、少数民族等学生放宽入学标准，实行优惠政策。从统一招考的实际效果来看，西部边远省区的考生在录取中的比例有很大的提高。以1938年统一录取的情况为例，四川省的录取人数最多，有1 164人，第二广东，1 146人，第三湖南，525人，第四为江苏，427人，最少为热河省及东北特别区，仅各有1人。四川为战时陪都所在地，高校云集，因此取录人数也最多。① 这一情况的出现，一方面固然与战时交通隔断，北方文教事业损失严重有关，另一方面也与统一招考制度的实行有很大的关系。

统一招考的实行有着深刻的社会根源和强大的制度动因。从表面看来，统一招考是因应战时之需的权宜之计，但从单独招考所带来的诸多弊端和招生考试发展的内在逻辑来看，统一招考的实施有其历史必然性。其实早在抗战之前，针对区域招生严重失衡、实科人才匮乏的状态，就有许多有识之士要求教育统筹规划，在全国范围内通盘考虑的建议。尽管实施中对统一招考还有诸多非议之辞，但从实施效果和社会各界的反应来看，统一招考比单独招考无疑更具合理性和适应性。1940年，民国政府将统一招生委员会定为永久性机构，由此也可看出政府实施统一招考的长远谋划，尽管因战事窘困这一统考试仅进行了三年便匆匆停止。统一招考是政治、经济和文化教育发展到一定阶段的产物，是招生考试制度长期发展的内在逻辑所致，它所具有的公平性和高效性是招考制度演进的内在要求和必然趋向。

总之，从科举时代和民国时期考选制度的历史演化来看，统一考试较之单独考试在解决区域公平的问题上有更大的优势，民国时期三年统一招考制度的实行便是明证。而在大规模的统一考试中，考试公平与区域公平则是永远存在的千古难题，而且越到后来，越是从注重考试公平逐渐趋向更注重区域公平。

二、入学机会区域差异的实证研究

在中国分省录取的体制下，高等教育入学机会的区域差异主要是通过高考分数线的不同来体现的。自1952年高考建制以来，各地高考分数线经历了升沉起伏的复杂变化。高考实行之初，招生数在整体上多于高中毕业生数，录取分数线较低，而且实行以大行政区为主的招生体制，所以，当时的分数线并没有太明显的差别，对高等教育入学机会差异的意义也不是太大。故此，我们对高考录取分数线的考察侧重于恢复高考之后的演变。

---

① 杨学为主编：《中国考试史文献集成·第七卷》（民国），高等教育出版社2003年版，第221~222页。

(一) 高考分数线的演化趋势

我们选取1980年、1991年和1999年的三个时间点来研究高考分数线的大致走势（表4-8）。之所以选取这三个时间点，出于以下考虑：其一，1977年到1979年考生众多、竞争激烈，属于特殊时期，从1980年开始，各项教育事业和高考制度逐步趋于正常；其二，1999年除广东实行"3+X"改革和上海单独命题之外，其他省区均采用全国卷，分数易于比较，之后因"3+X"改革方案在全国推广，试卷纷繁多样而难以比较；其三，1991年大致处于两者之间，且大多数省区采用全国卷，分数易于比较。

表4-8 1980年、1991年和1999年全国各省（自治区、直辖市）高考录取分数线（本科）

年度 考区	1980		1991				1999			
科别	理工类	文史类	理工类		文史类		理工类		文史类	
			重点	一般	重点	一般	重点	一般	重点	一般
北京	349	329	490	462	455	433	460	421	466	447
天津	360	303	495	460	460	451	488	434	496	468
河北	340	310	520	497	492	475	546	504	529	510
山西	—	—	480	480	443	443	535	496	545	508
内蒙古	330	290	512	485	466	453	499	459	496	478
辽宁	350	325	510	483	490	460	525	465	545	500
吉林	345	320	504	479	472	462	525	475	518	493
黑龙江	340	330	510	489	477	457	520	470	535	502
上海	350	280	410	384	418	408	485	441	497	474
江苏	364	336	547	532	488	488	546	501	528	497
浙江	374	365	547	520	491	469	540	494	532	506
安徽	360	340	539	519	493	477	533	487	517	499
福建	354	333	527	501	478	463	617*	547	672	589
江西	355	320	532	517	488	480	542	506	542	525
山东	350	330	531	531	497	497	599*	—	639	—
河南	340	325	535	515	490	472	633*	575	664	619
湖北	356	356	544	531	491	483	566	535	544	523

续表

年度 科别 考区	1980		1991				1999			
	理工类	文史类	理工类		文史类		理工类		文史类	
			重点	一般	重点	一般	重点	一般	重点	一般
湖 南	—	—	465	462	499	493	537	495	556	524
广 东	336	310	653	620	695	667	620*	566	620	566
广 西	317	312	507	473	469	452	656*	589	690	624
海 南	—	—	473	443	473	443	601*	540	623	567
重 庆	—	—	—	—	—	—	508	448	522	486
四 川	335	315	531	514	483	471	511	459	525	495
贵 州	300	295	471	423	447	406	480	404	514	448
云 南	265	255	447	427	440	400	440	375	475	445
西 藏	260	240	370	310	350	300	—	—	—	—
陕 西	340	314	515	497	480	470	596*	—	652	—
甘 肃	300	260	497	470	448	434	487	453	483	463
青 海	240	240	435	440	400	385	420	383	475	449
宁 夏	270	250	—	—	—	—	—	—	—	—
新 疆	300	260	499	473	456	444	470	420	480	452

注：①1980年湖南和山西的录取线因公布较晚而暂缺；

②1991年湖南、海南和云南实行"三南"改革，理工和文史类总分均为600分；上海实行"上海"改革方案，文理总分均为600分；广东实行标准分改革，文理总分均为900分；其余省区理工类总分为710分，文史类总分为640分；

③1999年广东实行"3+X"改革，上海单独命题，广东、广西、河南、福建、海南、山东、陕西的成绩用标准分，带*的分数为标准分。

表中数据来源：1980年的数据来自天津市招生委员会办公室：《天津市招生工作简报》，1980年第8期；1991年的数据来自北京大学档案馆，转引自李文胜：《中国高等教育入学机会的公平性研究》，北京大学出版社2008年版，第119~120页；1999年的数据来自陈中原：《中国教育平等初探》，广东教育出版社2004年版，第81~82页。

从表4-8可以看出：1980年的录取分数线只有本科和专科（没有列出）两条，理工类最高的为浙江，其次为江苏、天津、安徽、湖北、江西、福建、辽宁，上海和山东一样，北京与最高的浙江只相差25分；最低的为青海、西藏、云南和宁夏。文史类最高的也是浙江，其次为湖北、安徽、江苏、福建、山东、黑龙江、北京，最低的为青海、西藏、宁夏、云南。可见，恢复高考之初的

1980年，各地分数线相差很小，分数最高的为浙江、江苏、安徽、福建等省，北京和天津的分数线也较高，而且与最高的浙江相差不大，天津的理科线甚至排名全国第三，文理分数线最低的均为青海、宁夏、西藏和云南等西部边远省区。

1991年除了上海（上海卷）、湖南、海南、云南（"三南"卷）和广东（标准分）之外，其他省区均为全国卷（原始分）。理工类重点线最高的为浙江和江苏，其次为湖北、安徽、河南、江西、山东、四川；最低的为西藏、青海、云南和贵州，北京和天津与西部的甘肃和新疆基本处于同一水平，仅比前面最低的四个省区和山西略高；文史类重点线最高的是湖南，其次为山东、安徽、浙江、湖北、河南，最低的依次为西藏、青海、云南、山西、贵州和甘肃，北京的分数还低于新疆，天津也基本上处于后列。该年北京的理科录取线与最高分数线相差57分，文科录取线与最高分数线相差44分。

再来看1999年的高考分数线，该年上海单独命题，广东、广西、河南、福建、海南、山东、陕西使用标准分，其他省区均为全国卷且使用原始分，便于比较，但缺少西藏和宁夏的数据。理工类重点线最高的为湖北，其次为江苏、河北、江西、浙江；最低的为青海、云南、北京、新疆。文史类重点线全国最高的为湖南，其次为山西、辽宁、湖北、江西，最低的为北京、青海、云南。该年北京的理科线与最高分数线相差106分，文科线与最高分数线相差90分，北京文科的分数线在大多数省份连一般本科都上不了，甚至上专科学校都比较困难。

从以上三年高考分数线的整体走势来看：第一，全国各地的高考分数线呈现整体升高的趋势，这既与高考科目和内容改革有关系，[①] 也是随高考竞争的水涨船高而反映出文化教育水平的大幅度提升；第二，分数线一直较高的省份是江苏、浙江、湖北、安徽、山东和江西等，基本为中部或东部地区的省份，原来分数较低的河北、河南、山西等省份，近来分数线也有逐渐升高的趋势；第三，三年中分数线一直较低的省区有西藏、青海、云南、甘肃和新疆等，这与其基础教育较为落后有很大关系；第四，北京、上海和天津的录取分数线在恢复高考之初还是相对较高的，但整体走势还是逐渐降低，近期甚至还低于西部的某些边远省区，与高考大省分数线的差距逐渐拉大。各省高考分数线的整体走势为什么会呈现如此的特点？其背后的动因又是什么？

（二）招生数量与高考分数线的变化

毫无疑问，高考分数线的起伏变化是由教育内外部多种因素造成的。由于实

[①] 1980年，高考文理科总分均为530分，外语成绩按30%记入总分；1991年，文科总分为640分，理科总分为710分；1999年实行原始分的省份高考总分文理均为600分，实行标准分的省份高考总分文理均为900分。1980年的高考总分参见谢青、汤德用：《中国考试制度史》，黄山书社1995年版，第816页。

行分省定额录取制度,所以各省招生量的多寡便在很大程度上影响到分数线的高低。当一个地区招生名额多、入学机会相对充裕时,高考分数线可能就会随着入学机会的增多而降低,反之,则有可能升高。下面就以1977~2002年的各省本专科招生数和高中毕业生数的变化来考察各地入学机会的演变,并分析这一演变对分数线变化的影响。具体来说,我们通过分别求得各省招生量占全国的比例和各省高中毕业生数占全国的比例,用前者除以后者就得到入学机会指数。对于入学机会指数的解释为:如果比值为1,说明该省入学机会与全国平均水平相同,大于1则说明高于全国平均水平,属于受益者;小于1则说明低于全国平均水平,可以判断为受损者。1978~2002年的数据依照上面的公式制成表4-9。

表4-9　　　1978~2002年各省(自治区、直辖市)以高中
毕业生数为基准的入学机会指数

考区 \ 年度	1978~1980	1981	1982	1984	1986	1987	1988	1989	1990	1991
北　京	1.93	1.83	1.96	5.19	3.76	3.76	4.28	4.66	3.45	3.94
天　津	2.11	1.39	1.71	2.37	1.99	2.09	2.35	2.63	2.68	2.44
河　北	0.52	0.64	0.58	0.83	0.83	0.83	0.81	0.88	0.87	0.87
山　西	0.75	0.64	1.19	1.02	0.77	0.76	0.85	0.86	0.83	0.82
内蒙古	1.03	0.82	0.65	0.51	0.57	0.66	0.68	0.61	0.61	0.55
辽　宁	1.05	1.93	1.41	1.61	1.33	1.33	1.48	1.68	1.67	1.59
吉　林	0.95	1.06	0.73	0.90	1.33	1.11	1.15	1.23	1.37	
黑龙江	1.31	0.90	0.88	1.09	0.83	0.95	0.88	0.96	1.04	1.06
上　海	3.45	2.20	5.77	3.25	3.37	3.64	3.69	4.02	3.39	3.89
江　苏	0.97	1.37	1.36	1.53	1.18	1.24	1.18	1.15	1.20	1.25
浙　江	0.82	1.55	1.16	1.02	0.87	0.87	0.88	0.84	0.85	0.85
安　徽	1.43	1.16	0.94	1.00	1.05	1.09	0.94	0.89	0.86	0.83
福　建	1.13	0.92	1.44	1.07	1.18	1.09	1.16	1.15	1.21	1.35
江　西	1.43	1.11	0.90	0.63	0.80	0.77	0.85	0.83	0.78	0.73
山　东	0.73	0.73	0.74	0.64	0.77	0.77	0.76	0.83	0.83	0.84
河　南	0.59	0.48	0.48	0.51	0.57	0.59	0.56	0.62	0.61	0.62
湖　北	0.92	0.93	0.96	1.09	1.25	1.25	1.25	1.19	1.19	1.24
湖　南	0.74	0.95	0.86	0.64	0.66	0.64	0.62	0.69	0.71	0.76

续表

考区＼年度	1978~1980	1981	1982	1984	1986	1987	1988	1989	1990	1991
广 东	0.67	0.84	0.71	0.84	0.95	0.95	1.23	1.10	1.03	0.97
广 西	0.51	0.67	0.84	0.62	0.62	0.69	0.73	0.75	0.72	0.67
海 南	—	—	—	—	—	0.91	0.57	0.62	0.49	
重 庆	—	—	—	—	—	—	—	—	—	—
四 川	0.94	1.00	0.81	0.90	1.06	1.01	1.03	0.97	0.99	0.97
贵 州	1.47	1.07	0.86	0.90	0.81	0.75	0.69	0.77	0.77	0.67
云 南	1.32	1.41	1.23	0.99	0.95	0.95	0.91	0.89	0.9	0.87
西 藏	10.00	5.50	2.22	1.06	2.06	1.24	1.63	1.82	1.65	1.53
陕 西	1.70	1.04	2.17	0.93	1.06	1.07	1.08	1.07	1.09	1.1
甘 肃	0.83	0.62	1.38	0.65	0.66	0.59	0.59	0.55	0.59	0.58
青 海	1.85	1.39	0.94	0.64	0.58	0.47	0.40	0.32	0.36	0.35
宁 夏	1.41	1.34	1.12	0.66	0.55	0.49	0.45	0.46	0.44	0.40
新 疆	1.76	0.79	0.54	0.36	0.52	0.44	0.37	0.38	0.38	0.37
标准差	1.75	0.92	0.98	0.97	0.77	0.79	0.87	0.98	0.77	0.87

考区＼年度	1992	1993	1994	1995	1996	1997	1998	1999	2000	2001	2002
北 京	3.78	4.77	5.01	4.92	4.66	3.83	3.64	3.27	2.81	2.85	2.99
天 津	2.38	2.54	2.58	2.58	2.63	2.17	2.17	1.93	1.85	1.93	2.01
河 北	0.97	0.99	1.06	1.06	0.97	0.91	0.82	0.78	0.84	0.88	0.87
山 西	0.75	0.64	0.65	0.64	0.71	0.86	0.84	0.94	0.86	0.84	0.82
内蒙古	0.47	0.54	0.47	0.52	0.48	0.51	0.54	0.53	0.68	0.74	0.63
辽 宁	1.56	1.66	1.46	1.42	1.44	1.31	1.30	1.39	1.30	1.21	1.26
吉 林	1.28	1.34	1.43	1.37	1.36	1.22	1.24	1.41	1.32	1.13	1.26
黑龙江	1.00	0.94	1.04	1.05	1.05	1.01	1.08	1.28	1.20	1.21	1.31
上 海	3.60	3.40	2.92	2.64	2.49	2.39	2.45	2.00	1.53	1.57	1.65
江 苏	1.20	1.25	1.15	1.08	1.16	1.14	1.12	1.10	1.03	1.10	1.07
浙 江	0.77	0.89	1.02	0.86	0.82	0.81	0.80	0.79	0.76	0.93	1.05
安 徽	1.26	0.88	0.81	0.85	0.79	0.77	0.76	0.79	0.83	0.83	0.86

续表

年度\考区	1992	1993	1994	1995	1996	1997	1998	1999	2000	2001	2002
福 建	1.28	1.11	0.93	0.92	1.06	1.19	1.21	1.03	0.93	0.81	0.71
江 西	0.71	0.74	0.75	0.74	0.73	0.78	0.78	0.86	0.86	0.99	1.00
山 东	1.11	0.91	0.81	0.74	0.65	0.60	0.62	0.59	0.67	0.73	0.76
河 南	0.67	0.70	0.69	0.70	0.69	0.75	0.78	0.86	0.96	0.90	0.77
湖 北	1.18	1.24	1.22	1.2	1.22	1.12	1.08	1.12	1.17	1.06	1.04
湖 南	0.77	0.80	0.80	0.83	0.83	0.88	0.96	0.99	0.99	0.88	1.00
广 东	0.92	1.00	1.07	1.05	1.09	1.06	0.99	0.88	0.92	0.85	0.90
广 西	0.71	0.65	0.63	0.67	0.70	0.79	0.83	0.75	0.82	0.77	0.67
海 南	0.55	0.51	0.58	0.65	0.72	0.74	0.74	0.63	0.8	0.86	0.87
重 庆	—	—	—	—	—	1.75	1.71	1.59	1.32	1.27	1.35
四 川	0.92	0.94	0.97	1.02	1.17	1.09	1.03	0.97	0.96	0.95	1.06
贵 州	0.62	0.63	0.65	0.66	0.67	0.72	0.78	1.02	1.01	1.20	0.90
云 南	0.84	0.71	0.64	0.65	0.70	0.78	0.81	0.91	0.82	0.91	0.85
西 藏	1.26	1.87	1.66	1.83	1.49	1.06	1.69	1.17	1.27	1.02	0.91
陕 西	1.03	1.07	1.11	1.29	1.18	1.13	1.15	1.29	1.35	1.31	1.27
甘 肃	0.54	0.60	0.68	0.7	0.69	0.68	0.71	0.72	0.82	0.92	0.88
青 海	0.32	0.32	0.40	0.47	0.39	0.45	0.44	0.38	0.59	0.64	0.55
宁 夏	0.39	0.41	0.42	0.41	0.41	0.45	0.46	0.45	0.56	0.56	0.60
新 疆	0.38	0.42	0.49	0.59	0.60	0.72	0.59	0.63	0.83	0.89	0.81
标准差	0.82	0.94	0.93	0.89	0.84	0.67	0.66	0.56	0.43	0.43	0.47

注：①1983 年和 1985 年因缺少分省招生的数据而未计算；

②海南省 1988 年设立；

③重庆 1997 年成为直辖市。

资料来源：①1978～1980、1981、1982、1984、1986 年的分省招生数和高中毕业生数来自教育部规划司编：《全国教育统计资料》，1981、1983、1985、1987 年版；

②1987 年以后的数据来自：《中国教育事业统计年鉴》，人民教育出版社 1988～2003 年版；

③入学机会指数和标准差由个人计算所得。

统计结果表明：第一，北京、天津、上海、辽宁和陕西 5 省市的入学机会指数一直大于 1，说明这些省市的入学机会水平一直高于全国平均水平，京津沪的分数线持续降低大体就是由充裕的入学机会所致。但北京在恢复高考之初到20世纪80年代中期的一段时间里，入学机会指数并不是很高，大致保持在1.9左右的水平，这也可以从一个侧面反映出当时北京分数线相对较高的原因。对此的解释是：北京的文化教育水平一直处于全国前列，再加上"文革"后返乡的知识青年大量涌入北京使得高中毕业生数保持了较大规模，所以，当时北京的高考竞争激烈程度不亚于其他省区。从上海的情况来看，恢复高考之初，其入学机会指数就保持了较高的水平，最高的年份为1982年的5.77，而在此之后的趋势则是持续降低。天津的入学机会则大致保持了相对稳定的水平，基本上在2.0~2.6之间。陕西和辽宁历年的入学机会指数也都保持了大于1的水平，其原因是人口相对较少而高等教育又比较发达。吉林、黑龙江、江苏和福建大部分时间也都保持了大于1的水平，位于全国前列，基本上属于持续的受益者。

第二，高考分数线较高省份的情况，大体又可分为两类：一类是以江苏和湖北为代表的入学机会多且分数线也高的省份，另一类是入学机会少而导致的分数线高的省份，如浙江、山东和江西等。先看第一类省份，江苏除了在恢复高考之初的几年中，入学机会指数小于1之外，其他年份大致在1~1.5之间，湖北除了在1982年之前小于1之外，其他年份也都大于1，这说明虽然这两个省的分数线很高，但其入学机会指数并非低于而是高于全国平均水平。究其原因，是省内高校众多且基础教育发达所致。再看第二类省份，从浙江和山东的情况来看，两省的入学机会指数在大部分时间都小于1，浙江基本上保持在0.8左右的水平，山东则保持在0.6~0.8之间。较少的入学机会导致了这些省份较高的录取分数线，这基本符合我们的前提假设。将两类情况对比分析，高校数量的多少是导致入学机会多寡的重要原因，此原因在下面将做详细分析。

第三，再来看西部省区的情况。西藏的入学机会指数一直大于1，说明其入学机会水平高于全国平均水平。由于地处边远的青藏高原，西藏的基础教育长期处于较为落后的水平，这也是分数线较低的重要原因。总之，对西藏的倾斜政策在很大程度上是出于政治原因和民族政策的考虑，是加强对边远地区政治控制的有效手段；贵州的情况较为特殊，它的入学机会指数在恢复高考之初还保持在大于1的水平，此后持续减小，最低达到0.62，从1999年开始又恢复到大于1的水平；甘肃的入学机会指数一直都较低，基本保持在0.55~0.85的水平；而青海、宁夏和新疆的情况则是初期入学机会指数较高，随时间推移入学机会指数持续降低。20世纪80年代之前三省区的指数基本都大于1，到2002年其指数分别下降为0.55、0.60和0.81。可见，三省区落后的基础教育水平和较少的入学机会共同导致了较低的录取分数线。

从全国的整体情况来看，尽管各省的入学机会指数变化的趋势各不相同，有的持续较高，有的持续较低，也有先降后升的情况。但从整体情况来看，全国各省之间的差异程度表现出先缩小、后扩大、再缩小的趋势。1980年全国各省入学机会指数的标准差为1.75，至1986年缩小到0.77，之后再扩大1993年的0.94，此后这一数字不断缩小，2001年达到最小值0.43。造成这一现象的原因可能是改革开放以来，随市场经济体制改革的深入，市场和社会力量介入到高等教育办学活动中，各省区高等教育和地方经济协调发展的程度各异，集中反映在招生领域便是计划内和计划外并存的双轨制。经济因素在高校招生领域的体现致使各地入学机会的差异增大。1999年扩招之后，入学机会总量的扩大使各省录取率有了大幅提高，省际之间入学机会的差异程度开始缩小。

（三）高等教育资源与高考分数线的变化

高等教育资源的丰富程度在很大程度上决定了招生量的多寡，从而影响到高考分数线的变化。由于历史遗留和高等教育体制改革等原因，高等教育资源在东西部地区和省际之间的分布是很不均衡的。特别是在高等教育系统引入市场化机制以后，更加恶化了高等教育资源在地域间的平等分布。

首先来看高等教育资源在地区之间的分布。以1997年为例，全国共有高校1 020所，中央部委属高校有345所，其中2/3（269所）的学校集中分布在1/3（12个）的省份，另外2/3的省份只拥有1/3的部委属高校，贵州、西藏和青海三省区连1所部委属院校都没有。① 以原国家教委所属院校为例，在其管辖的12所理工大学中，10所集中在东部，只有2所在西部。可见，部委属院校在全国的地理分布是极不均匀的。

与东部相比，西部不仅全国重点大学少，而且高等学校也少。在东部沿海10个省份，平均每1 000万人口拥有22所高校，而西部仅为16所。无论是每1 000万人口过去曾拥有的全国重点大学数，还是如今的"211工程"大学数，东西部的差距都很大，西部1亿人口拥有的"211工程"学校数不到6所，而东部1亿人口拥有12所之多。② 以在校大学生数为指标进行对比，东西部之间的不均衡则更严重。1997年，西北地区普通高校在校生数占全国的比例仅为8%，西南为10%，而华北5省区占16%，华东7省市占29%，中南占23%，东北占13%。与人口比例相比，存在着更为明显的差距。1997年，西北地区人口数占全国的比例为7.1%，西南地区占16%，即西部地区占全国人口总数的23%，而西部地区在校大学生数占全国的比例仅为18%，两者相差5个百分点。东部

---

① 陈中原：《中国教育平等初探》，广东教育出版社2004年版，第159页。
② 同上，第163页。

地区与西部形成了鲜明的对比，东部地区的人口数占全国的比例仅为 49%，而在校大学生数占全国的 58%，两者相差 9 个百分点。① 由此可以看出，东西部的高等教育规模与人口规模不相适应，东部地区的高等教育入学机会明显多于西部地区。

再来看高等教育资源在省际之间的分布。复以 1997 年为例②，北京最多，有 65 所，其次为四川 64 所、辽宁 62 所、湖北 54 所、河南 50 所，最少的为西藏 4 所、宁夏 5 所、海南 5 所和青海 6 所；从部委属的院校来看，也是北京最多，为 53 所，其次为江苏 30 所、四川 26 所、辽宁 26 所、上海 23 所、湖北 23 所，最少的为西部的贵州、西藏和青海均为 0 所；从学校的生均数来看，全国平均水平为 3 112 人，超过全国平均水平的省市有北京、天津、黑龙江、上海、江苏、山东、湖北、湖南、广东、重庆、四川和陕西，除后三个省市之外，其余的均为东部和中部高等教育较发达的省份；从生均固定资产额来看，全国平均水平为 2.6444 万元，其中最高的为福建（5.9539 万元），这与其相对较小的高等教育规模有很大关系，其次为北京（4.8330 万元）、西藏（4.0809 万元），超过全国平均水平的还有天津、内蒙古、黑龙江、上海、广东、海南，最低的为广西、江西和贵州三省。由此可见，无论是高校数、部委属高校数还是生均固定资产额，东部发达省份和西部边远省份都存在较大的差距，高等教育资源在全国各省之间的分布相当不均匀。

毫无疑问，中央部委属高校比较集中的省份，分配到的招生指标自然较多，也就是当地学生接受高等教育的机会比较充沛。以北京市为例，1999 年，该市高考计划招生 3.5 万多名，其中 1 万多名招生指标来自在京部属高等院校，6 800 多名来自外省院校。③ 从各省录取情况来看，中央部属院校大多是第一批录取的院校，所以部属院校数量的多寡在很大程度上决定了重点批次录取线的高低。由于各省第一批录取高校的名单并不完全一致，并且在经过 20 世纪 90 年代末的院校调整之后，许多部属高校也被调整或下放，因此要准确地统计第一批录取院校的招生情况相当困难。为了直观地描述代表优质高等教育资源的重点高校分省招生的情况，仅对 2004 年"985 工程"院校的招生情况做一分析（表 4-10）。从地理分布来看，34 所"985 工程"院校（一期工程）分布于 4 个直辖市、13 个省会城市和大连、青岛、厦门三个沿海城市。

从表 4-10 中可以看到：从招生数来看，湖北、山东和广东分列前 3 位，其次为四川、江苏、湖南、辽宁、浙江，这些省份的招生数都在 7 000 人以上，上

---

① 陈中原：《中国教育平等初探》，广东教育出版社 2004 年版，第 169 页。
② 详细数据请参阅《中国教育年鉴·1996、1997》，人民教育出版社 1996 年版、1997 年版。
③ 陈中原：《中国教育平等初探》，广东教育出版社 2004 年版，第 158 页。

海、北京和天津分别为 6 305 人、4 106 人和 3 569 人,招生量最少的为西藏、青海、宁夏;从报考数来看,最多的省份为山东、河南和江苏,其次为河北、广东、湖北、湖南,均为人口大省,最少的为西藏、青海和海南。用招生人数除以报名人数得到录取百分比,上海位列第一,比例为 6.86,其次为天津(6.18)、北京(5.05)、重庆(4.95)、吉林(4.51)、辽宁(4.10)、青海(3.98)、湖北(3.60)、海南(3.59)、四川(3.36)。这些省份除了青海和海南之外,其他省市均有"985"院校,而报考人数最多的山东(2.31)、河南(1.32)和江苏(2.41)分列第 18、30 和 17 位,西部地区除了青海因报考人数少而排名较为靠前之外,其余的西藏、甘肃、宁夏和新疆分列第 31、22、16、21 位,也都在全国平均水平以下。

表 4-10 2004 年"985 工程"院校各省(自治区、直辖市)招生
人数、报名人数及其比例   (单位:人、%)

考 区	招生数	报名数	比例	比例的位次
北 京	4 106	81 266	5.05	3
天 津	3 569	57 797	6.18	2
河 北	4 696	336 814	1.39	28
山 西	3 226	212 449	1.52	25
内蒙古	2 200	166 457	1.32	29
辽 宁	7 235	176 590	4.10	6
吉 林	5 355	118 866	4.51	5
黑龙江	4 156	147 518	2.82	13
上 海	6 305	91 923	6.86	1
江 苏	8 236	341 370	2.41	17
浙 江	7 125	22 9052	3.11	12
安 徽	4 125	292 105	1.41	27
福 建	5 007	204 588	2.45	15
江 西	4 215	205 389	2.05	20
山 东	11 216	485 204	2.31	18
河 南	5 678	430 258	1.32	30
湖 北	11 948	331 449	3.60	8
湖 南	7 415	299 104	2.48	14

续表

考区	招生数	报名数	比例	比例的位次
广 东	10 662	335 409	3.18	11
广 西	2 763	183 207	1.51	26
海 南	1 081	30 078	3.59	9
重 庆	4 835	97 772	4.95	4
四 川	8 703	258 737	3.36	10
贵 州	2 025	110 803	1.83	24
云 南	2 091	110 055	1.90	23
西 藏	123	9 792	1.26	31
陕 西	5 086	231 798	2.19	19
甘 肃	2 679	136 140	1.97	22
青 海	942	23 671	3.98	7
宁 夏	1 007	41 244	2.44	16
新 疆	1 846	92 981	1.99	21
总 计	149 656	5 869 886	2.55	

资料来源：招生数来自田胜立主编：《中国高考年鉴（2004年）》，中国大百科全书出版社2005年版，第390～470页；报考数来自教育部考试中心等编：《中国教育考试年鉴（2004）》，中国传媒大学出版社2005年版，第233～236页。

从考生数和录取数的比例来看，北京、上海、天津和重庆4个直辖市和吉林省受益最大，录取比例都排在前几位，这即是京津沪等地录取分数线持续降低的原因；中部的河北、河南、江西、安徽、山东等省报考人数和录取人数形成了很大的反差，录取比例均低于全国平均水平，属于最大的受损者，导致了其录取分数线一直居高不下。之所以如此，一方面由于河北、河南和江西省没有"985工程"院校，另一方面也与其相对落后的基础教育水平有关；从浙江、湖南和湖北的情况来看，其录取水平基本处于平均水平以上，大致可以判断为受益者；从西部省区来看，除了青海因人口较少而录取率较高之外，其他省区的录取率均低于全国平均水平，这说明西部省区在竞争时因基础教育落后而处于不利状态，同时优质高等教育资源的匮乏导致了其较少的入学机会。因此，"985工程"院校在录取时带有较明显的地域倾向，没有很好地体现对西部倾斜的政策。

（四）高考录取分数线的类型划分

高考分数线主要由高等教育资源多寡所决定，当然与基础教育水平、人口因素、国家政策倾向和就业等多种因素也息息相关。我们综合上述统计，结合高等教育资源和基础教育水平，对各省区高考录取分数线可以做一大致分类，进一步明确导致各省分数线高低不一的主要原因。

以高考分数线的高低、高等教育资源的多寡和基础教育水平的高低两两组合，得到八种类型（表4-11）：第一种类型代表省份是甘肃和贵州，高等教育资源的匮乏和基础教育水平的低下共同导致了高考录取分数线低，说明这两个省份的基础教育和高等教育都要加大投入，并且也要注重投入的方式，以提高教育资源的利用率；第二种类型代表省区是西藏，由于地处边远山区，区内高等教育资源严重匮乏，但因国家政策倾斜和人口较少导致生均教育经费很高，高考录取分数线很低；第三种类型为分数线低、高等教育发达、基础教育水平低的情况，从目前来看基本没有此种类型；第四种类型，其代表为北京、上海和天津三个直辖市，它们都拥有丰富的高等教育资源，并且"211工程"和"985工程"院校也大都集中于此，基础教育水平更是高居全国前列，而分数线甚至比甘肃和贵州还低，这是最不公平的一种类型；第五种类型为分数线较高、高等教育资源丰富而基础教育水平偏低的情况，代表省份是陕西，这是一种比较特殊的情况，陕西在历史上就因为国家战略发展的需要而在几次高等教育地理布局调整中受益很大，省内高校云集，但基础教育却因为地处西部、难以有充足的教育经费保障而长期处于全国中下游水平，因此高考分数线还是相对较高的；第六种类型的特征为"三高"，分数线高，基础教育水平高、高等教育发达，代表省份是江苏和湖北，① 从高等教育整体的入学机会来看两省基本上属于受益者，其分数线很高在某种程度上是由庞大的人口规模和发达的基础教育水平所致；第七种类型为分数线高、基础教育发达而高等教育资源偏少的情况，代表省份是山东和浙江，② 与上一类型不同的是两省高等教育的欠发达，高等教育发展规模落后于经济发展水平；第八种类型为分数线高、基础教育不发达、高等教育也不发达，代表省份是河北、河南、江西和安徽等，基础教育的欠发达和高等教育资源的匮乏共同导致了高考分数线较高。以上只是一个大致的划分，还有很多省（自治区、直辖市）因各项指标难以直接判定而没有列入，但以上七种类型的划分已经基本覆盖了全国各省的基本情况。

---

① 湖北的中学生平均教育经费虽然较低，但其基础教育水平却位于全国前列。
② 山东和浙江的高等教育资源相对其人口而言，均属欠发达之列。

表4-11　　　　全国各省（自治区、直辖市）高考录取
分数线类型划分

类型	高考分数线	高等教育资源	基础教育水平	代表省（区、市）
1	低	少	低	甘肃、贵州
2	低	少	高	西藏
3	低	多	低	
4	低	多	高	北京、上海、天津
5	高	多	低	陕西
6	高	多	高	江苏、湖北
7	高	少	高	山东、浙江
8	高	少	低	河南、河北、江西、安徽

总之，高考分数线的演变在各种综合因素的作用下呈现出非常复杂的状态，各省高等教育入学机会的演变也经过了一个先缩小、后扩大、再缩小的趋势。各省录取分数线的高低不仅与招生数量有关，还与高等教育资源、基础教育水平等因素有关。

三、入学机会平等的理论分析

"倾斜的高考分数线"是在各地非均衡发展的政治、经济、文化、人口、教育和社会等宏观社会背景下形成的，其实质是各省区的高等教育入学机会不平等。那么如何认识各地入学机会的差异，特别是在社会转型期的大背景下如何审视"倾斜的高考分数线"及入学机会的区域失衡呢？

（一）机会平等的类别

对高等学校入学来说，按每个人的"能力"和"考分"来平等地分配入学机会意味着所有人都具有平等享有的机会。但进一步来看，那些能力较差、考分较低而享有较低的非基本权利者，往往是因为他们缺乏发展能力、缺乏取得高考分的机会；而另一些能力较强、考分较高的学生之所以享有较高的非基本权利往往是因为他们充分享有了发展能力、取得高考分的机会。由此可见，机会平等可分为两类，一类是竞争非基本权利的机会平等，它是表层的、形式的机会平等；另一类则是发展能力，取得高考分的机会平等，它是深层的、实质的机会平等。

高考制度实行"分数面前人人平等"的能力本位原则便是一种表层的、形式的机会平等。但在以城乡二元结构、高等教育非均衡发展为主要特征的巨大地区差异下，仅仅强调"分数面前人人平等"的形式的机会平等，无疑具有很大的不合理性。如何从表层的、形式的机会平等转向深层的、实质的机会平等，是高考制度必须要面对的问题。

（二）入学机会区域失衡的理论分析

那么如何看待地域因素对高等学校入学机会的影响？教育机会平等的合理性，并不取决于教育机会平等本身的性质，而是取决于教育机会的来源。① 教育机会的来源可分为两类：一是社会提供的教育机会；二是非社会提供的教育机会。其中，非社会提供的教育机会比较复杂，主要包括：家庭提供的机会、天资提供的机会以及地理环境提供的机会。地域因素对高等教育入学的影响直接表现为地理环境对个人取得教育机会的影响。由于出身于不同的家庭，所享有的竞争非基本权利的教育机会是不平等的。地理位置的因素与家庭因素相似，不同地区的文化资本量也会给入学机会带来不同的影响，但这些区域优势所带来的机会不平等，无非是家庭成员之间一种权利代际转让，这也符合诺齐克的"转让正义原则"，"一个符合转让的正义原则，从别的对持有拥有权利的人那里获得一个持有的人，对这个持有是有权利的。"② 从这个角度来看，家庭或地理位置所带来的教育机会是享有者应得的权利，即使造成了教育机会的不平等，这也是应得的公平。"文革"时期实行人为地提高工农子弟的入学比例而控制知识阶层入学比例的反向歧视政策所带来的高等教育质量的整体下滑已经揭示了这一道理。同样，因地理位置和文化发展水平所带来的教育机会的不平等在某种程度上也是地区家庭间的代际转让，因而是公平的。总之，由家庭、地理位置等非社会所带来的教育机会不平等是他应得的权利，若使其平等就侵犯了他的权利，这是不公平和不应该的。

然而，地域因素对高等学校入学的影响不仅仅表现在地理位置的因素上，还表现在社会所提供的教育机会的巨大差异上。我国目前的地域间入学机会不均除了地理位置的先天因素之外，还与整体的社会经济和教育发展政策有很大关系。改革开放以来，我国实行地区经济非均衡发展的政策，利用沿海地区的区位优势采取梯度发展的经济战略，客观上带来了各地区间经济的非均衡发展。各地高等

---

① 李江源：《教育平等新论》，载《浙江社会科学》2001年第2期，第116~121页。
② ［美］诺齐克著、何怀宏等译：《无政府、国家和乌托邦》，中国社会科学出版社1991年版，第157页。

教育在与地区经济形成良性互动的同时，在教育管理体制上又将管理权下放给地方政府，这便在很大程度上造成了教育水平日益依附于地方经济的发展。① 实际上，"倾斜的高考分数线"之形成，在很大程度上是各地区得到政府提供的教育机会的严重不平等造成的。无论是偏向东南沿海的高等教育地理分布还是部属大学对所在地的招生倾斜政策，都反映出政府和社会对各省区提供的教育机会的不平等。因此，由政府所提供的教育机会和由地理位置提供的教育机会相互交织、互为因果，共同导致了地域因素对高等学校入学的显著影响。这是在我国区域经济、政治、文化和教育发展失衡的情况下，地域因素对高等学校入学机会带来的重大挑战。

实际上，由政府和社会所提供的教育机会与家庭、天赋和地理位置等非社会提供的教育机会在性质上存在着很大的不同。政府提供的教育机会属于公共权利，是全社会人人都应享有的机会；而由地理位置所带来的教育机会则是个人的权利，是属于教育机会享有者的个人权利，任何社会和个人均无权侵犯。因此在考虑地域因素对高等学校入学的影响时应在性质上将两者区分开来，也就是一方面要采取有效措施调整由政府宏观教育政策导向所带来的区域间入学机会的不平等；另一方面也要尊重和保护由地理位置等非社会因素提供的教育机会不平等，而不是人为地消弭文化地理因素对高等学校入学的影响。但令人困惑的是，由文化地理位置带来的区位优势促进了经济和教育的发展，而教育的发展又通过服务于地方经济和社会而增强了政府对教育的财政投入，所以社会与非社会提供的教育机会在实践中又陷入"鸡生蛋还是蛋生鸡"的逻辑悖论，很难将两者截然区分开来。另外，还应注意的是，对地理位置等非社会提供的教育机会的尊重和保护，在社会合作和区域协调发展的情况下，并不能无原则地放大，其基本前提是不损害其他地区合法的最低限度的高等教育受教育权。

（三）高考录取制度的改革方向

但任何制度的实行都有其赖以存在的制度背景，能否适应社会经济、文化教育的发展情况也在相当大程度上决定了制度本身的公正与否。高考制度绝不仅仅是为高校选拔人才的考试制度，更应视为在非均衡发展的宏观背景下促进社会流动最核心的制度性渠道之一。中国近20年的高速发展，带来了社会的巨大失衡，地区和社会阶层之间的不平等日益加剧。如果说地区之间的不平等是整个社会发展的痼疾而引起人们警醒的话，那么更值得关注的是社会流动的匮乏。只要底层

---

① 谢作栩：《高等教育大众化进程中的区域发展问题初探》，载《广东工业大学学报》（社会科学版）2001年第2期，第11~16页。

精英还有向上流动的指望，还有某个比较公平的制度作为出人头地的保证，这个社会还不至于崩溃。① 因此从这一意义上来讲，高考制度实行分区录取以保证落后地区学生向上流动的制度空间具有很大的现实性和合理性。分省定额录取制度这种安排并不是一种自足性的制度安排，"而毋宁是中国当下政治经济安排的一种依附性的制度安排——它实际上是对中国当下政治经济安排的一种回应。"②

正是在当前区域间政治经济不平等的制度安排下，高考录取制度才超越了程序公正的含义，而深入到实质的公正合理性。公正的差别原则要求"平等地对待平等的，不平等地对待不平等的"，这便是高考实行分区录取的实质合理性。在各省区发展水平的巨大落差下，分省录取就成为现实的必然选择，如若无视这一地区间的差别实行统一录取，必然带来极大的不公平。再从国外高校招生录取的实践来看，其入学标准也大多从原来的单一、刚性走向多元和柔性的指标，从形式公正走向实质公正，这正是从多元文化和多元地域的社会背景来关注弱势族群和地区的入学权利。可见，在权利理论盛行、自由主义传统深厚的欧美社会，尚且高度关注弱势族群和地区的入学权利，那么在传统中华文化重集体主义伦理的中国社会中，对地域之间平等和公正的关照更应成为高考制度中的题中应有之义。

因此，高考实行分省录取的制度具备了实质合理性，对于促进底层社会精英的向上流动、保证落后地区正当的入学权利具有重大意义。而录取分数线对京津沪等地的倾斜并不能完全归罪于录取制度本身，而是区域经济和教育水平的差异所导致的区域教育（基础教育和高等教育）失衡带来的必然结果。虽然倾斜的高考分数线问题造成了高等教育领域巨大的不公正，但若将分省录取改为全国统一录取，则无异于"将婴儿和洗澡水一起倒掉"罢了。

那么，在未来的改革方向上我们应对考试公平和区域公平做怎样的选择？对此，有学者认为考试公平是一种强式平等，是高考制度产生和存续的基石，如果离开了这一强式平等的基石，高考也就丧失了存在的正当性。而区域公平是一种弱式平等，只能作为强式平等的例外存在，但因为区域公平具备了形式和实质的正当性，所以其存在还具有相当的适应力和生命力。③ 就实质而言，考试公平是一种考试制度设计的理想方向，是一种公正伦理的长远利益；而区域公平则是考试制度对社会政治和经济制度安排的一种现实选择，是一种迫切需要的眼前利

---

① 许纪霖：《不合理的应试教育为什么被合理化了》，收入许纪霖：《回归公共空间》，江苏人民出版社 2006 年版，第 51~52 页。
② 邓正来：《对"考研变高考"的制度性追问》，收入邓正来：《反思与批判：体制中的体制外》，法律出版社 2006 年版，第 16~17 页。
③ 王怀章、朱晓燕：《平等视角下的高考制度改革》，载《湖北社会科学》2005 年第 7 期，第 141~143 页。

益。"问题在于,那些共同幸福都是遥不可及的长远利益,不是人们迫不及待的眼前利益,而且往往与眼前利益有比较大的矛盾;进一步说,伦理学想象的共同幸福往往与个人利益最大化有很大的冲突,因此,在现代的社会条件下,伦理的长远性敌不过政治的当前性。"① 但是对考试公平这一长远利益或者强式平等的追求却是我们必须明确的长远目标,只是在现实的制度安排下它必然成为难以企及和超越的理想追求,而区域公平却是我们相当长时间内必然而又现实的选择。那么在理想和现实之间,如何确定高考改革的路径呢?我们的主张是实行"立足现实、追求理想"的渐进的改革策略。

从现实国情来看,在东中西部地区落差相当大的情况下,实行分区录取的制度能够给予各地区相对均衡的入学机会。但强调区域间入学机会的均衡并非否定考试公平的理想方向,因为在公民身份平等的民主社会中,竞争高等教育入学机会的平等原则必然是社会公正的主要原则。在高考制度下,区域公平只能作为调整各地入学机会的一种手段或策略,尽管各地区之间教育均衡发展的实现还有相当长的时间,但其努力的方向却必然是考试公平,这一点是必须要明确的。其实,由于协调东西部地区的发展是一项巨大的社会系统工程,而希望单纯通过教育领域特别是高考制度的改革来改善地区间的不平衡无疑会带来严重的后果。所以我们必须从社会稳定和教育发展的大局出发,立足于区域间入学机会的相对平衡,通过逐步调整高等教育地区布局,综合协调就业、人口和户籍等众多体制的改革,来渐进地向考试公平的理想方面努力。

四、政策建议

要解决"倾斜的高考分数线"的问题,关键在于逐步改变高等学校地理分布的不合理状态,促进基础教育的均衡发展,并对高校招生指标的分配进行重新调整,逐步扩大中西部地区的招生规模。

(一)逐步调整高等学校的地理布局,促进基础教育均衡发展

实际上,只有大力发展中西部地区的高等教育,逐步扩大招生规模,才可能为分数线的调整提供基本的物质条件。首先,优先发展高等教育规模滞后于经济发展水平地区的高等教育。从现有的状况来看,山东、广东、海南和福建等省的高等教育规模均落后于经济发展的各项指标,这不仅限制了招生规模的扩大,还可能会影响到区域经济的可持续发展。考虑到这些地区具有较强的经济承受能

---

① 赵汀阳:《哲学的政治学转向》,载《吉林大学学报》(社科版)2006 年第 2 期,第 5~11 页。

力，应在这些地区实行优先发展的战略。其次，以合理规划和统筹协调的方针鼓励西部边远省区发展高等教育。从区域教育与经济协调发展的角度，大力发展适合本地产业结构、应用性较强的本科院校和职业学院，如师范学院、农林和地质类院校等；积极发展资源耗费量较节省的办学形式等。再其次，实施东部对口支援西部高等教育的政策，加快高等教育的发展。在西部地区经济和教育短期内难以迅速改观的情况下，通过加强东中西部高等教育的协调发展，鼓励东部高校通过资金、师资和设备等多种形式对口支援中西部高校的政策，逐步扩大高等教育的规模。

此外，"倾斜的高考分数线"不仅是由招生名额分配的不均造成的，也是由基础教育特别是高中教育水平的差距造成的。因此，除了扩大西部地区高等教育的规模之外，还应大力发展边远地区的基础教育，提升高中的教育教学质量。

（二）调整与完善高校招生录取制度

首先，调整不同类型院校的招生比例。中央部属院校应渐进地调整对各地区的招生比例，将原来过于集中在京津沪等地的招生名额部分地转移至东中部山东、河南等高考大省。这样既照顾到了公平选才的需要，又考虑到了特殊人才的选拔规律，既反映了地区间入学机会平等的需求，又在很大程度上尊重了历史因素及现存体制的合理之处。对于地方高校，则应原则上划定其对外省招生的比例，供不同地区高校参考使用。地方院校又可分为全国招生和省内招生两种，即便是全国招生的高校，外地生源数量也普遍较少。因此，这类高校招生计划的制定原则上不受教育部的限制，即使全部实行本省招生也无可厚非。但是从高校培养人才和教育教学的规律来看，单一地区的生源结构并不利于教学质量的提高和校园文化的建设。另外，对于发达地区的地方高校来说，其毕业生也大多倾向于在本地就业，所以对这样的高校来说，划定对外省招生的基本比例，不仅有利于学校教学质量和办学效率的提高，也有利于达成招生地域间的公正。对中部地区高校来说，可将这一招生比例的原则规定作为参考标准来使用，由于这些院校相对有限的高教规模不能吸纳本地众多的考生，所以可以在短期之内允许实行全部省内招生。但是，出于东西部协调发展和西部大开发的战略，可以对这类高校招收西部落后省区的比例做一较低限度的要求。

其次，建立高校招生计划分配听证制度。目前我国已有高校实行了招生计划分配的听证制度，但总体来看还不完善，应从公正的角度对这一制度进行创新。要打破封闭的学校本身利益的观念，提高招生计划分配的公正性和合理性。在制定招生比例时不仅要考虑到各专业的第一录取率、考生的志愿取向和平均成绩等，还要考虑到区域均衡发展的需要。在确定听证制度的人员时应考虑到校内与校外人员的合理比例。校内人员除了校长、职能部门领导和教师代表之外，还应有学生代表，以保证每一个利益集团都有平等的话语权。校外的人员主要应包括政府官员、政策专家、用人单位代表以及考生家长代表。此外还应允许一定数量的校内外人士旁听。此外，听证制度应确立科学合理的程序，如提前公布招生计划的方案、会议时间和议程等，以增加招生信息的公正性和透明性，有效地体现听证制度的公开性原则。

最后，将单一的分数标准逐步改变为以分数为主的综合评价标准。从世界经验和时代要求出发，改变以分数为唯一录取指标，逐步转向以分数为主，结合个性特长、特殊技能和综合素质等的综合评价体系，不仅能够反映高校招生考试的改革趋向，也可以部分程度地缓解对分数线的争论及社会舆论的压力。

除了上述政策建议外，解决这一问题的长远之计还是区域经济的协调发展及社会宏观政策的调整，这方面的改革是整个社会的系统工程，如加强区域经济的协调发展；灵活地实施户籍制度的改革；继续深化和完善就业制度改革等。

第五章

高考改革的争论与实证调查

在当今中国的教育领域，如果说有什么能牵动社会各界和各层民众的，非高考莫属。在目前社会资源分配机制的格局下，高考作为获取高等教育机会的"入场券"，直接涉及考生的个人前途，是社会矛盾的聚焦，且影响重大。因此，尽管高考只是一种为高校选拔新生的手段，却成为众人瞩目的焦点，几乎每项大大小小的改革，都会引起部分利益相关群体乃至与之无关的普通民众的密切关注。关于高考的争论俯拾即是，对其评价亦褒贬不一、判若霄壤。本章将通过对高考统独存废之争，以及关于高考改革的实证调查，对高考制度做出全面而理性的评价与分析。

第一节 高考统独存废之争

在有关高考的所有聚焦与关注中，高考的统独存废无疑是重中之重，并因此引发了学术界的激烈争议。学界不仅针对现状进行存废争论，而且采取鉴古知今的方法，从古代科举的存废问题中汲取养分。作为教育系统的一种升学考试，高考为什么会成为如此广受注目与重视的社会活动？高考这一"举国大考"的命运该何去何从？了解这些争论的来龙去脉，分析高考成为社会矛盾聚焦的原因，既是研究高考与社会关系无法回避的理论问题，又是直接关乎高考如何改革乃至高考这一"举国大考"命运走向的实践问题。以下分别从发生的时间和争辩的问题两个维度，对高考的统独存废之争做一大致的梳理。

一、高考建制以来的数次争论

从1952年高考建制以来，关于高考的统独存废之争，一直未曾断绝过，比较集中且社会影响较大的争论主要存在于以下四个时期，虽然历次争议的原因与侧重点各有不同，但争议的结果都是仍然采行以统一高考为主的办法，并带动统一高考不断革新。

（一）20世纪50年代

建制之初的高考，由于身兼为高校选拔新生和为国家培养后备干部两职，统一性非常强，国家不仅对招生名额进行严格控制，而且对招考各环节均作了统一规定。地方政府相关部门只是一个职能执行机构，高校和考生更是毫无自主性。由于早期高考存在统得过多，对学校、系科、考生特点体现不够的缺点。"从1953年至1957年，几乎每年招生前都开展一场'统一招生好，还是单独招生好'的争论。"[1]

1956年12月，针对统一高考存在的一些缺点，高等教育部委托上海、江苏、湖北、湖南、广东、四川、辽宁、陕西等省市的高教局、教育厅等单位，召集有关高等学校进行座谈，讨论1957年高等学校招生是否应由全国统一招生过渡到联合或单独招生[2]的问题，最后形成以下三种主要观点：

一些高校赞成采取联合或单独招生的办法，认为统一招生有许多难以克服的缺点，如：不能充分照顾考生的志愿和考虑学校的要求，由于过于集中，在工作上产生了招生机构的组织工作难做、录取分配不能深入细致等困难或缺点。另一些高校则认为，联合或单独招生是方向，但具体条件尚不成熟，不能贸然采取，而且统一招生也有诸多好处，主张在制定一些改进措施的情况下，仍维持全国统一招生的办法。还有部分高校的意见则介乎前二者之间，认为全国统一招生过于集中，弊病很多，主张取消大区一级的招生机构，实行以省市为范围的统一招生，既可以保持全国统一招生的优点，又在相当程度上可以克服统一招生因过于集中而产生的缺点。

基于座谈会的讨论结果，高等教育部最后决定，1957年的招生工作，基本上仍采用统一招生的办法，同时，针对统一招生存在的缺点，也提出了一些改进

---

[1] 杨学为：《高考四十年（一）》，载《中国考试》1997年第1期，第6~11页。
[2] "招生"一词包含有考试和招生两个环节在内，故"统一招生"实为"统一招考"，"单独招生"实为"单独招考"。

措施。① 1959 年以后，便不再出现统考与单考孰优孰劣的争论了。

（二）20 世纪 90 年代中期

20 世纪 90 年代初以后，高考存废之争又开始在学界出现。1995 年，刘海峰发表了《传统文化与高校招生考试改革》一文，认为高校招生不宜废统考，更不能"宽进严出"。该文得到唐安国的热烈回应，并发表了题为《改革是向传统文化的挑战——与刘海峰同志商榷》一文，由此引发了教育研究界一场关于高校招生"宽进严出"的争鸣。

刘海峰认为，中国的传统文化使得托关系、走后门的裙带风盛行不衰，"宽进严出"在中国的传统文化背景下很难实行，勉强推行"宽进"，很可能导致"宽出"，高校招生考试要做到公平、公正、公开，最好的办法还是实行统一考试。② 唐安国则认为，"宽进严出"是高教系统摆脱计划管理模式、深化改革、促进发展的难得机会，在有条件的城市和地区完全可以先行试验。③

"刘唐之争"爆发后，又陆续出现了其他学者针对此问题的争鸣与商榷。例如李均认为："在我国高校推行宽进严出，既不符合教育要适应社会政治、经济发展的外部关系规律，又不符合教育要培养全面发展的人的内部关系规律。"④ 对此，李萍提出商榷观点认为，在我国部分地区和部分高校实行"宽进严出"办学模式的内外部条件已经成熟，这一模式的试行会成为中国教育改革的突破口。⑤ 此外，张应强也直接针对唐安国的观点针锋相对地指出，"宽进严出"至少在我国（或局部地区）当前的政治、经济、文化背景下，并不存在所谓的"必要性与可行性"，对"宽进严出"要抱审慎的态度。⑥ 总的看来，赞成者少，反对者多。到 20 世纪 90 年代后期，"宽进严出"之争告一段落。

（三）20 世纪 90 年代后期至今

整个 20 世纪 90 年代，关于高考的争论似乎一直没有停息过。紧接"宽进严

---

① 以上讨论详细过程请参阅杨学为编：《高考文献》（上），高等教育出版社 2003 年版，第 227～234，243～244 页。
② 刘海峰：《传统文化与高校招生考试改革》，载《上海高教研究》1995 年第 3 期，第 41～44 页。
③ 唐安国：《改革是向传统文化的挑战——与刘海峰同志商榷》，载《上海高教研究》1995 年第 5 期，第 47～50 页。
④ 李均：《"宽进严出论"质疑》，载《高等教育研究》（湘潭大学）1995 年第 4 期，第 5～6 页。
⑤ 李萍：《宽进严出：中国教育改革的突破口——兼与李均先生商榷》，载《中国电力教育》1996 年第 3 期，第 6～10 页。
⑥ 张应强：《"宽进严出"论评析——与唐安国同志商榷》，载《中国电力教育》1996 年第 4 期，第 23～26 页。

出"之争其后的,是一场主要发生在90年代后期并延续至今的关于统一高考存废的争论。与20世纪50年代由教育主管部门发起的自上而下的高校招考"统独"讨论,以及90年代中期"宽进严出"之争出现正面交锋有所不同的是,这一关于统一高考存废的争论,主要由民间学者自发进行,而且始终未见正面的交锋。尽管如此,论争的激烈程度却丝毫不亚于前二者,争议的理论深度也更甚。

这一时期,对高考素有深入研究的刘海峰,先后发表了数篇颇有影响的论文,表达其坚决维护统一高考的态度和观点。他认为,统一高考不仅公平、公正、公开,可比性强,而且节省人力财力物力,在维护多民族国家的统一和社会安定团结方面也发挥着重要作用,是适合中国国情的一项基本教育制度,有其长期存在的价值和必要。① 雷颐也呼吁要维护统一高考和考试公平,认为只有考试和分数才为占社会绝大多数之权钱皆无的"寒门庶族"享受优质教育提供了最大的可能,② 他甚至认为某些人想以"推荐制"来补考试之弊,是"吃错了药"。③ 此外,还有一些学者也对统一高考给予了充分肯定,认为高考给我国社会带来更多的是"福音";尽管高考尚不完善,但它为优秀人才多受教育、受良好教育提供了重要保障;在今天的中国,很难有什么比高考更纯洁更符合市场经济的公平竞争原则;④ 等等。

另外,主张废除统一高考的观点也十分尖锐。有学者在"痛诉"了统一高考体制之弊后,认为当前最为迫切的任务就是及早废除全国性统一的高考体制,这样的改革"对于后代无疑是功德无量的"。⑤ 还有学者则认为,现行的高考制度已成为市场经济发展的障碍,它背离了市场经济的公平、公开、公正原则,应该被废止。⑥

概言之,20世纪90年代后期关于高考存废的争论不仅火药味极浓,而且社会影响颇大。同样的"功德无量",同样的"市场经济竞争原则",出现在坚持

---

① 详情请参阅刘海峰论文:《为什么要坚持统一高考》,载《上海高教研究》1997年第5期,第44~46页;《高考并非"一试定终身"》,载《高等教育研究》1997年第5期,第55~59页;《在理想与现实之间——三论坚持统一高考》,载《高等教育研究》1998年第2期,第66~70页;《高考存废与科举存废》,载《高等教育研究》2000年第2期,第39~42页。
② 雷颐:《教育与社会》,载《中国教师》2004年第2期,第5~8页。
③ 雷颐:《珍惜考试》,载《大学生》1997年第10期,第24~25页。
④ 黄光扬:《高考给我国社会带来更多的是福音》,载《中外教育》1997年第3期,第7~8、16页;瞿葆奎、熊川武:《论解读教育——兼论导致我国大陆"零诺贝尔奖"的主要原因不在教育》,载《北京大学教育评论》2003年第1期,第13~17页;顾卫临:《高考:还有更好的路可走吗》,载《瞭望》1997年第20期,第36~39页。
⑤ 孙绍振:《废除全国统一高考体制》,载《艺术·生活》1998年第6期,第8~13页。
⑥ 顾海兵:《中国高考制度批判:计划经济式的考试可以休矣》,载《中国改革》2001年第10期,第12~14页。

和废除统一高考两派观点中,争论之激烈、观点之对立由此可见一斑。对于统一高考这一适应中国国情与文化的招生制度,在没有找到一套行之有效的替代办法之前,若置高考积极的社会意义和巨大的历史作用于不顾,轻言废止乃至轻率行废,可能会造成比现有弊端严重得多的问题。①

(四) 21世纪初

2001年,教育部在东南大学、南京航空航天大学、南京理工大学等江苏省三所高校试行了"自主招生录取"改革。2008年试点高校已有68所。此次自主招生改革试点,由于是对长期以来以高考分数为唯一依据(保送生和特长生的招生除外)录取机制的挑战,出台后引起高校、中学、考生及其家长等各方密切关注,也引发了教育界关于自主招生的不少争论。

赞成者认为,只有不断加大自主招生力度,才有可能让更多有培养潜能的学生走进大学校门;自主招生扩大了高校办学自主权,改革了人才培养模式,注重了对考生的能力、素质的考查,而且能最大限度地挖掘高校办学潜力,提高办学效益。② 当然,赞成者对自主招生中可能出现的公平和诚信等问题也存在顾虑。在大多数人对自主招生改革方案叫好的同时,也不乏质疑者,认为自主招生有可能是对公平选才的一次严重冲击,经济原因已造成城市和发达地区学生的录取比例明显提高,抑制了低收入阶层子女从高等教育获益的可能性。③

值得一提的是,作为自主招生的一种方式,2006年4月初由复旦大学和上海交通大学两所院校试行的"面试招生",甫一出现便引发了社会大众和媒体的高度关注与争议兴趣,有人将其誉为高考制度改革的"破冰之旅",有人则感慨其乃"中国最后一道公平防线的失守"。④

毫无疑问,上海这两所高校实行的"面试招生"试点有其积极意义,不仅进一步突破了以往的"统考"模式,而且向整个社会传达了一种全新的多元选材标准。这种信息将通过录取"指挥棒"作用,直接影响中小学的教育教学观念和素质教育。"面试招生"作为高考多元化改革的一部分,如果其局限性得以尽量克服,还是值得继续试行的。但它不应向公众传递一种错误信息,即让他们误以为"面试"是唯一的取人标准,这既不符合实际情况,也将误导中小学教

---

① 郑若玲、杨旭东:《高考改革:历史与现实的思考》,载《厦门大学学报》2003年第1期,第108~114页。
② 周大平:《高校自主招生如何突破》,载《瞭望新闻周刊》2004年第17期,第56~57页;姚金琢:《高校试行自主招生制度有关问题的探讨》,载《中国高教研究》2003年第7期,第34~35页。
③ 庞守兴:《质疑高校自主招生改革方案》,载《教育发展研究》2003年第10期,第26~28页。
④ 详情请查阅 http://china.ynet.com/cn/view.jsp?oid=8444565 和 http://auto.jschina.com.cn/gb/jschina/edu/node6418/userobject1ai1223697.html 等网站相关内容。

育。事实上,此次自主选拔虽与高考脱节,但学生平时的学习成绩仍是主要的选拔标准,面试只是若干录取标准之一。就是在美国这种实行典型多元化招生的国家,面试也并非入学的必要条件,没有得到面试机会并不会在入学竞争中处于不利。①

二、高考改革的科举史观照

中国自古便是一个倚重考试的国度,有着久远的考试历史,被尊为"考试的故乡"。尤其是存续了1300年的科举考试,因其漫长的存在时间和广泛的社会影响,成为古代中国的社会重心,不仅对中国社会各方面产生深重影响,而且对古今中外各种考试制度的创建与发展也具有相当重要的启发与借鉴。现代高考②作为一种与古代科举有着基本相同的精神实质的大规模竞争性考试,在改革发展过程中遭遇的许多困惑与难题与科举有着惊人的相似,它甚至被比喻为"现代科举"。许多学者论及高考时,都不可避免要提及科举,更有一些成果直接对二者进行观照研究。这些论争既有激越之"攻"与冷静之"守"的巨大反差,也有唇枪舌剑、笔锋墨利的"你来我往",争得热闹纷呈,"打"得难舍难分。

(一)激越之"攻"与冷静之"守"

关于高考的统独存废之争,早在这一制度建制之初便已存在。到20世纪90年代中后期,随着高考弊端日重,学界对高考存废的论争更加激烈。也许是千年科举给国人思想打下了太深的烙印,有些人在抨击高考时,往往把科举作为反面教材搬出来,"不约而同地将高考与科举相提并论,似乎科举是十恶不赦的封建取士制度,而高考既然可以与科举类比,则可等量齐观,也应该加以废除。"③例如,有学者论及高考与创新精神的关系时,认为科举制度使中国封建社会长期停滞,使强盛的中华民族日益衰落,积弱成疾,最后病入膏肓,而高考与科举"并无大异",使中国教育死水一潭,是扼杀人才、泯灭民族创造力的罪魁祸首,废除统考制"就是要避免鸦片战争的历史悲剧重演"。④ 也有学者在对中国古代

---

① 郑若玲:《我们能从美国高校招生制度借鉴什么》,载《东南学术》2007年第3期,第156~160页。
② 特指全国普通高校本专科招生统一考试制度。
③ 刘海峰:《高考存废与科举存废》,载《高等教育研究》2000年第2期,第39~42页。
④ 冯增俊:《全国统一高考制度与中华民族创新精神》,载《华东师范大学学报》(教育科学版)2001年第4期,第26~31页。

教育制度进行历史反思后说:"当我们回忆起清末民初的教育改革是以废除科举制为突破口时,也就会联想到今天教育改革的突破口在于彻底改革高考制度。"并且流露出对因"文革"期间采行的推荐制在实施过程中发生较大偏差而"导致文革后高等学校招生考试制度的全面恢复"惋惜的情绪。① 更有个别文学工作者以骇人的标题词汇如"地狱"、"罪恶"、"自杀"、"罪魁祸首"等来吸引眼球,指出自鸦片战争至今百余年,中国古代的各项制度几乎全成了历史,唯有考试"野火烧不尽",认为现行的高考制度对学生、教师和家长都是"炼狱",并且"偷"走了国人的创造力,应尽早把高考"请进坟墓"。②

对于考试的存废问题,相比于上述激越乃至愤慨的"凌厉攻势",对教育与考试制度有较专深研究的学者们则"以静制动",多发理性冷静之音。例如,中国高等教育学科的"开山鼻祖"同时也深谙于教育史的潘懋元教授,在厦门大学2005年9月举办的"科举制与科举学国际学术研讨会"上指出,科举无论是在其存续期间或废止后,引发的争议史不绝出,中国自学考试制度的建立、公务员考试的开展,尤其是高考制度的改革,都在一定程度上反映了科举的直接或间接影响,科举的废止不等于科举制度没有历史价值和某些至今仍有现实意义的文化教育遗产;③ 他还认为,对中国古代政治、文化起过积极作用的科举考试,由于禁锢不前,到近代成为文明进步的礁石而不得不废止,在当今中国社会发展需求与高等教育越来越多样化的今天,统一、单一的高考制度变革也势在必行,但变革不能像百年前废止科举那样遽尔取消它,只能采取渐进的方式稳步推进、逐渐完善。④

对科举与高考均有精深研究并且首倡建立"科举学"的教育考试史专家刘海峰,则曾直接以《高考存废与科举存废》为题撰文,在对科举和高考的性质、考试形式与作用影响等逐一进行异同比较,以及分别论析了科举存废与高考存废后指出:"科举与高考对教育所造成的消极影响确有某些类似之处。但科举本身并不是什么坏制度,以往人们对科举的了解和认识不全面,不够客观。……以历史上废止科举的事例来作为当今废除高考的论据是不充分的。全面了解科举考试存废演变的历史,只能证明高考有其长期存在的价值和合理性。"⑤ 他认为,科举制的实质是用考试的办法来进行公平竞争,尽管有许多局限和弊端,但总比没

---

① 沈骊天:《中国古代教育制度的历史反思》,载《南京大学学报》1996年第1期,第175~179页。
② 舒云:《高考殇》,载《北京文学》2005年第10期,第4~35页。
③ 潘懋元:《科举盖棺未论定》,载刘海峰主编:《科举制的终结与科举学的兴起》,华中师范大学出版社2006年版,第1页。
④ 潘懋元:《从科学发展观看高考改革》,载《湖北招生考试》2006年第2期,第1页。
⑤ 刘海峰:《高考存废与科举存废》,载《高等教育研究》2000年第2期,第39~42页。

有标准的恶性竞争好得多。今人之视古人，犹后人之视今人。以往人们将清末废科举的激烈言论当作是古代多数人对科举的看法，这就好比当代只看主张废止高考一派的人提出的论点一样，认为高考罪大恶极，必须废除。如果只看一个时期一个方面的言论，后代人以为当今民众都认为高考是一种"人神共愤的考试"，而实际上当今多数民众和许多专家都认为高考是现代中国社会难得的相对最公平的一种制度。① 此外，刘海峰在《坚持统一高考》的系列论文中，也一再旗帜鲜明地主张坚持统一高考，认为科举虽已停罢，但考试这种选才方式却没有而且也不可能被废止，在中国的文化与教育国情下，以统一高考成绩来决定录取与否是最公平可行的办法，具有一定的必然性。②

其他一些学者也从各自的角度进行了历史与现实的观照研究，并殊途同归地提出维护高考的观点，例如认为：科举考试的公平与公正，是由国家主持的统一考试来保证，与科举制一脉相承的高考之公平精神与社会效益亦缘于统一考试，无论从科举考试的历史还是从目前中国的现实来看，都应坚持统一高考；③ 统一高考在演化过程中汲取了科举制之统考形式、公平选才、考试管理等方面的有益经验，对保障考试选才的公平公正性、维护弱势阶层和欠发达地区考生接受高等教育权利等发挥了不可低估的作用；④ 高考是在扬弃科举制的基础上，继承了其公开、公平、择优等合理内核，无论从经济的效率性、政治的公平性或文化的先进性来考察，高考都是当今中国最具比较优势的考试制度，"废除高考论"是贴着"解药"标签的"毒药"；⑤ 高考沿袭了科举公平竞争的精神，并将之发挥到前所未有的高度，将高考指责为造成诸多教育问题如重智轻德、片面追求升学率、学业负担过重等的"罪魁祸首"是不能成立的；⑥ 科举受到考试以外太多因素的制约，把科举制的失败完全归咎于其本身是不公正的历史结论，科举的制度虽已消失，理念仍在延续，因为社会对"公平选拔人才"的需要永远不会消失，

---

① 刘海峰：《知今通古看科举》，载《教育研究》2003 年第 12 期，第 57～61 页。
② 请参阅刘海峰：《为什么要坚持统一高考》，载《上海高教研究》1997 年第 5 期，第 44～46 页；《论坚持统一高考的必要性》，载《中国考试》1997 年第 5 期，第 27～29 页；《在理想与现实之间——三论坚持统一高考》，载《高等教育研究》1998 年第 2 期，第 66～70 页。
③ 郑若玲：《科举启示录——考试与教育的关系》，载《清华大学教育研究》1999 年第 2 期，第 12～16 页。
④ 张亚群：《从考"官"到考"学"——废科举后考试文化的变革与传承》，载《书屋》2005 年第 1 期，第 16～20 页。
⑤ 姜传松：《"废除高考论"："美丽"的曼陀罗》，载《大学·研究与评价》2007 年第 6 期，第 60～62 页。
⑥ 刘静：《科举制度的平等精神及其对高考改革的启示》，载《山西师大学报》（社会科学版）2002 年第 1 期，第 16～21 页。

高考制度关乎全民利益，涉及国家根本，绝不可轻率地变更；①继承了科举先进要素如公平、择优等的高考制度虽有其弊端，但取得的成绩是显著的、主要的，对高考称赞也好，指责也罢，都应抱着为了更好地发挥高考的选拔与测评功能和对中学教育的正确导向功能的态度，而不是破旧立新，"不要在倒掉脏水之时把孩子也一起泼掉了"；②科举的历史充分说明，考试是选拔人才的最佳途径，废除考试制度危害更大，当务之急不是废除高考，而是加大改革力度。③

在查阅文献的过程中，我们发现，"以科举之废论断高考当废"之人只是极少数，而主张"思科举之长改高考之短"的观点则俯拾皆是，说明学界大多数对科举的评价还是较为客观冷静，对高考也是大体拥护的。例如有人认为，科举因制度而存，因内容而亡，观照科举考试内容对其制度存废的影响，于当今高考改革不无借镜；④高考与科举有类似之处，但也有本质区别，以妖魔化科举来妖魔化高考是不正确的，高校招生考试的一些做法如分地域招生、加分制度等不合理之处，均可从科举制度中得到启发予以改革；⑤科举已废，但它所体现的考试选拔人才的客观、公平、公正仍值得借鉴和继承，社会上改革高考的呼声很高，但公众的普遍认识是：高考改革是其自身的完善和进步，而不是对它的否定；公平正义是高考的根基和立足点；⑥主张统考者与主张废考者争论的焦点实际上是高考能否兼顾考试的公平性与科学性，科举的历史考察和高考的现实论证均表明，当二者发生冲突时，最终结局往往是公平优先，高校招考制度有关追求选才科学性的改革都必须在确保考试公平性的前提下进行，否则这项改革就很可能会失败。⑦

此外，由于高考与科举一样都利弊显著，一部分人因此对高考抱有一种"又爱又恨"的矛盾心态。例如，有人认为高考和科举一样，不仅是选拔人才，而且是社会流动最核心的制度性管道之一，作为当代新科举，高考承担了社会缓冲阀的功能，给底层精英以向上流动的指望，使社会"不至于崩溃"，高考制度是当今中国仅有的几个基本剔除了人为因素的刚性制度，满足了一般老百姓对"程序公正"的需求，而这正是高考改革的"瓶颈"所在，但"就形式化和非人

---

① 裴云：《高考的历史传承、现状及其未来走向》，载《湖北招生考试》2006年第6期，第25～29页。
② 董泽芳：《不要把孩子和脏水一起泼掉》，载《湖北招生考试》2007年第4期，第1页。
③ 张意忠：《科举存废与教育兴衰》，载《当代教育论坛》2004年第8期，第130～131页。
④ 郑若玲：《科举学：考试历史的现实观照》，载《厦门大学学报》2000年第4期，第90～95页。
⑤ 康珂：《从科举制的兴衰探讨当前高考改革的走向》，载《时代经贸》2007年7月第5卷，第175～176页。
⑥ 郑朝卿：《高考文化建设和高考人文精神》，载《中国考试》2007年第7期，第9～13页。
⑦ 罗立祝：《公平性与科学性：高校招生考试制度改革的两难选择》，载《湖北招生考试》2005年第10期，第4～10页。

格化而言，如今的高考比当年的科举还厉害"，因此，高考是一个"迫不得已的荒谬制度"，"是地狱，又是天堂"，是"一头让人哭笑不得、又无可奈何的怪物"。① 从这种跃然纸上的对高考"爱恨交加"的矛盾心态，隐约可见一种"恨铁不成钢"的对迫切改革之诉求。

（二）唇枪之"来"与舌剑之"往"

学界对高考存废问题的研究，不仅呈现出大量学者的"单打独斗"，成果颇丰，而且出现了"打擂台"式的正面交锋或商榷，你来我往，热闹非凡，社会影响也随之弥散。早在20世纪90年代中期，主张"严进严出"的刘海峰与主张"宽进严出"的唐安国便针对高校招生考试的"宽进严出"问题进行过数番"笔战"②。此后，针对某文学工作者情绪化地片面强调高考的弊端，提出应将高考尽早"请进坟墓"，刘海峰指出："不研究高考的人往往是高考改革的激进派，研究高考的人往往是高考改革的稳健派。"例如，关于"高考并非计划经济产物"，是一个早在十多年前便已为教育界辨析清楚的问题，但到最近还不时有人说高考是"计划经济的最后一个堡垒"，既然中国已走向市场经济，统一高考这一计划经济的产物也就"可以休矣！"③ 以此例说明，由于高考改革的复杂性，若不是在认真研究或全面思考的基础上，所言便可能脱离实际。他认为，既公平客观又不诱导片面应试，是人才选拔中的一个千古难题，历史上不绝于耳的科举存废之争即说明了这一点，古往今来的实践一再证明，实行考试制度有其弊端，所谓"立法取士，不过如是"，但废止考试必将造成更大的祸害，高考并非万恶之源，而只是各种教育及社会矛盾的集合点，并不是废止了高考，教育问题就可以迎刃而解，如果高度重视甚至过度重视教育的文化传统没有改变，重人情与关系的社会氛围没有改变，诚信体系没有建立起来，即使将高考"送进了坟墓"，不久后还得将它重新请出来。④

此外，冯增俊针对郑若玲研究科举考试与教育的关系后所得出的启示"在处理考试与教育的关系问题上正确的做法不是废除高考，而是改进考试的内容和形式"，⑤ 反驳说统考制度"强行要求全国数百万学生都按照一个步调受教育，都只能读同样的书……极大地扼杀了儿童创造性"，"以往那种以维护旧文化、

---

① 许纪霖：《高考制度：迫不得已的荒谬？》，载《中国新闻周刊》2005年第27期，第65页。
② 郑若玲：《"举国大考"何去何从》，载《招生考试研究》2007年第1期，第1~8页。
③ 顾海兵：《中国高考制度批判：计划经济式的高考可以休矣！》，载《中国改革》2001年第10期，第12~14页。
④ 刘海峰：《高考并非万恶之源》，载《北京文学》2006年第1期，第125~127页。
⑤ 郑若玲：《科举启示录——考试与教育的关系》，载《清华大学教育研究》1999年第2期，第12~16页。

少数人剥夺大多数人发展权利的选拔型的全国统考失去了最后的存在基础"。①对此，郑若玲进行了辩论，认为统考制度的确存在一些缺陷，但说它强行要求学生"按照一个步调受教育"的观点有失偏颇，鉴于普通教育知识学习的基础性，从提高考试效率的角度看，与其说是统考制度强行要求学生读同样的书，不如说是考核范围的基本相同选择了统考；"扼杀创造性"的观点也以偏概全，即使在被认为是统一考试"最大受害者"的语文作文考试中，富有创造灵性的作文并不鲜见；②维护公平是高考制度存在的"立基"，在目前中国的国情下，确保教育资源（尤其是优质教育资源）竞争的公平乃第一要义，高考制度存在的根基并未被动摇，我们不应贸然抛弃而应坚守现有的相对最科学、合理与公平的统考制度。③

高考存废之争不仅局限于中国大陆的学者，客居海外的学人也加盟其中，使这一本来就颇为热闹的领域因增添了"域外色彩"而有新"看点"。旅美学者黄全愈近年来在国内关于高考的论争中表现活跃，在高度推崇美国"高考"的同时，认为中国"很不合理"的高考已为人们所"深恶痛绝"，"绝大多数人会同意取消高考"；高考这个"风向标"引导着中国教育"残酷"地培养一流的"考生"；取消高考的关键，是"建立一套全新的评价体系"；④云云。对此，孙东东、张亚群、郑若玲等都曾撰文提出不同看法，孙东东认为中美两国的教育资源、经济基础和政治体制都不相同，以美国的高校招生制度抨击我国的高考是一个高考认识的"误区"；⑤张亚群认为黄氏对中美考试功能与方法的解释以及对中美基础教育的评价都犯了"以偏概全"的错误，比较中美"高考"制度的得失，必须顾及二者赖以产生的社会土壤；⑥针对黄氏提出"要不要取消高考已经不是问题，而能不能取消高考才是人们举步不前的主要顾虑"，以及我们的社会和考试文化"仍在为落后的'八股'、没落的高考推波助澜、摇旗呐喊"，并且以百年前张之洞废科举的奏请来隐喻废除高考的必要性等，郑若玲指出："'要不要取消高考'恰恰是关乎教育发展和考生利益的重大问题，高考既不是落后的'八股'，也不是没落的制度，现代高考与古代科举虽同构但不同质，在二者

---

① 冯增俊：《全国统一高考制度与中华民族创新精神》，载《华东师范大学学报》（教育科学版）2001年第4期，第26~31页。
② 郑若玲：《科举、高考与社会之关系研究》，华中师范大学出版社2007年版，第269页。
③ 郑若玲：《"举国大考"的合理性——对高考的社会基础、功能与影响之分析》，载《高等教育研究》2007年第6期，第33~37页。
④ 黄全愈：《"高考"在美国》，北京大学出版社2003年版。
⑤ 孙东东：《走出高考认识误区，推进高考实质性改革》，载《湖北招生考试》2004年第10期，第4~9页。
⑥ 张亚群：《"高考"比较岂能以偏概全》，载《湖北招生考试》2004年第10期，第10~14页。

之间随便画等号是不恰当的。……深思我们制度的利弊，提出适合中国国情的改革建议，比一味地用他国的做法指责中国的考试制度，可能对改革高考更有助益。"①

针对上述异议，黄全愈又撰文回应，认为自己争论的不是要不要高考，而是认分还是认人，亦即以"考"为本还是以人为本的问题。② 黄氏的回声又引发了张亚群更为锐利的"应答"，认为黄氏所言不过是"遁辞"，他们之间争论的焦点"根本不是什么'教育以考为本还是以人为本'的问题，而是'高考改革是以美国模式为本，还是以中国实际为本'的重大导向问题"。除一一"回击"黄氏针对自己前文所提异议外，张亚群强调，为高考改革建言"仅有善意是不够的；还必须论证这些建议是否符合客观实际，是否符合教育和考试演化的规律"，认为学习国外的先进经验必须结合国情。③

有趣的是，这场以针对黄氏观点为开场的激烈"笔战"，最后的"斗士"却非黄氏本人，而是近年来不时"批判"高考的经济学人顾海兵。顾氏读了孙东东等人对黄全愈的异议后"路见不平，拔刀相助"，遂从"半路杀出"，针对异议逐一替黄氏作答，说"高考不是问题，统一高考是个问题"，认为孙东东所言的误区，非但不是误区，而且是正区，说"文革"取消高考造成后门成风"完全是一个伪问题"，甚至以取消统一强制婚检为"启示"来论断统一高考的"去向"，认为统一高考一日不改，中国的核心竞争力便一日不可能强大。此外，顾氏还以孙东东坚持统一高考的态度来"猜测"其"动机"是欲以此"保持与显示北大（注：孙东东乃北大教授）的'高考霸主'地位"！④

（三）余音

有关考试存废之争的各种观点表现出的激愤的抨击也好，坚定的维护也罢，冷静的思索也好，无奈的喟叹也罢，无不体现了高考在当今中国教育领域乃至中国社会的重大影响，反映了考试与社会的关系是一个永恒的命题。随着中国高等教育大众化和多样化的发展，虽然"上大学"已基本上不是问题，作为高校招生主要途径的高考，本当越来越淡出民众的视野，但由于高考在担负为高校选拔合格新生的原始任务的同时，还"身兼数职"，具有教育、文

---

① 郑若玲：《高考改革与公平》，载《湖北招生考试》2004 年第 10 期，第 15～20 页。
② 黄全愈：《教育以"考"为本还是以人为本？》，载《湖北招生考试》2005 年第 2 期，第 4～8 页。
③ 张亚群：《高考改革三问——兼达黄全愈教授》，载《湖北招生考试》2005 年第 10 期，第 36～41 页。
④ 顾海兵：《高考与统一高考之辩——兼与孙东东教授商榷》，载《湖北招生考试》2005 年第 2 期，第 9～16 页。

化、政治和经济等多项社会功能①。换言之，高考不是单纯的教育问题，这项教育考试制度表象的背后，蕴涵着重要的社会功能，使高考承载着远远超出自身所必须承载的社会责任。相应地，高考重大的社会影响也不会在短期内弱化，存废之争必将继续。

作为一项在中国历史上曾长期存在过的考试制度，科举在考试领域留下了深刻的印痕，其对当代考试的影响波及文化、制度与技术各个层面。由于古代科举性质复杂，现代各种考试制度差不多都能在其复杂多样的形式和性质中找到自己的雏形或粗坯，想要追溯自己的历史渊源，就不得不回到科举那里去，科举学因此具有强烈的现实性。② 其实，不仅是存废问题，高考的其他问题如录取的区域公平、考试与教育的关系、考试科目与内容、考试防弊等，也都与科举的遭遇有惊人的相似之处，均可从科举史中或寻得宝贵的经验与教训，或得到深刻的启发与借鉴，这将使科举学研究的现实意义更加凸显。

考试是一把人才选拔的"双刃剑"，也是我国存续了数千年之久的一笔珍贵的制度文化遗产。刘海峰在对科举进行深入研究后指出："有必要终结盲目批判科举的时代，中国应该进入一个理性评价科举、重新认识科举的时代。"③ 这一说法同样可以借用到高考评价上。我们需要做的，不是动辄以激越的情绪批判高考，而是以全面、冷静、客观的态度，理性地评价、认识与改革之。因为，"站在批判考试弊端的立场上，全盘否定现有考试制度的长处，这无异于英国产业革命初期毁坏机器的运动。文明所带来的弊害不是通过消灭文明来消除，而应是更好地利用文明。"④ 显然，在没有找到更佳的选材方法前，我们不应贸然抛弃而应坚守现有的相对最科学、合理与公平的高考制度。

第二节 高考评价的历史脉络

"高考的建制，可谓是中国现代教育考试史上的一项伟大创举。"⑤ 它的出现既有传统文化的影响，也有建国初期中央集权计划经济体制下总体工作思路的影响，但最重要的是为了适应当时教育形势下高校招生、国家人才培养的需求。高

---

① 郑若玲：《高考的社会功能》，载《现代大学教育》2007 年第 3 期，第 31～34 页。
② 郑若玲：《科举学：考试历史的现实观照》，载《厦门大学学报》2000 年第 4 期，第 90～95 页。
③ 刘海峰：《终结盲目批判科举的时代》，载《东南学术》2005 年第 4 期，第 41～46 页。
④ 国家教委考试中心编：《美日法人才选拔与考试方法》，人民邮电出版社 1994 年版，第 59 页。
⑤ 刘海峰等著：《中国考试发展史》，华中师范大学出版社 2002 年版，第 331 页。

考制度的发展历程是一部曲折、跌宕的历史,它遭受过毁灭性的打击,一度废止11年,但幸运的是它在1977年得以恢复。在社会转型,国家逐步建立社会主义市场体制的今天,高考制度仍在不断地改革创新。在高考制度的不同发展阶段,人们对它的关注侧重点不相同,对它的认识、评价也不一样。从总体来看,随着高考制度改革发展的推进,人们对它的认识逐步深入,评价则逐步走向多视角、多维度。

一、创建与初步发展阶段(1949~1965年)

统一高考的建制与建国之初人们对当时的经济、政治、教育形势的认识密不可分。新中国建立后,中央人民政府面临的主要任务是接管和改造旧中国遗留下来的工厂、商社、学校等一切组织,重新建立社会主义性质的新中国经济体制和教育体制。建国头三年高校独立招生、联合招生呈现出的生源质量不平衡、报到率不高、考生投考困难等弊端促使1952年统一高考制度的诞生。作为新型高等教育制度重要组成部分的全国统一高考制度,在建国后数年间几经讨论,直到1959年真正得以确立而不再是一项过渡政策。在1952年实行统一高考后,对高校招生实行统一招考还是学校单独招考,进行了长达5年时间的讨论。高考制度如何处理考生文化考试成绩与政治素质的关系是这一时期的关注重点,"政治挂帅"与文化考试的争论是这一阶段的重要主题,时局的变化影响着争论的结果,影响着招生政策的动向。

(一) 为何要建立统一高考制度的相关认识

新中国成立之初,高校独立招生中涌现出种种混乱的问题,如为了提高命中率,考生通常会报考几所大学,从而各校的新生报到率不均衡,有的低到20%;考生要报考几所学校得按不同学校不同标准来准备,多次参加考试;独立招生,学校设的考点少,为报考心仪的大学,考生常常要跨省甚至跨区考试;等等。这种情形下,高校新生没有统一的质量标准,而且造成极大的浪费。

可以说,对以上问题的认识是促使统一高考制度建立的重要原因。创建统一高考制度的另一个直接原因是当时生源严重不足,且各地不均衡,不利于国家招生计划的完成。1953年9月18日,中央高等教育部副部长、全国高等学校招生委员会副主任委员曾昭伦谈到:"为什么全国高等学校要统一招生呢?这是因为一方面国家各种建设事业迫切需要大量的高级建设人才,一方面全国高级中学的毕业生数太少,这是一个很大的矛盾。……而解决这个问题的办法就是全国高等学校统一招考。这种做法的好处有三点:第一,可以有计划地增加学生来源。第二，通过统一招考和有计划地分配录取新生，既可以保证国家重点建设的需要，同时也可适当地照顾各种建设事业的需要。第三，在目前，个别学校招生容易产生对学生程度要求太高而脱离实际，或是过分降低录取标准而影响培养高级建设人才的质量偏向。通过统一招生，则可以适当地保证招收新生的质量"。①

1954年5月25日《人民日报》社论也提到了高校招生工作中存在的三个根本问题："第一，是学生来源不足。高中毕业生是新生的主要来源，而1952年高中毕业生仅相当于招生任务的百分之六十五，1953年为百分之七十六，今年为百分之七十七。第二，各大行政区高级中学毕业生的数量和各地区高等学校招生任务不平衡。如有些地区，招生任务大而学生来源少，有些地区，则招生任务小而学生来源多。第三，学生志愿和适应国家全面需要的招生计划有很大距离。学生志愿多半集中在少数学校和少数系科，很多系科和学校的招生要求无法实现。"② 社论指出，这些问题的解决必须采取统一招生的办法，有步骤地加以解决。

由此可见，统一高考制度是作为一个解决问题的工具出现的，增加学生来源、协调学生志愿与国家建设的需求、保证新生质量均衡是当时对统一高考制度能发挥的作用的认识。在这样的统一招生制度下，满足国家培养建设人才的需要放在第一位，个人的升学志愿只能是在有计划分配下的适当照顾。这种解决问题的思路与当时计划经济体制下的工作思路高度一致。

（二）关于"政治挂帅"与文化考试的论争

1957年之前，"政治挂帅"与文化考试的论争带有工作研究的性质，1957年之后的论争则具有明显的政治色彩，是阶级斗争扩大化在高校招生工作中的反映。前者的结果是形成了持续数十年之久的全国统一招生考试的工作体制，后者则导致停止招生、废除考试的严重恶果。③

1949年12月，第一次教育工作会议上确定了教育要以工农为主体、学校应该多吸收工农的子女、高校要为工农青年大开门的指导方向。高校新生中，工农出身学生所占比例一直是一个敏感的话题。学生的政治成分、政治出身是一个重要的考查项目，对考生进行政治审查是高考制度中非常重要的一部分。高考制度用文化考试选拔新生的方式，常常受到"左"倾思潮的责难，1949~1957年高校招生争论的核心问题是学校单独招生考试还是全国统一招生考试，而1957年

---

① 曾昭伦：《为全部实现高等学校招生计划而努力》，载《人民日报》1953年9月18日，第3版。
② 《努力完成今年全国高等学校的招生任务》，载《人民日报》1954年5月25日，第1版。
③ 《中国当代高考史话（1949~1999）》（四），载《辽宁招生考试之窗》2004年2月5日（http://www.lnzsks.com/ExamineeContent.jspa?channelid=1585）。

之后斗争的焦点转移到是肯定还是否定文化考试在招生中的作用。

1957年反右斗争严重扩大,高考受到了严厉的批判。《人民日报》发表社论说:"在招生工作中,各级招生机构和高等学校,没有紧紧依靠党的领导,政治没有挂帅,有严重脱离政治的错误倾向。不是以政治质量为首要条件,结合政治条件和学业成绩择优录取新生,而是单纯按照学科文化考试成绩高低依次录取。政治课考试的方向也不明确,脱离了现实斗争,思想性不强,确有鼓励青年死啃书本的现象。"① 教育部在检讨中提出了这样几个需要弄明确的问题:"第一,招生工作是谁去主考?是资产阶级去主考,还是无产阶级去主考?第二,考什么?是主要考文化程度,还是考政治,同时也考文化程度?第三,考试题目,政治课考题叫人去背书,还是叫人去参加现实的斗争?"②

因此,1958年改变统一高考制度为分省、自治区、直辖市命题的同时,政审标准也变得严格起来。1959年对1958年政审标准过严有所调整。1961年,在"调整、巩固、充实、提高"的"八字方针"下,考生的文化素质受到重视。1962年,根据周恩来的指示修订了政审标准,家庭出身不作为决定因素,主要看本人表现,对机要、绝密专业目录也进行了审定。1961年、1962年考生的文化质量有所提高。

1963年5月,中共中央发出《关于目前农村工作中若干问题的决定(草案)》。《决定》认为,"当前中国社会中出现了严重的尖锐的阶级斗争情况","要求重新组织革命的阶级队伍"。③ 这种政治形势的变化,很快就波及高考。1963年8月4日,山东省一封来信,指责教育部1962年的招生忽视新生的政治质量,违背阶级路线。④从1964年开始高考急剧"左转","以阶级斗争的观点进行政治审查工作",实行考试与推荐相结合,规定政治思想好的产业工人、贫下中农及其子女、烈士子女、参加二年以上工农业生产或其他体力劳动的考生、报考师范院校的中小学教师达到最低录取分数,即优先录取。⑤ 当时所强调的"突出政治"或"政治挂帅",一是强调或突出家庭出身、政治思想表现及参加生产劳动的实际经历在录取选拔中的作用;二是强调或突出推荐作为选拔手段的作用。这种"转向"的终点或极端,就是以工人、农民(贫下中农)、解放军战士为招生对象,采用推荐的方式选拔大学新生。

综上所述,在当时看来高考制度建制的重要原因是协调招生计划与生源供应的不平衡及各地招生结果不均衡问题。1958年的暂停虽有制度本身存在缺陷的

---

① 杨学为编:《高考文献》(上),高等教育出版社2003年版,第329页。
② 杨学为、于信凤主编:《中国考试通史》(卷五),首都师范大学出版社2001年版,第58页。
③④ 同上,第61页。
⑤ 同上,第62页。

原因，但从当时的领导发言来看，认为生源已充足是一个重要的影响因素。国家需求及政治素质是这一阶段关注的重点，对公平问题的关注主要是1977年恢复高考之后的事情。这一阶段的主要言论基调是"满足国家招生计划；按国家建设对专业的需求而调配考生志愿；均衡各地教育水平的差距"。以此看来，统一高考制度确实是计划经济管理体制在教育方面的应用。正如计划手段在物质紧缺时代可以集中力量、节省协调过程的能耗从而促进经济发展一样，统一高考制度在建国之初生源严重不足，且各地情况极其不均衡的形势下，对完成高校招生任务，协调考生志愿与国家建设需求方面起了重要的作用。这一阶段重视文化考试的声音十分微弱，只有在政治风平浪静的时候才有可能加强。而重视新生政治质量的声音却十分强大的，甚至是压倒性的。

有学者在探求统一高考制度的形成原因时认为，"1952年统一高考制度的建立，是在各种内、外因素的共同作用下，中国近现代高校招生考试制度的一次量变积累后质的飞跃"，"是一定历史时期社会需要与考试自身发展规律相结合的产物"。完成国家干部培养计划、协调院系调整后的高校招生是其建立的主要外部因素；科举传统文化的影响、大规模考试对公平效益的追求是其建立的内在因素。统一高考对于当时高校选拔合格新生、平衡各地教育水平、改善教育布局、提高教育质量，以及实现国民教育机会均等，都起了相当大的作用。①

二、"文革"中高考中断时期(1966～1976年)

"文化大革命"一开始，高考制度立刻成了教育领域的革命突破口。自1966年起高考制度一停就是11年。"文化大革命"时期是一个以政治运动为主导的非理性时期。人们对高考制度的评价带有浓重的、狂热的政治色彩，文化考试遭受猛烈的攻击。

1966年4月6～14日，高教部在北京召开了高等学校招生工作座谈会，少数人在"左"倾思想的影响下，形成了否定招生、考试的系统观点，认为从德、智、体三方面来选择新生是"三元论"，没有从根本上突出政治，是"分数挂帅"；中学片面追求升学率，满脑子分数观念；分数成为一些人向上爬的阶梯。一分之差决定"上天（上大学）"、"入地（下乡种地）"、"穿草鞋、穿皮鞋"，是产生修正主义的祸根；考试工作是阶级斗争的一个重要阵地，它关系到培养什

---

① 郑若玲、杨旭东：《高考改革：历史与现实的思考》，载《厦门大学学报》（哲社版）2003年第1期，第108～114页。

么人的问题,关系到与资产阶级争夺下一代的问题;命题、评卷的领导权掌握在资产阶级专家手里。教育的目标应该是培养有社会主义觉悟、有文化的劳动者,而现在培养的实际上是有一点觉悟,能参加一些劳动的精神贵族,这是扩大三大差别。这样考下去,中国的下一代要"和平演变"了。因此,座谈会对高校招生工作形成以下三点建议:其一,全部招收劳动知识青年,"从工农群众中选拔"。高中毕业生先下乡,"在劳动中滚上两年,再考大学"。其二,要通过群众路线的办法选拔新生,如保送、推荐加考试等。其三,哪里来毕业后回哪里去,可以当干部,也可以当工人、农民。① 这些论调和观点,在随后全面开始的"文化大革命"中发挥到了极致。

"文化大革命"开始后,对统一高考制度进行批判的信件、文章纷纷见诸报端。"文革"早期,青年学生首当其冲对高考制度开展批判。例如,北京女一中高三(4)班给党中央毛主席的信中写道:"我们认为现行的升学制度,就是中国封建社会几千年来的旧科举制度的延续,是一种很落后的、很反动的教育制度……实际上是在扩大并延续体力劳动和脑力劳动、工人和农民、城市和乡村这三大差别。"信中还列举了许多高考制度的具体罪状——使许多青年不是为革命而学,是为考大学而钻书堆,不问政治;使许多学校片面追求升学率,专收高材生,为一些只钻书本、不问政治的人大开方便之门,把大批优秀的工农、革命干部子女排斥在外;对德、智、体的全面发展起严重的阻碍作用,特别是智育。他们认为,这种升学制度,是为资本主义复辟服务的,是造就新资产阶级分子、修正主义分子的工具。②

这封信得到了其他学校学生的积极响应。北京四中师生响应女一中倡议,在给全市师生的倡议书中,表示拥护废除现行高考制度。③ 长沙一中高三(3)班团支部给共青团写信倡议就高考制度问题展开大讨论,要"彻底摧毁'升学考试'这座资产阶级教育制度的顽固堡垒"。信中列出了升学考试制度的21条罪状,认为高考制度是封建科举制度的流毒和变种,为推行资产阶级教育路线大开方便之门,是修正主义教育制度在中国的产物,贩卖反党反社会主义的资产阶级黑货,把一些牛鬼蛇神和会猜考题的投机的家伙捧上天,对贯彻阶级路线阳奉阴违,歪曲重在表现的政策;束缚学生"生动活泼主动的学习",压得学生喘不过气来,使他们埋头于书本之中,钻入业务迷魂阵,根本没有时间和精力投身三大

---

① 杨学为、于信凤主编:《中国考试通史》(卷五),首都师范大学出版社2001年版,第71~73页。
② 《北京女一中高三(四)班学生决心做彻底革命新一代——满怀激情写信给党中央毛主席,建议从今年开始废除旧的升学制度》,载《中国青年报》1966年6月18日,第3版。
③ 《北京四中革命师生响应一中倡议——给全市师生的倡议书》,载《中国青年报》1966年6月18日,第3版。

革命运动；提倡侥幸取胜，临时抱佛脚，教师为升学而教，学生为升学而学，阻碍青年学生思想革命化。① 学生们这些信件，狂热而尖锐，政治、阶级是评价的主要用语。"片面追求升学率"给学生带来的沉重压力，这个时期也用上了阶级斗争的话语来阐释。"片面追求升学率"问题，在"以阶级斗争为纲"的"文化大革命"时期就成了"修正主义路线"和"复辟资本主义"等问题。

"文化大革命"期间，对高考制度的批判依然猛烈，此时的高校招生工作被当作争夺下一代的阶级斗争，报刊上满是以激烈的言词对高考制度的批判。刚开始还只是中学生出来批判，后来高校也成立了专门的革命小组。如同济大学的"五·七"公社指出，"招生工作，是教育革命的一个重要部分，实质上是一场社会革命。……旧招生制度是'高分录取'、'不分阶级'、'一张考卷定终身，工人农民莫进门'。这种资产阶级知识分子出题、打分、说了算的招生考试制度，必须彻底废除。"② 北京大学的革命小组则表态："通过上一阶段的招生工作的实践，我们深深体会到，招生制度的改革是无产阶级教育革命的重要一环。学校究竟为谁服务，为哪个阶级培养接班人？这是教育战线上两个阶级、两条道路、两条路线斗争的焦点，它又首先表现在招生问题上。……在选拔学员时必须坚持无产阶级政治挂帅，政治和业务统一，反对草率从事，降低要求。在招生中，学生的政治思想条件是第一位的，但是，对文化水平、健康状况等也应当进行认真审查，严格掌握。那种不讲文化水平、身体健康等必要条件的错误做法，都是不利于培养无产阶级革命事业接班人的。"③

这一时期，也不乏个人批判高考制度："招生制度改革是整个教育制度改革的重要一环。在学校这个阵地上，两个阶级、两条路线的斗争，首先集中地表现在招生上。几千年来，学校大门都是朝着剥削阶级开的，是为地主资产阶级培养接班人的。无产阶级文化大革命把它翻了过来。按照无产阶级的要求实行招生，这是一场深刻的社会革命。……过去，在修正主义教育路线的统治下，高校在招生中，大搞'分数挂帅'，鼓吹'分数面前人人平等'，实际上是对劳动人民实行资产阶级的文化专制。……'分数线，分数线，工农兵的封锁线！'"④ 有人在观看了故事影片《决裂》后，对影片里面招生站的一场戏发表了自己的感想，认为这场戏引发的问题"大学生究竟是直接从中学生中挑，还是从有实践经验的工人农民中招"实质上是办学的阶级路线问题，教育的政治方向问题。高考，

---

① 《彻底摧毁资产阶级教育制度的顽固堡垒》，载《中国青年报》1966年6月19日，第2版。
② 《同济大学"五·七"公社 依靠群众 开门招生》，载《人民日报》1970年8月22日，第3版。
③ 《北京大学革命组 坚持政治和业务的统一 全面掌握招生条件》，载《人民日报》1972年3月4日，第2版。
④ 李志华：《大家都来关心高校招生》，载《人民日报》1970年9月21日，第1版。

是资产阶级设下的森严的关卡,在"分数面前人人平等"的烟幕下,继续对工农群众实行资产阶级文化专制;高考,又是资产阶级手中的指挥棒,驱使青年去走"读书做官"的邪路,去爬那个"小宝塔",即通向资产阶级精神贵族的阶梯,成为复辟资本主义的社会基础。①

从上面的叙述不难看出,只有在以能力为选才标准的时代,考试才会得到应有的重视和地位。在那个一切以政治为标准的年代,即使是北大等中国最高学府也不得不以政治挂帅,然后才能谈业务水平。这个时期关注的焦点是学生的出身,强调工农出身学生所占的比例,而学业、知识被忽视,或被认为是资产阶级的代名词。

三、恢复与改革时期(1977年至今)

1977年,随着"四人帮"垮台、"文化大革命"结束,高考制度在邓小平的主持下得以恢复重建。由于拨乱反正,1978年之后几年的招生工作"一路顺风"。人们奔走相告恢复高考的喜讯。但就在人们沉浸于恢复高考的欢乐中还没有完全缓过神来的时候,关于"片面追求升学率"、"一考定终身"、"高分低能"的批评又开始连篇累牍见诸报刊,引起社会各界的广泛关注。恢复高考之初的几年,批判"四人帮",肃清"左"倾错误,使考试工作全面拨乱反正是主要内容。进入20世纪80年代之后,高考对学生成才、中学教学、高校选才的影响则成为人们关注的热点,批评往往也是从这些角度出发。

统一高考制度的恢复把"文革"前已经存在的"片面追求升学率"的矛盾也恢复了。高考制度恢复不久,报刊上便出现了一些报道"片面追求升学率"的文章。1979年10月16日《光明日报》发表的《"大突击"景象散记》,报道了北京市一些中学进入高中毕业年度,教学开始"大突击",高考不考的内容就不讲,学生过着单调而紧张的生活,各种复习材料越出越多,各种考试纷至沓来,而毕业班"把关"的教师更苦。《中国青年》1981年第20期发表的调查摘要《羊肠小道上的竞争叫人透不过气——来自中学生的呼吁》,"编者的话"指出,高考制度的恢复极大地激发了广大中学生的学习热情,也鞭策着中学教育工作者为培养人才付出辛勤的劳动,这些对推进祖国教育事业的发展发挥了积极的作用。然而一种片面追求升学率的倾向却在滋长,在发展。叶圣陶先生看了这篇调查报告摘要后,发表了《我呼吁》,呼吁教育部门的同志、学生家长、出版部

---

① 陈冠柏:《从招生站的一场斗争说起》,载《人民日报》1976年1月18日。

门为解决"片面升学率"问题而努力。①

20世纪80年代中期到90年代初，人们对高考制度评价的积极方面，一是肯定了恢复高考制度对调动广大青少年勤奋读书、促进社会风气好转所起的重要作用。二是认为高考制度具有公开性和公平性的特点，在国家选拔和培养人才中起着重要作用。而对高考制度的批评意见则是多方面的，主要集中在高考制度的选才科学性上。首先，人们认为凭一张考卷来定终身，单纯凭考试成绩录取学生的招生制度，弊端越来越明显，往往会使一批确实有水平和能力的学生被拒之高等学府门外。其次，许多学校的人才观就是"考试观"、"升学观"。统一考试成了一根指挥棒，引导学校片面追求升学率。片面追求考分的倾向，不利于按照我国现代化建设的需要多层次、多规格地培养人才。高考成了评价中学教育的唯一标准，使许多学校和学生一切围绕高考转，造成学生知识结构残缺不全，文化基础打不好，基本技能没学会。它不利于拔尖人才脱颖而出，无法全面考查学生的天赋、智力、气质和发展潜力，难免埋没人才。

20世纪90年代中后期，特别是21世纪之后，高考制度进入了一个全面改革的时期，随着考试制度研究的兴起，人们对高考的评价及看法走向多样化，与时代发展主题密切联系。考察近年的评价观点可以看到，人们普遍的关注点主要集中于：重视从传统文化中寻找改革的力量，从研究科举制度兴衰的历程中汲取经验与教训；行政权力在高考中如何起作用；市场经济来临，统一高考制度是否仍然适用；当前高考制度的公平性、科学性如何；高考制度有哪些优势与不足；高考应该如何改革。此外，"创新"、"和谐社会"、"科学发展"、"以人为本"等时代观念常被用来分析高考制度，以探求高考制度的改革方向。伴随着改革，废止统一高考的声音也时常可以听到，有的言辞还相当尖锐激烈。高考制度进入了改革的关键期，高考制度的科学性与公平性同时成为关注的热点，也是人们评价高考制度的主要视角。

综上所述，50多年来的高考制度评价展现了人们对它不断深入的认识过程，这些评价也充分体现了时代特征。高考制度建立头几年，作为完成"国家招生计划"、协调"地区差异"工具出现的它并没有立即得到认可。当时的教育部只把它当作过渡方案，而把独立招生当作发展方向。但统一高考制度适应了当时的现实需求，最终确立下来。20世纪五六十年代，高考制度的文化考试时常受到"左"倾政治因素的干扰。到了"文革"时期，高考制度被极端的政治话语评价所击倒，一度停废11年。"文革"结束后，1977年高考制度的恢复使教育恢复了正常的秩序，更带动了整个国家由乱而治，社会步入正

---

① 杨学为、于信凤主编：《中国考试通史》（卷五），首都师范大学出版社2001年版，第125页。

轨。然而，当人们还没从恢复高考的狂喜中缓过神的时候，关于高考导致"片面追求升学率"的批评也紧跟着恢复了。20世纪90年代之后，"片追"上纲为"应试教育"。随着社会的发展，社会从计划经济体制向市场经济体制转型，多样化、个性化成为时代发展的主题，以"统一"为特征的高考制度受到责难，更有甚者提出了废除统一高考的言论。在"科学发展观"、"构建和谐社会"等国家发展主题下，高考如何建立兼具公平性与科学性的多样化体系是人们关注的重点。

应当承认，统一高考制度虽然有局限与不足，确有千般不是，万般无奈，但在过去的50多年，它为国家、为社会选拔了大量的人才，历史功绩不可抹灭，它对社会的平稳健康发展主要起到了积极的作用。而且在当前的国情之下，统一高考制度仍是权衡利弊之后的最佳选择。随着时代背景的变化，统一高考制度的局限逐步显露出来，我们应该正视它的这些缺陷，寻找合适的改革措施，而不是抱着"欲除之而后快"的急躁心态。正如克拉克·克尔所言："现在存在的东西并不一定正确，但是它也并不一定错误。它应该受到尊重和精心的有选择的维护。"① 统一高考制度中的合理因素应得到继承与发扬。高考制度评价与高考改革是相伴相生相互促进的。一项改革措施出台，人们会对之进行评价，这些评价观点又进一步推进改革的完善。抱怨通常是不可避免的，关键要看抱怨的内容，对高考制度批评意见中的合理部分应在下一步改革中得到体现。

四、大规模高考社会调查的回顾

进入21世纪以来，随着高考改革的推进，行政部门及教育研究机构开展了一系列关于高考制度的调查，以了解社会对高考改革及命题方面的建议。这些调查从某种程度、某些方面也反映了社会各界对高考的看法或评价。

从2001年起，为了改进和完善高考制度，及时了解中学生和社会各界对高考改革特别是高考命题的意见，为高考改革提供科学的依据，教育部考试中心在每年高考后都开展高考社会调查，向社会各界了解其对高考和高考改革的态度、观点。

《2003年高考社会调查报告》② 便包括了当年对高考制度及其与中学教学关

---

① ［美］克拉克·克尔著，王承绪译：《高等教育不能回避历史——21世纪的问题》，浙江教育出版社2003年版，第94页。
② 高考社会调查小组：《2003年全国高考社会调查报告》，载《中国考试》2003年第11~12期合刊，第3~6页。

系的总体评价、对各科试卷的评价、对高考改革的评价三个部分。调查表明：教师对高考的评价趋于稳定，而学生对高考的评价处于反复之中。在高考与中学教育教学关系方面，师生普遍认为高考制度给学生带来过重的升学压力和负担，对这种压力积极意义的评价趋于稳定，50%左右的师生对高考压力的积极意义给予肯定评价；在高考制度的公平性方面，原有的师生间明显的意见分歧正在逐渐消失，其中教师对高考制度的公平性评价与2002年持平，而学生对高考公平性评价较2002年有所上升，以往学生中所表现出的对高考制度公平性评价的否定倾向占绝对优势的现象有所缓和；师生对目前高考制度的可替代性认识与2002年相比也趋于稳定，总体略微倾向于认为高考制度若被其他方式替代，中学的教学质量有可能会下降；同时也认为高考制度若被其他方式替代，可减轻学生负担，而在这方面，学生的态度日趋明显；认为春季招生有必要的意见继续下降，同样，对春季招生的意义认识也渐趋明朗，认为春季招生是秋季招生补充的意见占优势；师生对高考在反映学生日常生活学习状况方面的评价较高，然而较前几年有所下降。大多数意见认为，高校招生录取应依据高考成绩加中学平时成绩。与2002年比，支持高考成绩加学校推荐的比例有所上升，支持仅以高考成绩选拔的比例则有所下降。

《2005年高考综述》[①] 主要介绍了当年高考调查对中学各科考试内容的评价。师生在调查中对于高考成绩反映中学教学实际的状况给予基本肯定的评价，师生明确表示目前的高考成绩反映了考生对所学内容的掌握（60.6%）、反映了考生的学习能力（58.2%）、反映了考生的知识面（51%）、反映了考生的平时学习成绩（62%），而认为高考成绩不能反映中学教学上述方面的师生仅占20%。报告指出自2001年至2005年的5年高考社会调查，从重点中学教师、普通高中教师、地区教研人员、学生对高考反映中学教学实际的变化看，虽然四者均基本肯定高考在反映中学教学实际方面的表现，但其走势则有一定的区别。2005年普通高中教师和学生对于高考反映中学教学实际的评价均处于5年来的较高区域，而重点中学教师和地区教研人员对此的评价则处于5年来的中低区域，尤其是教研人员的评价为5年来的最低点。在座谈会中，有的重点学校教师反映该年的高考成绩与该地区几所重点中学平时联考成绩的相关性反常地背离，联考中的高分学生排名与该年这些学生在高考中的成绩排名也有较大的差别。

除了教育部主持的大型高考社会调查外，其他科研机构的主持调研项目也有涉及高考制度评价方面的内容。2003年华东师范大学基础教育课程研究中

---

① 应书增：《2005年高考综述》，载《中国考试》2005年第11期，第2~4页。

心与华东师范大学出版社联合组织了"普通高中课程满意度调研组",设计了一份面向公众的满意度调查问卷,在全国16个省、直辖市、自治区,按东南西北中选择了12 000多个案,进行了为期6个月的调查研究,了解不同群体对高中教育关注的重点,调查对象主要为高中生(43.4%),高中教师和校长(40.6%),社会各界人士(36.2%,主要是学生家长及大学一二年级学生)。结果表明,低利害社会人士(非学生家长的公务员和企事业人员)对高中生整体素质的关注程度远远高于对升学率的关注。农业人员及高中生对升学率的关注超过了对整体素质的关注。调查测试了23个满意度题目。发现不满意率最高的前五项,依次是对学生的考试评价方式、高中生的社会适应能力、高考招生制度、高中生的社会责任感、高中生的个性发展;满意率最高的前五项,依次是高中教师的敬业精神、高中教师的专业水平、当地政府对高中的支持、高中教师的教学方式、国家有关高中课程的政策。就"高考招生制度"而言,37.2%的人选择不满意或很不满意,36.5%的人选择一般,23.6%的人选择满意或很满意。高中学生对高考制度的不满意率最高。通过相关数据推测,农村高中生家长认为目前高考是子女离开农村、进入城市的唯一较好的通道,对高考制度的满意率较高。最后调研报告提出增强高考制度的科学性与合理性、考试评价方式应灵活多样的建议。①

第三节 高考改革的教育界调查

高考的涉及面非常广。有学者把考生、考官、考场、考卷作为考选世界的四要素,考生与考官是考选世界的主要人群。考生可区分为应考生和备考生,受益者和失益者。考官作为与考生相对应的人群,具体包括督学人、命题人、监考人、阅卷人和录取者。② 有的研究把大规模教育考试所控制的人分为两类:第一类群体是参加考试的和准备参加考试的人,包括各级学校的在校学生和其他社会成员(可简称为考生群体);第二类群体是与第一类群体关系密切的家长、教师、学校管理者和其他社会成员。③ 在这些人群中,与高考距离最近的莫过于高

---

① 吴刚平、李云淑:《高考招生制度与考试评价方式的满意度调研报告》,载《湖北招生考试》2004年第12期,第39~44页。
② 张行涛:《必要的乌托邦——考选世界的社会学研究》,北京师范大学出版社2003年版,第7~8页。
③ 张宝昆:《大规模教育考试的社会控制功能研究》,云南大学出版社1999年版,第53页。

中生、大学生、教师及教育管理人员，可以简明地概括为两类：学生与教育工作者。为进一步了解学生及一线教育工作者的看法和意见，本项目分别以厦门大学和天津市教育招生考试院为主体，进行了两项调查。

一、厦门大学的调查

本研究的调查使用了两份问卷，一份是《高考制度改革问卷调查》（问卷一），主要向中学校长发放。在大规模向中学及高校师生投放问卷时，对问卷一的部分题目做了修改，将问卷标题改为《高考制度评价问卷调查》（问卷二），主要从高考制度的影响力、公平性与科学性、改革意向三个方面来调查学生、教育工作者对现行高考制度的评价（问卷一、问卷二见附录）。问卷设置了23道选择题和1道开放题。选择题重在了解被调查者在一般项目上的观点，开放题旨在让调查对象从自己关注的视角发表对高考制度的看法及建议。问卷初步编制后，通过电子邮件、纸质问卷等向30人试测，一是考察问卷的信度、效度；二是就问卷问题的难度、分量、顺序是否合适，问题的内容是否合理，语言的表述是否准确等方面征求意见。在试测反馈意见的基础上进一步修改问卷，最终定稿。

（一）调查实施

问卷一在2005年4月6~7日厦门大学"高考改革——中学校长论坛"会后向与会的中学校长发放，回收有效问卷98份。校长来源及年龄构成如表5-1、表5-2。问卷二主要向山东、广东、广西、河南、福建等地的中学及高校发放，发放对象有高中生、大学生、研究生、中学教师、大学教师、教育管理者。在调查对象的选择上，主要考虑了身份差异、地区差异、学校差异等。问卷所投放的学校既有省市的重点中学，也有地级市、县的中学，既有"985工程"重点院校，也有地方普通高校，既有公立高校也有民办高校，尽可能使调查对象具有代表性，以使调查结果更接近真实的情况。共发放问卷1 500份，回收有效问卷1 286份。从职业构成来看，调查对象的主体是学生（占92.9%）；从年龄构成来看，调查对象的主体是30岁以下的青年人（占96%）。调查对象的具体分布如表5-3、表5-4、表5-5所示。

表 5-1　　　　　　　　　　校长来源构成

分布省区市	人数	比例（%）	分布省区市	人数	比例（%）
安徽	3	3.4	辽宁	1	1.1
福建	52	59.8	内蒙古	1	1.1
河北	1	1.1	山东	2	2.3
河南	5	5.7	陕西	2	2.3
黑龙江	1	1.1	广东	1	1.1
湖南	8	9.2	浙江	6	6.9
江苏	1	1.1	重庆	2	2.3
江西	1	1.1	（缺填）	11	

表 5-2　　　　　　　　　　校长年龄构成

年龄分布	人数	比例（%）
30~39	17	17.5
40~49	53	54.6
50~59	26	26.8
60 以上	1	1.1
（缺填）	1	

表 5-3　　　　　　　　　　职业构成

职业	分布	人数		比例（%）	
学生	中学生	392	1 195	30.5	92.9
	大学生	758		58.9	
	研究生	45		3.5	
教育工作者	中学教师	30	91	2.3	7.1
	高校教师	46		3.6	
	教育管理者	15		1.2	

表 5-4　　　　　　　　　年龄构成

年龄＼分布	人数	比例（％）
20 岁以下	728	56.7
20～29	506	39.3
30～39	32	2.5
40～49	13	1.0
50～59	6	0.5

表 5-5　　　　　　　有效问卷的发放学校分布

学校＼项目	有效问卷数	比例（％）	学校＼项目	有效问卷数	比例（％）
厦门市某重点中学	140	10.9	南京某高校	143	11.1
河南某地级市中学	147	11.4	广西某省级重点高校	111	8.6
广西某县级中学	146	11.4	广西某地方高校	84	6.5
厦门某重点高校	133	10.3	广东某民办大学	197	15.3
山东某重点高校	148	11.5	厦门某自考助学机构	37	2.9

（二）统计分析

问卷分选择题与开放题两部分。选择题部分主要采用 SPSS、Excel 等软件进行描述性统计分析。最后一道开放题收集到的文字数据主要是进行归纳、分类等质性分析，以求真实而具体地反映调查对象对现行高考制度的看法与建议。问卷统计以问卷二为主体，问卷一与问卷二中相同的题目合并统计。问卷一并入问卷二做数量统计题目有 1、2、4、6、7、8、10、11、13、14（4）、21、23、24 共 13 题。问卷一及问卷二最后开放题合并归类分析。

选择题主要从高考制度的影响力、公平性、科学性及人们的改革意向等几个方面来调查人们对高考制度的一般性评价。统计分析结果如下：

第一，对高考制度影响力的评价。问卷二 1-5 题调查了教师及学生对高考制度影响力的评价，分别从家庭、社会、中小学教学、素质教育四个方面来考察学生及教育工作者对高考影响力大小及高考影响力性质的评价，如图 5-1、图 5-2 所示。

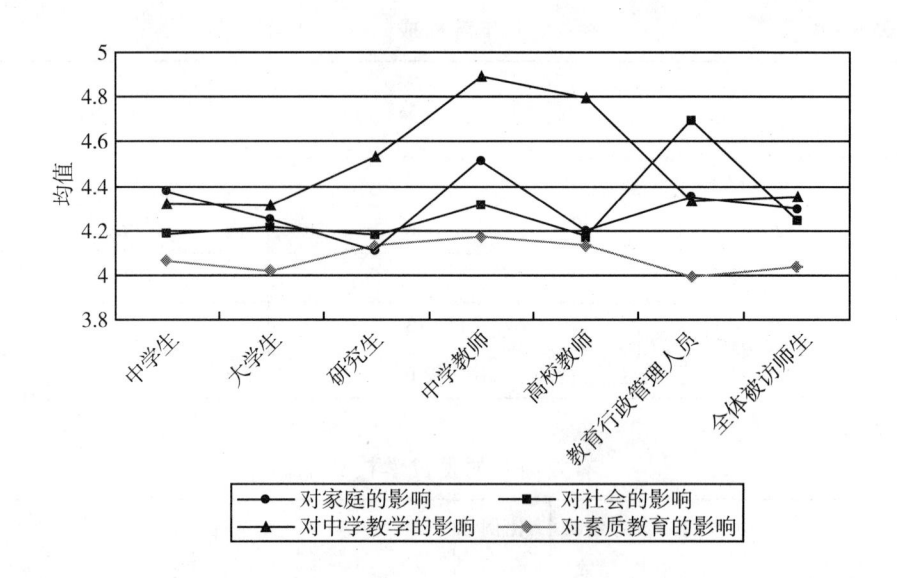

图 5-1 对高考制度影响力大小的评价

注：图内数据由问卷相关题目赋值加总平均所得。问卷一所得中学校长数据归入教育行政管理人员计算。

图 5-1 反映的是调查对象对高考制度影响力大小的评价。选项赋值以影响"非常大"为 5，"无影响"为 1，四道相关题目的均值都在 4 以上，可见调查对象普遍认为高考制度的影响力较大。不同身份的调查对象对高考制度影响力大小的评价存在细微的差异。从图 5-1 可看到，一方面对中学教学影响力评价的曲线多处在最上方，其中中学教师对之赋值最高；另一方面，对素质教育影响力评价的曲线一直处在最下方。全体调查对象的赋值平均值也显示了学生及教育工作者认为，高考制度对中小学教学的影响力最大，对素质教育的影响力最小。可见高考制度对中小学教学的影响不仅在于素质教育的推进方面，还有其他方面的内容。调查对象评价高考制度对家庭、对社会的影响力大小基本介于对中小学教学的影响力及对素质教育影响力之间，值得注意的是教育行政管理人员对高考制度对社会影响力大小的评分远远高于其他调查对象群体。

问卷进一步考察了学生及教育工作者对高考制度影响力性质的评价。高考制度影响力性质分为积极影响和消极影响。相关题目的选项有 4 个，"主要是积极影响"、"主要是消极影响"、"积极影响与消极影响相当"、"没有影响"，也是从家庭、社会、中小学教学、素质教育四个方面考察，具体统计结果如图 5-2。对家庭的影响中，选择"主要是积极影响"的百分比最高；而对素质教育的影响中，选择"主要是消极影响"的百分比最高。虽然调查对象认为高考对素质教育的影响力大小最低，却有近一半的人（49.3%）认为它对素质教育主要是

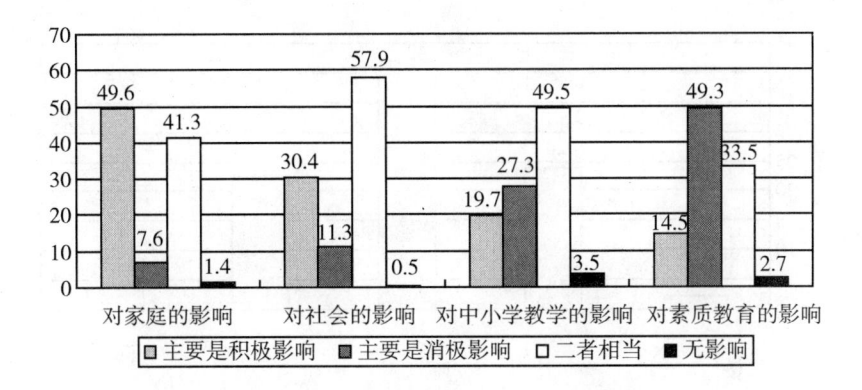

```
 70
 60                    57.9
 50  49.6                                    49.5           49.3
 40       41.3                                      
 30              30.4         27.3                      33.5
 20                     19.7                     14.5
 10   7.6     11.3                                       2.7
       1.4          0.5           3.5
      对家庭的影响    对社会的影响   对中小学教学的影响  对素质教育的影响
      □主要是积极影响  ■主要是消极影响  □二者相当    ■无影响
```

图 5-2　对高考影响力性质的评价

注：本图依据问卷二的总体数据绘制。

消极影响。认为高考对中小学教学的影响力性质"主要是消极影响"的比例也高于认为"主要是积极影响"的比例。从图 5-2 的走势来看，对家庭、对社会、对中小学教学、对素质教育"主要是积极影响"的选择率依次降低，而对家庭、对社会、对中小学教学、对素质教育"主要是消极影响"的选择率依次上升。整体来看，四个项目中选择"积极影响与消极影响相当"的比例都较高，不是列第一就是列第二，这也充分体现调查对象认为高考制度是一把"双刃剑"，积极作用与消极作用同时并存。

总的来说，调查对象普遍认为高考制度的影响力较大，而且是双面性的，高考在家庭、社会、中小学教学、素质教育四个方面的影响力存在差异，调查对象对高考制度影响力的评价可以简单归纳为：高考制度对中小学教学影响力最大，积极影响与消极影响相当；高考制度对素质教育影响相对最小，但主要是消极影响；高考制度对家庭的积极影响要高于对社会的积极影响。

第二，对高考制度公平性及科学性的评价。问卷二考察了学生及教育工作者对目前高考制度公平性的总体评价，同时让调查对象选择"全国统考（含分省命题）"与"高校单独组织考试"何者更公平，统计结果如图 5-3、图 5-4 所示。总体上看，调查对象认为当前高考制度是公平的，"非常公平"与"基本公平"的总选择率为 66.2%。但我们也要看到，"非常不公平"的选择率比"非常公平"的选择率高，这反映出反对当前高考公平性的人比支持当前高考公平性的人程度更深、态度更坚决。但在问及全国统考（含分省命题）与各高校单独组织考试哪种方式更公平时，全国统考（含分省命题）的选择率 73.6% 远远高于高校单独组织考试的选择率 26.4%。这表明，在学生及教育工作者的观念中，在当前的社会条件下，高校单独组织考试并不是改进高考制度公平性的一个理想的选择，高校单独组织考试不如当前的统考公平。

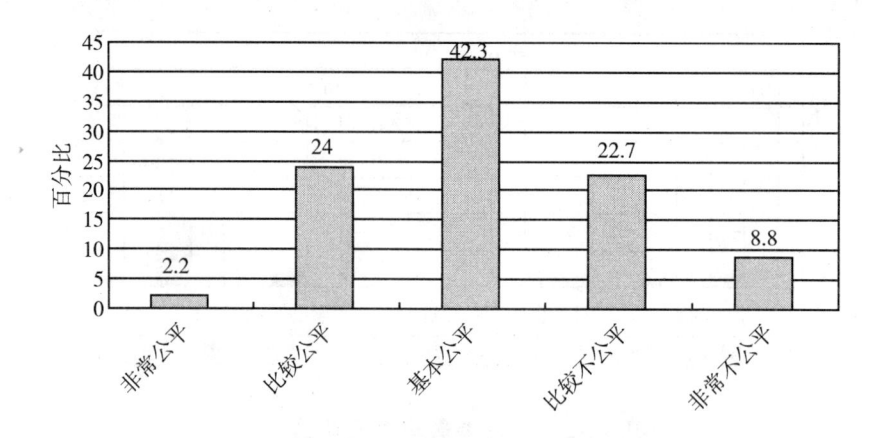

图 5-3　对当前高考制度公平性的总体评价

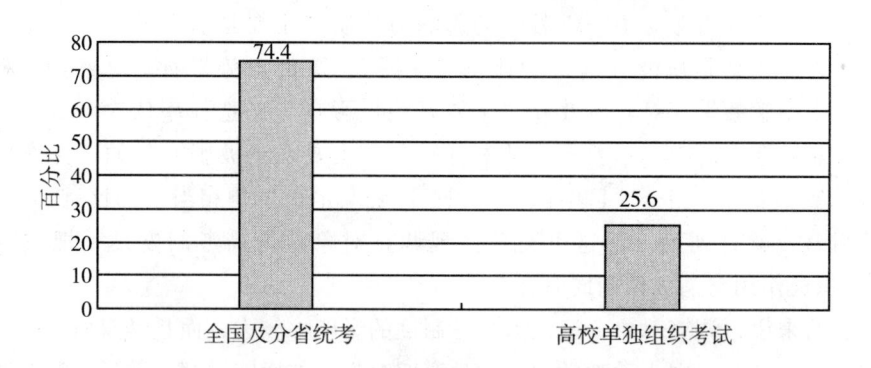

（非常公平 2.2；比较公平 24；基本公平 42.3；比较不公平 22.7；非常不公平 8.8）

图 5-4　对统考及高校单独组织考试何者更公平的选择

（全国及分省统考 74.4；高校单独组织考试 25.6）

注：图 5-3、图 5-4 根据综合问卷一、问卷二所得数据绘制。

问卷二紧接着调查了师生对分省划线录取制度、保送生制度及高考移民现象公平性的评价，结果如表 5-6 所示。分省划线录取制度、保送生制度的公平项的选择率都超过 50%。高考移民现象仅有 27.9%，认为非常不公平的达到 42.5%。分省划线录取制度是高考移民现象的根源之一，但它的公平性支持率比高考移民现象要高，这反映出人们在具体的现象中更容易判断公平性，而在对待一项制度的时候则更倾向于从方方面面去分析，以权衡利弊，从而得出较为折中的看法。分省录取制度虽然会导致倾斜的分数线、高考移民等现象，但考虑到各地教育水平的差异，分省录取就照顾少数民族及落后地区而言是非常必要的。

表 5-6　　　　　　　对高考制度及现象的公平性评价

百分比＼评价＼项目	非常公平	比较公平	基本公平	比较不公平	非常不公平	合计
分省划线录取制度是否公平	2.6	19.8	31.6	28.2	17.8	100
保送生制度是否公平	3.8	19.1	36.1	26.6	14.4	100
高考移民现象是否公平	5.2	7.6	15.1	29.6	42.5	100

注：本表依据问卷二数据绘制。

问卷二以不定项多选题的方式调查了师生认为高考制度的不公平主要有哪些表现，结果如图 5-5。从结果来看，师生认为各地倾斜的分数线是高考制度不公平的首要表现，其次是不能兼顾学生的个性特长与一考定终身。这反映出师生认为发展个性特长是十分重要的，认为高考以一次考试成绩作为升学的主要依据，对于那些在高考中发挥不好的学生是十分不公平的。有 599 人（近一半数人）选择了"对农村学生及贫困学生不利"是高考制度不公平的主要表现。高考制度测试内容的统一，也使得教育水平较低地区的学生处于不利的地位。认为舞弊现象是高考不公平主要现象的只有 370 人，这也说明学生及教育工作者对高考制度的廉洁诚信是比较有信心的。

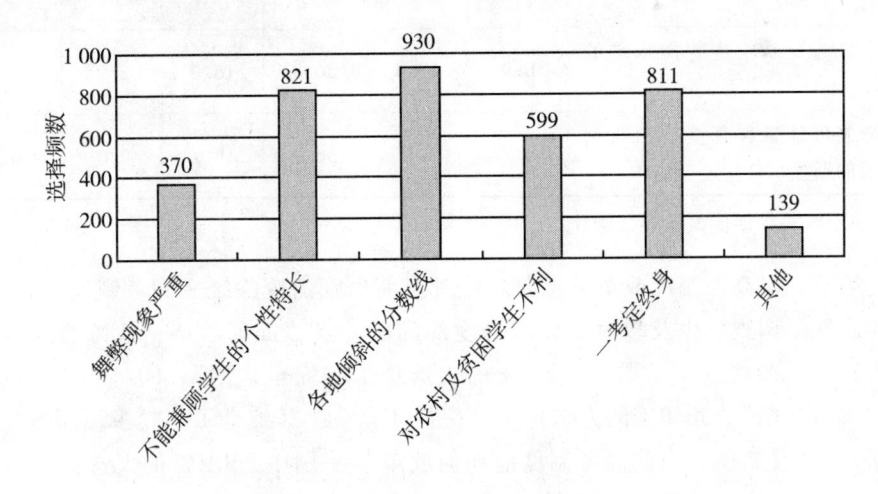

图 5-5　各类师生对当前高考制度主要不公平现象的选择

注：纵坐标表示各个选项被选频数，依据问卷二数据绘制。

在"其他"这一开放式的选项中，调查对象还提出了一些不公平现象，如"高校招生名额向本地倾斜"、"高考移民，本地招生"、"地域差别"、"一时的身体不适影响成绩（考试失常）"、"过分强调分数"、"高分低能"、"不利培养学生的实践能力"、"对思想品德的考查较少"、"考试内容无应用价值"、"不利学生的全面发展"、"造成学生压力过大，精神紧张"、"轻视考不上好学校的学生"、"考试次数太少"、"不合理的加分政策、优惠政策"、"走后门、托关系"、"评卷者的主观因素" 等等。在这些所列出的"其他"类选项中，有的可归入前面各选项的范畴，有些是高考制度在科学性上的弊病，而调查对象却将之纳入公平性的范畴之内，可见在调查对象心目中，高考制度的是和非都可以用公平与否来解释，不科学的也是不公平的。

高考制度的科学性在于它能为高校选拔合格的新生，能引导促进基础教育的健康发展。高考制度对中小学教育教学及推行素质教育的影响在前面已述及。调查对象评价高考制度选才科学性的结果如表 5-7。从总体来看，师生对高考制度的选才科学性比较满意。对"高考试卷反映学生智能水平的程度"、"高考制度能否保证高校招收到合适的新生"这两道题目的回答，认为"基本可以"及以上的正面评价的选择率均在 75% 以上。

表 5-7　　　　　　　　师生对高考选拔科学性的评价

评价 百分比 项目	完全可以	较好反映/保证	基本可以	较少反映/保证	完全不能	合计
高考试卷反映学生智能水平的程度	0.9	23.4	56.8	16.0	2.9	100
高考制度能否保证高校招收到合适的新生	0.7	20.7	56.9	19.7	2.0	100

注：本表数据依据问卷二统计。

第三，对高考制度改革的意向。针对当前出现的废除统一高考制度的言论，问卷设置了调查学生及教育工作者态度的问题。在"如何看待'废除全国统一高考制度'的观点"一题中，9.5% 的人选择了"完全认同"，60.4% 的人选择了"部分认同"，30.0% 的人选择了"完全不认同"（综合了问卷一、问卷二的数据）。问卷二在"当前高考制度应如何改革"一题中，9.4% 的人选择了"废除"，89.0% 的人选择了"部分改革"，1.6% 选择了"不需要改革"。这些结果体现了调查对象认为现行统一高考制度有一定合理性，但也存在不足，应采用一种稳妥的部分改革的方式来完善它。

问卷还就一些具体改革措施对学生及教育工作者进行了调查。调查的结果体现在表 5-8 中。在"其他"选项中，一些人就合理的高考科目设置提出了自己的看法。有的人认为必考基本科目应取消外语,外语的地位不应比理、化、生、政、史、地等其他的科目更高。有的人建议多考一些科目,不同的学校应根据招生专业的不同设置不同的科目分数权重。有的人认为考试应全面测试德、智、体,德和体要有所体现,实践能力也应考查。在高考的录取依据方面,不少人提出应该考虑学生的特长。有的人还建议录取要参考学生的社会实践情况,有的人建议参考会考的成绩。

表 5-8　　师生对高考制度改革的意向(选择比率)

题目	数据统计结果(%)
是否赞成改为"全国统一命题、统一划线"取录	a 非常赞成(19.1)　　b 比较赞成(18.3) c 基本赞成(22.9)　　d 比较不赞成(24.2) e 非常不赞成(15.5)
如何对待保送生制度	a 维持现状(5.7)　　b 继续实行,应进行改革(72.7) c 废除(21.6)
加强高校招生考试法规建设的重要性	a 非常重要(60.1)　　b 比较重要(30.1) c 一般重要(7.9)　　d 比较不重要(1.2) e 非常不重要(0.8)
哪项改革最重要	a 命题(14.8)　　b 科目设置(25.7) c 考试次数(12.2)　　d 录取制度(35.5) e 加大高校招生自主权(11.8)
语、数、外为基本科目是否合理	a 非常合理(22.3)　　b 比较合理(37.2) c 基本合理(26.6)　　d 不太合理(9.3) e 不合理(4.6)
最合理的科目设置*	a 3+理科综合或文科综合(27.6) b 3+大综合+单科(20.1) c 3+2(从物、化、生、政、史、地中任选)(24.7) d 3+科学+社会(18.0)　　e 其他(9.6)
高考每年应进行几次合适*	a 一次(31.8)　　b 两次(55.3) c 三次(7.0)　　d 更多(5.9)
高考应采取何种形式*	a 全国统考(25.1) b 分层次或类型大学联考(20.8) c 全国统考和各高校单独组织考试相结合(30.5) d 分大区(若干省)联考(6.3) e 分省统考(12.6) f 各高校单独组织考试(4.7)
高考录取应依据*	a 高考成绩(24.9) b 高考成绩+平时成绩(43.1) c 高考成绩+平时成绩+推荐信(21.9) d 其他(10.1)

注:带*的题目综合了问卷一问卷二求百分比,其他为问卷二数据。

第四，对高考制度的感情及了解高考制度的途径。问卷二还调查了学生及教育工作者对高考制度的感情，结果如图5-6、图5-7、图5-8。图5-6反映出总体上对高考制度持厌恶感情的人比怀感激之情的人要多，这一结果可能与调查对象的构成有关。本研究的调查对象多为中学生、大学生，多数是30岁以下的青年人。而从图5-7来看，中学生、大学生对高考制度的负面感情较多。图5-8也显示，30岁以下的青年群体对高考制度的负面感情是较多的。其原因我们可以估计得出，学生青年群体或正处在备考的沉重压力之下，或是刚从高考中挣扎出来，对高考的感情通常是苦涩的；而年龄较长的教师及教育管理者，其身份、社会阅历及知识结构使之可以充分认识到高考制度在改变自己或家人命运的重要作用，认识到高考在维护社会稳定发展中的重要作用，因此对高考制度的正面感情自然会高一些。

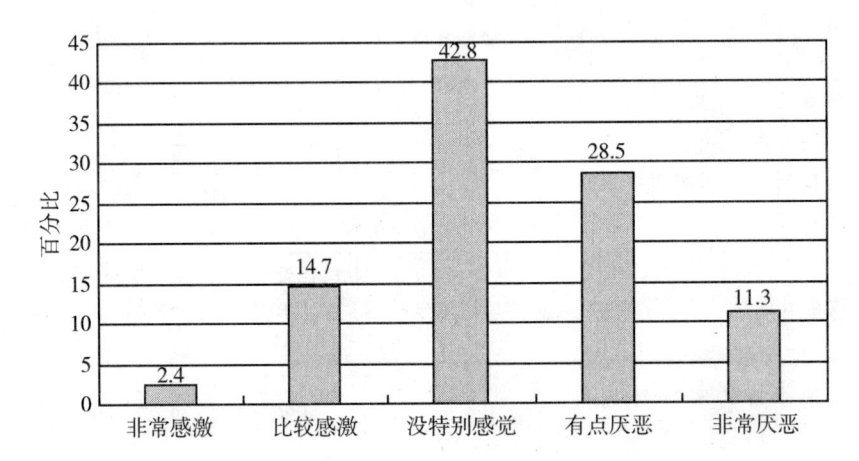

图5-6 各类师生对高考制度的感情（总体情况）

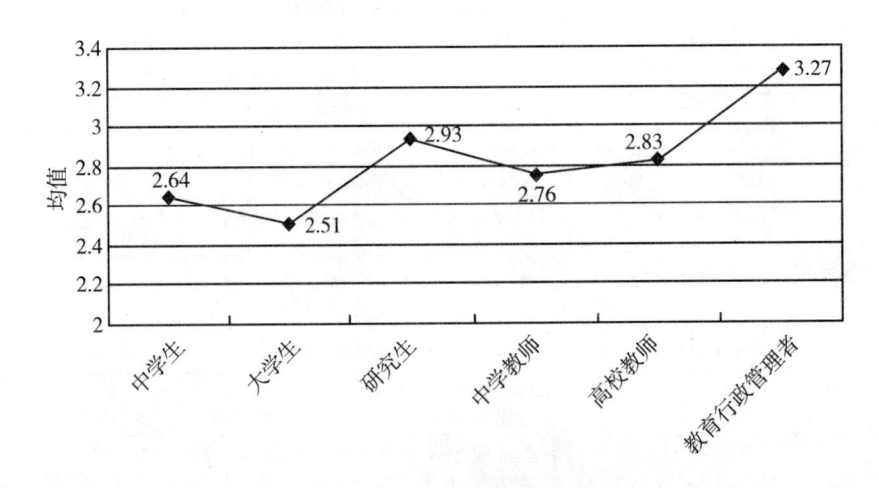

图5-7 各类师生对高考制度感情的均值

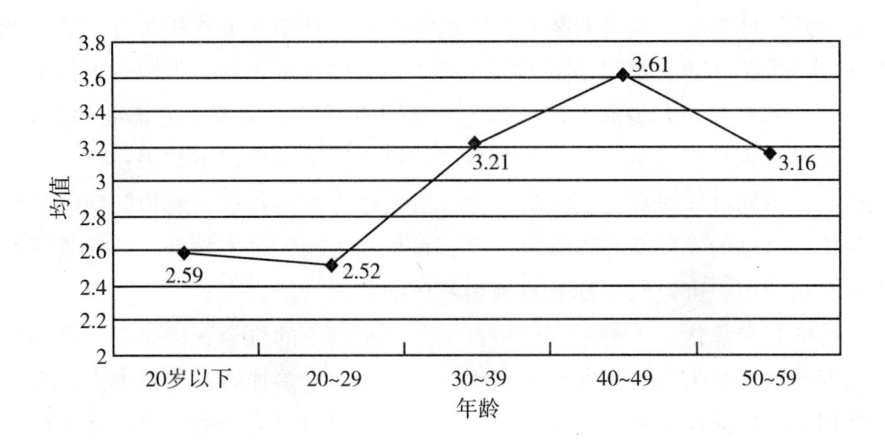

图 5-8　不同年龄被调查者对高考制度感情的均值

注："非常感激"赋值为 5，"非常厌恶"赋值为 1，中间选项依次为 4、3、2。分值越高，代表对高考制度的正面感情越多。图 5-6、图 5-7、图 5-8 依据问卷二数据绘制。

问卷二还调查了学生及教育工作者认识高考制度的途径。结果如图 5-9，除"亲身经历高考"外，"新闻媒体的报道"是选择最多的途径，可见新闻媒体对调查对象对高考制度的评价有较为重要的影响。在"其他"途径的开放填写中，一位中学生写上了"做梦"，不难猜想高考对他影响之大，梦中也挥之不去。有的调查对象列出了"老师、学校的宣传"、"日常生活"等途径。

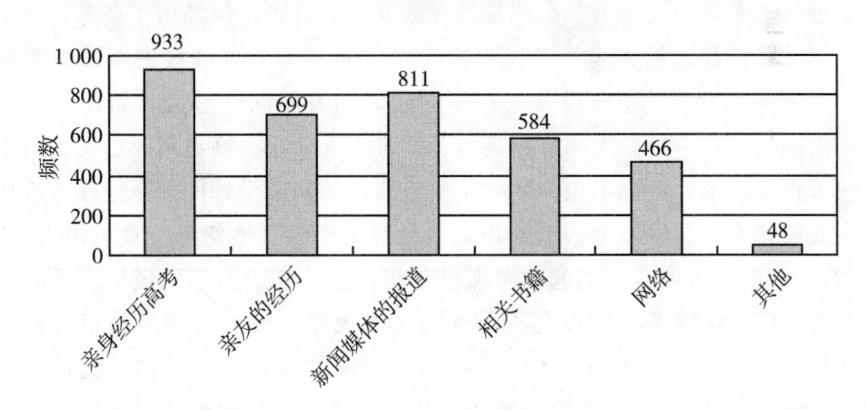

图 5-9　了解高考制度的途径

注：本图依据问卷二数据绘制。部分即将参加高考的高中生也选择了"亲身经历高考"这一选项。

问卷一和问卷二的最后一题是开放问答题，征求学生及教育工作者对当前高考制度的看法和建议。高考与广大师生的利益密切相关，是他们最为关注事件之一，在开放题中，他们不吝笔墨，充分就自己的关注重点谈了对高考制度的看法与建议。从总体来看，调查对象肯定了高考在以考促学上的作用，肯定了高考在社会选才、维护社会安定团结等方面发挥了一定的积极作用，但同时也指出了高考制度的种种弊病。大多数人认为高考制度仍有存在的必要，它需要的是改革，从而更公平、更科学、更合理。开放性问答题主要呈现出以下结果：

第一，不同群体对高考制度的态度、看法带有群体特征。看待问题的时候人们难免会从自己的立场及知识背景出发，评价高考制度也不例外。从开放题回答的内容及用词中，可以明显地看出师生群体的不同特征。

尽管学生们承认高考制度给他们提供了公平竞争的机会，然而学生群体反对高考制度的情绪最为高涨，尤其是高中生。对于即将参加高考的高中生，高考无疑是他们学习生活的主题。在高考的压力下，他们对于高考的认识非常感性，情绪体验很强，往往从自己所感受到的压力来给予评价。有的中学生对高考十分反感，用词也非常尖锐，如"取消"、"立即废除"、"压抑人性，毫无建设性"、"非人道行为"、"厌恶之情，溢于言表。罄南山之竹，书罪无穷！决东海之波，流恶难尽！"从这些言辞中，足见在高考激烈竞争压力下，学生身心俱疲，苦不堪言。虽然大多数中学生没有要求废除高考，但也纷纷结合自己关注的问题及对高考制度的认识指出高考存在的不足，如河南的中学生十分关注高考录取的区域公平性，对倾斜的分数线尤其不满，声称河南分数线太高是"扼杀我中原人才"；福建的学生则指出侨生证的舞弊非常不公平。

通过高考考取的大学生，虽然是高考制度的获益者，但经历了高考，他们更是体会到了高考存在的不足。有大学生发出"希望不要再摧残更多的师弟师妹们了"的感叹。有大学生则说"人在不同的时期有不同的感受，如在高三时要我填这份问卷，我一定会大骂特骂高考，但进入大学后，高考对我已无太大的影响，故看得很淡了。但仍不免为那些正要上战场的学弟学妹们捏一把汗，希望他们把主要的精力放在学习上，不要花太多的时间抱怨这抱怨那，要想出人头地，必须付出"。有的大学生回想起高考那段时间自己及身边同学的经历，对高考十分厌恶。有的考生在考前猛攻几天也能够考上大学，但到大学后却很放松、懒散，四年之后什么都没学到。大学生抨击这种现象是"考前猛钻死教材，考后颓废上大学"。总体来看，学生对高考的认识比较感性，理性认识不够，对除高考上大学之外的个人发展途径认识不足，反映了当前生涯教育的缺失。

教育工作者填写开放题的热情远没有学生高，填写的人不多，字数也较少。他们虽也看到高考制度的许多弊病，但批评相对理性许多，看待问题更全面、更多地从大局出发。如中学校长们认为高考迫切需要改革，但能从家庭、教育系统、社会、国情等方面分析高考改革面临的困难，他们更多的是提出改革建议。有的教师认为很难对高考制度求全责备，高考问题不仅是教育问题，更多的是社会问题。

第二，对高考制度的各种批评与建议。在开放题中，学生及教育工作者对当前的高考制度提出了许多批评与建议。这些批评与建议又可大致归纳为五个方面。

一是对高考影响中小学教育教学消极性的批评。高考制度对中小学教育教学的影响是巨大的，这不仅从前面的量化分析中可以看到，在开放题中，调查对象填写的答案也可以充分看出这一点。调查对象认为，高考固然是选拔人才的合理的途径，但它却给广大考生带来了巨大的压力。高考虽然可以促进一个人努力学习知识，激发他的拼搏精神，但也给他加了一把沉重的精神枷锁。在父母及师长教导下、在社会舆论的引导下，大多数中学生都把考上大学当成唯一的出路。能从"考上固然是幸运的，考不上结果也因人而异"这一角度看待高考成败的学生只是极少数。一位学生在问卷中谈到："12年寒窗苦读，所有的赌注都押在高考上，是一件很可怕的事情"，"高考是一场战争，是一场单枪匹马对千军万马的战争"。在这种唯一出路的氛围下，学生肩上的压力太大了。学生们希望改掉高考带来的恐怖的战场气息，让他们能安心学习知识，而不是整天处于紧张的备战状态。

与沉重的压力相比，学生们反映，当前中学心理的辅导严重不到位，他们极其需要帮助以舒缓压力，不然沉重的高考会给许多人的一生投下阴影，对他们身心的健康成长十分不利。虽然有学生认为"高考是对人的精神虐待"，同时也有学生认为高考压力"折磨人，但也是一种历练"。由此看来，高考制度给中学生带来沉重的压力，这一点是毫无疑问的，但这些学生群体能得到的帮助却很少，他们对待压力的方式也很不一样。

每年高考期间，"全民皆兵"，全国高度警惕和关注，学生们认为这有点过头了。中学生对媒体过分关注高考强烈不满，认为各大媒体、报刊的炒作，太过火，严重影响考生情绪。一位中学生说道："很气愤，本来平时我们是比较轻松的，只把高考当成小测验。可是媒体、报刊制造了很紧张的气氛，我们考生也跟着紧张了，能不能让我们平常一点？毕竟高考不是成才的唯一途径。"外界把高考的成败渲染得太重要了，无形中几何级地扩大了中学生的压力感。学生承受巨大精神压力，外界有不可推卸的责任。

调查对象普遍认为现行高考制度不利于中小学开展素质教育，不利于学生个性特长的发展。高考制度下，学生活得没有自我。高考能使学生认真读书，但也使学生盲目地死读书。高考使学生只关注书本知识，只顾读书应考，缺乏社会经验，动手能力差，"因为要上大学，中学生成为只会读书的废人"。高考让学生麻木和厌学，"抹杀当代青年学生的学习乐趣和生活情趣"，抹杀了许多学生的兴趣、爱好，学生的特长得不到充分发挥，个性发展残缺，思维固化。只注重书面考试的高考还会造成学生健康状况不佳、视力下降。师生们期望高考要朝着提高学生综合素质的方向改革，使学生不至于为了上大学而错过很多东西。

问卷中，一些调查对象提到高考选拔出的大部分是理论型人才，"高考不能培养出当前社会所需求的复合型人才"，提出"希望高考制度培养×××样的人"的希望。从中可看出，虽然高考只是一个选拔人才的制度，但由于它对基础教育的强大导向作用，使师生对它寄予了培养"×××型人才"的厚望。

二是认为高考要采用多元化评价方式，考试次数要增加。调查对象认为，只看一时高考成绩的选才方法不够科学，会埋没很多人才。用分数来决定人的一生，给人压力过大，弊端很多而且不公平，希望多考查能力，而不是按卷按分取人，"不要一分定乾坤"。有的调查对象提出"因材施考"，用不同方式选拔有不同才能的学生。当前高考制度，只看成绩，不注重综合能力，必须要改革考试内容，德智体全面考查，不应只考查智，建议增加特长考评，尽量多测试素质、能力，而不只是知识。多考实用的、以后用得上的知识。科目设置要灵活多样，命题要具有创新性，要突出对学生能力的考查，促进学生提高综合素质。有的被调查者不赞成高考考外语，认为学好本国语言是最关键的。学生们还认为，只考一次对考生造成太大的心理压力，"一失足成千古恨"。高考太重要了，心理负担使许多优秀的考生在考场上大失水准。希望能多考几次，取成绩最好的一次。

三是对高考制度公平性的关注。大多数调查对象认为，高考是当今社会比较公平的制度，但也指出了它在公平性上的一些不足。调查对象最关心的公平问题是高考录取的区域差异。认为对贫困落后地区、少数民族地区降低高考录取分数线是公平、合理的。但对北京、上海等发达城市的考生享有更多的优质高等教育资源十分愤慨，对清华、北大等重点高校在当地投放过多名额强烈不满，认为这种录取政策对人口大省极其不公平，使人口大省人才被埋没。

被调查者还指出各种舞弊行为正侵害高考制度的公平性。招生过程中，招生人员收钱卖学籍现象比较严重。"高考承载着学生对于未来的梦想和拼搏，而不是某些人利用创收的摇钱树"，因此需要加强考试的法制建设。加分政策要严格控制，防止在少数民族、侨生等加分政策上的舞弊行为。高考考验学生的知识与能力，同时也考验评卷人、招生人员的道德与责任，要认真选拔命题教师、评卷教师，防止舞弊、泄题。不仅要有良好的制度，还要有能良好执行制度的人。

四是将高考比作科举进行批评。有的调查对象说，现在的高考成为了"新科举制"，一卷定终生，很不公平。有的说，"今天的高考好似古代的科举，不同程度地毒害着我们的心灵"，"当前的高考与古代的科举制度本质是一样的，没有摆脱封建社会的科举制度"。有的被调查者甚至在问卷背面题上了与科举相关的古诗,以此与高考相比较:《无题》——"十年寒窗无人问,一举成名天下知。自古高考空余恨,几家欢喜几家愁";《高考》——"千秋科举士子情,今朝一旦枉空明。莫问楚子今何在?监生门内蚁聚群"。

五是认为现行高考制度弊病重重,迫切需要改革。调查表明,所有的调查对象都看到了当前高考制度弊病重重,但大多数人都不赞成废除高考制度。调查到的师生在问卷中写道,"高考无法考出学生的真正水平,但由于中国人口多,高校极少,废除高考是不可能的,希望多方面改革,使之更合理";高考"太残酷了,摧残学生,影响学生的身体发育,但又不能不进行","因为没有更好的、可行的替代方式";"全国统考仍应保留,教育公平是社会公平的基石","高考虽不合理,但是由我国现实情况所决定,它既是挑战也是机遇,尤其是对穷人而言";"学习国外,废除高考,不可取也不实际";"根据我国的基本国情,高考作为选拔人才的手段是无可非议的,但改进高考也是当务之急"。这些言辞反映出了学生及教育工作者对当前高考制度的支持更多是基于对社会现实、对基本国情的认识,是一种比较无奈的支持,他们迫切地希望通过改革消除当前高考制度弊端,形成更好的高校招生考试制度。

接受调查的中学校长还认识到高考制度的问题不仅是教育的问题,而是全社会的问题,高考制度的改革工作复杂艰巨,他们对高考制度改革提出了自己的看法和建议,主张"温和的而不是休克的改革"方式。例如,有的中学校长认为:"高考不改,只会将基础教育进一步引向应试教育的死胡同,对国家和民族未来的发展伤害太大。如何改?说不清楚,因为这与中国的传统文化及现实的政治、经济、文化状况紧密联系。美国的高校录取制度我认为是非常科学、合理的,但用于中国,则高考制度现有的形式上的公平将会丧失殆尽。那么,设计一个符合中国国情与文化的好的高考制度呢?太难!只能渐进地慢慢来,愿专家们努力,为了国家、民族的未来努力探索。"

有的中学校长则提出了一个周详的高考改革目标:近期,重点改革考试内容,体现能力立意;中期,全国统一高考进行入围筛选,高校分别组织第二次考试(可只在名牌高校进行);远期,按学术性、应用性分类开考,或完全由各校自主组织考试(通过网络实施)。有的教育工作者建议,应将水平性考试与选拔性考试结合起来。国家或分省命题更多着眼于水平性考试,也可兼顾专业性适用型、技能型学校的选拔要求;高校单独考试主要着眼于理论性综合型大学选拔优秀人才或在某一些领域发展潜质较好的人才,不可普遍推广。但也有的教育工作者认为,取消统考及高校自主招生都不可取,比较理想的是同类型高校联合命题、选拔。针对高考的考试公平与区域公平问题,有人提出重点大学招生应该全国统一分数线。而就降低高考的竞争强度而言,"扩大优质教育资源才是改革的唯一出路"。有的教育工作者对高考政策的不稳定颇有微词，认为"如果实行改革，应在每一届高一新生入学就事先告知一线学校"。

（三）基本结论

结合本次问卷调查的数据统计分析结果及前人的调查结果，我们认为学生及教育工作者对当前高考制度主要持以下三个基本的评价观点。

其一，普遍认为现行高考制度存在许多弊端，但认可其形式上的公平。

学生及教育工作者在开放题中指出了现行高考制度存在的许多弊端，其中受批判最多的是：高考对中小学教学的影响太大，造成沉重的压力；统一考试的选拔方式不利于学生个性特长的发展，阻碍素质教育的推进；仅依靠一次书面考试成绩的录取方式不科学也不公平。但他们也承认，统一高考在保障所有人平等竞争上是有效的，尤其对于弱势群体而言。

其二，对高考制度的支持很无奈，呼吁加快高考制度改革。

尽管现行高考制度弊端很多，但出于对基本国情及社会状况的认识，多数调查对象无奈地支持当前的高考制度。数据分析显示，对现行高考制度持肯定态度的调查对象要比持反对态度的调查对象比例高。肯定高考制度的调查对象态度都比较温和，他们较少选择含"非常"这样表明程度深的选项，而是选择含"基本"的选项，可见大多数人支持热情不高，只是一个基本的支持态度。开放题的回答表明，支持高考制度更多的是因为当前情况下，没有更公平、更科学、更高效的制度取代它。这些支持者在面对高考制度的弊病时主张采取循序渐进的改革态度。另外，反对现行高考制度的调查对象选择"非常"项的比例比支持者要高出许多，这些反对者对高考制度倾向于采取极端的"废除"态度。整体而言，学生及教育工作者认为高考制度只能改革，不能废除，希望加快改革，但也不希望造成社会的动荡。

其三，普遍赞成高考制度走向多样化，评价依据多元化，以学生为本。

学生及教育工作者的回答显示，"多样化"及"以学生为本"是消除现行高考制度弊端的有效方法。考试科目设置及录取标准方面，要"因材施考"，充分考虑学生的特长。在招考形式上，调查对象倾向于支持分层次或分类型大学联考、全国统考和各高校单独组织考试是将来改革的主要方向。

二、天津市教育招生考试院的调查

高校招生统一考试评价制度改革，主要解决科目设置以及相应内容考核的问题，即考什么的问题。在分省命题的新形势下，相关省市都以此为契机，纷纷谋划调整考试科目与内容，迫切希望因地制宜促进学校素质教育的实施。当前我国高考改革的总方向，似乎是由统一朝着分散化、地方化、多样化的方向前进，让学校和学生享受到越来越多的选择的自由。但是，高考产生的负面影响仍然不容忽视，这从天津市教育招生考试院关于高考改革的大规模调查即可见一斑。

（一）调查概况

天津市目前的科目考核方式，是国家主导的高考改革的延续。至今的科目设置，仍然是从2001年开始实行的"3＋文科综合/理科综合"，这也是全国各省市采用最多的一种科目方式。唯一变化的是从2004年起，天津市开始单独命题。2004年6月，在取得自主命题资格的新形势下，为明确把握高考制度的现状，有针对性地推进统一高考制度改革，更好地贯彻"教育要为人民服务"的教育方针，参与本攻关项目的天津市教育招生考试院课题组部分成员对天津市进行了大规模的问卷调查，目的是想弄清楚，高考科目等高考改革究竟在什么程度上适应教育目的。

本次大规模问卷调查采用分层抽样方法，调查对象分为4类：大学教师、大学生、高中教师、高中学生家长。每类群体实际发放的问卷，大学教师为1 350份，大学生为1 570份，高中教师为1 670份，高中学生家长为1 700份，共计6 290份。回收的有效问卷分别是：大学教师891份、大学生1 425份、高中教师1 008份、高中学生家长1 065份，共计4 389份。回收问卷的有效率分别是：66%、91%、60%、63%，平均有效率约70%。本次调查样本涉及的大学有8所，学校类别涉及国家重点大学、市重点大学、一般本科院校以及高职院校，学科范围涉及11个大类；调查高中的样本涵盖了本市的每个区县，包括市区中学和乡镇中学，以及从层次与类型上分类的市直重点校、市级重点校、一般校以及中职校。

（二）数据统计

调查结果显示，高考改革取得了可喜的成绩：一是对引导中小学生素质全面提高的效果较好，持这种看法的大学老师比例约为80%，家长约为73%，高中教师约为66%，大学生约为44%，平均比例约为66%；二是"3＋文科综合/理科综合"的科目设置比较合理，持这种看法的家长比例约为81%，大学老师约为72%，高中教师约为66%，大学生约为56%，平均比例约为69%；三是"3＋文科综合/理科综合"各科目的命题比较科学（因为调查问题涉及高考各个科目，这里暂略去统计数据）；四是学生的身心健康状况较好，持这种看法的家长比例约为84%，大学生约为74%，高中教师约为60%，大学老师约为56%，平均比例约为69%；五是学生的高考成绩与大学学习成绩的相关性较高，持这种看法的高中教师比例约为81%，大学老师约为63%，大学生约为23%，平均比例约为56%。

但毋庸讳言，高考也存在不少问题：一是大学新生在综合素质方面最欠缺的是道德素质，持这种看法的大学老师比例约50%，高中老师约40%，大学生约39%，家长约26%，平均比例约为39%。二是大学新生在综合素质方面第二欠缺的是心理素质（大学老师认为是科学素质，比例约10%），持这种看法的高中老师比例约40%，大学生约30%，家长约25%，平均比例约为17%。三是大学新生在知识素质上最欠缺的是知识宽度，持这种看法的家长比例约72%，大学生约70%，高中老师约64%，大学老师约54%，平均比例约为65%。四是大学新生在能力素质上最欠缺的是应用能力，持这种看法的大学老师比例约49%，大学生约34%；家长认为大学新生最欠缺的是创新能力，比例约34%；高中老师则认为是理解能力，比例约57%。五是大学新生在能力素质上第二欠缺的是创新素质，持这种看法的大学老师比例为23%，大学生约32%；家长认为是应用能力，比例为20%；高中教师认为是分析能力，比例为12%。

关于改革的思路，调查显示：第一，赞成全国统一考试的比例位居首位，其中家长比例为44%，大学教师为35%，大学生为41%，高中教师为34%。家长的第二选择是省（自治区、直辖市）统一考试，比例为27%，其他三者的第二选择为统一考试和高校自主考试相结合，平均比例为33%。最后，上述四者各自选择"高校自主考试"的平均比例11%。第二，本科院校与高职高专的招生考试要分开进行，试卷要分类编制，体现不同的内容标准。家长赞成这种思路的比例高达70%，大学教师为68%，大学生为67%，高中教师为66%，平均比例约为68%。

此外，在开放式题目中，大家反映突出的两个问题，一是要求实行德智体美等综合评价的招生录取办法，二是要求改革现行的志愿填报办法。

（三）结果分析

本次调查概括起来有以下几个特点：一是上述关于高考改革的成绩与问题调查，有相互矛盾的地方，比如高考制度对促进学生素质提升效果较好，但是大学生认为高考成绩和大学学习的相关性不高，低于回答相关性较高的平均比例33个百分点。二是上述4大群体对大学新生在综合素质欠缺的看法上，除了共同认同的道德素质位居首位外，存在很多不同的意见，比如大学老师认为大学生第二欠缺的是科学素质，而其他群体认为是心理素质。又比如在能力素质上，各群体看法并不相同，显然对能力的认识，本身就是一个需要澄清的理论问题。三是高考改革的成绩与问题，与学界的看法基本一致，比如关于统一考试或者它与高校单独考核结合的价值得到认同，综合素质评价缺失的问题、知识宽度不够的问题大家有一致的看法，不过学生身心健康的问题似乎比某些学者认为的那种糟糕情况要好一些，大家认为学生身心健康较差的约为 3 成，也许这属于某些特定群体甚至是差别很大的个体的问题。四是突出的问题与改革的思路具有适切性，那就是没有综合评价的现实和需要综合评价的希望，志愿填报的困惑与强烈要求改革的期望等。

第四节　高考改革的社会调查

以上两项调查都是针对教育界，以与高考有关联的各群体为对象。为了纪念高考恢复 30 年，了解社会大众对高考的评价和看法，为高考改革提供借鉴和参考，参加本项目的教育部考试中心与《中国青年报》联合进行了"纪念恢复高考 30 年大型公众调查"。

一、调查概述

此次全国抽样调查采取了网上填问答卷、报纸邮寄问卷和计算机辅助电话采访 3 种方法。针对公众和教师，设计了两份问卷分别进行调查。在两份问卷中，既有对各自群体的针对性问题，也有两个群体面对的同样的问题，以相互印证、寻找分歧、增进理解。

面向公众的调查问卷刊登在 2007 年 5 月 22 日《中国青年报》第 2 版，新浪网、人民网教育频道和中青在线则推出在线填答版问卷。同时，益普索研究集团利用电话辅助调查（CATI）系统在全国范围内进行了随机电话调查。截至 6 月 11 日，针对公众的调查最终共有 38 087 人参与，其中来自网络的有 34 990 人，报纸回寄问卷 2 051 份，电话调查 1 046 人。最后统计时，网络参与者中随机抽取 3 000 名、报纸回寄问卷中随机抽取 1 000 名、电话调查随机抽取 1 000 名共 5 000 个样本进入统计。针对教师的调查问卷由专门的调查记者发放到全国 6 个省（包括：辽宁、甘肃、山东、河北、江苏和广东）的近 20 所高中，共有 551 名来自全国各地的教师参与了调查。所有教师问卷均计入统计。

调查围绕个人情况、高考制度及其改革、高考与基础教育的关系、高考的社会影响、高等教育意愿等诸方面，共设计了 53 个问题。鉴于篇幅，我们仅选取与高考制度直接相关的若干问题进行分析。

（一）高考的公平性

高考的公平性一直以来都是公众最关注的焦点问题之一。此次调查设计了两个直接针对公平的问题。一是"你觉得现行高考制度公平吗"，半数受访者给予了肯定回答，其中44%的人选择了"比较公平"，5.9%的人选择了"很公平"，选择"很不公平"者仅为9%。二是"下列促进高考公平的建议，你赞成哪些"（可多选），赞成最多的是"全国统一试卷"，比例为35.2%，其次是"取消各种不必要的加分"，比例为31.9%，选择"全国统一录取分数线"和"按省份人口比例分配录取指标"两项的比例大体相当，分别为30.4%和30.7%，此外，有21%的人选择"取消保送生"，18.8%的人选择"各省份独立考试命题"。

还有三个与高考公平性关系较密切的问题：一是"高考制度受益最多的是哪些人"（可多选），多达61.3%的人选择"有真才实学的人"，其次是39.9%的人选择"考试技巧高超的人"，选择"普通人"的比例为34.3%，紧接其后，选择"有特长的人"也有24.1%，当然，选择"有钱人"、"有关系的人"、"有权力的人"也都在30%左右；二是"最近十年的高考改革措施中，你觉得改得比较成功的是"（可多选），所供选项几乎涉及近年来高考改革的方方面面，选项比例最高的三项"网上公开录取"（71.7%）、"考试时间从7月改到6月"（63.2%）以及"阳光招生"（44.4%）中，第1和第3项都是直接关乎高考公平的；三是"全国统一高考实施了30年，你觉得它的合理性主要在哪些方面"（可多选），高达78%的人选择"是一个基本公平的人才选拔方式"，64.5%的人选择"是普通人向上流动的通道"，51.1%的人选择"筛选出了可造就的优秀人才"，这三项高比例选项也都是与高考公平性有关的。可见，目前高考制度的公平性不仅在总体上为公众所认可，而且也最受关注。

（二）高考对自身的影响

毫无疑问，在当今中国，高考对考生个体有重要的影响。在回答"当年，除了参加高考还有别的出路吗"的问题时，有65%的人选择"没有"，35%的人答复"有"。针对"你为什么参加高考"，33%的人选择了"无路可走，想改变命运只能高考"，52.3%的人选择了"想继续读书深造"。对"高考是否改变了你的命运"，32%的人选择"彻底改变了我的命运"，57.6%选择"影响了我一部分的人生经历"，仅有10.4%的人选择"没改变什么"。在回答"高考在哪些方面改变了你的生活"时（可多选），41.4%的人选择了"让我走出农村"，46%的人选择了"让我改变了身份"，31.1%选择了"增加了收入，改善了生活质量"，75.2%的人选择"开阔了视野"，选择"学到了知识"的也高达70.7%，选择"找到了自己的专业兴趣"、"找到了终身伴侣"、"找到了一个让人羡慕的好工作"等选项的，也都有一定比例的人数。高考与个人的前途与命运之关密由此可见一斑。

正因为如此，针对"目前为止，你最激动的一刻是"的问题，41.4%的人选择"拿到录取通知书"，与仅7%的人选择"恋人的初吻"形成鲜明比照。而且，高考不仅仅关乎考生自身，也是每个家庭的大事，所以，有51.2%的人回答"你参加高考时，你的家长焦虑吗"时选择了"有点焦虑"，19.6%的人选择了"非常焦虑"。

（三）高考对社会的影响

高考作为目前中国高等教育入学的主要渠道，不仅与个人前途直接相关，对国家乃至民族的影响也不可小觑。由于社会影响重大，高考因此也成为社会矛盾的聚焦。

在回答"纵观30年来，你认为高考在农村地区的影响是减弱还是加强了"的问题时，比例最高的选项是"高考仍是改变身份的主要途径，热度有增无减"（47.6%），其比例是第二高选项"农村出身的大学生就业难，投入多产出少，高考的吸引力正在减弱"（22.5%）比例的倍数以上。对于"30年来，你觉得高考在城市里的影响有什么变化"，也有高达51.7%的人选择了"城市青年对学历和学校的要求更高，对高考的依赖性增加"，远高于"城市青年的选择更多，不再只盯着高考"（24.7%）和"出国读书的人增多，高考只是备选之一"（21.6%）等选项的比例。可见，无论是城市还是农村地区，高考都有重要影响。

正是因为高考有重要的社会影响，所以各级政府不仅重视高考，而且都设法提高当地的高考成绩。例如，针对"你所在的省市，当地政府对高考重视吗"，选择"非常重视"者45.7%，"比较重视"者44.8%，二者相加高达90%以上，仅有4.4%的人选择"不太重视"。具体到"当地政府重视高考表现"，有64.7%的人选择了"高考期间全力做好后勤服务"，64.3%的人选择了"高考成绩和大学录取率是考核学校业绩的标准之一"，还有52.9%的人选择了"政府出资奖励当地的高考状元及教师"。

（四）高考对基础教育的影响

作为"魔力指挥棒"，高考对基础教育的影响是最直接的。在中国的国情下，由于各种社会的竞争高度浓缩为高考的竞争，高考给基础教育带来了沉重的负担。例如,针对"在你的学生时代,你觉得哪个阶段的压力最大",有高达58%的人选择"高中",其次分别是"大学"(11%)、"初中"(9.1%)、"小学"(0.8%)和"幼儿园"(0.4%),另有7.3%的人认为"各个阶段压力都不小"。被问到"你觉得基础教育中谁的负担最重"时,"学生"选项以49.2%的比例高居榜首,其次分别是"家庭"(32.5%)和"老师"(14.7%)。在回答"基础教育负担重的原因是什么"时,有62.4%的人选择了"一考定终身的高考制度",60.7%的人选择了"中国还存在三大差别,竞争才有好前程",选择"目前优质高等教育资源不足,要接受好的教育必须竞争"者也有57.8%。此外,受高考瓶颈的制约,素质教育的推行也难见实效,有50.3%的人对我国素质教育的现状表示"不满意",36.2%的人认为"一般",仅有13.5%的人表示"基本满意"。

(五) 对高考的改革意愿

调查结果显示,民众对全国统一高考基本上还是持肯定态度的,但也有着强烈的改革意愿。例如,针对"哪种高考方式最理想"的问题,26.4%的人选择"每年全国统考一次",25.1%的人选择"全国统考作为入学资格,有特殊要求的高校再自主考核确定录取",24.4%的人选择"每年按学校类型分别设置考试,学生可考两次或多次",选择"每年全国统考两次或多次"者为16.5%,选择"一年中各省自主命题只考一次"者仅为6.3%,选择其他方式者为1.3%。可见绝大多数民众还是希望采行统考形式,尽管统一的范围有所不同。在被问到对全国统一高考的总体评价时,77.4%的人认为"有缺陷,但仍是目前最好的办法,应改进",有17.6%的人认为"很好,应当维持",认为"应当废除"的比例仅为5.1%。当被问到"你认为高考改革应该以什么样的频率来进行"时,37.5%的人选择"需要改的时候经过充分论证再改,不轻易改变现有的制度",32.5%的人选择"慎重改革,提前公布方案,几年改一次",仅有18.2%的人认为应"每年都有一些小改动,持续进行"。

除上述方面外,本次调查还涉及高考加分政策、保送生制度、会考制度、高考移民以及中学生综合素质电子档案等方面,鉴于篇幅,兹不一一赘述。

二、调查的思考

作为建国后关于高考所作的规模最大的一次公众调查,本次调查结果对于我们科学、理性地分析高考、明确改革方向具有重要意义。

（一）促进社会公平公正是高考发展的生命线

公平与公正是引领人类社会发展的基本观念，也是构建理性社会、和谐社会的基本准则，更是一个社会正常运行的基本保证。高考制度的建立和恢复，反映了人人享有教育资源的价值观念，反映了人们对这一观念的认同和信心，反映了社会的理性和进步。高考是摒弃出身、血统、关系、户口等不公平因素而采取能力、学识、自身素质等公平因素的一种文化选择。因此，高考在一定意义上就是社会公正的象征。通过常模参照性考试尤其是高考，使社会弱势群体有机会实现社会阶层的向上流动，改变命运。参与调查的被访者，80%以上的人参加过高考，90%以上的被访者在参加高考时，家庭经济条件都在中等偏下，尤其是农村考生，大多数人的家庭经济条件较差。尽管家庭经济条件不好，大多数受访者并没有放弃对高考的追求。究其原因，能够继续读书深造是高考能够吸引被访者的主要因素。有1/3的被访者认为高考是改变命运的唯一出路。对于农村考生来说，高考使他们改变了身份，90%的被访者认为高考在一定程度上的确改变了自己的命运。

公平、公正一直是支撑高考制度的核心理念。我国恢复高考30年来，高考改革始终没有停止过，高考制度的一系列改革，如阳光工程、网上录取、保送规模压缩、公布保送名单、二次高考、取消年龄与婚姻限制、分批次在不同地区推进"3+X"方案等，都是对公平、公正的有力推进与保障。在调查中，约50%的被访者认为现行的高考制度是公平的，其中学历越高者，越认可高考制度的公平性。大多数被访者对高校自主招生持肯定的态度，认为高校自主招生应该有限制、有选择地推进。尽管认为"腐败侵蚀高考，越来越不公平"的比例仍在40%左右，但认为腐败影响高考公平性的比例在下降。这反映出高考制度在选拔人才的公平性上是大家认可的。

（二）推进制度创新是深化高考改革的关键

构建具有中国特色的现代高考制度，涉及理念、体制、内容、形式、手段等方面，需要各方共同努力。在众多的高考改革措施中，被访者认为比较成功的措施主要有网上公开录取、考试时间从7月改到6月等。此外，阳光招生和考试科目从"3+2"变成"3+X"也得到不少被访者的认可。关于高考改革的方向，70.1%的被访者认为高考改革要经过充分论证，慎重改革，不能轻易改变现有的制度。当前学历越高，越认为高考的改革要深思熟虑，这在一定程度上反映出高考制度的稳定性有利于选拔人才。《国家教育事业发展"十一五"规划纲要》提出："以促进学生全面发展为目标，改革和完善考试评价制度，探索综合评价、多样化选拔的招生录取机制"。在不断深化高考内容和形式改革的基础上，从促进教育民主化和社会公平的角度，高考改革的制度创新显得更加紧迫和关键。

积极稳妥地推进高考改革，需要在以下四方面进行制度创新：

第一，根据终身教育的理念和体系，建立多渠道、多层次的教育"立交桥"。统一考试是我国选拔人才的基本形式或主体形式，通过多年的实践，统一考试的公平性、高效率得到社会广泛认可。但是每个人受教育的年限、环境、家庭等各方面的影响是不一样的，每个人的兴趣、爱好、个性以及职业理想也是不一样的，而我们现在的教育模式在很大程度上是为了上大学的人才标准而设计的。

目前我国的教育体制和制度分为国民教育体制和非国民教育体制。国民教育体制以学历教育为主，非国民教育体制以技能培训为主。这两种体制在教育形式之间没有相互沟通和衔接的渠道。这不仅使社会的教育资源没有充分发挥效益，而且限制了人们的教育选择权，束缚了人的全面发展。一个好的考试，应考出学生的长处和优点，能够反映学生的兴趣、能力、潜质等，鼓励和引导学生发展自己的特长，并在某种程度上对人力资源的合理配置发挥重要的作用。克服统一考试"一考定终身"、考生精神压力大等弊端，进一步满足当今时代对以人为本、注重个性特长的选拔方面提出的更高要求，关键是根据终身教育的理念，促进现代国民教育体系的形成。新一轮基础教育改革，呼唤着与之相衔接、相协调的高考内容、形式和选拔方式。根据不同类型、不同层次的教育形式的差异性需求，推进多元化选拔、多样化录取的改革，搭建多渠道、多层次的教育"立交桥"，把国民教育体系和非国民教育体系、各种教育制度和多样办学形式结合起来，形成全方位、立体化的教育格局和相互沟通、交叉互认的教育模式。只有摆脱高考一次性评价的压力，学生的各种才能与创新意识才能得到自由发展，每个人才有接受各种教育和选择适合自己的教育形式的机会。

第二，从单一考试到多元评价，是实现教育科学发展的重要途径。现代社会注重对学生的全面评价，事实上这也是当代重要的教育和评价理念。社会发展多元化、高等教育发展多元化、高考录取率的显著提高、高等教育办学形式多样化为高考改革提供了有利的外部环境。传统的单一的分数报告和"一考定终身"已经不符合时代和教育发展的要求。目前存在着以考试为目的的教育、教学倾向，这主要应由教育评价制度来纠正，考试更侧重于技术手段，评价更强调价值取向。改造我们的考试，首先要充分利用考试资源，使考试具有较多的评价内涵，加强和深化对人的能力、学力和潜质的测评等。利用评价的观念和方法改造我们的考试，利用考试的数据开展评价工作，是实现高考改革和推动教育评价的最佳结合点。

为推进教育评价改革，2003年教育部发布了《关于积极推进中小学评价与考试制度改革的通知》，强调突出学生的主体地位，注重过程性评价，关注学生的成长发展，把形成性评价与终结性评价结合起来。这也是近年来世界各国教育考试和评价改革的主要趋势。现在的问题是需要建立一整套科学的教育评价标准和体系，对教育过程和教育对象进行有效评估。我国的教育考试机构也提出了强化评价的理念，即评价教育、评价考试、评价考生。强化评价，就是不仅要为考生提供分数，更要通过考试的各种数据，为考生提供知识、能力、特长和潜质的评价报告——"成绩报告单"，让考生了解自己的强项和弱项，要考出学生的长处和优点，使考生知道今后往哪个方向发展，才能使个人得到更好的发展。

第三，建立科学的人才观和人才选拔制度，为高考"减负"。高考选拔标准的制定，来源于社会和高等学校对人才选拔标准的主流认识。在调查中，被访者期待的高考改革政策主要有：考题更注重考核考生的素质和能力；提高招生录取过程中的透明度；录取时更多考虑考生平时的全面表现。因此，转变思想观念，建立科学的人才观和人才选拔制度，将为深化高考改革创造良好的社会氛围和环境。

信息化时代和建设创新型国家的人才战略对高考人才选拔标准的制定有三方面的规定：其一，具有扎实的学科基础知识。对知识的驾驭能力和创造潜力首先来自于完整的学科体系和科学的知识结构，并不是首先来自于某种方法，因此愈是信息多元和创新要求高的时代，愈是要重视学科知识体系的建构。其二，具有良好的思维素质。良好的思维素质主要表现在思维的系统性、思维的综合性和思维的创造性上，这实际上是信息时代和创新型人才观对高考选拔标准的核心要求。其三，具有批判意识和实践技能。批判意识和实践技能是学习潜质和创造力的主要体现，也是应该纳入高考选拔标准的重要内容。为了将这些选拔标准科学化，高考在内容和形式上作了大量艰苦细致的工作，如在以往学科能力要求的基础上，建立更加科学合理的考核目标体系；强化考试的情景设计，鼓励和引导积极的思维活动；加强评分标准的操作性和可控性，保证选拔的可靠性。高考选拔标准的新观念就是"考能力"。配合能力考查的需要，考试的科目也变得更加合理和具有现代意识。在20世纪末，推出了综合考试和"3+X"考试科目改革，实现了考试内容与形式的同步变革，当然也有许多需要改进的地方。应该说，在我国当代考试的发展中，"考能力"的观念及其实践完成了由对学科知识的再认、再现向深层智力活动进行测量与评价的转变，迈出了从考试大国向考试强国的第一步，也使公平、公正的理念在高考中得到了更充分的体现。

第四，深化高校招生考试制度综合改革，逐步形成符合现代经济、社会、人才发展要求的选拔机制。高考不仅仅是考试，还包括录取。讨论高考的改革不仅限于考试内容和考试方式的改革,这是高考的一个方面,考试的主要目的是录取新生,所以必须在更大的范围、更广的视野里研究系统、配套的招生考试制度综合改革,进行整体的制度设计。整体的制度设计有包括以下几方面:

  一要深化考试内容和方式的改革,统考科目设置要符合高校人才选拔需要和学生学科性向特点。强调命题内容的改革,使考试内容进一步贴近时代、社会、考生的实际,注重对考生运用知识分析问题和解决问题能力的考查,为人的全面发展发挥积极导向的作用。二要建立在国家指导下由各省组织实施的普通高中学业水平测试,对学生在高中阶段的文化课进行考查,包括必修课和选修课。可以采用等级制,分为A、B、C、D几个等级。三要建立综合素质评价标准和评价体系,从道德品质、公民素养、合作精神、学习能力、运动与健康等方面对高中毕业生给予客观、全面的评价。在此基础上把学业水平测试和综合素质评价与国家统一考试相结合,从文化知识、能力水平、成长过程、综合素质等几个方面共同构成普通高等学校录取的依据。高职高专院校也可以尝试以学业水平测试和综合素质评价为录取依据的招生改革。四要建立普通高等院校自主招生、自我约束,政府宏观调控、指导,社会有效监控的具有中国特色的现代高校招生录取制度。这样才能满足高等院校在高等教育进入大众化阶段多元化选拔人才的需要,满足中等教育实施新课程改革、全面推进素质教育的需要,满足建立教育的公正、公平的需要。

  总之,强调引进中学教育的学业水平考试和综合素质评价两个指标后,把学生的成长过程与其以后的升学就业联系起来,可以改进目前"一考定终身"的局面,从而实现倡导的"四个结合",即考知识与考能力相结合、统一考试与学业水平测试相结合、统一考试与学生综合素质评价相结合、考试改革与高校录取方式改革相结合;建立更加全面、综合、多元化的考试评价制度和多样化的选拔录取制度,为学生自主选择接受高等教育的机会提供更多的可能;为高校全面、客观地选拔人才提供了科学的依据,为全面贯彻党的教育方针,为推进素质教育起到积极作用,使高考制度更趋公平、公正。

第六章

高校招生考试制度比较研究（一）

尽管中国的高考可以说是世界上独一无二的大学招考制度，但也有许多尚待完善之处。古语云："法久终弊。"随着高考地位的凸显，运作时间的增加，以及教育的飞速发展，人们对高考的批评之声渐趋高涨。在批评的同时，有不少学者主张借鉴国外的先进经验为我所用，尤其是借鉴教育和经济都比较发达的西方国家，以及地域靠近的东亚诸国或地区。但学界对于这些国家（地区）高校招考的具体做法、制度成因及其问题却鲜有清晰的了解。本章和第七章将试图着笔于此，尤其是探寻其他国家和我国台湾地区高校招生考试制度形成的根本原因，获取可资借鉴的改革经验。

第一节 美国高校招考制度

我国高考自1952年建制以来，由于存在重才轻德、缺乏特色与灵活性等统一考试本身所固有的缺陷，建制后尤其是20世纪90年代末以来，高考不断朝多样化方向改革。在高考改革的推进过程中，动辄有人提出废除统一高考，像美国高校那样采行多元招生办法。例如，有人曾提出关于创新高校招生制度的建议，建立一套新的高校招生考核体系，包括学业因素（高中毕业会考和学术潜力考试）、非学业因素（考生社会服务记录、艺术技能发明竞赛获奖）、社会评价（教师评价和家长评价）等指标。这一考核体系其实就是照搬了美国的招生标准。那么，美国的高校招考制度是如何运作的？有何特点？他们在最新的改革过程中出现了哪些争论？他们的招考制度对我国高考改革有何启示？

一、美国高校招考制度的运作

根据美国教育部国家教育统计中心公布的数据，2004~2005 年度，美国被纳入联邦政府学生财政援助计划的高校（即 IV 高校）有 4 216 所①。这数千所高校类型、层次各异，既有四年制和二年制之分，又有公立和私立之别，其中四年制院校又有研究型与教学型之分，私立高校又有营利性和非营利性之别。就招生来看，可以大致把美国高校分为有入学要求和开放入学两类，其中，前者要求学生提供从高中成绩到推荐信等一系列材料中的一种或数种，绝大部分四年制高校属于此类，后者则只需提供高中毕业文凭或同等学历证明。以下主要从录取标准、招生计划两方面介绍美国高校招生制度的运作。

（一）录取标准

美国高校的录取评价指标非常多元化。首先是对中学课程的要求。每所高校对中学课程修习的规定各有不同。有的学校对申请者修读什么课程并不作硬性要求，例如，位居最好大学行列的八所常春藤盟校都没有中学必修的课程要求，但会对申请者提出他们所建议的或认为能够为大学学习做好准备的理想课程结构。有的大学则对此作出硬性规定，例如，密歇根大学要求申请人在中学必须完成以下课程要求：4 年英语，3 年数学，2 年生物和物理，3 年历史和社会科学，2 年（但鼓励学习 4 年）外语（同一门外语）；艾奥瓦州立大学也规定了类似的课程及学年数要求。当然，不作硬性要求的高校并不意味着入学容易，相反，这些高校的竞争相当激烈，以 2006 年的录取率（录取人数/申请人数）为例，八所常春藤盟校中的普林斯顿大学为 10.2%，哈佛大学为 9.3%，哥伦比亚大学为 11.6%，布朗大学为 14%，而有课程要求的密歇根大学为 47%，艾奥瓦州立大学更是高达 90%，② 竞争远不如常春藤盟校激烈。

尽管对必修的课程没有要求，但好大学一般都很看重学生选择课程的难度，

---

① National Center for Educational Statistics（NCES），*Digest education of* 2005，*Table*243，Degree - granting Institutes，by control and type of institute：1949 - 1950 through 2004 - 2005，（http：//nces.ed.gov/programs/digest/d05/ch_3.asp）．

② 录取率来自各校的招生办公室主页。

希望学生在可能的情况下多选修一些难度大的高级课程或大学预修课程，如大学预修课（AP，Advance Placement），① 国际高中文凭（IB，International Baccalaureate）② 等课程。修习并通过了这些高级或预修课程的考试，无疑可以为大学申请成功增加筹码。

中学成绩是美国大学入学最重要的一条标准，包括中学年级排名（class rank）和平均成绩（GPA）两种。由于年级排名只计算必修课程，而将任选课程（例如音乐、体育等）和其他一些课外活动排除在外，一些家长批评说这样的算法使学生投其所好，只重视排名课程，被迫放弃音、体、美及其他兴趣爱好，不愿参加课外活动，导致学生片面发展。所以，美国也存在与中国"高考指挥棒"类似的"入学指挥棒"问题。不过，大学在评估此项指标时，并不是片面追求高分数，而是将其放置到学生的中学教育条件或家庭背景中综合评价，注重学生追求上进、挑战自我的精神。例如，条件好的中学一般能提供很多 AP 课程，如果学生没有充分利用学校的教育资源，只选了很少的（甚至未选）AP 课程，招生人员会认为学生不求上进、缺乏挑战自我的精神。相反，另一所教学条件较差的中学，尽管只提供很少的 AP 课程，如果学生最大限度地利用了这些教育资源，那么，即使后者的中学成绩或所在中学的教育质量不如前者，被录取的可能性仍然很大。

尽管好大学在录取新生时大都会综合衡量学生各方面条件，但一般的大学主要还是看中学排名或平均成绩，有些州对于中学成绩在大学录取中的地位甚至给予法律保证，例如，得克萨斯州的法律规定，中学排名在前 10% 的学生将自动被该州任何一所立大学录取③，艾奥瓦州也有类似的立法规定④。近年来，许多私立中学和少数公立中学正在逐渐取消年级排名，此举给大学的录取工作带来很大困扰，一些招生官员认为，取消排名将给他们的入学评估带来消极影响，因为没有了排名这一依据，他们只能更倚重标准化考试分数，这实际上在某种程度上损害了申请者的利益。⑤ 但中学排名由于具有简单明了、易于操作等优点，在绝大部分公立中学和部分私立中学仍非常盛行，有些大学甚至将替代排名的中学平均成绩（GPA）按某种标准重新换算成排名，例如，GPA 在 3.5～4.0 之间的学生，一般被视为排名在年级的前 25% 之列，在 3.0～3.49 之间的学生，则被

---

① 美国高中新开设的具有大学低年级水平程度的大学课程。——编者注
② 总部设在欧洲的一种国际高中文凭考试及其教育课程。——编者注
③ Jerry Needham, *North East class ranks draw anger.* San Antonio Express – News, November 14th, 2006.
④ *End the 50% admissions rule?* DesMoines Register, November 27, 2006（http://desmoinesregister.com/apps/pbcs.dll/section? category = OPINION）.
⑤ Benjamin L, Weintraub and Laura A. Moore, *Officials Dismiss Ranking Concerns*, The Harvard Crimson（http://www.thecrimson.com/article.aspx? ref = 511904）.

列入年级前 50% 的行列。①

标准化考试——美国的标准化考试主要有学术能力测验（SAT，Scholastic Aptitude Test）和美国大学入学考试（ACT，American College Test）两种，分数是仅次于中学成绩的另一条主要录取指标，也是大学在排行榜位置的影响因素之一。近年来，有些学校开始把标准化考试分数列为"可选条件"（optional），或者干脆取消了这一入学要求，由此引发了一些争议。但取消标准化考试分数要求或将其列为"可选条件"的高校，除少数位居较好大学之列外，其余多为名不见经传、没有多少申请者的大学或一些职业院校，四年制公立大学和非营利性私立大学极少有放弃这一入学条件的，仍十分倚仗它来保证录取新生的相应学业水准。

课外活动也是一些大学尤其是一流大学较重视的指标，它不仅有助于大学考察学生对非学术活动或在学校以外社区活动的参与程度、承担的义务、所作的贡献，而且可以关注到学生的特殊才能或成就。许多大学都强调，学生参与课外活动不在于所列清单的长短，而在于参与的深度、贡献与影响力，特别是学生在其中所扮演的领导角色。一般的大学则无暇顾及申请者的课外活动，录取学生只看其入学指数（Admission Index），入学指数由 GPA 和标准化考试成绩两项推算而来。

推荐信在入学申请中亦占有一定分量，一般要求学生提供由高中主要课程任课教师所写的推荐信。有的学校还欢迎提供由雇主、教练、宗教领袖、朋友、家人等写的额外推荐信。

由于希望选拔到全面发展的学生，一些大学还鼓励申请者提交自己在艺术、体育或写作方面的才艺证明。例如，普林斯顿大学规定，申请者如有特殊才艺，可将音乐表演或美术、文学创作等作品等直接寄送给招生办，由招生办安排相关系科的教师来观看、鉴赏和评估这些幻灯、磁带、唱片或其他发表作品。对于一些有运动特长的申请者，则由学生和学校相关教练直接联系，安排考核。这些相关教师和体育教练向录取工作人员提供的申请者才艺信息，在审核入学申请过程中会被加以考虑。

一些入学竞争较激烈的大学一般还要求学生提交一篇短文（essay）或者个人自述（personal statement），有的大学也要求同时提供这两份材料。这些材料加上推荐信和中学报告等，可以使学校在冰冷的考试分数与学业成绩之外，了解学生作为"人"的思想、观念、态度、个性品质、爱好、兴趣、生活经历等活生生的另一面。有的学校会给学生提供一些参考选题，比如你的出国旅

---

① Debra Landis, *Class rank may rank low in importance*. State Journal Register, October 8, 2006.

行经历、你的特殊的生活环境、对你影响最大的学术经历或读过的书，等等，有的甚至就是命题作文。这些题目很多都是从上一届新生中征集而来的，一般入学申请表中专门有一栏是征集作文题目的内容，请申请者为下一届学弟学妹们出一个作文题，因此这些题目很国际化。学生可以和别人讨论，但必须要自己完成写作。

此外，面试也是一些大学录取评价的内容之一。当然，并非每所大学都具备面试条件，即使是那些条件具备的学校，面试也并非必要条件。一般大学在招生指南中都会强调，没有得到面试机会（入学申请提交得越早，得到面试机会的可能性越大）的申请者并不会在入学竞争中处于劣势。面试并不在校园内由招生人员完成，而是由散布在全美各地（乃至全世界）的校友志愿者们代表学校在当地进行。因此，面试与其说是入学条件之一，毋宁说是架构在学生与大学之间的一座桥梁，或者说是大学向学生推介自己的一条渠道。

（二）招生计划

美国数千所高校由于资质、声誉、办学条件、生源多少各有不同，其招生计划也"因校制宜"。常用的招生计划有提前招生（early admission）、常规招生（regular admission）、滚动招生（rolling admission）三种。其中，提前招生又分为"提前决定"（early decision）和"提前行动"（early action）。两者的区别在于，"提前决定"是捆绑式的，学生申请这一计划，就意味着对大学做了某种承诺，一旦被录取，便有义务进入该校，且要交纳一定的入学保证金，同时撤销已提交的其他学校的同类申请，否则便是违规。"提前行动"则是非捆绑的，学生即使被某所大学录取，也可等到所申请的其他大学录取结果出来比较后，再决定上哪所大学。提前招生一般要求学生在每年 11 月 1 日前递交申请，12 月中旬出录取结果。全美除数百所大学采行提前招生计划，更多的大学采行的是常规招生计划（实行提前招生的大学也兼行常规招生）。常规招生的申请截止日一般为 1 月 1 日，3 月底或 4 月初出录取结果，被录取的学生要求在 5 月 1 日答复学校，并交纳保证金。竞争性不强的大学则多实行滚动招生，即边申请边录取，以刺激学生积极申读，滚动招生一般在入学前 6~9 个月开始受理申请材料。由于申请不久便可知晓录取结果，滚动招生对部分学生的吸引力相当大。① 此外，近年来还有少量学校实行"当场录取"办法，学生带着申请材料到学校，招生人员审阅后，当场便告知录取结果。

---

① David Reingold, How to Humanize the College Admission Game, *The Journal of College Admission*, summer, 2004.

二、美国高校招考制度的特点

美国高校招生最主要的目标是学生群体多样化，与此相适应，其招生制度具有计划灵活多样、入学标准多元、大学高度自主、录取过程个性化、重视入学机会公平等特点。

（一）计划灵活多样

计划灵活多样是美国高校招生制度的鲜明特色。对学生而言，既有旨在吸引那些对某校"情有独钟"且愿意及早与之订立"婚约"的"急性子"优秀学生的提前招生计划，也有针对那些想深思熟虑去"众里寻他千百度"的"慢性子"学生的常规招生计划，还有针对快进生或超常学生的提前入学计划。从高校来说，招生计划的灵活多样，既可以让那些生源充足的高校在规定时间内尽快完成招生工作，又可以让那些生源不足的高校在最大时间范围内尽可能网罗到更多且不乏优秀的生源。可见，无论是何等资质的学生，或是何等层次的高校，都可以灵活多样地采行各式招生计划，以实现招生效率的最大化。

（二）录取标准多元

美国高校录取新生，一般没有固定的程式，而是综合评价：既有智力方面的要求，又有非智力因素的考量；既重视学生的考试成绩，又看重平时的学业成就；既从考试分数或年级排名等相对客观的硬指标来评判学生，又从充满个性与人情味的推荐材料中了解学生的另一面。标准多元体现了美国大学既注重学生"德、智、体、美、劳"全面发展，又不错失那些"专才"乃至"偏才"。具体而言，大学通过推荐信、课外活动（尤其是社区服务）、个人自述、面试等途径，多方考察与鉴识学生的"德"；通过中学课程的选择及其难度与成绩、标准化考试分数、中学报告等考量与测评学生的"智"；通过才艺证明、课外活动、个人自述、推荐材料等了解和鉴赏学生的"体、美、劳"、个性特点及其他特殊才能与成就，等等。

（三）招生高度自主

与中国高校招生不同的是，美国高校向来具有办学自主与学术自治的传统，体现在高校招生上，也具有高度的自主权，尤其是私立大学，招生的标准、规模及运作完全由各校的招生委员会自主制定，联邦与州政府不得干预。虽然州政府拨款可能影响到一些州立大学的招生规模，但这种影响既非必然也非直接，州政府不得以拨款直接作为控制招生规模的手段。

由于大学招生高度自主,基于权利与义务对等原则,招生过程中出现的问题及其改革也均由学校自负,政府不得自上而下地发起改革。例如,美国许多学校的招生都实行所谓的"袭荫"(legacy)① 政策,学生如果申请的是父母毕业的大学,则可能在入学竞争中被优先考虑(并不是降低标准)。有不少人批评"袭荫"是一种变相的"血统论",不仅会固化学生的思想(因为学校和家长这两条主要途径对学生施加的影响基本上同质同构),而且在增加社会经济地位较高阶层子女入学机会的同时,对那些从未有过大学毕业生的底层家庭子女(first-generation college students)则不利。批评也好,争论也罢,"袭荫"政策在许多大学特别是私立大学仍盛行不衰,对此,政府也只能"放任自流"。

(四) 录取过程个性化

我国高考目前录取的绝大多数新生仍是依据其考分高低,由于标准僵硬,一分之差可能导致"上天入地"之别,因而录取过程中要"分分计较"。但美国高校由于招生依据灵活多元,仅考试分数高几分或低几分、中学排名前几名或后几名,一般不会对录取结果起决定性作用——起关键作用的是招生人员对申请材料的综合和总体评判。因此,能否把握好各条依据的尺度、正确理解各条标准及学校的招生目标,对于能否录取到理想的新生显得特别重要。换言之,招生结果的成败在很大程度上倚重招生人员的招生理念、经验与阅历等个性化因素。亦因此,美国高校非常重视招生工作的职业化,不仅有经常性的相关培训,而且重视新老招生人员之间的"帮带"作用。这种看似"说不清道不明"的录取,其实质量还是很有保障的,一则因为重视学生的个性特长与全面素质,二则录取结果要经过多重筛选,最后由招生委员审核敲定,从而有效地避免了个别人员的失误或人情困扰。

(五) 重视入学机会公平

美国是个典型的移民国家,各族裔各阶层子女的教育条件差异甚大。在普通教育阶段,由于实行义务教育,入学机会不成为问题。但到高等教育阶段,不同族裔、不同阶层子女的入学机会公平问题便凸显出来,尤其是优质高等教育资源,在族裔或阶层间分布很不均匀。因此,入学机会公平问题一直是美国高校招生制度改革与议论的热点,也是美国政府面临的最头痛的教育问题之一。

---

① 英文 Legacy 一词在这里显然不是"遗产"之意。在《牛津高阶英汉双解词典》中有"先人或过去遗留下来的东西"之义项,根据行文,可以被理解为抽象事物。中文"袭荫"一词与行文本意贴切。——编者注

为缩小差距，美国政府早在 20 世纪 60 年代初就颁布了《平权法案》（Affirmative Action），旨在给予少数民族或女性在就业和教育机会方面的优先考虑。一些大学甚至建立了所谓的"少数民族大学生招生项目"①（Undergraduate Minority Recruitment Program），力图帮助那些处于弱势的少数族裔学生获得各种申请信息，增加申请的自信心等。在财政援助上，美国政府和高校也有一些专门针对弱势群体的支持项目，如联邦政府的佩尔奖学金（Pell Grants），便是针对贫困家庭子女的奖学金。2006 年 9 月，哈佛、普林斯顿、弗吉尼亚等三所大学发起的取消提前招生的改革，也主要是出于公平的考虑。

三、美国高校招考制度的改革与争议

尽管美国的多元化高校招生制度经过 300 多年发展已非常成熟，但并非完美无缺，相反，有些问题十分突出，其中，最大的问题便是造成高等教育机会不公。这既是一个教育问题，更是一个社会问题，因此备受重视。2006 年，美国高校乃至政治领域进行的一些改革，均致力于此。以下仅介绍三项影响较大的改革。

（一）取消提前招生

提前招生计划源起于 20 世纪 50 年代，到 90 年代迅速发展。许多大学都想通过尽早录取优质生源而获得竞争优势，同时也强化学生希望及早获得大学录取承诺的意愿，因为在有些学校，提前招生的录取率是常规招生的两三倍甚至更多，例如，哈佛的提前录取率大约为 38%，总体的录取率大约为 9%，而哈佛的新生中有一半是通过提前招生而录取的。

尽管如此，提前招生却因其对弱势群体不利而一直受到颇多非议。2006 年 9 月 12 日，哈佛大学宣布从 2007 年起取消提前招生计划。此后的两周，普林斯顿大学和弗吉尼亚大学也跟着做出同样的决定，斯坦福大学也正在考虑进行类似改革。一个月之内，先后三所著名大学宣布取消提前招生计划，迅速在全美掀起了一场关于提前招生的争论热潮。但争论归争论，真正付诸行动的却只有这几所大学，毕竟这一计划实行了几十年，取消它是一项很大的改革，绝大多数学校只是静观其变，还不敢轻举妄动，唯恐吓跑了优质生源。只有像哈佛这样声誉的大学，知道此项改革不会给自己带来竞争上的不利，才敢于进行。因为即使取消了提前招生计划，他们也始终是尖子生的首选。

---

① 英文"recruitment"原义与"admission"意思不同，意指将要"招收"新生，没有进入录取阶段。——编者注

哈佛大学为什么会进行这样的改革呢？最主要的目的便是出于公平的考虑。哈佛认为，提前招生使得低收入家庭、工人阶级和少数族裔的子女（亚裔除外）在这些著名大学的入学竞争中明显处于劣势，而对那些本来就处于优势地位的学生则更有利。① 一般而言，那些家庭富裕、比较成熟的学生更倾向于申请提前招生项目，因为许多提前招生项目都要求学生在无法对所获得的助学金结果进行比较的情况下就做出入学决定。

除了财政援助的原因外，赞成者认为取消提前招生主要有两个好处：

第一，有助于减轻中学对大学入学的狂热程度，改善中学的教学氛围。在提前招生计划下，升学的压力已越来越早地进入到中学生的生活中，有些成绩好的学生，其中学生活甚至从初中阶段开始便被考名牌大学的压力所扭曲，父母们尤其是那些追求卓越的父母们（Type-A parents）也跟着陷入一种热衷于升学的疯狂状态。可见，提前招生实际上并没有为学生减轻升学压力，而只是把压力提前。取消提前招生，则可使11年级（高三）及其以前的学习处于正常状态。

第二，提前招生对精英大学特别有利，可以确保他们提前得到能付得起学费的优质生源，从而提高新生的入学率，而且这些人将来很可能成为重要的捐款校友。再者，"捆绑式"的提前招生也意味着学生失去了通过比较不同学校的奖学金计划而得到更多助学金的机会，可使大学减少助学开支。提前招生还导致社会阶层歧视现象。申请提前招生的多数是那些请得起家教或升学指导顾问，或者是就读于配备有丰富指导经验的大学顾问的中学的学生。另外，低收入子女由于需要对更多学校的奖学金结果进行比较，很难在捆绑式的提前招生中作出承诺，这使得他们通常不愿意也不敢申请这一招生计划。显然，取消提前录取，可以缩小大学之间的竞争力差距，中产阶级子女所占有的优势也不复存在，各阶层子女入学机会将更加平等。②

反对者则针锋相对地认为：

第一，如果这一改革被广泛采纳，也就是说取消提前招生，则入学对于许多中学生和大学来说可能会变得更糟。对学生而言，由于可以使许多12年级（高四）学生在圣诞节之前解脱入学申请的重压，提前招生特别是提前行动（early action）很受学生欢迎。再者，申请提前招生的多为那些选修了AP课程、积极参与课外活动的优秀学生，取消了提前招生，意味着对所有资质的学生采取"一刀切"。如前所述，虽然取消提前招生被视为一种减轻升学压力的途径，但也有不少人认为很可能适得其反。如果学生不能尽早确定他们能否获得所申请学校的录取资

---

① Alan Finder and Karen W. Arenson, *Harvard Ends Early Admission*, The New York Times, September 12, 2006.

② EDITORIAL: *End Early Admissions: Colleges should give kids and parents a break*, The Philadelphia Inquirer, September 20, 2006.

格，就得同时申请多所学校，付更多的申请费。整个入学系统会因此变得十分拥堵，入学竞争变得更激烈，而学生申请的一些大学实际上并不一定是他们的真正兴趣所在，从而使入学过程变得更低效，与此同时，申请者被录取的机会却并没有增加。对于大学而言，由于提前招生时段分流处理了一部分申请材料，可以减轻常规招生时段的工作量。取消提前招生，无疑将加大常规招生时段的工作压力。

第二，取消提前招生是否真的有利于低收入子女也令人质疑。有人认为，提前招生可以检查中学在升学指导方面工作的好坏。在有些中学，许多资质不错的学生到高四仍没有参加学术能力测验（SAT）或美国大学入学考试（ACT），也没有参观过任何大学校园，甚至没有和升学顾问探讨他们对大学的兴趣与意向。废除提前招生，只会丧失对这样一些相对劣质的中学指导学生升学工作的监督与评价机制，而这些中学通常是低收入阶层或少数族裔子女就读的学校。①

（二）废除《平权法案》

众所周知，美国的种族不平等根深蒂固。1896 年美国开始实行"隔离但平等"（separate but equal）的种族政策，尽管强调种族平等，但隔离仍是合法的。在少数族裔特别是非洲裔的努力抗争下，联邦政府于 1954 年裁定具有里程碑意义的"布朗诉教育委员会"案②胜诉后废除了"隔离但平等"政策，1961 年肯尼迪总统任期又颁布了《平权法案》（Affirmative Action），规定在就业和入学方面不仅要消除种族和肤色歧视，而且应给黑人等少数民族以优先考虑和优先机会。1964 年又颁布了《公民权利法》（Civil Right Act），重申所有公民，不分种族、性别、肤色和民族，均有享受平等的受教育权利和机会。但实际上，种族教育机会不平等至今仍比较突出。

《平权法案》对大学招生的影响，最典型的事例是密西根大学的招生。密西根大学由于在招生过程中执行《平权法案》力度较大，对少数族裔照顾较多，1997 年被底特律一个白人高中毕业女生在其入学申请被拒绝后，以遭到入学歧视为由告上法庭，引起轰动。2003 年，美国最高法院最终裁决此案，认为大学在做出录取决定时可以考虑学生的种族，但这样做只能是为了促进高等教育多样化，而且不能在录取比例或降低标准上作出硬性规定。2006 年 11 月 7 日，密西根州在中期选举中对废除《平权法案》的所谓"2 号提案"进行表决，结果提

---

① Jay Mathews, *Is Early Admissions a Good Idea?* Washington Post, September 21, 2006.
② 美国历史上意义重大的裁决。在实行"隔离但平等"的种族政策期间，一位叫林达·布朗（Linda Brown）的 8 岁黑人儿童，不得不步行到离家很远的黑人小学去上学，而不能到离家仅 7 个街区的白人公立学校上学。为此，王林达的父亲将教育委员会告上法庭，认为种族隔离的教育是不平等的，会对黑人儿童的教育产生有害的影响。

案以58%比42%获得通过，意味着少数族裔和女性的入学和就业优待不再受法律保护。同1997年的诉讼、2003年的判决一样，2006年密歇根州的投票又掀起全美新一轮对《平权法案》的讨论。

其实，对《平权法案》进行表决，密歇根州并非先例，加州早在1996年、华盛顿州在1998年即已投票通过了取消《平权法案》的议案。加州取消该法案的提案（即209提案）获得通过后，在非常看重学业成绩和考试分数的加州大学系统，非洲裔、西班牙裔和美洲土著等少数族裔学生的入学比例大为下降，特别是在伯克利和洛杉矶分校；相反，亚裔和白人学生比例则大幅上升，其中亚裔学生数量增加最多，超过了他们在本州的人口增长速度。亚裔在加州大学系统9个分校中的7个，都成为了最大种族，在个别分校更是成为51%的多数。少数族裔特别是黑人学生比例的下降，引起了是否要重新起用《平权法案》的争论。一些人认为，如果继续执行209提案，最终将导致黑人被加州最好的公立大学拒之门外。从目前的反应看，尽管重新起用《平权法案》的可能性微乎其微，但黑人学生比例的下降却引发了加州大学系统对其招生政策的反思。他们认为，如果改变其过去仅重视学习成绩和标准考试分数的入学标准，兼顾考虑学生的课外活动、学习主动性与学业进步等因素，则有可能使学生种族成分发生变化。①

从密歇根的情况看，取消《平权法案》提案的支持者认为，对个体的评价应当根据其能力而不是其他，即使是密歇根大学一些《平权法案》的受益者，也反对《平权法案》，因为他们希望自己被公平地对待。反对者则认为，提案的通过，是密歇根州公民思想的严重倒退，使少数民族和妇女的权益受到伤害，并将导致职场和公立大学特别是密歇根大学多样化的减弱。密歇根大学的校长玛丽·苏·科尔曼（Mary Sue Coleman）女士在投票的第二天发表正式声明，宣称无论投票结果如何，密歇根大学仍将一如既往地捍卫《平权法案》，在基于法律许可的前提下，坚持实现学生群体多样化。其实，此次《平权法案》表决引起的争议只是美国教育机会公平问题的冰山一角。族裔教育机会不公平（包括学校教育资源不均）仍将是美国社会所面临的最头痛的教育问题。

（三）改革助学政策

和入学机会一样，大学学费和财政援助也一直是美国高等教育争议的热点。2006年9月，哥伦比亚大学宣布从2007学年起，对来自年收入低于5万美元的中低收入家庭本科生，将以奖学金取代贷款。② 近几年进行了类似改革的常春藤

---

① Ralph C. Carmona, *Beyond 209*, San Francisco Chronicle, October 26, 2006.
② Karen W. Arenson, *Columbia Alters Financial Aid for Low - Income Students*. New York Times, September 19, 2006.

盟校还有哈佛、普林斯顿和耶鲁三所大学。这一改革的出发点是为了吸引更多优秀的低收入家庭子女入学。

随着美国高等教育普及化的到来，弱势阶层子女上大学的机会增加了许多，但由于政府对高等教育的财政支持减少，导致大学学费近年来涨幅迅猛。2006年美国大学委员会（college board）的调查报告显示，四年制公立大学2006年的年均学费为5 836美元，加上食宿费，每人每年花费约13 000美元，比上一年增长了6.3%。私立大学的年均学费为22 218美元，加上食宿费，则每人每年花费约30 367美元，比前一年增长了5.9%。[1] 结果，大学不得不增加奖学金以帮助学生支付不断上涨的求学费用。

而近十年来，美国高校在本科生的奖学金授予上有一个根本性改变，即越来越多奖学金的授予不是基于学生及其家庭的经济需要（need-based），而是基于学术成就（merit）——前者自1965年"高等教育法"通过后一直是一条起主导作用的评价标准。在高校、州政府和联邦政府三条主要的奖学金渠道中，前两条途径基于学术成就授予奖学金的趋势已经凸显。美国教育部主持的一项涉及数千所高校的关于美国大学生援助的全国范围的研究项目（National Postsecondary Student Aid Study）调查数据发现，从学校（包括社区学院、四年制公立、四年制私立）这条渠道看，对学生的援助在1995~2004年间增长了105%，其中，基于需要的奖学金的增长仅为47%，而基于学术成就的优秀奖学金却增长了212%。后者在所有奖学金中所占比重也由35%上升到54%。从州政府这条渠道看，优秀奖学金占州政府奖学金支出的比重，也从1981年的9%上升到2004年的26%。[2]

优秀奖学金比例上升所带来的结果是：家庭富有者、白人或亚裔子女比低收入家庭及少数族裔等弱势群体子女受益更多。弱势群体得到的财政援助越来越少，直接影响到他们参与和完成大学教育的机会。不仅哈佛、斯坦福这些一流大学的学费让低收入家庭和少数族裔学生可望不可及，就是那些本该在教育机会平等运动中发挥领导作用的公立大学系统，其入学和财政援助政策也越来越向特权或优势阶层子女倾斜。2003年，这些名列前茅的公立大学给家庭年收入低于2万美元的学生提供的奖学金为1.71亿美元，而那些家庭年收入超过10万美元的学生却得到了2.57亿美元的援助。[3] 因为这些大学为了保持在各种排行榜上的

---

[1] College Board, *Trends in College Pricing* 2006 (*report*) (www.collegeboard.com).

[2] U. S. Department of Education, Institute of Education Science, *National Center for Educational Statistics* (*NCES*): *Issue Brief*, No. 115, July 2004.

[3] Arthur M. Hauptman, *College*: *Still Not for the Needy*? The Chronicle of Higher Education, Volume 52, Issue 12, 2005.

前列位置，非常看重学生的标准化考试分数，而通常优势阶层子女就读于教育条件优越的学校，而且请得起家教和升学顾问，能参加考前辅导课程等，因而在考试竞争中占据优势。

可见，美国高等教育的学生财政援助存在着两难：一方面，大学和政府希望增加优秀奖学金来吸引优秀生源；另一方面，这样做的后果又直接影响了弱势群体的入学机会，从而影响到美国高等教育一向所标榜的教育机会公平以及高等教育的多样化。少数一流大学已经注意到这一问题，并进行了减免低收入子女学费负担的相应改革，承诺在学生用尽了其他财政来源（如研究经费、家庭支付）的情况下，学校将百分之百满足他们的奖学金要求，学生无需借贷。但由于低收入子女在这些一流大学所占的比例非常小，从总体上看，这些改革对增加弱势群体高等教育机会影响不大。我们认为，只有当类似的政策在大量公、私立大学广泛推行，才可能对增加弱势阶层子女入学机会产生较大的影响。

追求公平是高校招生的永恒主题，且任重而道远。美国作为高等教育与经济发展均领先于世界的国家，尚且存在诸多的教育机会公平问题，作为人口多、底子薄、"穷国办大教育"的多民族中国，更不能忽视高等教育入学机会的公平问题。美国关于这一问题的诸种改革与争议，无疑值得我们深思与借鉴。

四、他山之石

我国高考目前正在进行多样化改革。作为多样化招生制度的典型代表，以及高等教育的强国与大国，美国的高校招生制度历经 200 多年，发展已很成熟和完善，可以成为我国高考多样化改革的重要参考。中国高考多样化改革，可以从美国高校招生制度中得到以下四点启发与借鉴。

（一）注重入学机会公平

作为典型的移民国家，美国政府对于缩小不同族裔的教育机会可谓不遗余力。我国也是一个地域辽阔、民族众多的国家，民族、阶层、城乡、地域间差异甚大，教育的条件不均衡以及由此带来的机会不公平，在某种程度上与美国相似，特别是城乡、地域间的差别，相比于美国是有过之无不及。高考制度在多样化改革过程中，也必须时刻凸显公平[①]，尤其要防止因客观标准减少导致权力、金钱介入而给弱势群体带来的不公。

---

① 郑若玲：《高考改革必须凸显公平》，载《教育研究》2005 年第 3 期，第 36~37 页。

（二）适度采用多元录取指标

美国高校录取新生，没有固定的指标体系，而是采取综合评价的方式，而这正是我国高考多样化改革的目标。遗憾的是，这种在美国畅通无阻的方式，在我国却屡行屡败。[①] 因此，在目前高等教育资源紧张、诚信制约机制尚未健全的背景下，高考多样化改革仍需以统考为主。但本着从实际出发、循序渐进等原则，可将考试成绩之外的其他因素适度、逐步、切实纳入录取指标体系，并建立和健全相应的监控机制。

（三）扩大高校招生自主权

美国高校向来具有办学自主与学术自治的传统，体现在高校招生上，也具有高度的自主权，招生的标准、规模及运作完全由各校招生委员会自主制定，联邦与州政府不得干预。我国高考虽然从20世纪80年代便开始了"扩大高校招生自主权"的努力，但进展缓慢，即使是实行自主招生，高校真正享有的自主权仍十分有限。2006年复旦大学和上海交通大学的"面试招生"，可谓是一种有力的尝试。应鼓励这些试点院校稳步加大自主力度。待时机成熟，可将统一考试与招生两相分离，由高校自主决定考试结果的使用比例，或将统一高考变成水平考试，让招生院校在水平测试的"基准"之上最大限度地享有自主权。

（四）建立多渠道、多层次考试"立交桥"

如前所述，美国高校招生制度一个鲜明的特色是计划与机制灵活多样、招生效率高。我国目前虽然不大可能采取完全个性化和自主性的招生机制，但分层分类进行考试却有其可行性。具体而言，可将高考分为普通大学及独立学院的本科统考和高职高专的专科统考两种类型，或采取全国统一高考和各校单独考试相结合的二次高考模式。这两种办法各具特色，可以从不同角度为推进高考多样化发挥作用。经过一定阶段或范围的试点后，可以进一步将二者结合起来，使高校招生在坚持统一考试的前提下，真正建立起多渠道、多层次的考试立交桥，以便适应高等教育多样化和人才结构立体化的需求。

总体而言，美国招生制度有其历史、文化、经济、政治和教育等成因，有些思路和做法可以启发我们，甚至可以借鉴，但生搬硬套绝不可行。我国高考多样

---

① 郑若玲：《我们能从美国高校招生制度借鉴什么》，载《东南学术》2007年第3期，第156～160页。

化改革在借鉴美国的做法时切不可忘"橘逾淮而北为枳"的教训，否则便可能南辕北辙，弄巧成拙。就目前我国高校招生考试改革而言，迫切需要解决的莫过于"公平与效率"问题，其中，"公平"主要指考试和招生中的公平，尤其是地域间入学机会的公平①，以保护考生合理合法的入学权益；"效率"主要指考试和招生的效率，包括提高考试的科学性和高校的招生自主权，以保证高等院校能公平高效地招收到合格且合适的生源。事实上，高校招生的公平与效率问题不仅仅事关考生和高校的利益，更直接关乎整个社会和谐、稳定的发展。美国注重入学机会公平与高校招生高度自主等做法值得我们借鉴与深思。但鉴于我国教育国情和传统文化的影响，在高校录取过程个性化和录取标准多元化上，又不可完全照搬美国模式。尤其是"录取标准多元化"与"招生公正与诚信"，在相当长时期内仍将是我国招生考试改革面临的一个"两难选择"。

第二节　英国高校招考制度

英国招生考试制度历史悠久、独具特色、影响巨大。历经发展演变，英国建立了特色鲜明的现行高等院校招生考试制度，并成为很多国家或地区模仿的范本，在世界范围内影响巨大。世界上很多大学在招生录取时都接纳英国主要考试机构主考的普通教育证书高级水平（A-levels）考试的成绩；一些国家或地区，现在仍然采用英国的高校招生考试制度。英国不举行全国统一的高等院校招生考试，高等院校招生录取是以等级制评分的资格证书为基础。学生通过各种类型学习所获得的资格证书是高等院校招生录取与否的主要依据，实行的是证书型高校招考制度。当前可以作为高等院校招生录取标准的资格证书为《国家资格证书框架》中的第三级资格证书。本节从历史与现状、改革与发展、特色与借鉴三个方面对英国高校招考制度加以论述。

一、历史与现状

英国的高等教育历史悠久，距今已有800多年的历史，牛津、剑桥大学享誉世界。但大学建立之初并没有入学考试，对于国籍、社会成分、智力状况和语言

---

① 郑若玲：《考试公平与区域公平——高考录取中的两难选择》，载《高等教育研究》2001年第6期，第53~57页。

均没有明确要求，甚至没有入学时间和最低的入学年龄的限制。① 经过长期的演变，从大学入学要求具有天主教的洗礼证明、进行宗教测试、口头问答、书面入学考试发展到现在的证书型高等院校招生考试制度。这个过程，如同美国人的"美国梦"一样，英国人也通过考试选拔制度世代续写着美丽的英国"神话"："在英国这块土地上，不论出身如何，每一个孩子只要凭着自己的能力，就有机会成为人上人。"②

（一）历史演变

中世纪后期，大学开始有宗教测试、口头问答等入学要求，但没有正式的入学考试。到 19 世纪初，随着书面考试的出现，牛津、剑桥大学废除了宗教入学测试，对学生在攻读学位课程的前后进行较正式的测评，逐步开始实行考试制度。1858 年，牛津、剑桥大学地方考试委员会的成立，使原来针对校内学生的考试扩展到校外，开始对中等学校学生进行大规模校外公共考试。从 1877 年起，两所大学地方考试委员会对考试合格的学生授予证书，考试的重点从对学校办学绩效转变为对学生进行考试授证。之后，伦敦大学考试委员会推出了依据大学入学标准设计的大学入学证书考试（matriculation）。

1918 年，开始实施由中等学校考试委员会推出的学校证书（SC，School Certificate）和高级学校证书（HSC，Higher School Certificate）考试，其中高级学校证书考试相当于大学入学考试的水平。在相当长的一段时间，大学入学证书考试与学校证书考试并存，直到 1951 年实施普通教育证书（GCE，General Certificate of Education）制度才结束这种状况。普通教育证书的实施标志着英国证书型大学招生考试制度的确立，后经修改、补充，逐步使这一制度完善，并成为英国大学招生制度的传统。从此，普通教育证书高级水平（A–levels, Advanced Levels）考试一直被视为英国教育的"黄金标准"，成为学生进入大学和就业的"敲门砖"。英国高校在录取时，把申请人的普通教育证书高级水平（A–levels）或同等证书考试的成绩作为重要的入学条件，同时综合考评义务教育阶段学业成绩记录、学生平时学业成绩记录、教师评语、校长推荐意见和个人陈述等。

（二）现行制度

英国政府向来没有直接组织考试的传统，考试不是由政府统一组织的全国性

---

① Ridder–Symoens: Hilde de Ridder–Symoens, A History of the University in Europe: Volume 1, Universities in the Middle Ages. Cambridge: Cambridge University Press, 2003, P.171.
② R. J. Montgomery, Examinations: An account of their evolution as administrative devices in England. London: Longmans, Green & Co Ltd, 1965, P.271.

考试，但高校一般也不单独组织入学考试。高等院校选拔录取新生的主要依据是申请者参加的普通教育证书高级水平（A-levels）考试或者通过各种类型学习所获得的同等资格证书考试所取得的成绩。证书考试是由政府批准成立的非营利性机构——种类繁多的考试委员会具体负责实施（经过整合现在全英有六个主要的综合考试认证机构），面向社会提供考试公共服务。经过长期发展和演变，逐步形成完善的考试公共服务体系，其中政府、中介性考试机构和半官方的监管机构分工合作，各司其职，共同完成考试这一系统工程。考生在选择考试认证机构和考试科目时具有很大的自主权。英国高等院校招生服务处（UCAS）是全国统一的高校招生机构，其功能主要是处理学生入学申请，同时提供包括与高校招生相关的广泛服务。无论是综合考试认证机构还是高等院校招生服务处都不是政府的职能部门，而是进行独立市场运作的非营利机构。

2004年，由英格兰资格证书与课程管理局，威尔士资格证书、课程与评价局，北爱尔兰课程、考试与评价委员会联合颁发了《国家资格证书框架》，把英国各类证书共分8级，其中，第三级证书相当于高等院校入学水平的证书。2002年开始实行的"高校招生分数转换系统"（UCAS Tariff）包含了国家资格证书框架体系中的各类三级证书和其他相关证书22项，但普通教育证书高级水平考试仍然被看做英国的"黄金标准"，特别是研究性大学更是如此。

普通教育证书考试分高级水平（A-levels）和补充水平（AS）两种，无论学习的量还是分值，AS都相当于A-levels的一半。它们的主要特点是：第一，课程与考试密切相关，皆采用模块化方式。普通教育证书高级水平及补充水平考试为学术型证书考试，参加的对象往往是具有较强学习能力的中学六年级学生，其主要目的是使学生掌握与所选修的学科相关的知识，培养其与所选修的学科相关的理解能力和技能，考试取得优异成绩者能够顺利升入高等院校学习。这两种证书考试课程采用模块化结构。第二，开科广泛，单科授证。A-levels证书考试课程开科广泛，开考科目有60多个，采用单科结业，授予单科证书。第三，考试评分采用内部与外部结合，过程性评价与终结性评价相结合。证书考试课程的评价采用校内教师与考试机构外部评价结合的方式，校内教师实施的就是"课程作业"评定，也就是过程评价，分值一般为25%~30%之间（大部分科目最高限是30%）；外部公共考试机构的终结性考试分值一般为70%~75%。考试成绩采用等第评定方式，最终成绩分及格与不及格，及格分A、B、C、D、E五个等级；不及格用字母U（不分等）表明。

不同的高校，选拔录取标准各不相同。传统精英大学入学标准一般要求申请人具有3科普通教育证书高级水平（A-levels）证书，并且考试成绩优秀；而大众型高等院校入学要求一般为2科A-levels证书，另外1科可以是范围广泛的职业资格证书和其他国家资格证书框架里的第三级证书。另外，大部分大众型高等院校都使用高等院校招生服务处（UCAS）刚推出的旨在推动各种证书地位平等、分数互换的高等院校招生转换分（UCAS Tariff）。招生录取时，除学术成就外，评价的因素还有：对申请专业的学习动机和努力程度；以前的工作经历；学生作业档案（例如，申请计算机艺术设计荣誉学位的申请人，要提交以前的艺术作品）；对所选专业未来就业行业的热爱程度（如护理专业对护理工作的喜爱程度）；申请的专业与申请人的兴趣和就业倾向是否适合；非学术成就和课外兴趣是否能够使大学学习团体受益；清晰的思考力和理解力等。总之，一方面，英国所有的高等院校在招生方面有基本的统一要求；另一方面，不同的院校根据本身的定位要求又各不相同，形成统一性与多样性并存的高等院校招生录取制度，但总体来说，采用的是"证书+综合考评"的招录办法。

二、改革与发展

随着英国高等教育从精英走向大众，让每一个有能力从高等教育中受益者都能接受高等教育的"罗宾斯原则"① 就成为现代版的"英国梦"。然而，高等教育规模的不断扩大，并没有改变入学机会不公的现象，高校招生考试制度便成为"替罪羔羊"。英国教育的"黄金标准"——普通教育证书高级水平（A – levels）也受到了前所未有的挑战，但改革步履维艰，从考试制度的"单轨制"、"双轨制"、"三轨制"，再到国家《2000年课程》改革、《国家资格证书框架》的构建等，每一次改革无不在"传承"与"超越"间挣扎。

（一）改革历程

自20世纪70年代后期起，英国经济繁荣景象不再，开始陷入严重的经济危机，不能就业的年轻人越来越多。政府试图让教育更能适应产业的需求，与它们建立更密切的关系，便开始着手推动14~19岁课程与考试的综合改革，到现在大致经历了如下几个阶段：

第一阶段，新职业主义与职业资格证书考试的萌芽（1976~1986年）。在20世纪70年代中期，新职业主义运动（New Vocationalism）在英国兴起，并一

---

① 英国在1963年作出对20世纪60年代至80年代高等教育发展的原则和规划的《罗宾斯报告》，其中开宗明义提出，高等教育要向人们提供在社会生活竞争中重要的技术和才能服务；国家办学的方针首先是使那些有能力、有条件、有愿望接受高等教育的人获得接受高等教育的机会。后被称为"罗宾斯原则"。——编者注

直持续到 20 世纪 80 年代中期。① 这一时期的证书考试改革成果主要体现在：考试开始从终结性考试转向将一定的过程性评价；绩效评价用于考试之中；随着 16~19 岁教育的大众化，学术型的 A-level 证书考试无法适应多样化学生的学习需求，职业资格证书考试开始在这一时期孕育、萌芽。

第二阶段，"双轨制"国家证书考试制度（1986~1991 年）。"双轨制"国家证书考试制度指的是学术型证书考试（A-levels）和职业型证书考试（国家职业证书 NVQs）并存的统一国家证书考试制度。1986 年，英国国家职业资格证书委员会（NCVQ）的建立标志着"双轨制"国家证书考试制度的形成。概括地讲，"双轨制"国家考试制度是用"一个制度，双轨运行"取代原来互不衔接的两个证书考试制度，即学术型考试制度和职业型考试制度，使原来互不衔接的职业资格证书和职业行动计划纳入到统一的国家证书考试框架，强化了中央政府对课程与考试的控制，向更加集权的考试制度的建立迈出了重要一步。

第三阶段，"三轨制"国家证书考试制度（1991~2000 年）。1991 年，《21 世纪教育与培训》② 白皮书的颁布，标志着"三轨制"国家证书考试制度的开始。"三轨制"国家证书考试制度是在原来"双轨制"国家证书考试制度的基础上，又引入国家普通职业资格证书（GNVQs），其目的是试图在 16~19 岁全日制在校生人数不断增加的情况下，降低学术型 A-level 证书考试的影响，提高职业资格证书的地位。"三轨制"国家证书考试制度一直延续到工党新政府的《2000 年课程》改革，改革强调的是三类证书课程的"链接"，而不是区别。

第四阶段，资格证书的"标准链接"③（1996~2002 年）。这个改革阶段的起点是 1996 年迪英尔的《16~19 岁资格证书检讨》④ 报告，一直到 2002 年政府发布《14~19 岁教育：提供机会，提高标准》⑤。资格证书的"标准链接"是用标准在不同的资格证书之间建立链接，强调要在国家证书考试的"三轨"之间建立"立交桥"，以鼓励更多学生在义务教育后继续在校学习、提高，并鼓励他们更多地学习既有普通课程也有职业课程的"混合型课程"。⑥

---

① Ann Hodgson, Ken Spours. Beyond A Levels Curriculum 2000 and the Reform of 14-19 Qualifications. London: Kogan Page Ltd, 2003, P. 10.

② Department for Education and Science/Employment/Welsh Office (DfE/. ED/WO), Education and Training for the 21st Century. Norwich: Stationery Office, 1991.

③ "标准链接"（standards-base linkages）来自于之前一项研究里提出的"互相衔接的制度"的概念，这项研究是 20 世纪 90 年代后期关于在英格兰和苏格兰建立统一的教育和培训制度研究的一部分。

④ Dearing, Sir Ron. Review of Qualifications for 16-19 Year Olds. London: SCAA, 1996.

⑤ DfES. 14-19 Education: Extending oportunities, raising standards. London: DfES, 2002.

⑥ Ann Hodgson, Ken Spours. Beyond A Levels Curriculum 2000 and the Reform of 14-19 Qualifications. London: Kogan Page Ltd, 2003, P. 16.

第五阶段,《国家资格证书框架》的构建（2000～2004年）。通过《2000年课程》改革,英国向建立统一的国家资格证书框架迈出了重要的一步,在此基础上,英格兰资格证书与课程管理局、威尔士资格证书、课程与评价局、北爱尔兰课程、考试与评价委员会于2004年联合颁发了《国家资格证书框架》,将全国的考试证书共分为8级,其中,具有高校招生考试功能的是第三级证书。它的建立统一了义务教育之后的证书考试制度,使学术型课程和职业型课程能够更加融合,避免职业型证书在享有与学术型证书同等地位的同时,被学术型课程的价值和文化所同化。

英国的高校招生制度历经了从"一元制"（UCCA）到"二元制"（UCCA和PCAS）再到"一元制"（UCAS）的变革,录取标准从单一学术型证书成绩到各类证书的综合转换成绩,录取评价则从以证书考评为主到证书与综合考评相结合。1961年以前,各大学是单独招生的,学生直接向大学提出申请。这样增加了申请人和大学双方的负担,并带来其他一些问题。随着高等教育规模的不断扩大,高校招生人数不断增加,需要有一个专门的机构负责招生协调工作。为此,1961年成立了全国大学招生委员会（UCCA）,具体协调各大学的招生录取工作。随着多科性技术学院的建立和发展,1985年,又建立了全国多科性技术学院招生委员会（PCAS）,负责协调多科性技术学院招生录取工作。1992年,多科性技术学院升格为大学,英国"双元制"的高等教育制度转变为"一元制"的高等教育制度。在此背景下,1993年,将两个招生委员会合并建立了英国高等院校招生服务处（UCAS）。① UCAS的发展过程正反映出20世纪中期以来英国高等教育发展的变化过程。

（二）发展趋势

随着时代的变迁和社会的发展,英国高校招生考试也与时俱进地进行了改革,其改革过程反映了英国高等教育从精英向大众转型的阵痛。改革所面临的困境正反映了英国高等教育"大众化教育的规模,精英教育的理念"的矛盾现象。总体而言,英国高校招考制度呈现出如下趋势：

其一,考试一体化设计的趋势。英国考试体系结构复杂,考试层次、类别多样。在第四关键学段,即14～16岁时,学生开始学习中等教育普通证书（GCSE）课程,16岁参加校外考试机构举办的GCSE证书考试。16岁后大部分学生选择继续在校学习2年,如进入从事普通教育的文法中学、综合中学、中六

---

① David Warner, David Palfreyman. The state of UK Higher Education: Managing Change and Diversity. Backingham: Open University Press, 2001, P.115.

级学院和第三级学院，将学习普通教育证书（GCE）课程，它分补充水平证书课程和高级证书课程。第一年17岁时，学习补充水平证书课程，参加校外考试合格后获补充水平证书；第二年18岁时，选择几门高级水平证书课程，参加校外考试，合格者获得高级水平证书，凭此证书可以升入大学或者就业。16岁后也有部分学生在综合中学或延续学院学习职业类课程，考试合格取得职业类证书，同样可以用来升入大学或就业。

一些英国学者对现行名目和门类繁多的证书制度提出批评，认为这种缺乏连贯性的证书割裂了学生的整体能力，使学生的知识和能力片面化。因此，政府委任英国前总督学迈克·汤姆林森（Mike Tomlinson）对此进行调查，并于2004年发表了《14～19岁课程和证书制度改革》的报告。报告认为英国14～19岁的年轻人过多地学习一些知识面狭窄的科目，目的只是为了获得名目繁多且相互之间没有多大相关性和连贯性的证书，不能使学生获得有助于他们成功的广泛的知识和技能。《报告》建议通过改革使年轻人所学习的内容和所获得的证书之间建立起一种真正的联系和平衡。虽然申请大学大约在18岁，但是高等教育的选择过程跨越义务教育的中等教育、延续教育和高等教育，因此，英国政府积极推动14～19岁阶段的课程考试改革，试图建立14～19岁教育阶段的一体化证书考试制度。

其二，高校入学证书由单一走向多样的趋势。虽经多次改革，英国教育的"黄金标准"A – levels证书考试仍无法摆脱来自各方的指责，进入21世纪后，其在高校入学中"一考独霸"的地位受到严重挑战。在政府的默许或支持下，国际高中文凭（International Baccalauseate，IB）课程、剑桥大学前考试课程（Cambridge Pre – U）和英国高中文凭（English Baccalaureate，EB）课程开始在英国试点或实行。2006年，在英格兰已有76所学校开设国际高中文凭的教育课程，其中包括46所公立学校。[①] 英国高等院校招生服务处（UCAS）已将国际高中文凭课程列入其"高等院校招生分数换算系统（UCAS Tariff）"，分值远超过A – levels，多数英国高校把它作为招生录取的依据。[②] 剑桥大学前考试课程大纲第一稿也于2005年年底开始在中学校长、教师、大学代表和考试政策的制定者中间征求意见，并于2008年9月开始在一些学校对大学前考试课程进行试点。对于很多人来说，在英国完全实施国际高中文凭制度是很难接受的，从20世纪90年代就有人主张汲取英国考试好的传统，克服它的局限性，设计出更加系统、

---

① Department for Education and Skills (DfES). More Choice for Pupils: International Baccalaureate to be Available in all Local Authority Areas, 30 November 2006 (http://www.dfes.gov.uk/pns/DisplayPN.cgi?pn_id = 2006_ 0180 2007 – 5 – 20).

② System is unfair to bad students. Times Educational Suplementary (TES). 2006 – 6 – 21.

全面的 14 岁后教育的证书与考试制度，采用英国高中文凭制度，以示与国际高中文凭制度的不同。由此可以看出，在英国出现了高校入学证书由单一走向多样的趋势。

其三，考试科目设置增加学生选择性的趋势。通过对普通教育证书（GCE）改革，引入和完善了补充水平证书（AS），并使其成为 GCSE 和 A－levels 之间衔接的桥梁，使原来因各种原因无法完成传统上 2 年才能完成的 A－levels 课程者有机会获取 AS 证书，同时也鼓励学生扩大课程学习的广度，有机会学习更多科目。改革后的 A－levels 开考科目更为广泛，共开考 62 门科目，另外还有批判性思维、欧洲研究、公共传达科学、社会科学、公民与世界发展 5 门科目只有 AS 课程，不能取得完整的 A－levels 证书，因此，学生在决定报考科目时总计有 67 个科目可供选择。在新推出的国际高中文凭、剑桥大学前考试（Cambridge Pre－U）和英国高中文凭制度中，学生对考试的科目也有很大的选择空间。

其四，招生录取评定方式采取证书和综合评定相结合的趋势。英国高等院校选拔录取的主要依据是申请人的证书成绩，现在越来越多的高校在录取时注重对申请人的综合评定，即把证书成绩和综合评定结合起来。采用证书成绩和综合评定结合的选拔标准与程序一般包括：（1）学业成绩的评价，主要依据已经获得的证书的科目和分数，包括 GCSE 和 AS 证书考试的成绩；正在学习的 A－levels 证书或同等证书课程的科目和预估分数。（2）通过个人陈述判断申请人对所学课程的兴趣和努力程度、工作或义务工作的经历和课外活动的情况。（3）推荐人对申请人学业、潜力和个人素质的评价。（4）在招生录取时也会考虑附加信息，主要包括：参加大学举办的"校外联系项目"或者"教育协作联盟"计划；申请人是否来自于社会弱势群体家庭；是否参与过高等教育拨款委员会资助的暑期学校；学校和推荐人作出的特别推荐；其他能够证明申请人学习潜力的信息，比如申请人是国家超常青年学院（NAGTY）的成员。（5）其他信息：招生人员会利用各种评价方法，包括面试、个人学习档案、小论文等，进一步评价申请人是否适合所申请的专业。像牛津、剑桥这样的精英大学要求有些专业的申请者参加学校单独举行的考试或者联考，目的是测试申请人的特定能力，如思维能力和逻辑推理能力，这类测试主要有：生物医学大学入学测试（BMAT）、全国法律专业大学入学考试（LNST）、思维能力评价（TSA）。有时面试也是选拔环节的重要一环，针对每一个申请者的情况，决定是否给予申请人面试的机会。

其五，高校录取时更多采用"高校招生分数转换系统"分的趋势。2002 年 9 月开始，"高校招生分数转换系统"代替了之前只涉及普通教育证书补充水平（AS）和普通教育证书高级水平（A－levels）的计分体系，把英国《国家资格证书框架》里的第三级证书和其他相关证书全部纳入分数转换系统,2007 年招生使用的招生分转换系统里,共有 22 项证书。"高校招生分数转换系统"通过对用于高等院校招生录取的各类资格证书进行分值量化,能够综合反映申请人的学业成绩;在各种资格证书之间建立等值互换体系;对持有不同证书的申请人之间的学业成绩进行比较。① 实施初期,使用它的高等院校比例并不高,特别是传统精英大学拒绝使用,但是到 2004 年年底,英国已经有 78% 的高等院校自愿选择完全或部分利用这个系统。② 目前它已成为调节政府、高等院校与 16~19 岁阶段教育关系的重要机制。

其六,重视招收弱势群体家庭学生的趋势。依据《2004 年高等教育法》的规定,英国成立了公平入学办公室(OFFA),对于高等院校的相关招生政策和收费情况进行审批和监管。如高校的收费超过每年 1 125 英镑,必须报公平入学办公室审批,并要求高校与其签订《公平入学协议》,保证在提高收费的同时,制定本校实施扩大高等教育参与政策的措施,特别要提出对于来自社会弱势群体家庭学生的资助措施。各高校在制定招生政策时,都提出招收学生多元化的目标,特别是提高来自社会弱势群体家庭学生的比例。

三、特色与借鉴

作为具有悠久高等教育历史的发达国家,英国的高校招生考试制度发展成熟,自成体系,独具特色,与我国的高考制度差异甚大。但无论是招考思想抑或运作过程,都有值得我们借鉴之处。

(一) 主要特色

总体上看,英国高校招考制度具有如下特色:

第一,分权式的招考管理体制,"伙伴关系"式的运行机制。与英国教育管理体制一样,英国高校招生考试管理体制也是分权式的。在 16~19 岁教育阶段的课程、考试和高校招生录取的实际运行中,形成了政府、大学、中学、考试认证机构、招生机构、监管机构之间的"伙伴关系"。在这种体制下,它们各司其职,各负其责,分工明确。国家和政府制定招生考试的法律、政策和标准,但并

---

① Universities and Colleges Admissions Service (UCAS). The Official Universities and Colleges Guide: 06 Big Guide. Cheltenham: UCAS, 2006, P.17.
② 樊大跃:《融会贯通普职教育的"工具"——英国学业分换算体系简介》,载《中国职业技术教育》2006 年第 5 期,第 51~53 页。

不直接介入具体的招生考试事务；考试认证机构、招生机构、大学负责具体实施，考试是由全国6个综合考试认证机构负责实施，高等院校招生服务处（UCAS）为招生高等院校和申请人提供服务，大学负责录取，享有充分的自主权；监管机构负责监督，对考试具有监督功能的机构主要有资格证书与课程局、考试申诉委员会和教育水准办公室，对招生负有监督责任的有公平入学办公室、高等教育拨款委员会等，这些机构并不是政府部门，属于依法成立的半官方的专业监管机构。

第二，模块化的考试结构，内外结合的评分方式。A - levels 和 AS 证书考试的评价采用校内教师与考试机构外部评价结合的方式，校外考试认证机构主要负责终结性考试，校内教师负责过程性评价。由校内教师实施的主要是"课程作业"评定。"课程作业"评定还包括在课程结束时，对学生进行的综合测评，其目的是测评考生完整掌握一门学科的情况，即测试考生能否综合运用和理解所学科目的知识。① A - levels 和 AS 证书考试成绩采用等第评定方式，最终成绩分及格与不及格，及格分 A、B、C、D、E 五个等级；不及格用字母 U（不分等）表明。职业型证书——普通教育应用学科证书高级水平考试（GCEs/A - Levels in applied subjects），② 即 2005 年之前的职业 A - Levels——高级职业教育证书考试（AVCEs），也比照 A - Levels 证书考试课程的模块结构，分 AS 和 A2。AS 应用学科证书考试的3个模块，其中1个模块采用校外测试，其他2个模块由学校教师实施内部评价，等级分 A - E 等；AS 应用学科证书考试（双认证）有6个模块，一般其中2个模块由外部进行测评，其他模块实行内部评价，等级分为：AA、AB、BB、BC、CC、CD、DD、DE、EE；一个完整的 A - Levels 应用学科证书考试课程包括6个模块（3个AS，3个A2），一般2个模块采用外部测试，其他采用内部评价，等级分 A - E 等；A - Levels 应用学科证书考试（双认证）包括12个模块（6个AS，6个A2），一般4个模块实施外部测试，其他实行内部评价，等级分为：AA、AB、BB、BC、CC、CD、DD、DE、EE。③

第三，范围广泛的考试科目，单科结业的认证模式。无论是学术类证书和职业类证书开考的科目范围都很广。A - levels 证书考试开考的科目多达62门；A - Levels 应用学科证书考试目前开考的有10个学科领域，即应用艺术与设计、应用商务、应用信息与电脑技术、应用科学、工程、健康与社会保障、休闲、传

---

①③ DfEE. A Level Curriculum will Guarantee Standards. Blackstone（DfEE News 125/99）. London：DfEE，1999.

② QCA. New A levels：Successors to VCEs. London：QCA, 2004（http：//www.qca.org.uk/11997.html）.

媒/通讯与产品、表演艺术、旅游观光。① A – levels 证书考试和 A – Levels 应用学科证书考试均采用单科结业，授予单科证书。②

第四，融合的国家资格证书体系架构，一体化的考试证书设计。历经"双轨制"（A – levels 证书和 NVQs 证书）和"三轨制"（A – levels 证书、NVQs 证书和 GNVQs 证书）资格证书制度后，政府意识到有必要建立国家资格证书框架，明确不同水平之间的证书如何"进阶"，并在 A – level 和职业资格证书之间建立分数互换体系。新工党政府根据自己的政策文件《拥有成功的资格》③，制定了政府关于证书考试改革的文件《2000 年课程》，它强调 3 类证书之间的"链接"，而不再强调它们之间的区别，为旧制度和未来理想的一体化证书考试制度之间搭建了一座桥梁，是对 16～19 岁教育阶段证书考试的一种制度性设计。2002 年政府发布《14～19 岁教育：提供机会，提高标准》④，强调资格证书的"标准链接"。⑤ 2004 年颁发的《国家资格证书框架》把英国资格证书分为 8 个等级，高等院校入学要求的证书为第三级证书。考试认证机构对所有的资格证书（不包括国家职业教育资格证书）的考试认证都按照《国家资格证书框架》中各层次标准的要求进行。

第五，考试、招生和录取三职分离，组织实施专业规范。与高校招生录取相关的证书考试由全国 6 个综合考试认证机构具体实施；招生由高等院校招生服务处（UCAS）负责；录取工作则属于大学的自主权。在高校招生考试实施过程中，各机构分工明确，实施专业规范。

第六，证书与综合考评结合，高校录取充分自主。虽然英国高等院校入学有一个最低要求，一般申请人要至少具备 2 科 A – levels 证书和相关的中等教育普通证书（GCSE），但是不同高校的录取要求和招生政策各不相同。高校在录取时一般核对申请人的证书考试成绩，分析申请人的学业成绩、技能、学习潜力，并结合中学情况、教师的推荐信、个人陈述中反映的信息，有时还会考虑学生来源的多元化，通过证书考试成绩与综合考评结合的方式决定是否录取。英国高校在录取学生时享有充分的自主权，但接受监管机构的监督。

---

① DfEE. A Level Curriculum will Guarantee Standards. Blackstone（DfEE News 125/99）. London：DfEE, 1999.

② QCA. A Brief Guide to Qualifications at Level 3：Advanced Level. London：QCA, 2000.

③ Department for Education and Employment/Department of Education Northern Ireland/Welsh Office（DfEE/DENI/WO）. Qualifying for Success：A consultation paper on the future of post – 16 qualifications. London：DfEE, 1997.

④ DfES. 14 – 19 Education：Extending oportunities, raising standards. London：DfES, 2002.

⑤ Ann Hodgson, Ken Spours. Beyond A Levels Curriculum 2000 and the Reform of 14 – 19 Qualifications. London：Kogan Page Ltd, 2003, P. 16.

(二) 借鉴意义

面对高等教育从精英走向大众的挑战，英国高校招生考试制度改革与发展走过的路，正是今天我国高考改革要走的路，有成功的经验值得我们学习，也有失败的教训需要我们吸取，从而建立和完善我国的高校招生考试体系。从英国高校招考制度我们可以借鉴如下：

第一，建立统一考试与多元考试相结合的考试体系。这一体系可以分步实施：首先，高校招生统一考试可以由教育部考试中心、区域性考试院或考试中心、省级考试中心分别命题，各省可以选择自主命题、采用教育部考试中心的试题或区域性考试院或考试中心的试题。[1] 除统一高考外，对现有的高中会考和职业资格证书考试进行整合，进行国家考试框架构建的试验，对区域性考试院或考试中心、省级考试中心去政府化，逐步将其转化为提供公共考试服务的专业考试机构，开发适应高校招生录取需求的考试项目。其次，转变教育部考试中心的功能，它不直接组织考试，主要职责是向国家相关部门提出制定有关考试的法律、政策和标准的建议，并对全国的考试工作进行监管。将有影响的区域考试院或考试中心培育成综合考试机构，承担统一高考的任务，同时开展各种学术类考试和职业资格证书考试，包括整合目前的高中会考和各类职业资格证书考试。建立国家考试框架，使各类考试可以进行比较、量化，以方便高校在录取选拔时，既依据统一高考分数又根据其他考试成绩对学生进行综合考评，招收适合高校和特定专业的学生，形成统一考试与多元考试相结合的考试体系，以及相应的监管体系。

第二，建立必考科目与选考科目相结合的考试科目体系。这是我国当前高考科目改革的目标。可以借鉴英国 A-levels 及同等证书考试开科广泛的做法，在"3+X"考试模式的基础上，扩大"X"的科目设置范围，增加考生选择考试科目的空间，"X"的科目应尽可能涵盖学生综合素质培养的各个方面，科目内容要不断调整、完善以贴近社会实际需要，并注重对考生能力和素质以及跨学科综合能力的考查，如音、体、美以及信息技术课程等。[2] 其次要切实增加考生在"X"科目选择上的自由度。"3+X"的"3"是必考科目，体现了考生的共性，而"X"是自选科目，应该更好地体现考生的个性。通过改革既增加考生选择考试科目的自由度，也为高校录取到适合本校和相关专业就读的考生。因为，随着大众化阶段高等教育入学机会的增加，高考的功能应从选

---

[1] 刘海峰：《高考改革的统独之争》，载《教育发展研究》2006 年第 11 期，第 47~50 页。
[2] 陈晓云：《中外高校招生制度比较与研究》，载《比较教育研究》2003 年第 4 期，第 25~28 页。

拔性考试走向适应性考试，高考不再是高校单向选择新生，而是高校与考生之间双向互动的选择。①

第三，建立高考总分与综合考评相结合的录取选拔体系。我们认为，我国高校录取选拔可借鉴英国的做法，建立"高考总分＋综合考评"的高校录取选拔制度。它强调高校录取新生的主要依据是统一高考的分数，在此基础上，高校根据自身的实际和招生专业的特点对考生进行综合考评。由于文化传统和现实国情不同，如果把英国录取时使用的行之有效的综合考评方法移植过来，在我们国家不一定有效，如通过学校的推荐意见、个人陈述、以前提交的作业、面试等进行综合考评。但是可以借鉴其"高校招生分数转换系统"的做法，将综合评定的项目量化成分值，并使不同素质项目考评之间建立等值互换体系，如可以将各类学科竞赛成绩、发明证书、技能证书、高中会考成绩、面试、口试、小测验、技能操作等能考查学生综合素质、创新能力以及个性特长的项目纳入"高校分数转换系统"，作为多元化综合评价体系的组成部分，形成以统一高考成绩为主，综合评价的"系统转换分"为辅的"高考总分＋综合考评"的高校录取选拔制度。

第四，建立高校招生考试公共服务体系。在我国，长期以来，政府既是教育的投资者又是管理者和监督者，在招生考试领域，既当"裁判"又当"运动员"，造成的结果是不该管的事管得太多，该管的事没有管好。根据新公共管理理论，高校招生考试具有"准公共产品"的属性，即具有一定程度的排他性和付费性质，并且可以由其他非公共机构经营（生产）。如前面所述，实施英国普通教育证书高级水平（A – levels）及同等证书考试的是全英 6 个非官方的综合考试机构。因此，我们认为，高校招生考试应该委托给专业招生考试机构来具体实施，而政府和各级教育主管部门（教育厅或局）在招生考试领域的主要职能是制定政策和标准，并对招生考试实施过程进行监督。政府应因势利导，利用市场来治理市场，即利用社会的、市场的关系来引导招生考试的健康发展；逐步退出具体招生考试事务，培育中介性的专业招生考试机构；建立半官方的招生考试咨询和监管机构，逐步构建起高校招生考试公共服务体系。

综上所述，英国高校很早就通过校外考试机构考试授证进行招生选拔，这一传统的形成是一个历史的过程，期间受到英国政治、经济、文化、宗教等影响。随着英国政治和社会经济的发展，政府加强了对招生考试的控制，但在具体实施中，政府并不直接管理招生考试事务。在高校招生考试领域中政府、大

---

① 潘懋元、覃红霞：《高考：从选拔性考试到适应性考试》，载《湖北招生考试》2002 年第 8 期，第 22～23 页。

学、中学和用人单位形成了"伙伴关系"。长期以来，英国的政治制度没有经过颠覆性的变革，如同政治制度改革一样，英国的高校招生考试制度的改革也是渐进式的，每一次改革主体部分无不是对原有制度的传承。通过改革，英国建立了完善的高校招生考试公共服务体系；录取标准从单一学术型证书成绩到各类证书的综合转换成绩；录取评价从以证书考评为主到建立证书与综合考评相结合的高校录取选拔制度。这对我国当前正在进行的高考改革无疑具有积极的启发和借鉴意义。

第三节 法国高校招考制度

作为西欧发达的资本主义国家之一，法国的高校入学实行的是与英国类似的"证书制"。但法国教育制度实行高度的中央集权制，与我国的国情有某种类似。而且，法国的高等教育历史悠久，高等教育体系多元，高校入学标准与方式各异，值得我们深入了解。

一、法国高等教育的机构体系

法国的高等教育体制设计独树一帜，尤其在高等学校的类别方面呈现多元化构架，不仅入学途径与学习年限各异，获得的高等教育文凭种类繁多，而且属性上也有公私立之别，且机构错综复杂，彼此融会贯通。法国的高等教育机构大体分为三类。

（一）高等专业大学

高等专业大学即众所周知的"大学校"，属于长期学制，类似于法国的精英教育机构，被誉为法国精英的"摇篮"。高中毕业生想要在此等机构求学，往往要先到大学预科班去接受为期2年的专门培训，再经过严格的入学选拔考试，方能正式入校。继续学习3年后，可获得等同于硕士的文凭，有些学校也可继续攻读博士学位。这类学校均致力于各自优势专业领域的教学，向学生提供质量优且应用性强的基本理论教育和职业技能训练。高等专业大学以工程师学院和商业管理学院居多，同时也包括其他一些历史悠久、名声显赫的院校，如最著名的巴黎高等师范学院、兽医学院、国立行政学院、国立工艺技术学院、圣-西尔军事学院、国立法官学院、国立高等美术学院等。由于高等专业大学的学生具有扎实的专业功底和一定的实践经验，毕业生非常受政府机关、企事业单位以及研究机构的欢迎，就业机会多，待遇高，职业发展前景光明。①

（二）综合大学

综合大学主要指专门从事基础理论知识教学和研究的多学科高等教育机构，有短、长期学制不等，强调多学科综合性、教学管理自主性以及青年人读大学时的广泛参与性，实现教学与研究紧密的联系。综合大学历史悠久，是法国高等教育的主体，在其体系中占有重要地位。其学科设置涉及文学、语言、艺术、人文社会科学、法律、经济管理、行政管理、科学与技术、体育及健康医学等诸多领域。长期以来，综合大学的日常教育多以向学生传授基础理论知识为主，侧重培养学生分析问题和解决问题的能力。随着时代的变迁，如今综合大学为提高学生的职业竞争力，也越来越注重对学生进行职业技能方面的培训。综合大学实行"阶段"性学制，包括三个阶段，各阶段有独立的文凭，第一阶段实施大学基础知识教育，第二、三阶段的学习趋向于专业化，全部读完约需8年左右的时间。② 对于各阶段学习成绩合格并符合毕业条件的学生，由学校颁发国家文凭。

（三）短期高等技术院校

短期高等技术院校是指学生完成中学阶段学习并获得高中毕业文凭以后进入为期2年的职业技术培养的高等教育机构，顾名思义，这类机构实行的是短期学制，旨在适应企业对高级职业技术人才日益增长的需要，有别于传统的长期大学理论教育，因此，其首要目的是在强化专业培训和实践教学的基础上，使学生经过课堂学习和企业实习，尽快获得求职时所必需的实用技能，在较短时间内胜任专业技术岗位。

这类机构一般又可分为两类：一类称为大学技术学院；另一类则是高级技师学部，专业方向几乎涉及工业、农业和服务业等各个领域。前者一般附属于综合大学，毕业学生可获得大学技术文凭，即初次职业生涯的准入证；后者则通常开设在中学或其他私立机构，毕业后可获得高级技师文凭，直接进入企业工作。学生毕业后既可直接从事高级技师的工作，也可根据学习成绩和个人偏好，申请到综合大学或高等专业大学深造。就数量而言，高级技师学部远远超过大学技术学院，成为法国短期高等技术院校的主体。

---

① 申皓、陈蓓：《试析法国的高等教育体制》，载《法国研究》2007年第3期，第85～92页。
② 姜连：《法国高等教育一瞥》，载《出国与就业》2003年第3期，第14～15页。

除上述三类机构外，法国的高等教育体系中还有一类数量庞大、门类众多的旨在为学生提供某一特定职业技能教育和培训的高等专科学院，如医务学院，社会事务学院，艺术、舞蹈、音乐学院，建筑学院等，以及数所提供高等教育方面培训的高等教研机构，如法国名校巴黎第九大学，巴黎政治学院，地球物理学院，巴黎天文台等。①

二、高中毕业会考制度

法国的中学毕业会考制度是法国学制中一种特有的考试制度，每个中学毕业生必须通过中学毕业会考，才能被允许升入高等学校继续学习。这一制度起始于19世纪初②。拿破仑上台后，借鉴中国的科举制度提出学位制，于1808年3月17日颁布"大学组织令"，提出建立国家中学毕业会考和中学毕业文凭制度。该法令规定把中学毕业资格作为国家的第一级学位，高中文凭（即毕业资格）应成为法国公民的基本学历。此举标志着法国高中毕业会考的开始。因此，最早的法国中学毕业会考在大学里进行，会考合格证书——高中文凭是由大学授予的。会考合格标志着中学学业的完成，获得者可进入大学继续深造，意味着中学毕业资格有了中学毕业和升入大学的双重意义。尽管中学毕业会考历经改革，日渐多元，但其作为中学毕业资格的意义和地位始终未变。随着教育平民化和普及化运动的不断开展，以及"双轨制"教育的改造与教育渠道的多样化，如今普通高中、技术高中及职业高中均设有各自的毕业会考制度，理论上这几类证书是等值的，90%以上的高中证书获得者可凭此向多家大学或其他高等学府申请入学资格。③ 作为一种独具特色的证书考试，法国会考制度具有以下鲜明特点：

（一）权威性与严谨性

作为法国教育制度的一大特色，毕业会考"是国家的标志……在民众的心目中，它是机会均等和学校民主化的标志"，并因其公正性而备受推崇。④ 显然，和中国的统一高考一样，法国的高中毕业会考也是一种典型的国家考试。全部考试是在大学方面的监督下，由教育部指定的考试中心实施。在20世纪60年代以

---

① 申皓、陈蓓：《试析法国的高等教育体制》，载《法国研究》2007年第3期，第85～92页。
② 也有人认为其产生于14世纪末，详见于钦波、杨晓主编：《中外大学入学考试制度比较与中国高考制度改革》，四川教育出版社2000年版，第112页。
③④ 张文军、周丽玉：《法国"业士证书"制度及其启示》，载《教育发展研究》2004年第2期，第37～40页。

前,中学毕业会考更是全国统一进行,统一出题,统一评分,后因考生增多,加上曾出现过试题大范围被盗事件,此后便改由各大学区自行组织考试,试题的命制、考场的安排、考试的监督、阅卷评分等均由各学区负责。① 因此,毕业会考仍可视为一种统一考试,需要动员国家教育团队中所有的力量为之服务。例如,2007 年的会考,法国国内有 4 366 所中学临时改为考试中心,近 13 万阅卷者和主考人批阅了 400 万份考卷,另外还监考了 100 万次口试。国家投入考试的全部成本估计高达 4 000 万欧元。②

会考不仅在考试的组织上由各分学区统一操办,而且每个类别考试的性质和大纲的内容都是由法国教育部决定的。各学区专门设立考试委员会,成员包括大学和中学的教师,或职业界的代表等。各学区还需设立专门的命题委员会,负责试卷的命制、评价及筛选等。此外,值得一提的是,对于这一可能给学生带来重大影响的考试,评委们在评定成绩时还必须按规定查阅学生手册(学生人手一册,主要记录学生在各个学年的进步情况和班级排名,对各门学科基础知识和技能的掌握水平以及教学小组对此学生的评价),参考教学小组对该生的评语决定是否补足学生的分数让他通过考试。对没有通过会考的学生,若主考官未在其学生手册上签字,他就无法参加补考。③ 由于考试的要求相当严格,法国的毕业会考通过率约为 2/3。尽管自 1985 年法国政府就提出"到 2000 年将同一年龄组获得高中毕业证书的比例提高到 80%"的宏伟目标,且各届政府都将其作为优先发展的教育政策,但直至 2006 年,这一目标始终没有达到,会考通过率仍只有 64.6%。④ 从考试的组织、命题、施测到结果的评定,无不反映出法国高中毕业会考制度的权威性与严谨性。

(二)合理性与科学性

尽管法国的会考与中国的高考一样,也是"以分数来说话",但却非"一试定终身",其设置和方法较为合理、科学。

法国的会考是分阶段进行的,第一阶段考试的时间安排在高二年级期末,内容为法语的笔试、口试。第二阶段考试即安排在每年 6 月份高三年级期末的结业考试,又分为两次考试,第一次是常规考试,包括必考科目的笔试、口试、实践科目和任选科目等。考试及格则可获得高中毕业会考证书,不及格者

---

① 于钦波、杨晓主编:《中外大学入学考试制度比较与中国高考制度改革》,四川教育出版社 2000 年版,第 118 页。
②④ 阮洁卿、阮来民:《法国高中毕业会考制度的发展及其特点研究》,载《外国中小学教育》2007 年第 8 期,第 31~35 页。
③ 汪凌:《法国高考招生制度及其启示》,载《湖北招生考试》2005 年第 8 期,第 62~64 页。

可参加第二次的口试补考,补考科目是从考生已经考过的笔试中选择 2 门,以口试的形式再测试,取两次成绩中的高者记分。补考通过者则可获毕业证书,仍未通过者,可重新参加来年考试。这种两次考试的合理安排使一些未通过第一次考试的考生能在最短的时间内重新获得成功的机会。此外,9 月份国家还专门为因突发事件及各种特殊原因缺考并经过证明确认的学生开设一次补考。考试形式也具有多样性,有口试、笔试、口试加笔试、现场操作等多种测试形式。作为会考的必考科目,体育成绩则以高中平时成绩为准,不另外举行考试。此外,考试对考生的年龄没有规定,考生可根据自己的意愿多次参加会考。可见考试不仅设置人性化,而且可以通过多种形式对考生进行全方位的考核。

(三) 多样性与选择性

法国会考设有多种系列、类别和考试科目,不同科目的系数(反映其重要性)也有差异。总体上看,法国毕业会考分为普通、技术和职业三种系列,分别对应于高中的三种学业轨道(即普通高中、技术高中、职业高中)。每一系列又可细分为多种类别,如普通会考分为经济和社会、文科、理科三大类;技术会考包括经营科学与技术、工业科学与技术、实验室科学与技术、医学—社会科学、农艺和生物的科学与技术、音乐与舞蹈类、旅馆业类等七大类;职业会考则包括旅馆—饭店业、环境、会计学—秘书、销售—贸易、美容、印刷工业、电子学和安全等十七大类。各大类别下面又细分为众多的专业方向。

会考的考试科目分为必考、专业和自选三种。会考的专业性主要便是通过不同的科目及其系数来体现。此外,学生还可根据自己的学习专长和能力,从美术、音乐、家政、拉丁文等十余门科目中选择自己专长的两门参加考试,选考成绩合格则计入总成绩。可见,学生可以根据自己的兴趣、爱好、能力、志向等,自由地从众多的系列、类别和考试科目中选择适合自己的内容参加考试,而设置的多样性,又有助于更全面、真实地考察和了解考生的能力和专长。[①]

三、录取办法与近年来的改革

尽管法国大学招考实行的是"证书制",获得了毕业会考证书的学生理论上

---

① 阮洁卿、阮来民:《法国高中毕业会考制度的发展及其特点研究》,载《外国中小学教育》2007 年第 8 期,第 31~35 页。

都具备了申请大学的资格，但由于大学的层次高低不同，录取新生的标准不一，录取办法各异。一般来说，综合大学和短期高等技术学院是根据各系科所需要的会考证书的种类，择优录取学生，换言之，毕业会考成绩是大学录取新生的唯一标准，学生只要取得了会考证书，就基本上获得了上大学的资格，而且除大学的医学类专业外，原则上学生注册人数是不受限制的。[1] 尽管如此，对于一些名牌大学或热门专业来说，由于入学竞争激烈，并非所有学生都能如愿入学，有些学校还要专门组织除会考之外的入学考试来筛选竞争者。

对于具有精英教育性质的"大学校"而言，则在如前所述的学生必须先经过激烈的竞争进入大学的预科学习两年后，再参加大学校单独组织或几所大学校联合组织的高难度竞争性考试，录取则用分数说话，依据教育部规定的名额按考生成绩从高到低择优录取。由于大学校竞争激烈，其入学考试的难度与压力并不亚于中国的高考。[2] 每年约有10%的最优秀的高中毕业生会选择进入大学校的预科班学习，因此，要进入大学校的预备班，也要先经过一番激烈的竞争。法国高中的预备班根据各所大学校的不同侧重点，分为工科、文科和商科三类。学生要在中学毕业会考之前向所报考学校提出申请，并递交在高中前两年的成绩、排名以及老师和校长对其评价等资料。大学的招生委员会在审核学生材料后给出初步意见，等学生会考结束后再综合会考成绩作最后决定。[3]

尽管"证书制"在法国实行了200余年，也受到社会的普遍认可，但仍存在一些不够完善之处。针对高校招考制度的一些缺陷，近年来法国也进行了一些改革。从社会反响看，有些改革比较顺利，有些改革则遭遇了重重阻力。以下仅介绍两项社会反响比较大的改革。

（一）大学预科录取办法的改革

如前所述，大学预科虽然只是一个附设在高中的教育阶段，但其录取的竞争激烈程度却甚于一般的大学，其招生考试各环节也类似于中国的高考。尽管没有举行统一的考试，而只是凭高二的三个学期和高三头两个学期的平时成绩，外加学校的评语作为录取的依据，但却同样有报志愿一环。以前，大学预科录取的流程与中国现行的高考类似，学生最多只能报6个志愿，学校签注意见后，由招考中心组织按学生的志愿顺序依次投档。每个学校可保留档案15天进行研究，若不录取，档案就转到下一个志愿学校，直到最后一个志愿。这一制度的最大缺陷

---

[1] 张文军、周丽玉：《法国"业士证书"制度及其启示》，载《教育发展研究》2004年第2期，第37～40页。
[2] 安子：《法国高考"残酷"甚于中国高考》，载《中学生时代》2005年第2期，第47页。
[3] 新华：《法国大学如何招生》，载《成才之路》2007年第26期，第9页。

也与中国的高考类似,即本来有希望入选的学生有可能因为志愿填报不恰当而落选。

为克服这一弊端,法国的大学预科录取进行了改革,学生采取网上报名,每一个学生最多可以在两个专业方向上各申请6所学校,再通过就读的学校把材料同时转给这12所学校。此后,学生可把12个志愿依照中意的程度排序,排序时可以取消若干志愿,但不能再添加。此后由招生部门在互联网上放第一榜,学生或者接受或者放弃第一榜的录取,如果对第一榜的录取结果不满意,也可以暂时保留录取机会,同时等待更靠前的志愿的第二、三、四轮放榜。因此,越有名望的学校录取到优质生源的概率越大,而排名靠后的学校则很可能只能录取到一些被一流大学挑拣剩下的生源。此外,学校处理学生档案的工作量也会大大增加,而且学校名望越高工作量也越大,当然,处理档案的时间也更从容,而不必像以往那样只能保留15天。① 但无论如何,这一改革最终还是既减少了学生因填报志愿不当而出现"高不成低不就"的风险,也使学校能招到更整齐、更自愿的学生。因此可以说这是一项总体上成功的改革。

(二)《教育指导法》中有关会考制度的改革

2005年年初,法国教育部在酝酿多年的基础上,公布了新的《教育指导法》(或称《学校未来导向法》,又因法国部长费雍而得名"费雍法案")。这一改革是在为适应教育发展和改革需要而对1989年的《教育指导法》进行修正的基础上,确定了2020年前法国教育发展改革的重大原则、基本目标、具体措施以及学校在教育改革中的使命和作用等,其中便包括了对法国高中毕业会考制度的改革。

具体而言,此次会考制度改革提出,颁发文凭的标准应改为期末考试成绩、平时考试成绩、实习考试成绩和鉴定的综合计算成绩,其初衷是通过以平时成绩纳入高中毕业成绩,来避免"一考定终身"的不合理现象。毫无疑问,这一初衷的出发点是善意和合理的,但却引发了广大师生的抗议,乃至发展成了一场罢工、罢课、游行、示威的学潮。他们担心将各种成绩载入毕业文凭会使高中毕业者获得的会考证书失去国家统一文凭原有的价值,认为这些改革强化了社会对个人前途选择的社会决定权和不平等,严重伤害了中学生固有的权利。由于平时成绩主要掌控在任课教师手中,增加平时成绩在会考成绩中的分量,将造成任课教师直接支配学生前途的权力过大,有可能损害到高中毕业成绩的公正性。此外,各中学教育质量和声誉的好坏,也极易造成"同样的中学毕业文凭而价值不

---

① 刘学伟:《法国高考制度改革简介》,载《教育与职业》2003年第11期,第56、60页。

同"、毕业生就业前景不同以及高校的入学录取参数不同等结果。这对较差学校中学习优良的学生有失公平，特别是对因经济拮据而读不起好的私立学校的学生来说，更是不公平。① 由于担心因学生反对而扩大学潮，教育部长费雍表示升学考试的内容将从一揽子教育改革计划中剔除，暂不交由议会讨论，法国的"高考"改革计划也因此而搁浅。②

四、启示与借鉴

通过上文对法国高等教育体系及其招考制度的概述不难看出，无论是运作上还是存在的问题上，法国的"高考"与我国的高考都有许多相似之处。我们可以从法国的高校招考制度中总结出一些对我国高考改革的启示。

启示之一是重视对公平的追求。有人认为，法国人之间最大的不平等就在于受高等教育机会的差别，而并非在经济上的不平等。③ 法国高中毕业会考由最初的普通高中会考发展成普通、技术、职业三种会考，便是一种破除教育"双轨制"、为平民阶层子女进入大学提供机会的重要演变。而且，法国人追求观念上的绝对平等，认为无论什么人、何种家庭社会地位，都要经过平等的竞争来取得不同的学习机会。为了使每个青少年都有平等竞争的机会，考试及资格证书是最有效的办法。尽管考试制度也有种种不合理之处，但它是"维系公平竞争的最伟大的平衡装置"，以至有人说，考试制度调整着法国公民的生活和工作，失去资格证书将会一事无成。④ 这也正是为什么 2005 年年初新的《教育指导法》中有关会考制度的改革建议最终引发了一场影响政界的学潮。尽管教育部长表示绝不放弃改革高中毕业会考的理念，但考虑到民众的公平意愿，此项改革可能会被取消。我国的高考改革也应首重公平，只有在基于公平的前提下稳步推进改革，才可能使改革成效实现最大化。

启示之二是坚持严格的考试取人原则。尽管法国没有严格意义上的大学入学考试，但其高中毕业会考实际上承担了高中毕业和大学新生的双重考核任务。而且毕业会考从考试大纲、命题到阅卷各环节均由教育主管部门严格把控，一丝不苟，并未随着高等教育大众化而降低考试标准，目前的通过率仍未

---

① 杨玲：《法国近期的中等教育改革与学潮》，载《世界教育信息》2005 年第 10 期，第 18～20 页。
② 《法国"高考"改革计划搁浅》，载《新民晚报》2005 年 2 月 18 日（http://tran.httpcn.com/Html/0410/82100425199.shtml）。
③ 瞿葆奎主编：《法国教育改革》，人民教育出版社 1994 年版，第 305 页。
④ 于钦波、杨晓主编：《中外大学入学考试制度比较与中国高考制度改革》，四川教育出版社 2000 年版，第 110～111 页。

达到八成。而那些入学竞争激烈的大学校，以及一些技术学院，选择新生除了采行会考证书这一标准外，还对报考者实行各种高难度的单独考试或考核。即使是把高等教育机会向那些没有高中毕业会考文凭或同等学历的人开放，也针对性地设有"大学专门入学考试"①。我国各种类型的高等教育机构质量参差不齐，尽管绝大部分公立大学基本上仍以统一高考成绩作为录取新生的主要依据，但少数公立大学和许多民办大学却眼光短浅，在招生上重数量轻质量，最终可能损害自己的社会声誉，对有限的高等教育资源也是一种令人痛惜的浪费。

启示之三是拓展"有限的多样化"。法国的高中结业证书和高校招生凭证双证一体化的制度，"既是对教育经验的结果的检测，也为这些教育经验提供了框架和一致性。"② 因此，这一统考制度有助于规范中学的教学，保证教育质量。尽管法国采用严格的高中毕业会考成绩作为申请大学入学的资格，但这种考试的"口味"却不单一，而是在统考模式之下呈现出多元性，既有不同的系列，又有不同的类别与考试科目，学生可以按照自己的个性、学业背景和能力作出最适合自己的选择。而且，不同系列的毕业会考虽然是与高中的不同学业轨道相对应，但同时也可以彼此"立交"到其他轨道，而且不同类别的证书从理论上来看也是平等的，从而为学生追求适合自己的高等教育机会提供了最大的可能。此外，不同的高等教育机构采行的入学标准繁简不一，在国家统考之外学校还可根据需要另行各类考试。鉴于我国高等教育机构体系的复杂性与多样性，其招生体制也完全可以大力借鉴法国这种"有限的多样化"模式，架设多渠道、多层次的考试立交桥，使不同层次、不同类型的高等教育机构在招考制度的选择上能"各得其所"。

启示之四是招考改革应"以生为本"。从会考制度的设置看，无论是报考的条件，考试的次数和补考等的设计，还是考试形式的多样化，考试系列、类别、科目的选择性，以及成绩的评定等，都体现出浓厚的人性化色彩，充分考虑到了学生的个性、能力与条件，从而在看似刚性的制度下施展出其弹性与灵活的一面，有力地维护了学生的教育权利。大学预科录取制度的改革设计则更是"以生为本"，主要基于学生的利益。在新的录取机制下，学生可以无所顾忌地向所有的志愿同时投档，而不用担心报高了志愿被黜落，因为即使录取不到最高志愿，也不会影响后面志愿的录取。但校方却要承担更多的风险，因为它根本不知

---

① 吴立人：《试比较美、法两国高校招生制度》，载《吉林教育科学·高教研究》2001年第1期，第73~74页。

② 张文军、周丽玉：《法国"业士证书"制度及其启示》，载《教育发展研究》2004年第2期，第37~40页。

道学生报考了哪些学校，也不知道本校是该生的第几志愿。① "大一统的简单僵化"是我国高考制度长期以来最为人所诟病之处。因此，我国高考在朝向多样化的各种改革中，应深思如何更好地做到统一与多样的结合，以生为本，最大限度地满足学生的多样化需求和降低学生的考试风险。

第四节 俄罗斯高校招考制度

21世纪以来，中国在实行全国统考制度的同时，逐步扩大各省市自主命题权，并逐年扩大实行自主招生的高校数量。而俄罗斯有高校自主招生考试的传统，2001年开始试行国家统考制度。着眼于这两种不同的考试走向，本节从苏联国家大规模进行高校招生考试改革这一现状出发，重点研究继承苏联80%教育资源的俄罗斯高校招生考试改革情况。通过分析俄罗斯高校招考制度的改革实施情况（包括考试机构与财政支持、考试进程、考试特点、高校招生、社会评价、存在问题与对策等），我们认为改革在很大程度上提高了效率，促进了公平。通过中俄两国高考制度改革比较，我们认为，高考改革应以生为本，坚持与本国国情及传统相结合，适应本国经济、政治体制改革的现状，尊重考试规律，走循序渐进的创新之路。

一、苏联国家高校招考制度改革

苏联曾是世界教育强国，其高等教育发展取得的成就令世人瞩目。苏联实行各大学独立招生、自主命题、口试笔试结合的大学入学考试制度，为国家选拔了大量优秀的高级人才，为经济社会发展做出了巨大贡献。20世纪90年代苏联解体后，政治经济体制的转变与原有高校单独招考制度的缺陷，促使多数加盟共和国进行了高校招考制度改革。此外，20世纪80年代末，各加盟共和国开始在"新思维"的影响下，着手进行社会改革，向西方靠拢，追求与西方教育体制的普遍接轨成为教育改革的核心。博洛尼亚进程②中有一项是建立统一国家考试标准，这是推动各国进行考试制度改革的外因之一。③ 2001年俄罗斯试行统考，其

---

① 刘学伟：《法国高考制度改革简介》，载《教育与职业》2003年第11期，第56、60页。
② 博洛尼亚进程是29个欧洲国家于1999年在意大利博洛尼亚提出的欧洲高等教育改革计划，该计划的目标是整合欧盟的高教资源，打通教育体制。——编者注
③ Bologna Process（http://www.dfes.gov.uk/bologna/uploads/documents/6909-BolognaProcessST.pdf）

他原苏联加盟共和国纷纷效仿。

至今已有9个原苏联加盟共和国采用统一测试成绩作为高校招生的条件，如表6-1所示。俄罗斯和乌克兰属于未全面实施的渐进型。俄罗斯2001年开始在5个行政区试行统考制度，2007年已有83个行政区实施统考，并将其纳入法制轨道，2009年全国89个行政区将全部实施。① 2001年乌克兰推行国家统考，2006年部分地区和城市开始试行。白俄罗斯、吉尔吉斯斯坦、乌兹别克斯坦、哈萨克斯坦、格鲁吉亚、亚美尼亚、立陶宛7国高校考试改革力度较大，均在较短时间内普及了统考或大面积实施，属于全面实施—激进型。未实施—停滞型有摩尔达维亚、阿塞拜疆、塔吉克斯坦和土库曼斯坦4国，继续实行大学自主招生考试制度。这些国家由于没有足够的实施统考的经费，② 政府态度冷淡，加上苏联教育模式影响至深，至今没有实行统一考试改革。

原苏联各加盟共和国考试制度改革有以下特点：首先，各国考试科目与题型各异。在现代教育测量、统计理论的指导下，原苏联各加盟共和国考试手段已实现信息化，在考试内容上均注重考查学生的能力，考试评分标准均由五分制向百分制转变，但各国考试科目与题型不同。其次，各国统考组织机构和经费来源不同。在实施统考的9个国家中，6个由政府提供经费，具有稳定性，但会受国家经济发展水平的影响；3个由非政府机构资助，国际组织的资助受项目时间限制，具有不稳定性和间断性。再者，针对原先大学自主考试的种种黑幕，各个国家均加强考试监督管理。

表6-1　　　　　原苏联13个加盟共和国统考情况比较

国家	统一考试组织机构	统一考试经费来源	统一考试开始试行时间	统一考试实施情况	是否加入博洛尼亚进程
俄罗斯	国家	政府	2001年	○	√
乌克兰	无	非政府	2006年	○	√
白俄罗斯	国家	政府	2003年	●	
格鲁吉亚	国家（国家评估与考试中心）	非政府	2004年	●	√

---

① Статистическая отчетность о результатах единого государственного экзамена в 2007 году (http://ege.edu.ru/).

② 原苏联加盟共和国收入差距近200倍（http://www.ddcei.gov.cn/html/20060216134637l1322.html）。

续表

国家	统一考试组织机构	统一考试经费来源	统一考试开始试行时间	统一考试实施情况	是否加入博洛尼亚进程
亚美尼亚	国家（知识测试中心）	国家	不详	●	√
立陶宛	国家（国家测试中心）	政府	2002年	●	√
吉尔吉斯斯坦	国家（教育评估与教学方法中心）	非政府	2002年	●	
乌兹别克斯坦	国家（国家测试中心）	政府	2002年	●	
哈萨克斯坦	国家	政府	不详	●	
塔吉克斯坦	—	—	—	×	
土库曼斯坦	—	—	—	×	
摩尔达维亚	—	—	—	×	√
阿塞拜疆	—	—	—	×	√

注：○表示引入统考，未全面实施；●表示全面实施；×表示未实施；√表示是。

资料来源：Reforming the educational systems of the former Soviet Union（http://www.ulb.ac.be/unica/docs/Admission_2006_UNICA_Handout.pdf; Challenges and Opportunities of Education Reforms: the case of Russia; http://www.hse.ru/eng/IMHE_report_eng.pdf; http://www.wes.org/ewenr/05dec/feature.htm）。

二、现行俄罗斯高校招生考试及改革

苏联80%的教育资源由俄罗斯继承。俄罗斯89个行政区的经济、教育发展很不平衡。1989年，莫斯科国立师范大学试行统一的数学测试。"国家统一考试"一词最先出现于2000年7月26日，在俄联邦出台的第1072号指令中的"教育改革"部分第一次提到"国家统一考试"。[①] 2001年3月16日，俄联邦总理签署了《关于试行统一国家考试的决定》，同年起在5个联邦行政区内试行，参加考试的学生有3万人，参加试验的普通中等学校有2 845所。

（一）改革背景与目的

俄罗斯进行国家统考制度改革，是顺应社会和教育发展需要的结果。其改革背景与目的主要可以归纳为以下几个方面：

---

① 单春艳：《俄罗斯国家统一考试述评》，载《基础教育参考》2005年第6期，第20页

第一，经济、政治制约与影响。教育外部关系规律表明，教育与社会的经济、政治、文化、科学存在着本质的关系。苏联解体以后，经济发展一度受挫，政府连续更迭，社会矛盾折射于高等教育领域。1999年以来，国内政治斗争对经济的干扰作用开始减弱，加之政府的经济政策保持了一定的连贯性，经济开始回升。在2000～2005年GDP年均增长6.8%的基础上，2006年全年增长6.6%，① 2002～2005年高等教育财政投入逐年增加，如表6-2所示。俄罗斯在《2006～2008年俄罗斯经济社会发展中期纲要》中提出四大"国家优先发展项目"，即卫生、教育、住房和农业。实施统考制度，节约有限的人力、物力、财力，提高国家教育资源的利用效率，也是政府考虑的重要方面。

表6-2　　　　2002～2005年俄罗斯高等教育经费情况　　　单位：万元

年　份	2002	2003	2004	2005
高等教育投资额（卢布）	4 350.0	5 480.0	6 830.0	10 853.2
高等教育支出占俄联邦财政性经费支出百分比	2.2	2.3	2.6	3.6
高等教育支出占俄联邦国民生产总值百分比	0.4	0.4	0.4	0.6
高等教育支出占全部教育经费百分比	54.3	56.1	58.0	70.3

资料来源：《2005年联邦预算》（о федеральном бюджете на 2005 год, http://www.edu.ru）。

第二，高等教育威信回升。20世纪90年代中期以来，高等教育威信逐渐回升。据调查，70%的俄罗斯人认为必须让自己的孩子接受高等教育。1996年以来，俄罗斯9年级和11年级的中学毕业生数量呈增长态势，2000～2005年保持在350万人左右。同时大学报考与招生人数比例由1993年的176∶100升至2006年的206∶100。② 据2004年对伊尔库茨克和布里亚特地区7所高校和2所中等职业教育机构学生（共计1 225人）的调查，大学生中认为高等教育能够提供更好的就业机会的比例从1995年的33%上升到2004年的65.8%；希望接受高质量的高等教育的比例从1995年的16.5%增至2000年的24.7%。③ 高等教育提供的有限服务数量与不断增长的教育需求由此产生矛盾。此外，腐败问题是俄罗斯高教界的"肿瘤"。国家统考由专门的考试监督机构负责，在一定程度上可以打击腐败。因此，在大众化阶段，增加学生入学机会，维护教育公平，追求高质量教育，成为社会各界关注的热点。

第三，提高中等教育质量。20世纪90年代末，中学由实行统一的教学制度转

---

① 陆南泉：《2006年俄罗斯经济素描》，载《世界知识》2007年第1期，第48～49页。
② http://www.gks.ru/free_doc/2007/b07_11/08-13.htm。
③ 高燕编译：《俄罗斯的新生代大学生》，载《国际高等教育》2006年第3期，第21～22页。

向使用不同类型的教学计划、教学大纲、教科书和教学参考书，导致中等教育问题突出，教材水平混乱，中学毕业生质量下降。1994 年颁布直接针对国家教育标准的课程法规《基础教育国家教育标准法》（草案）以及 2001 年的修订草案，规定了各教育阶段基础教育大纲必修内容的最低限度、学习的最大学习负担量、对已掌握该教育大纲的毕业生的培育质量的要求。① 这些法规提出了"标准性"考试的需要，促使全国统一考试在俄罗斯试行。统考消除了国家教育标准及其相应的学校教育大纲与大学考试之间的差别，使得中等和高等学校联系了起来，并且有助于客观评价每个学生的能力，避免多种多样的招生标准在大学入学上造成的不公平。

　　第四，与国际接轨的需要。苏联时期实行的大学自行组织考试是国家选拔人才的主要渠道。由于没有国家统一的测评和监控制度，以致较长时间内俄罗斯的初中、高中以及大学文凭与欧美国家不对等，一方面不利于留学生的互派；另一方面阻碍了高等教育的国际交流。普京政府主政后，着力提升俄罗斯教育的国家理念，为了使俄罗斯教育与国际接轨，大力支持实施统考。

　　第五，统考有助提高效率。俄罗斯的升学制度，是中学毕业生先通过本校命题的毕业考试，获得中学毕业文凭，再通过各高校命题的入学考试，才可以升入大学。这一办法不仅耗费大量人力、物力，而且容易造成考试不公、效率不高等问题。而统一考试可以集中全国的力量，利用较少的经费而达到科学、公正、准确地测试学生所掌握的知识和能力状况，而且成绩在全国范围内是可比的，为学校、考生提供了极大的方便。

（二）改革概述

　　根据俄罗斯教育科学部的解释，国家统一考试具有以下两个特点：其一，它既是中学毕业会考又是大学入学的依据。其二，在俄罗斯联邦各行政区内采用同一类型的试卷和同样的评价标准。由此可见，国家统考是联系中等教育与高等教育之间的桥梁。国家统一考试由国家考试委员会组织人员命题，在指定的地点、规定的时间进行（11 个时区考试时间不同）；考试以笔试为主，实行百分制（五分制）；考试科目有数学、文学、俄语、生物、地理、化学、社会学、俄罗斯历史、物理和外语（英语、法语和德语）；② 各科试卷分为三部分：第一部分为基础题，第二部分为提高题，第三部分为难题。其中，第一部分主要针对毕业生的水平检测，其余两部分主要是为大学选拔优秀学生服务。我们可以从以下几

---

① 张男星：《权力・理念・文化——俄罗斯现行课程政策研究》，教育科学出版社 2006 年版，第 70~72 页。
② Постановление Правительства Российской Федерации от 16 февраля 2001 г. № 119,*Об организации эксперимента по введению единого государственного экзамена*,http://ege.ru/prikaz119.html/2001/03/16.

方面了解俄罗斯统一考试的改革概况。

第一，在考试组织机构方面，在实行国家统考过程中，俄联邦各行政区教育主管机构与大学校长委员会、中等职业学校校长委员会、市级教育管理组织、普通教育和职业教育机构相联合，组成以下六个主要的国家统考管理机构：俄联邦国家考试委员会、课程委员会、协调冲突委员会、信息处理区域中心与信息处理点、各个考点管理机构及社会调查和监管机构。[①] 俄联邦在财政方面给予很大的支持，自2001~2004年用于统考的支出不断增加，由1 041.5亿卢布增长到6 037.39亿卢布，统考达到一定规模后，成本缩减，2005年此项支出仅为2 800亿卢布，体现了统考制度的节约性。[②]

第二，在考试进程方面，改革遵循着循序渐进、由点到面的原则进行（见表6-3）。从表中可以看出，从2001年以来，统考的试点在不断扩大，尤以2003年增加显著。短短7年时间里，试点单位从最初的5个点增加到83个点；考生人数由30 000人增加到978 577人，增加了28倍；考生人数占当年毕业生的比例由2001年的2.3%提高到2006年的85.5%；参加试验的高校及分校数量由16所增加到1 800所，参加试验的中专数量达2 000所；全俄23个部委已全部同意所属大学、中专参加试验。从科目来看，2001年进行了数学、俄语、物理、生物、地理、俄罗斯历史和社会常识等8门科目的考试，2002年在此基础上增加了英语科目，2003年增加了3门外语和文学科目，进行了13门科目的统一国家考试。统一考试成绩实行百分制评定，再按联邦规定转换成五分制成绩。通过考试者获得完全中等教育毕业证书和统一国家考试证书，国家竞赛和全俄奥林匹克竞赛的获奖者可以免试。

表6-3　　　　　2001~2007年俄罗斯国家统一考试进程

年份	参加主体数量	考试科目	统考人数	统考人数占当年毕业生百分比	5~6月统考人次	参加试验的高校及分校数量	参加试验的中专数量	同意所属大学、中专参加试验的部委数量
2001	5	8	30 000	2.3	48 524	16	—	3
2002	16	9	298 921	22.8	435 146	123	79	10
2003	47	12	654 115	49.5	1 226 734	464	928	20

---

① Постановление Правительства Российской Федерации от 16 февраля 2001 г. № 119, *Об организации эксперимента по введению единого государственного экзамена*, http://ege.ru/prikaz119.html/2001/03/16.

② 孙春梅、赵亮：《俄罗斯国家统一考试及其对我国的启示》，载《煤炭高等教育》2007年第1期，第61页。

续表

年份	参加主体数量	考试科目	统考人数	统考人数占当年毕业生百分比	5~6月统考人次	参加试验的高校及分校数量	参加试验的中专数量	同意所属大学、中专参加试验的部委数量
2004	64	13	820 338	60.3	1 746 447	946	1 525	29
2005	78	13	853 495	61.6	1 893 544	1 543	1 765	15
2006	79	13	830 415	63.5	1 935 913	1 650	1 889	19
2007	83	13	978 577	85.5	2 200 000	1 800	2 000	23

资料来源：http：//www.newseducation.ru/importance/297/299.shtml。

第三，2001~2007 年实行的俄罗斯高校统考改革具有以下五个特点：一是统考始终与高校自主招考并行。有些高校实行统考录取，有些实行自主招生，有些则两者兼有，照顾到了传统惯性与变革的平衡。二是联邦政府大力推行与各主体自愿相结合。根据自愿原则，欲参加统考的主体、学校于每年 10 月份左右向联邦提交申请，经批准后列入统考范围。三是突出人性化。统考安排有机动时间，由于身体原因或其他不可抗拒的原因没有按时参加考试者，可以参加机动时间的考试。数学和文学的考试时间均为 4 个小时，保证学生有充分的时间做完试题。四是协商出题、题量丰富，以保证试题的效度、信度和区分度。例如，2006年统考试题测试管理机构的负责人均为俄罗斯课程委员会和教学方法委员会的专家，大多具有博士学位（占 43%）和副博士学位（占 42%），其中大学教师占49%，普通教育机构的教师和教学法专家占 39%；2006 年统考试题测试管理机构准备了 13 个考试科目的 465 套考卷，可供 1 935 913 人次考试使用。[①] 五是考试改革分合频繁。2001 年和 2002 年，俄罗斯在试点区域实行中学毕业会考与大学入学考试合二为一；2003 年除部分已经签订合同的学校和学生外，取消合二为一的考试制度；2004 年以来，这两种考试又正式合二为一：对应届生而言，中学毕业会考和大学入学考试合二为一；对往届生而言，则仅参加大学入学考试；应届毕业生参加每年 5~6 月份的统考，即"第一次考试"，往届生参加 7月份的统考，即"第二次考试"。

第四，高校招生方面，考生根据所报考大学的专业需要，选择相应的考试科目，俄语和数学是必考科目，另外选择三门科目，即"2+3"模式，考试成绩在考试结束后的 5~7 日内公布。2005 年高校招生开始实行网上录取，所有参加

[①] Приказ Федеральной службы по надзору в сфере образования и науки от 20.02.2006 № 387, *О форме, продолжительности и сроках единого государственного экзамена в 2006 году.*

统考的学生把自己的材料和成绩单向所报考的高校投档，各大学收到材料后，将学生报考信息在各校网页上公布，7月份全国高校各个专业的招生情况要在网上公布于众，各专业下面标明录取分数线和享受公费教育名额，考生的分数是否达到该专业的录取要求等，使人一目了然。每年7月31日24时，网上招生结果揭晓。一个考生可以报考多所院校，因而可能会被多个院校录取，到哪所高校就读由考生自己决定，在网上进行最终选择，与此同时，电脑对考生的流动作自动处理。

参加统考试验的大学以国家统考成绩作为主要参考依据，为中学毕业生进入高等学校提供了更加公平和便利的机会。例如，2001年，楚瓦什共和国有1 100人通过全国统考进入俄罗斯全国性大学学习，比实行统一考试前增加了400～500人，考试中有19人进入著名的莫斯科高等经济学院，25人进入国立喀山技术大学，打破了实行统一考试前该地区进入此类学校者寥寥无几的历史。2006年共有50万毕业生通过国家统一考试进入1 650所大学，其中35%属于省外学生，25.5%来自农村地区。① 目前，俄罗斯高校普遍采用国家统一考试的成绩，实行大学自主考试的高校比例日渐减少。有些高校部分专业还需要参加本校的专业考试，比如体育、艺术类等专业。教育科学部规定，凡是2006年已经参加过统考的高校，2007年所有专业均按照统考成绩进行录取；2007年第一次参加国家统考试验的高校，至少一半专业按照国家统考成绩录取学生。

第五，社会评价方面，为了解民众对高校招考制度改革的态度与看法，2006年6月俄罗斯社会民调中心进行了大规模民意调查，调查对象1 600人，覆盖了46个联邦主体区的153个居民点，调查结果见图6-1。调查表明，大学自主招考在大城市、10万人以下的小城市和农村中支持率较高，而国家统考在10万～50万人的城市中支持率最高。

第六，从改革实施的情况看，统考实施以来，总体运作良好。但由于统考是一个庞大的工程，目前正处于完善阶段，在政策层面和实际操作层面也出现了一些问题。一是实行统考作为一种国家教育政策，从某种意义上讲应该是基于理性的产物，但试行初期，政策缺乏稳定性，有些政策无视传统力量和现实条件的制约，出现了朝令夕改的困境，比如中学毕业会考和大学入学考试的分合频变。二是操作层面上，俄罗斯横跨9个时区，给试题的保密带来很大困难。三是试题的科学性有待提高。四是高校录取如何做到公平与公正也是当前正在讨论的问题。

对此，2006年10月俄罗斯教育科学部提出今后统考的四项对策：一是政

---

① Министерство образования и науки российской федерации пресс - служба（ipkps.bsu.edu.ru/source/probraz/press_centr/pr_ege.rtf）.

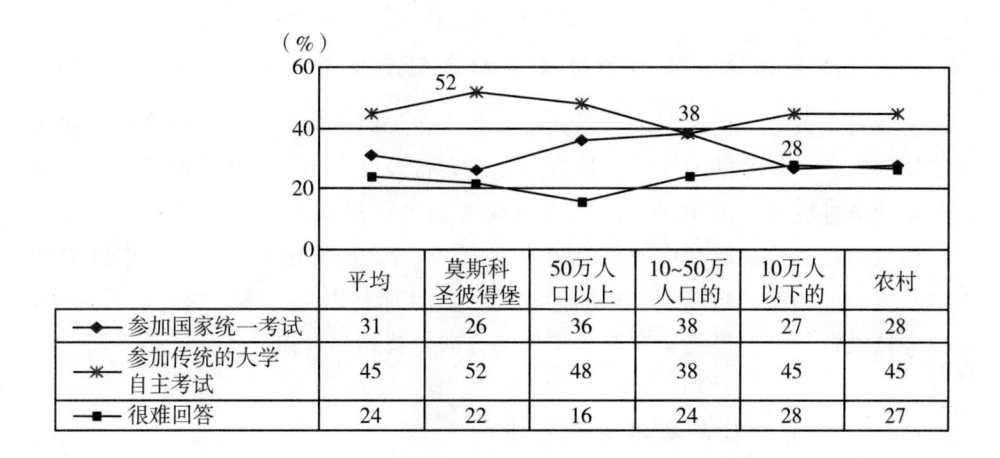

(%)	平均	莫斯科圣彼得堡	50万人口以上	10~50万人口的	10万人以下的	农村
◆ 参加国家统一考试	31	26	36	38	27	28
✶ 参加传统的大学自主考试	45	52	48	38	45	45
■ 很难回答	24	22	16	24	28	27

图 6-1　选择国家统考或大学自主考试的调查

资料来源：http://wciom.ru/arkhiv/tematicheskii-arkhiv/item/single/2813.html.

府、教育科学部致力于稳定国家统一考试的相关政策。二是进一步加强与完善国家统考命题管理机构的工作，以保证命题的科学性。三是重点加强试卷的保密工作、提高考试中应用计算机的程度，并对单科成绩达到95~100分的考生试卷进行复查，以提高考试的信度。四是2006年继续沿用了2005年在主体层次上检查启封成绩单的办法，2007年计划扩大具有上述权利的主体，由12个增加到45个，以减少运送成绩单的时间。

三、启示与借鉴

俄罗斯统考在很大程度上提高了效率，促进了公平，符合市场经济体制变革的需要。俄罗斯经济体制转轨后，实行市场经济体制，市场的发展，必须打破条块分割，地方割据。在劳动力市场中，考试的范围越大，考试成绩的使用范围也越大，统考有利于劳动力在广阔的范围内流动。纵观世界各国，在市场经济比较发达的国家，如美国、英国都有专业化程度相当高、规模相当大的考试机构，考试的集约化程度越高，专业化程度越强，其服务质量就可能越高，成本越低，这正是市场的原则——质量与效益。[①] 俄罗斯统考由国家教育科学部主持，稳步推进，增加了市场化过程中部分群体尤其是农村学生的受教育机会，促进了社会公平。俄罗斯统考改革可以给我国教育提供以下几点启示和借鉴：

---

① 杨学为：《中国考试改革研究》，北京大学出版社2000年版，第350~353页。

（一）以生为本，努力推进大学招考制度改革

大学自主招生为俄罗斯培养了大批人才，在人们心中的地位不可磨灭。在保留传统的大学自主考试的同时，俄政府遵循各行政区自愿、考生自愿的原则，理性稳步地推进统考。而中国在实行全国统考制度的同时，也正在扩大高校自主权、深化高校招生录取制度改革，2008年有68所高校实施自主招生。中俄两种考试制度看似相反，实际上是相向运动，共同目标是以生为本，选拔优秀人才，实现考试录取公平，最终会在两个相反的方向上找到结合点，达到一种平衡。

（二）公平公正是高考改革的方向

中、俄统考承载了众多社会功能。中国和俄罗斯同为多民族的大国，统考承载了教育、政治、社会与文化功能。统考在一定程度上起到维护教育公平，凝聚国民心向，促进民族融和的作用。目前中国正在全面贯彻落实科学发展观，2008年试行"支援中西部地区普通高校招生协作计划"以及推广和完善平行志愿投档、分段公开征集志愿等录取方式，进一步提高考生和高校的满意度。俄罗斯89个行政区的区域经济发展差距很大，也折射到教育领域，统考改革的措施在一定程度上有利于促进各行政区之间及底层人群向上流动，维护社会和谐与可持续发展。朝着公平、公正的方向改革考试制度，是两国面临的共同任务。

（三）考试改革需要稳定的外部环境

高考改革是一项涉及面广泛的系统工程，其成败不仅取决于教育内部所提供的条件，而且受外部环境的制约。对于转型国家，稳定的政治、经济环境保障是考试改革的关键，先进的考试组织机构是主导。如俄罗斯、白俄罗斯等国统考实施之所以较为顺利，得益于转型后日趋平稳的社会环境、充足的经费支持及考试机构的得力组织；乌克兰政局动荡不安，加之没有统考机构，六年来耗费了大量的人力、物力和财力，令人痛惜；摩尔达维亚等国宗教极端势力猖獗、经济发展滞后，根本无法承担改革的经费。我国高考的改革也必须在充分考虑内、外部因素与条件的前提下，结合实际，稳步向前推进。

（四）高校应积极参与改革

统一高考从本质上说是由政府或非政府组织的考试机构代替各高校举行的招生考试，有助于降低高校的招生成本。前苏联国家的高校都积极参与统考改革，如俄罗斯和立陶宛的高校。而我国作为招生考试改革主体的高校在新生招考过程

中一直缺席，缺乏参与改革的热情和动力。① 今后应采取措施，调动高校参与改革的积极性。只有作为招生主体的高校参与其中，高校招考制度的设计与改革才可能更有针对性。

此外，从考试机构来看，俄罗斯虽然坚持高校、学生自愿参加的原则，但统考机构主要由国家负责，实质是国家意志的体现，其他原苏联加盟共和国也不例外。我国则是由官方考试机构掌握着高校入学考试权，高考基本上是政府职能的体现，考试管理带有浓厚的行政色彩。② 新时期考试机构应明确其新的发展定位，逐步从行政管理型向服务管理型转变，以人为本，树立为教育服务的观念，这是焕发其生命力的根本。

---

① 杨学为：《高考改革的思考与建设》，载《湖北招生考试》2006年第4期，第1页。
② 罗立祝：《我国高校招生考试政策研究》，华中师范大学出版社2007年版，第106页。

第七章

高校招生考试制度比较研究（二）

和美、英、法、俄等欧美国家相比，我国的文化与教育观念更接近邻近的亚洲诸国和地区，尤其是日本、韩国、新加坡和我国台湾等国家和地区，与中国大陆同属于"亚洲儒家文化圈"，尽管各国或地区采行的政治制度不同，但却有着非常相似的考试历史与考试观念。因此，这些国家或地区在高校招生考试制度方面的成败得失，非常值得我们深思。

第一节 日本高校招考制度

日本是亚洲最早实现"脱亚入欧"的国家。日本之所以能实现"脱亚入欧"的转变，始因于1868年开始的明治维新。在"富国强兵"、"殖产兴业"、"文明开化"三大国策指引下，日本把教育改革摆在非常重要的地位，"破历来之陋习"，"求知识于世界"，"开民智于小学"，"养伟器于大学"，大力引进西方的高等教育制度，积极改革本国的高校招考制度，选拔和培养了大批人才，很快进入发达国家行列。第二次世界大战之后，日本进行了继明治维新之后的第二次教育改革，以"受教育机会均等"、"培养德智体协调发展人才"、"赶超西方文明"等思想为指导，对高校招考制度进行了一系列改革，由一个战败国迅速上升为世界经济强国。其经济的发达与高校招考制度的改革有着紧密的联系。因此，审视日本高校招考制度的发展与改革，总结日本高校招考制度的改革特点和经验，对于我国高考改革实践，无疑具有十分重要的参考价值。

一、日本高校招考改革历程

日本的国土面积狭窄，自然资源短缺，提高国民文化素质就成为其战略发展的必然选择，由此成为一个非常重视学历的国家。在日本一个人拥有的学历高低会直接影响到其职业的好坏和薪水的高低。日本大学入学考试是大多数日本学生获得高等教育学历必经的一道门槛。纵观日本自"明治维新"以来100多年高校招考制度改革的历史，先后进行了四次较为重大的改革。

（一）"明治维新"时期

为促进经济的快速发展，日本从欧洲引进大学制度，于1868年颁布了《帝国大学令》，明确了高校招生标准。[①] 1877年建立了最早的大学——东京大学，现代教育制度逐渐形成。随着近代高等教育机构的产生，开始有了大学的招考制度。由于引进的欧式大学对入学者的外语水平要求很高，而日本中学的外语教学水准达不到要求，于是大学设立了预备校，不久变为预科大学，后来发展为旧制高中。旧制高中的毕业生可以直升入大学。因此，上了旧制高中就等于上了大学，大学预科考试就成为升大学的"必经之路"。1918年发布的《大学令》规定"凡毕业于大学预科及同等学历者方能升入大学本科"。由此可见，此间日本高校招考制度具有下构型的特点，即升入大学的关口不是大学入学考试，而是旧制高中的入学考试。[②]

（二）"二战"结束后

第二次世界大战结束以后，日本在美国模式的影响和指导下，进行了高等教育体制改革，推行新制大学，高校招考制度也进行了多次改革调整。1947年在高中实施智力测验。[③] 1948年改为升学能力测验和知识考试并用，仿照美国学术能力测验（SAT）而设立"入学适应性检查"，试题由文部省组织的"试题制作委员会"统一制作，在全国统一时间统一实施。但是，由于此项考试使学生负担加重，受到很大非议。1955年文部省取消此项考试，改为各大学自行招生。

[①] 韩家勋、孙玲主编：《中等教育考试制度比较研究》，人民教育出版社1998年版，第209页。
[②] 张金元主编：《高校招生制度研究》，湖北人民出版社2005年版，第63页。
[③] 康乃美、蔡炽昌等：《中外考试制度比较研究》，华中师范大学出版社2002年版，第164页。

(三) 20世纪60～70年代

1963年日本中央教育审议会提出,在改革高等教育的同时应把大学入学考试作为重点,建议进行统一的大学入学测验,设立了能力开发研究所,负责研究、编制能力测验。能力考试分学力考试、升学适应性考试和职业适应性考试。[①] 但是对此种测验感兴趣的大学很少,加之学生们的强烈反对,不得不于1968年停止了这种考试。

能力测验停止之后,如何改进大学入学考试制度,提高大学新生甄别方法的效度,成为教育界讨论的中心议题。1975年国立大学协会提出改进入学考试制度的最终研究报告,正式提出统一全国考试的建议。1976年,国立大学协会总会正式决定从1979年开始实施全国统一考试。1977年日本政府修订《国立学校设置法》,正式设立了作为国立大学统一考试实施的机构——大学入学考试中心。从1979年起,日本对全国国立和公立大学实行了统一的大学考试制度,即由大学入学考试中心主持全国统一考试——"全国共通第一次学历考试"(简称为"共通一次"),由各大学自行主持第二次考试。从1979～1989年的11年间,这种两次考试就成为日本高考(指国立大学和公立大学)的基本模式。

(四) 20世纪90年代

共通学力第一次考试在实施中也出现了一些问题:考试科目一律为5科,考生如果放弃一科,便意味着丧失第二次考试的资格;同时各大学过分看重第一次考试,并按考试的总成绩选拔考生,使大学出现了严重的序列化倾向。为改变这种状况,从1990年起,在全国实行了新的考试方法,即由"共通一次"改为大学入学中心考试(简称为"中心考试")。这一改革的指导思想是,大学入学考试不应该成为难为学生的关卡,也不应成为过去学力检查的翻版,而应当注意学生能力的考核。因此,要重视共通第一次考试的经验并加以改进;对第二次考试的一些做法,要加以发扬;大学入学考试中心组织的考试仍应以考核学生对高中阶段基本学习内容的掌握程度为主,第二次考试采用更有特色的方式,如面试、小论文等,从多角度、多方面、多形式地综合判断考生的能力和适应性,使大学入学考试制度更加灵活、多样,更有成效。

从日本高考制度改革的历程不难看出,虽然其大学入学考试制度改革没有从根本上改变日本考试制度中的弊病,但是其过去那种只见成绩不见人、只问学历不问素质的高考选拔考生的方式有了相当程度的改变,使高校招生方式向人才本

[①] 康乃美、蔡炽昌等:《中外考试制度比较研究》,华中师范大学出版社2002年版,第166页。

位转变。

二、日本高校招考现状解析

日本高校招考制度经过不断发展和完善，已形成了自己的改革特色。下面从日本高校招考的管理体制、考试制度、招录制度等方面，择其要而述之。

（一）管理体制

日本高校招生考试实行招考分离的管理体制和国家统一考试与大学单独考试相结合，高校自主招生、单独录取的运作模式。

日本的国立大学由文部省管理，同时文部省还负责各高校招生计划的审批，并监管各大学"按规定的入学定员招生"。[①] 公立大学由都、府、道、县和市、镇、村两级公共团体管理。基层政府虽有管理大学的权力，但一般不是由地方教育行政部门而是由普通行政首长管理。这种管理模式下的高等教育，其招生考试的立法权在中央，体现了中央立法优先的原则。

日本高校招生考试属于国家考试，文部省授权大学入学考试中心负责组织实施全国第一次入学考试，授权各大学负责组织实施第二次入学考试和本校的录取工作。在文部省设立中央教育审议会和日本国立大学协会等常设性咨询、审议机构，负责监督高校招生制度的实施和改革研究。[②] 日本的咨询、审议机构有相当的稳定性，每年定期召开若干次会议。

在各高校，一般都设有大学入学考试办公室或在教务部下设入试课，负责入学考试有关基本计划的立案，从企划到实行的整个入学考试事项，以及本校第二次考试的组织实施和招生录取等工作。[③] 各学部、学院也设立有相应的机构。

（二）考试制度

日本高校招生考试在运作上实行国家统考与学校单独考试相结合的"二元结构"模式。全国统一考试即"第一次考试"，实行笔试，主要考查考生的基础学力；各大学组织的第二次入学考试即新生选拔考试，采用口试或审查论文等方式，主要考查考生专业性向与技能。

[①] 贾非：《各国大学入学考试制度比较研究》，辽宁教育出版社1990年版，第78页。
[②] 张金元主编：《高校招生制度研究》，湖北人民出版社2005年版，第67页。
[③] 台湾大学入学考试中心：《各国大学招生方式及简介》，收入《大学招生方式研讨会参考资料》1995年9月，第49页。

由大学入学考试中心组织实施的全国共通第一次学历考试开始于1979年，主要考查考生高中阶段学习的基础知识、基本技能的掌握程度，判断其是否具有接受高等教育的学力，考查内容以文部省颁布的《高中教学大纲》为依据，由"大学入学考试中心"命题委员会命题。报考全国各国立或公立4年制大学的学生，均需参加。此次统考的目的是考核学生在高中阶段基本学习内容的掌握程度。由于应届高中毕业生和往届的高中毕业生都可以参加考试，所以这次考试叫做"全国共通第一次学历考试"。①

　　其选拔过程一般如下：7月份，各国立、公立大学分发统一考试报考指南，月底前发表第二次考试实施纲要。9月份，考试中心出版入学指导书。10月1~15日为统一考试报名时间。12月上旬邮寄准考证，12月中旬各国立、公立大学公布大学、系科招生名额，12月25日前，各国立、公立大学发表第二次考试细则，分发报名表。次年1月中下旬的一个星期六和星期日，举行共通第一次考试，并在考试结束第二天公布考试试题标准答案。2月8日前发表推荐入学结果，2月8日公布共通第一次考试结果，并公布各科考试的平均分、最高分、最低分，不公布也不通知每个考生成绩。考生成绩直接送达他们申请入学的大学。考生根据公布的试题、标准答案自我估计，并把自己估分送到一些私立指导机关，这些机关将编出各大学录取预测表，以帮助考生作出志愿选择。2月9~15日各大学报名开始。3月上旬各国立大学和部分公立大学举办第二次考试，并于20日前宣布新生录取名单。3月21日之后，一部分国立、公立大学实施第三次补充录取。②

　　全国统一考试允许为具有正当理由不能参加考试和因病缺考者进行补考。补考日期是统一考试后的下一个星期六和星期日。因病缺考需补考者，必须有公立医院的诊断证明信。补考地点由大学入学考试中心另行通知。日本还为残疾应考生设特殊考场。这些残疾应届生必须事先向所报考的大学讲明自己的健康状况。特殊考场为残疾考生特设有盲文试卷、手语翻译和使用扩大镜、助听器，等等。

　　在共通第一次考试结束后，各国立、公立大学要在统一时间内各自举行第二次考试。第一次考试统一时间进行，带来一个重要问题，就是考生只能有一次报考机会，只能有一个志愿，造成大量考生落榜，学校缺额。学校不得不进行第二次甚至第三次考试以补缺额。为此，从1987年起实行第二次分组进行的考试方法，即把国立、公立、私立大学分成两个组，分别于3月1日、3月5日各自举行考试。这样考生可以分别参加两个学校的第二次考试。考试内容按不同系科、

---

① 张金元主编：《高校招生制度研究》，湖北人民出版社2005年版，第69页。
② 韩家勋、孙玲主编：《中等教育考试制度比较研究》，人民教育出版社1998年版，第223页。

不同专业分别出题，主要考查学生专业适应能力和特殊能力，通常以小论文、面试、技术操作等方式进行。

根据1985年召开的全国教育改革会议提议，由大学入学考试中心负责测试的共同考试的新体系于1990年被使用，这一考试被命名为大学入学考试中心考试，又称"国家中心测验"。目的在于保证各种各样的选择原则和标准适合于考生不同的个性、能力和性向。同时还有更深一层的作用，就是帮助国立大学在第二次的入学考试中进行适当的改进，增加考生同时参加多个国立大学入学考试的机会，实现招生工作的多元化。①

国家中心测验的内容以高中阶段教学的基本内容为主，不允许出难题、偏题和怪题，考试科目共5类18科。大学入学考试中心负责试题的命制、试卷的印刷及发放、考试指南的编制、考生报名、准考证的发放、监考规则的制定、考点和考场的确定等工作。考试方法仍以填涂方式为主，但要进一步探讨考核考生思考能力、思考过程以及考核综合理解能力与判断能力的方法。

在考试科目的设置方面，日本的全国第一次共通考试科目设5类，每类含科目多少不等，每个考生考7科，1992年以后减为5科，主要是社会和理科从各选2科减为1科。第一类国语（含现代文、古文和写作）必考；第二类社会（含现代社会、伦理学、政治经济学、日本历史、世界历史和地理），6科选1；第三类数学（含数学Ⅰ、数学Ⅱ、工程数学、簿记和会计），5科选2，其中数学Ⅰ为必选；第四类理科（含理科Ⅰ、物理、化学、生物学、地球物理和天文），5科选1；第五类外语（英语A、英语B、德语、法语），4科选1；满分1 000分。大学入学中心考试的考试科目共5门18科。②

"第二次考试"是由各大学自行拟题、自行组织的考试，考试内容由各大学根据有关专业要求和专业特点自行确定，主要包括专业基础知识、学习技能、学术方向等方面，各学部（学院）的试题拟定后须送交大学入学考试中心。"第二次考试"的试题设计强调考查学生思维的创造性、跳跃性和严密性。在考试内容上主要考查考生对所学知识的应用与迁移和解决实际问题的能力。一般考1~3个科目，各大学做法不同，其设科基本原则是：第一，考试科目以专业适应性为目的；第二，考试方式以论文或论述式为主，以考查考生的表达能力、观察能力和叙述能力；第三，突出专业特色，尽量采用小论文、口试和实践操作等方式。根据以上原则，各大学实施的第二次考试科目一般考1~3个科目，试题量很小；英语一般是两篇阅读短文，数学是2~3个计算题，语文多以作文为主。

---

① 韩家勋、孙玲主编：《中等教育考试制度比较研究》，人民教育出版社1998年版，第227页。
② 杨光富、陈秋桔：《学历主义统治之下的日本高考制度及其改革》，载《基础教育参考》2003年第9期，第11~13页。

如东京大学按文理科分组各考 4 科，文科为英语、数学、社会、外语，理科为国语、数学、理科、外语。

（三）招录制度

日本高校在录取新生时，以考试成绩为标准，注重学生能力的考查和素质的综合评价。在此基础上，形成了大学自主录取、方式灵活多样的管理体制和运作模式，基本上回避了以高考成绩为主的录取方法，建立起了适合本国国情的招录制度。

按照录取渠道的不同，日本的大学招生方式可分为两类，即一般招生入学和特殊选拔录取。通过大学入学考试中心考试和第二次考试被录取，属于一般招生入学。除此之外的入学方式，属于特殊选拔录取。特殊选拔录取的途径主要有以下数条：

一是推荐入学制度。采取推荐免试入学深造的有两种：一种是凭高中校长的推荐；另一种是某科目经考核确系成绩优异者。被推荐的考生，原则上要参加第一次全国统一考试。国立和公立大学留出一定数量名额作为推荐名额，由中学进行推荐。[①] 对名牌大学来说，这种推荐制度多适用于具有某种特长的特优生，容易保证得到优秀人才。对二、三流的大学来说，由于有的没有参加统一考试，通过推荐的办法来吸引中学生，也有利于防止和减少新生的缺额，是保证完成招生计划的一种手段。

二是招生办公室考试。招生办公室考试（AO，Admissions Office）是近年开始导入的考试方式，也叫入学选拔办公室考试。[②] 它是一种以不过分倚重于学力检查，综合判定考生的能力、适应性、意愿、意识等为目的的选拔方法，重在对考生综合素质的考查。其特点是：大学为了招收适合自己的使命和校风的学生，利用评价考生高中时的活动的文件、本人填写的志愿理由书、高中以后的活动报告书等材料和面试等，从多方面综合评价考生的学业成绩和能力；考试由专门的职员实施，周期为 2~3 个月。但是，文部省对招生办公室考试的具体内容及方法并没有明确的规定，而是由各大学以独自的方法和内容来实施。

三是私立大学的招生。日本私立大学的选拔标准和录取办法，不仅与国立大学和公立大学不一样，而且各私立大学之间也不一样。有的私立大学以参加全国统考的办法来选拔自己的新生，有不少私立大学采取中学推荐入学的办法来录取新生，也有的私立大学以单独考试或开卷考试的方式来录取新生。

四是以职业高中和综合学科毕业生为对象的选拔考试。在日本，商学、工学、农学、水产学、家政学、护理学等类型的大学，为了招收有一定专业素养的

[①] 张金元主编：《高校招生制度研究》，湖北人民出版社 2005 年版，第 72 页。
[②] 同上，第 73 页。

新生，专门对职业高中和综合学科毕业的学生，进行有别于一般考生的招生考试。这种制度从 1996 年开始实施。

此外，还有一种特别选拔考试。各大学的特别选拔考试指的是包括推荐入学和以归国人员子女、社会人士等为对象的选拔考试。

三、思考与借鉴

在对日本招考制度改革与发展的探讨中，虽然中日两国社会制度不同，国情迥异，然而，由于日本受我国儒家传统文化的深厚影响，且两国在发展本国高等教育事业中面临着很多共同的课题，因此，日本改革大学招考制度所做的努力和取得的经验，对我国启示颇多，可资借鉴。

（一）宏观层面：确立适合自己国情的高校招考模式

日本现阶段大学独立自主的招生权，以及第一次统考和第二次考试相结合为主的分两个阶段进行考试选拔的招考制度的确立，是继承明治时代以来国立学校考试传统的必然结果。明治以来，日本在考试问题上一贯以严格著称，公正出题，公正评卷，防止舞弊行为，确保考生正当权益。同时，日本在大学招考方面致力于吸收先进经验，为构建适合本国国情的高校招考制度提供了可贵的借鉴。

日本高校招考制度有许多优点：优点之一是统一的第一次学力考试试题质量高，能够考查出考生对高中阶段各门课程的知识与技能掌握的程度，再配以各大学单独举行的第二次考查，能够全面地衡量出考生的综合学力水平。优点之二是大学统一进行高考，打破了从前大分级的现象，大学之间具有了平等的地位。优点之三是避免高考出难、偏、怪题，促进中学教学的正常化，维护中学教学大纲，使得中学生能全面掌握好中学阶段的基础知识。优点之四是统考与第二次考核的综合选拔人才的方式，比一次考试选拔考生更为灵活与准确。

我国受儒家文化的影响，特别是科举制的长期实施，形成了注重统一考试的传统。我国的统一高考制度与日本的高校入学考试形式，这两种相类似的统考制度都显示了一定的优点，既收到公平竞争之效，也符合以儒家文化为本的国情。但是，同日本相比较，我国统一高考的实施方式和各大学都按照全国统考所划定的分数线录取学生的措施，显然有值得改进之处。

我国的高中教育在相当长的时间内，存在"片面追求升学率"的现象，使升学考试出现了异化的现象，把以促进学生智力、能力充分发展为目的的考试，变成用分数奴役学生的工具。"考什么、教什么"成为中学的教育模式，以牺牲发展学生全面素质为代价，培养那种无助于社会发展和人的发展的应试能力。在新的世纪，时代要求我们的教育为未来培养新型的人才。走向素质教育是21世纪对教育的呼唤，也是教育自身发展的要求。高考制度的改革是培养新型人才的先导。因此，我们要借鉴日本大学招考制度改革所做的努力和取得的经验，对我国现行的高考制度进行改革，建立适合中国国情的高考制度。

（二）微观层面：现行全国统一高考制度的具体改革

借鉴日本大学入学考试制度的具体实施方式，我国现行全国统一高考制度可做如下改革：

一是高考科目设置多样化。日本的高中生可以在很大程度上自主地选择课程，考生可以根据所报考大学的要求和自身的情况，在五类十余门科目中自由选择。因此，即使是同一学校的考生，参加的考试科目也呈现出不同的组合。而我国无论是北方省份还是中部或南方省份都存在"千校一面、万人一书"的问题，将所有同类（文科或理科）考生都通过同样的几张高考试卷进行考评。现在我国高考改革中的"3+X"高考科目设置方案，就是要改变这种"千校一面、万人一书"的局面。"3+X"高考科目设置方案，是"把统一考试与多样性、选择性考试相结合"的有益尝试，它符合高等教育大众化条件下人才选拔多样化的发展趋势。

但是，"3+X"高考科目设置方案还不够完善，我们应该借鉴日本高考多样而灵活的科目组合进行改革：第一要拓宽"X"的范围。"语、数、外"是每位考生必考科目，"X"作为考生选择的考试科目，可拓宽到中学开设的全部课程，包括音、体、美以及涵盖中学全部课程的"综合科目"。第二要尊重考生选择考试科目的权力。考生可以根据自己的实力来选择科目，不搞"一刀切"。不同层次的考生根据自己的实际选择考试科目，不但真正体现了对考生个性的尊重，而且可以使高校选拔人才更具有针对性，同时也减轻了考生的负担。

二是高考方式多层次化。日本的考试实施方式是多样化、层次化的，全国统一考试、大学独立考试和单独选拔考试依次进行，其间有实验操作、论文、听力考试、面试等多种考试手段。而我国几十年来全国统一高考几乎成为通往高等学府的唯一通道，且统一高考偏重笔试，忽视采行实验操作、论文、听力考试、面试等多种考试手段。众所周知，书面考试所能测评的只是学校教育目标和学生身心发展及其才能成就中相对有限的一部分，要较全面地测评考生的学力、适应性和能力，需要采用多种评价手段。我们应借鉴日本高考在笔试基础上有效地实行小论文测验、综合问题测试、面试、实际技能检查和听力测试等有益经验，采用多种考试方式，对考生进行多元评价。同时也可借鉴日本建立中心考试和单独考核相结合的这种兼顾统一性、多样性和自主性的高考体系，逐步建立以全国统一高考为主、以多种单独考试为辅的完善的高考体系。

三是入学途径多元化。日本高校考试制度招录改革的一个特点是，在第一次考试和各高校自行考试后，有一些名校还进行"二阶段选拔"。这是由于竞争率高的大学或学部报考人数往往大幅度超出入学定额，需进一步筛选，以保证第一阶段选拔出的合格者尽可能多数人入学，而且规定任何国立大学都可在入学定额未满的情况下，以未办入学手续者为对象，进行"第三次募集"或以追加合格方式来补充名额给若干落选生再次的考取机会。[①] 这样，考生进入大学的机会相对来说就多一些。日本大学招录制度改革的另一个显著特点是推荐入学的普遍实施。所谓推荐入学就是考生不必参加全国统一入学考试和大学组织的专业考试（或仅参加其中的一次），仅通过所在中学或有关方面的推荐材料，然后参加大学组织的单独选拔而被直接录取。[②] 根据 1997 年日本文部省公布的有关资料，现今已有 82% 的国立、公立大学和 95% 的私立大学都建立了推荐入学制度。这一制度的实施，使得日本高中学生进入大学的途径呈现出多元开放的特点。

而在我国，自 1952 年建立统一高考制度以后，高校招生向来是由国家划定统一分数线，然后统一分批录取。从 2003 年起才开始在部分高校进行自主招生试点，2006 年复旦大学和上海交通大学自主招生，以面试方式录取了 600 名上海本地学生，激起了社会的强烈反响，受到舆论广泛关注，开启了入学途径多元化之先河。

我国高考录取的依据在很长时间里比较单一，并且主要以文化课考试分数为录取标准，同时尽管试行了保送生制度和高校自主招生，但学生还是要参加保送生综合能力测试和各高校的自主招生考试，分数在录取中依然占据了很大的权重。而日本的高考入学途径多端，各大学录取学生的途径也多样灵活。在高考录取标准上我们可以借鉴日本高校入学途径的改革，在坚持公平、公正的权威性高考录取制度的同时，要不断扩充学生进入高校的渠道，实现学生入学途径向多元开放转变，使大学和学生之间更好地相互选择。

第二节　韩国高校招考制度

高考制度怎样改革才能科学、公平、有效地选拔出适合高校培养和社会发展的人才，已成为世界各国广泛关注的焦点问题。韩国是世界上高等教育发达的国

---

① 吕可红：《日本高考制度改革综述》，载《湖北招生考试》2002 年第 12 期，第 60～63 页。
② 吴良根：《借鉴日本考试制度，深化我国高考改革》，载《江苏教育》2006 年第 7 期，第 38～39 页。

家之一，十分重视高考在选拔人才中的作用，其高校招考制度在改革中也不断发展完善。研究韩国高校招考制度的成功经验，可以为我国高考制度的改革提供有益的借鉴。

一、历史沿革

韩国高校招考制度是在不断改革中完善和健全起来的。自20世纪中叶到21世纪初，韩国高校招考制度进行了十几次改革，大体可分为以下几个阶段：

（一）政府调控下的高校单独招考制（1948～1968年）

1945年朝鲜半岛摆脱了日本36年的殖民统治后，又经过朝鲜战争，分裂成南北两个部分。在美国的支持下，1948年8月15日，南方建立了以李承晚为总统的大韩民国。在此期间，韩国深受美国教育制度和政策的影响，主要采取大学单独考试、单独招生的办法。从1954年开始实行统一考试，统一考试主要是笔试，并依据考生的综合分数进行录取。① 其后，统一考试与单独考试交替进行。

（二）大学入学预备考试制和大学单独考试制并行（1969～1980年）

朴正熙上台后，为了加强国家对高等教育的控制和管理，颁布了《大学整备法案》。1969年教育部颁发《大学入学考试预考的规定》，开始实行大学入学初步考试（PECE）和复试（由各招生单位举行）制度，即高中毕业生参加全国统一预考，取得合法资格，才能参加由各大学单独举行的入学考试。把大学入学预考与各校入学考试相结合，其目的是为了考试及其分数比重尽可能符合必修课与选修课的情况。

（三）大学入学学力考试与高中在校成绩呈报制并行（1981～1993年）

由于学生既要参加预考，又要参加各校入学考试，从而增加了学生的负担。因此，从20世纪80年代初期开始，韩国对高校招考制度又进行了变革，将"大学预备考试"改为"大学入学学力考查"（SAECE）。这种"大学入学学力考查"实际上就是一次严格的全国性统一考试。考生根据这次考试的成绩，结合高中的成绩来申报选择大学。高校可采用入学加试，并考虑统考成绩和高中期间的成绩进行择优录取；或直接以统考成绩作为依据，并考虑高中期间的成绩决定

---

① 韩家勋、孙玲主编：《中等教育考试制度比较研究》，人民教育出版社1998年版，第243页。

录取与否。

(四) 联合招生管理体制下的大学修学能力考试制 (1994~2001年)

韩国从1991年开始研讨建立一种新的技术教育制度，而作为高等教育入口的高校招考制度也被纳入研究、变革范围。1992年5月至1993年2月制定了新招生制度的具体实施方案，1993年12月正式向社会公布新的招生考试制度行动计划，并从1994年起实行。新制度以"大学修学能力考试"代替"大学入学学力考查"，即高等学校根据学生的高中在校成绩、大学修学能力考试成绩和各大学考查成绩三方面来择优录取新生。其高中在校成绩为必查部分，其他两种各大学可自由选择，可以两者都选或都不选，也可以选择其中一种。

综观韩国高校招考制度改革的历程，可以看出韩国的高校招考制度是在统一考试与非统一考试两种形式之间来回变动，且改革频繁。这说明韩国政府重视民意，重视社会各界对考试的评价，希望通过改革，在一定程度上改善韩国大学门难进的现状。

二、现状概述

韩国高校招考制度经过几十年的不断发展和完善，已形成自己的特色。其在改革取向上以能力立意，以生为本；在改革策略上稳步推进，理性改革；在改革举措上重视国情，择善吸收。限于篇幅，以下拟从考试制度、招录制度、管理体制等方面，择其要而述之。

(一) 考试制度

考试制度是招考制度的重要组成部分，主要包括考试科目设置、考试命题范围与试题数量、考试形式等方面。在这些方面，韩国实施过多次改革。

在考试科目设置上，韩国现行的"大学修学能力考试"既分文理科，又设文理科的必考及必选考试科目和任选考试科目[①]，合计5科24门："语文"1门为文理必考，计120分；"数理"3门（共同数学、数学Ⅰ、数学Ⅱ），文科必考2门（共同数学和数学Ⅰ）和理科必考3门（共同数学、数学Ⅰ、数学Ⅱ），计80分；"社会探究"3门（共同社会、国史、伦理）为文科必考，文科还要从政治、经济、社会·文化、世界史、世界地理5门中必选1门，文科计72分，

---

① 田以麟：《日本"大学入学考试中心考试"和韩国"大学修学能力考试"比较》，载《湖北招生考试》2004年第4期，第55~58页。

理科计 48 分;"科学探究"1 门（共同科学）为文理科必考,理科还有从物理Ⅱ、化学Ⅱ、生物Ⅱ、地球科学Ⅱ4 门中任选考 1 门,文科计 48 分,理科计 72 分;"外语"分外语（一）1 门（共同英语）和外语（二）6 门（德语Ⅰ、法语Ⅰ、西班牙语Ⅰ、中国语Ⅰ、日语Ⅰ、俄语Ⅰ）,外语（一）为文理科必考,计 80 分,外语（二）只为申报二外的考生而设,可从 6 门中任选考 1 门,满分 40 分,仅供考生所报考高校录取时作参考而不计入总分。

2001 年韩国教育人力资源部部长向金大中总统汇报了《教育改革和改善教育条件的推进计划》[①],该计划提出,从 2005 年起,韩国修学能力考试体系将发生根本性的转变,考试将分为国语、英语、数学等以必修课为主的"修学能力 1"和以选修课为中心的"选修能力 2"的两元化考试体系。根据这一修正案的规定,以后高考领域将分为国语、外语（英语）、数学、物理（分文、理科）、社会、科学、职业深造以及第二外语（包括汉语在内的 8 种语言）等五个领域,考生可以自由选择考试领域,以减轻学生的学习负担,扩大考生的选择范围,有利于各大学招到适合自己学科专业的学生,增加资格考试的多元性、选择性和科学性。

在命题范围与试题数量上,由于韩国现行的"大学修学能力考试"具有学科测验与升学适应性测验统合的性质,其考试目的是对考生高中及高中以前学校教育阶段学力和是否具备进入大学学习能力的考查,因而命题范围是高中及高中以前学校教育阶段的全部文化课。很多高考试题都是根据教科书内容综合而出的,涉及的领域很多,难度也很大。为此,韩国教育部在《2008 年后大学录取制度改善试行方案》中规定:此后高考试题范围将以教科书的核心内容为主,首先在一些科目里引进公开征集考题的方式,并计划在 2010 年以后将此方式在所有科目普及,以解决高中教学与高考命题脱节的问题。

在考试试题数量上,由于高考时间相对压缩,高考各科试题数量也相应减少,减少后的各科试题题量分别为:数理领域题共 30 题;语言领域题共 60 题;社会探究或科学探究领域共 80 题;外语共 50 题,共 220 题。第二外语 30 题。总分也减少到 400 分,其中数理为 80 分,语言为 120 分,外语为 80 分,社会探究或科学探究为 120 分。

在考试形式上,韩国在 1945～1993 年期间,高考制度改革频繁,在大学单独考试、国家考试或两者并行之间不断更迭。1994 年韩国实施新的改革方案,允许各大学单独举行考试,以扩大它们在选拔录取时的自主权。该改革方案一直延续至今,规定在统一组织学能考试的基础上,允许各大学举行不多于两科的笔试,笔试可以由各高校联合命题,也可以各校单独命题,试题将从中央教育评价

---

① http://www.chosun.com. 2001 – 7 – 20。

院题库中选取，这就保证了考试的水平、质量和权威性。此外，压缩考试时间。以前高考要考 13 门，历时 7 天，每天上下午各一门，每门大约 100 分钟，使得师生乃至整个社会精疲力竭。现在将高考时间集中为 1 天，上下午各 2 门。各科的考试时间分别是：语言领域 90 分钟，数理领域 100 分钟，社会或科学领域各 120 分钟，外语领域 70 分钟，共 380 分钟，外语专业加 40 分钟第二外语考试。此举极大减轻了考生的负担。在考试次数上，为了切实减轻一次考试的偶然性给学生带来的压力，韩国教育人力资源部决定，由原来仅在每年 11 月份进行的 1 次考试，增加为 2~3 次。

（二） 招录制度

韩国教育人力资源部为了避免以高考成绩为主的录取方法，充分吸收和借鉴其他国家大学入学考试的成功经验，建立适合本国国情的招录制度。

韩国的招生制度主要有定时招生制、随时招生制和特别考核选拔及推荐入学制。[①] 定时招生制是指每年在固定时间，一般在学年开始前完成该年度招生录取工作。在每年固定时间，全国分 5 大考区举行大学修学能力考试，由韩国大学协会负责实施。随后各大学自行组织"本考试"，并根据各自录取标准完成招生录取。在定时招生过程中，如果各大学的考试时间集中于同一特定时间，可根据各国立、公立、私立大学及地区的申报，由教育部分散、调整各大学的考试时间。

随时招生制是为了保证一年之中能随时选拔学生，规定入学时间从每学年初改为每学期初，由大学自己决定随时或追加招生。实施多学期制的大学按学期随时招生时，双志愿考生的应试机会最多可达到 11 次。随时招生的对象主要以高三在校学生和高中毕业生为主，一般在每年 11 月 1 日至 12 月 10 日实施招生考试，在次年 3 月入学。尽管大学可随时选拔新生，但招生人数必须控制在每个学年年度总招生定员的范围之内。

此外，韩国现行的大学招生制度，还准许大学通过一般考核选拔招收对父母特别孝敬者和单科成绩特别优秀者，也准许大学在高中校长推荐人数超出学生招生计划数倍的考生中，通过公平竞争择优录取。当录取学校发现录取分数线内有两名以上获得相同分数时，适用于"招生人数滚动制"，允许全部予以录取，但超出招生计划的人数必须在下一学年的招生计划中予以等额扣除。同时，其特别考核选拔制的对象也由原来的外交官子女及农村、渔村学生扩大到海外侨民、外国人、生活困难的对国家独立有功者的孙子女等。当然，一些学校由于办学经费

[①] 田以麟、姜一圭：《日本、韩国大学招生制度比较》，载《外国教育研究》2001 年第 3 期，第 1~6 页。

短缺,已经开始使用自己手中的自主招生权实行"贡献入学"。2001年5月16日,延世大学校长金雨植宣布"为了学校的发展,我们将推行在做出非物质性贡献者的校友子孙升入延世大学时给予优待的方案。"①

在新的联合招生管理体制下,韩国高校招生的录取标准也呈现多样化的特点。高校在拟定录取标准时,至少有四种方案备选:(1)仅根据学生的高中在校成绩;(2)高中在校成绩加上"大学修学能力考试"成绩;(3)高中在校成绩加上高校考查成绩;(4)三项成绩之和。招生条件中主要包含学业表现和其他条件两部分,其中学业表现的条件规定了上述四种方式,并考虑考生报考专业的志愿顺序,当总分相同时,便以考生的年龄、高中毕业时间等作为录取与否的参考标准。

同时,为了给高校以充分的招生自主权,韩国教育与人力资源部规定,各高校均可对学生的综合生活记录簿、大学修学能力考试、大学自备考核、面试、非教学科目资料、计算机水平证明等六类资料进行自由选择与组合来选拔学生。当然,对这六类资料的产生方式和参照原则,韩国政府也做了较为严密的界定。如对于生活记录簿就要求尽可能地把应该记录的学生学习活动全部记录,包括毕业证号码、学年、班级、姓名、照片、个人情况、学籍情况、出勤情况、身体发育情况、获奖经历、资格证书取得情况、升学与就业指导情况、特别活动情况、服务活动情况、行为发展情况、学科学习的发展情况、综合意见等。至于高校是否参考,以及如何参考,由高校自行决定。同时要求高校扬弃只重学业成绩的传统做法,重点看学生的特长、各种活动和各种记录。对于各科学业成绩,根据高校的专业特色或招生单位的性质,只参考与之相关的科目,以便最大限度地减轻学生负担。

在录取过程中,韩国十分重视大学在招生中的作用。在决定招生名额和招生方式上,给予大学充分的自主权,这使得各大学在选择录取方式时表现出多样化、特色化、自主化和灵活性的特点。如推荐免试制的引入,使得考试成绩在录取中的比例下降,而非教学科目领域多种资料的比重上升,促使高校针对自己的办学特色、专业培养目标选择多种多样的录取方式,强调采用展示特长、报告社会服务活动情况、面试、各种叙述资料等多种考核资料的合理使用。同时,改变以往单纯按照考试成绩、报考志愿、年龄、高中毕业时间等排队录取的方式,为照顾具有特殊才能的考生,在总招生定员中留出一定名额用于特别考核录取;或将招生名额按比例划分,如将总招生名额的10%凭高中在校成绩和社会服务活动录取,20%按照大学修学能力考试成绩和面试成绩录取,10%用作具有特长及奖励经历对象的特别考核,30%用作补偿性的特别考核。而且,还灵活运用各种

---

① 黄全愈:《高考在美国》,北京大学出版社、广西师范大学出版社2003年版,第289页。

考核办法，可以使用各种要素、资料、表现按比例折算成总分排队录取，也可按考核资料使用的方式分阶段淘汰，或将几种方式混合使用。①

（三）管理体制

韩国现行高校招生管理体制呈现"三类四级"的特征，即"国家、民间行业协会、学校"三个类别，"政府—协会—大学—高中"四个层次（如图7-1）。

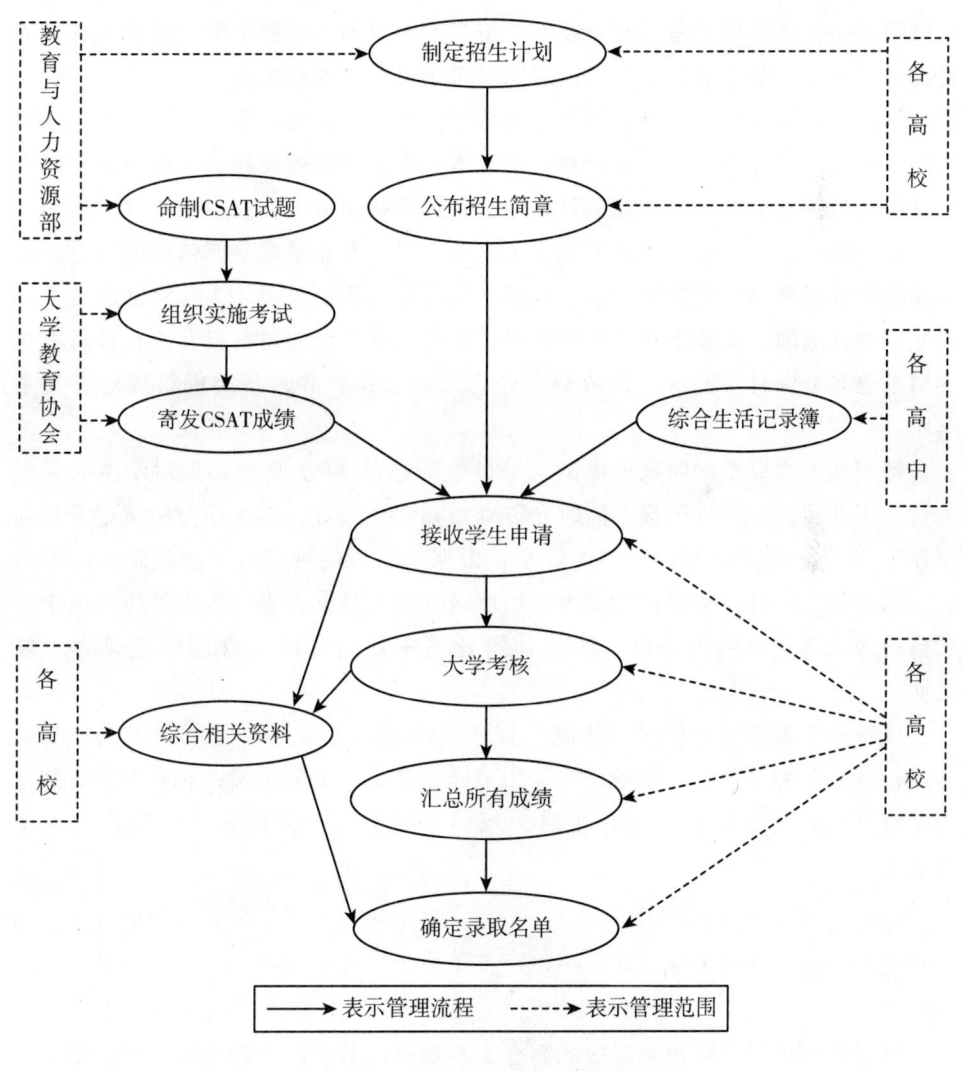

图7-1 韩国高校招生管理体制

---

① 张金元主编：《高校招生制度研究》，湖北人民出版社2005年版，第92页。

韩国教育与人力资源部的主要职责是对高校招生进行监督，保证招生考试的公平性，协调因多种招生方式引发的冲突，保障考生和大学的权益，并为高校制定招生计划提供服务与督导，制定大学自行考查的原则性规定。在具体的考试业务上，韩国教育与人力资源部及其下属的中央教育评价院主要负责大学修学能力考试的命题、监考、评分工作。

韩国的"大学教育协会"作为独立社团法人，会员主要是韩国的四年制大学，其宗旨是提高大学的独立性，谋求大学的健康发展。它是韩国唯一的高等学校民间团体，在招生管理方面主要是组织、承办韩国大学修学能力考试，其具体职责有：确定大学修学能力的考试时间、考试成绩的加权等。

韩国各高校则是高校招生工作的具体承担者，它们通过各自下设的招生管理机构，制定、宣传各自的招生计划，确定本校招生录取的流程，审核入学申请者的材料，组织面试，制定及调整录取标准，选择招生录取方式，发送录取通知书等。在具体运作上，各高校详细规定了各系、科、专业录取参照依据的种类，以及择优录取的原则，即分系、科、专业，从综合生活记录簿、大学修学能力考试成绩、面试成绩、非教学科目参考资料、计算机水平证明材料以及本校自备考核的结果等6类资料中选择一类或数类作为录取依据，并对各类资料规定了参考顺序。[①]

韩国高中主要负责向高校提供"综合生活记录簿"。高中必须对学生的表现进行公正评价，并详尽记录，同时允许家长和学生阅览，学生毕业后该记录仍须保存1～2年。另外，与以往不同的是，根据改革后的推荐入学制规定，高中校长乃至班主任、科目教师都可以为学生申请入学出具推荐表。因为学生的高中表现被纳入大学录取依据之中，使得韩国各高中在高校招生管理中也谋有一席之地。

这种"三类四级"的管理体制，有利于政府和大学共同管理大学修学能力考试；有利于大学独立设置考试并采用多样化招生、录取模式；有利于灵活制定招生政策；有利于扩大高校招生自主权；有利于高中教育和大学教育的紧密联系。

三、借鉴与启示

透过韩国现行高校招考制度的简介，不难看出其有以下特点：其一，重视学生素质能力。韩国高考主要测试学生的思维能力，考试内容是各科基本知识的综

---

① 张金元主编：《高校招生制度研究》，湖北人民出版社2005年版，第89页。

合,侧重考查解决问题的能力。其二,招考权利自主灵活。韩国教育与人力资源部规定可供选取的录取标准多达六种,各大学可在此标准上灵活确定录取方案。其三,综合评价体系全面。各高校在录取新生时,可对综合生活记录簿、大学修学能力考试、大学自备考试、面试、非教学科目资料、计算机水平证明等六类资料进行自由选择和组合来选拔学生。其四,招生考试形式多样。韩国除保留原有的定时招生制、随时招生制和特别考核选拔及推荐入学制外,还新增了追加招生制、免试考核制等。

当然,韩国高校招考制度并不是十全十美,也有一些不足之处。如大学修学能力考试成绩实行等级制为招生工作和学生填报志愿带来诸多不便;综合生活记录簿难保其公平性和科学性;多样化、自主化的招生政策难免催生"招生黑洞",等等。

总体而言,我国高考改革可以从韩国的高校招考制度得出如下几点启示:

(一) 科目设置弹性化

韩国的大学"修学能力考试"既分文理科,又设文理科的必考及必选考试科目和任选考试科目,合计5科24门。其考试目的是考查学生的一般学力和大学入学学习能力,强调跨学科的知识渗透,具有学科测验与升学适应性测验统合的性质。相比较而言,我国高考科目设置比较呆板,缺乏灵活性。尽管教育部在1999年开始实行"3+X"试点,但从目前实行的情况来看,大部分省实行的是"3+文科综合/理科综合"或"3+文科综合/理科综合+1",学生只有被动地接受上述考试模式参加考试,自主选择考试科目的权利十分有限。我国高考科目可以考虑弹性设置,由考生根据自己的情况选考。这样,既能全面地考查学生知识和能力素质结构,又有助于学生个性的发展。

(二) 组织形式多样化

韩国教育部允许各高校在统一组织学能考试的基础上,单独举行考试,以扩大他们在招生中的自主权。而我国地区差异大,教育发展水平参差不齐,完全实行各高校单独考试不太现实,但可以考虑在政府的宏观指导下,对统一考试和分散考试的长处兼收并蓄,不断完善"会考+高考"的模式、继续坚持"统一考试,分省命题"的方略和积极开展重点高校联合招生考试试点。会考由目前的分省命题改为全国统一命题,采用标准化,着重水平性,会考成绩记入高考总成绩。高考实行"统一考试,分省命题",以能力立意。联合招生考试由各高校联合命题,以素质立意。各高校在录取新生时可以"会考成绩+高考成绩"或"会考成绩+联考成绩"或其中任何一次考试的成绩来自主选择录取。这样"一统一分，统分结合"一是能够使各地区根据省情和教育的实际，在考试科目、内容、形式等方面进行改革和探索，① 用好"高考"指挥棒，保证高中教学质量，避免文、理过早分科，促进本地区的基础教育。二是能够充分调动高校的积极性，便于高校有针对性的选拔人才。三是能够确保考试安全，减小管理风险。

（三）录取标准多元化

韩国高校在录取新生时不仅参照大学入学考试成绩，而且通过对学生的综合生活记录簿、大学自备考试、面试、非教学科目资料、计算机科目等资料进行自由选择与组合来全面评价选拔学生，这样既可以最大限度地反映出每个学生的适应性和实际能力，又能够切实保障大学新生各方面的素质。而目前我国招生制度的选拔方式、选拔范围、录取评价等还比较单一，不太合理。要积极探索并建立有助于反映学生综合素质、个性特长和探究创新能力的多元化考试评价系统和录取方式。可以考虑将高考成绩作为评价录取的依据之一，同时兼顾考生高中阶段学习情况、校长推荐信、教师评语、个性特长等综合因素进行录取，并逐步增加它们在评价体系中的比重。这种做法能较好地避免传统高考"一考定终身"的缺陷，同时也较好地避免了基础教育向应试教育方向的畸形发展，有利于高等学校选拔到真正优秀的人才。

（四）高校招生自主化

韩国高校在录取时独立行使录取新生的权力，充分享有录取新生的自主权，这样可使招生录取工作更具有活力，更富有朝气，也能促进高校之间必要的竞争，调动高校办学的积极性，同时也便于高校同中学的联系、沟通，充分发挥高校招生的积极性。当前中国高校介入招生过程的权限十分有限，绝大部分高校基本上没有自主招生权（现在仅有少数重点大学享有相当有限的自主招生权）。让高校自主招生能较好地体现高等学校所设置的专业对考生的某些特别要求，更多地考虑考生对专业的适用性，对个别有特长的学生或个别特殊的专业，高校可以灵活采取各种特殊措施。由于我国高等教育毛入学率已经达到20%以上，高校数量众多，竞争激烈，对自身的声誉也更加珍惜。因此，高校自主招生并不会带来不公正，相反，更加透明、公开、民主的自主招生制度将促进高校自律，有助于遏制腐败。

---

① 但昭彬：《高考"分省自主命题"之利弊分析》，载《湖北招生考试》（理论版）2006年第2期，第56~59页。

(五) 招生管理法制化

韩国为了堵住高校招生管理中的漏洞,治理招生腐败,不断加快高校招生管理体制的法制化进程,完善执法监督体系,并成立了韩国反腐败委员会(KICAC),加大各种系统反腐败运动,例如韩国高校发生的几起招生舞弊案,不但对不正当入学的学生进行了退学处理,也对相关高校的校长进行了撤职处分,并把处理意见公之于众。

事实上,加强招考制度的法制化建设,是市场经济体制下招生管理适应生产力发展的必然要求,我国高校招生管理工作一些负面现象屡见不鲜,很大程度上和我们的招生立法、执法、监督体系建设落后有关,如果不能加快高校招生管理法制化进程,再公平的招生体制也将陷入"无法可依"的地步,再科学的管理制度也将会流于形式。① 因此,要建立和完善各项规章制度,进一步明确政府、高校和考生三者之间的权利和责任,逐步形成高校自主招生、自我约束、地方招办监督服务、国家宏观调控的管理体制。可借鉴韩国高校招考制度的成功经验,走弹性化、多样化、多元化、自主化、法制化的道路。这既有利于推进中学的素质教育,促进高校公平、合理、科学选拔人才,又能有效地提高学生的创新能力,保证其个性的发展。

第三节 新加坡高校招考制度

新加坡历史上曾沦为英国的殖民地,其教育制度因此被打上了深深的英国印记,高校的招生考试制度也明显带有英国的特点。近年来,新加坡的高校招考制度致力于多元化改革,与我国目前的高考改革方向颇为一致,值得我们了解与借鉴。

一、新加坡教育制度简况

新加坡的教育制度,是在英国教育体系的基础上逐步建立和发展起来的。独立之后,新加坡对旧的教育结构和制度进行改革,建立和完善具有本民族特点的教育结构和制度。总体来说,新加坡的教育包括初等教育(primary education)、中等教育(secondary education)、中学后教育(post-secondary education)和第三

---

① 张金元主编:《高校招生制度研究》,湖北人民出版社 2005 年版,第 118 页。

级教育（tertiary education）等四部分。

目前，新加坡的高等教育机构有大学、专科学校和教师培训性质的教育学院等类别。截至2007年，新加坡有两所公办大学——新加坡国立大学和南洋理工大学，一所接受政府资助的私立大学——新加坡管理大学，这三所大学提供众多不同领域的高等教育和专业资格的课程，是新加坡有权颁发学士以上学位的3所大学。公办的5所理工学院分别是新加坡理工学院、义安理工学院、淡马锡理工学院、南洋理工学院和共和理工学院。这些学校在技术员、专业辅助人员和专业人员层次上提供形式多样的文凭或证书课程。

"分流教育"是新加坡教育体系的鲜明特色。新加坡的学生进入中学后根据小学离校考试成绩（Primary School Leaving Examination）被编入三类不同程度的班级：特选课程班、快捷课程班和普通课程班。特选课程班和快捷课程班的学生在中学学习四年，通过"O"水平考试（General Certificate of Education O Level，简称"O"Level）可进入初级学院或理工学院。对于普通学术课程的学生，延长一年学习期限后，通过了"O"水平考试并取得了优良成绩，也允许进入初级学院或理工学院。选择初级学院的学生，在预科教育结束后，必须通过"A"水平考试（General Certificate of Education A Level，简称"A"Level），才能进入大学学习。也就是说，中学生毕业后接受进一步教育的去向有三个：一是为进入大学做准备的初级学院或高级高中；二是学习后取得专业教育文凭的理工学院；三是学习后取得技术训练证书的工艺教育学院。各层次和各类型教育之间的分流和相互转换，主要是以证书考试或文凭课程学业成绩为依据（如图7-2所示）。

二、新加坡高校招考现状

长期以来，新加坡都有一个专门的组织来为高等学校制定招生计划。过去是职业与技术教育委员会（the Council for Professional and Technical Education，简称CPTE），现在是国家人力委员会（National Manpower Council，简称NMC），按照国家的经济发展模式对各个学校甚至各个专业的招生数作出规定。国家人力委员会在人力资源部部长领导下，由国家教育、经济相关的各个部门主要领导组成。该委员会的职责就是要确保大学毕业生能应付各行业的人力需求，减少结构性失业。人力委员会设立国家人力资源发展的目标，并要求高等院校适应这些目标。不过，高等院校可以对变动的人力资源的优先权做出反应，并根据市场需求的变化不断调整学生技能培养的重点。最终的目标就是使人力资源对经济发展的作用发挥到最大，同时避免毕业生的失业或无法对口就业。

由于曾经是英国的殖民地，新加坡的普通教育乃至高等教育无不受到英国教

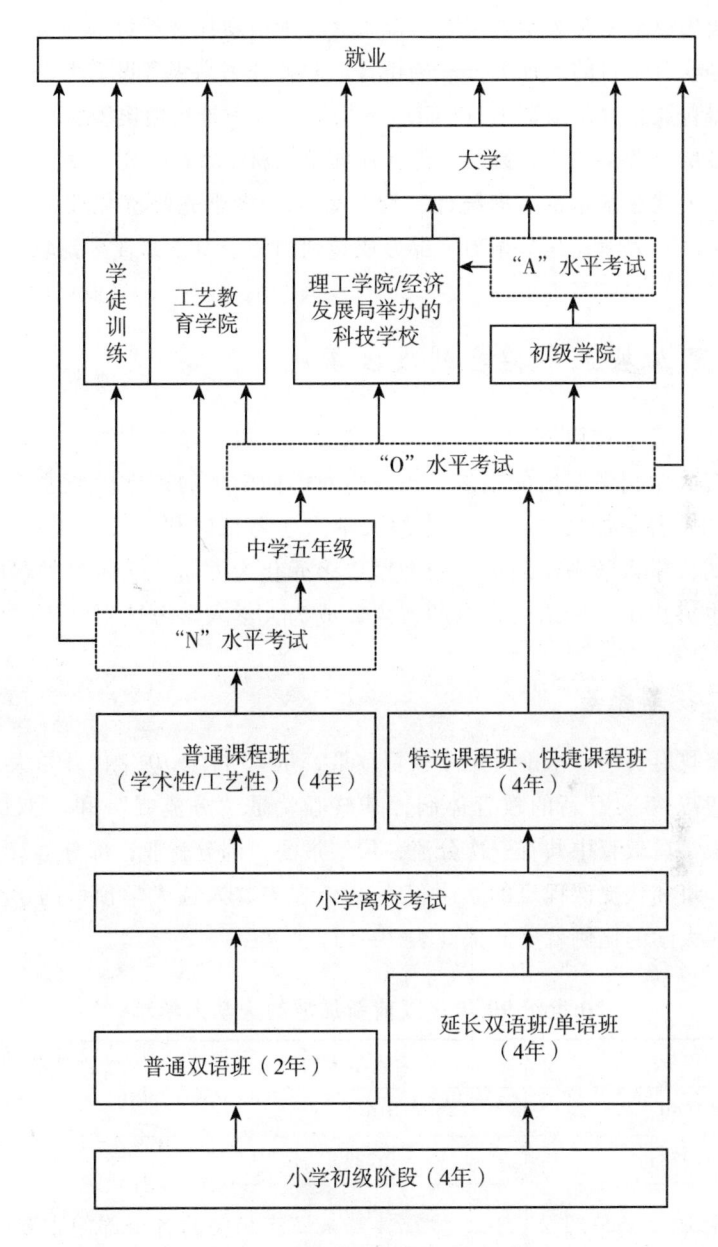

```
                              就业
                    ↑  ↑  ↑        ↑
                    │  │  │        │      ┌──────┐
                    │  │  │        │      │ 大学 │
                    │  │  │        │      └──────┘
                    │  │  │        │        ↑
                    │  │ ┌────┐ ┌────────┐  │
                    │  │ │学徒│ │工艺教  │ ┌──────────┐ ┌"A"水平考试┐
                    │  │ │训练│ │育学院  │ │理工学院/经│ └──────────┘
                    │  │ │    │ │        │ │济发展局举 │    ↑
                    │  │ │    │ │        │ │办的科技学校│ ┌──────┐
                    │  │ │    │ │        │ │          │ │初级学院│
                    │  │ └────┘ └────────┘ └──────────┘ └──────┘
                    │  │   ↑       ↑           ↑           ↑
                    │  │   └───────┴─── "O"水平考试 ───────┘
                    │  │                  ↑
                    │  │            ┌──────────┐
                    │  │            │中学五年级│
                    │  │            └──────────┘
                    │  │                  ↑
                    │  └──── "N"水平考试 ──┘
                    │                ↑
            ┌───────────────┐  ┌──────────────────┐
            │ 普通课程班     │  │特选课程班、快捷  │
            │(学术性/工艺性) │  │课程班            │
            │   (4年)       │  │    (4年)         │
            └───────────────┘  └──────────────────┘
                    ↑                  ↑
                    └─── 小学离校考试 ──┘
                              ↑
            ┌───────────────┐  ┌──────────────────┐
            │普通双语班(2年) │  │延长双语班/单语班 │
            │               │  │    (4年)         │
            └───────────────┘  └──────────────────┘
                    ↑                  ↑
                    └── 小学初级阶段(4年) ──┘
```

图 7-2 新加坡的教育体系结构

育体制的影响。新加坡的大学不举行入学考试,而是凭借中等教育各种统考的合格证书进入相应的高校学习。目前大学的申请者分成校内和校外两大类,校内申请者主要是大学先修班(pre-university)学生和理工学院(polytechnic)学生,校外申请者主要是成人和国外学生。大学先修班相当于我国的高中阶段,是由两年制初级学院(junior college)和三年制中心学校(centralized institute)两种形式构成。校内申请者是大学的主要生源，要参加由新加坡教育部与英国剑桥地方考试委员会联合举行的新加坡——剑桥普通教育证书高级考试，考试成绩合格的学生可获得普通教育高级证书（GCE "A"）。新加坡推行精英教育，学生从小学开始，经过层层考试层层分流，一部分流向学术科，继续升学，更大一部分则流向职业科，为就业做储备。据统计，约有21%的大学先修班和理工学院的学生能进入两所国立大学，其余相当一部分或转到国外学习，或直接就职。①

三、新加坡大学招考制度改革

1999年，新加坡政府宣布，原则上接受一个由专家组成的委员会提出的关于修改原有大学招考制度的报告，该报告对不同学生的评价标准进行了相当大的修改，标志着新加坡进入多元化的大学入学考试时代。2004年3月，新加坡推行新的大学入学考试制度，新制度以多元化为方向，既体现了新加坡教育的特色，也突出了一些前所未有的特点，成为大学入学考试划时代的里程碑。

（一）改革背景

新加坡政府长期以来推行英才教育政策，从20世纪70年代开始大力发展英才教育，1979年实行新的教育体制，其核心就是"分流制"和"双语教育"。中小学和中学后教育中共有三次分流，层层过滤，部分就业，部分继续深造。入选特选课程班和快捷课程班的学生仅占10%左右，入选大学预科的学生也仅占20%，升入大学的比例就更低了（表7-1）。

表7-1　　　20世纪90年代以前新加坡的大学入学率

年份	大学入学人数	大学入学率（%）
1960	1 641	2
1978	2 223	4
1983	3 478	6
1988	5 586	13
1991	5 657	15

资料来源：Selvaratnam. Innovations in Higher Education: Singapore at the Competitive Edge. Washington DC: the World Bank, 1994. P. 33.

---

① 马红艳：《分流教育在新加坡》，载《基础教育参考》2005年第3期，第20页。

20世纪80年代对中等教育的改革使得中等教育的质量逐步提高，通过大学入学考试的学生逐年增加，大学入学的竞争更加激烈。以新加坡国立大学为例，1987年该校合格申请者达到12 982人，但只有6 530人被录取，录取率只有50.3%，低于1982年的51.1%（表7-2）。20世纪90年代，随着新加坡进入以高科技为特点的"第三次工业革命"，产业结构的调整和变化对所需人才的层次和质量的要求发生变化，高学历和高技术人才的需求加大。新加坡政府认识到必须调整和改革大学招生考试制度，使得大学和其他高等教育机构的招生人数与国家的发展计划相适应，满足国家的人力需求。

表7-2　1982～1987年新加坡国立大学的申请人数和录取率

年份	申请人数（人）	录取人数（人）	录取率（%）
1982	8 561	4 370	51.1
1983	8 977	5 364	59.8
1984	9 668	5 438	56.3
1985	11 535	5 422	47.0
1986	12 636	6 218	49.2
1987	12 982	6 530	50.3

资料来源：Selvaratnam. Innovations in Higher Education：Singapore at the Competitive Edge. Washington DC：the World Bank，1994. P. 39.

长期的精英分流教育造就了以考试竞争为导向的大学招考制度，中学和大学在招生时只看重学生在"O"水平和"A"水平考试中的成绩。对考试成绩的依赖导致大部分学生只注重课本知识的掌握，忽略了智力创造和创新能力的开发，造成毕业生独立思考能力的缺乏和社会适应性的低下。这些情况引起了新加坡政府、议会、企业雇主以及新加坡民众的担忧。1997～1998年的亚洲金融危机使新加坡经济遭受严重冲击，新加坡政府在分析外部因素的同时，开始与新加坡高校一起对本国的教育体制及相关体系进行分析，力图通过一系列的改革措施，改善本国的教育水平和人才质量，为国家储备更多人力资源。

（二）1999年招生制度的修订

20世纪90年代是新加坡高等教育发展的重要时期。1991年新加坡政府提出了高等教育国际化战略，6年后新加坡政府提出要在本地建设世界一流大学并起草了行动议案。为了配合建设世界一流大学的目标，1998年2月新加坡政府开始对大学招生制度进行改革，成立了"大学入学标准检讨委员会"（the Committee on University Admission System）。1999 年 6 月新加坡政府同意并公布了委员会起草的题为《让毕业生为知识经济做好准备——新加坡最新大学招生制度》的修订案（Preparing Graduates for a Knowledge Economy: a New University Admission System for Singapore），修订案从 2003 年开始实施。可见，1999 年大学招生制度的修订案是 2004 年大学招生制度改革的前奏。它的主要内容包括[①]：

第一，扩大生源。新制度规定大学新生将主要来自四类群体，即预科学生、理工学院毕业生、有工作经验的成人及海外申请者。与以前相比，新制度增加了有工作经验的成人申请者一类。成人申请者指年龄在 25 周岁以上，工作满 4 年且获得"A"水平资格证书或理工学院学位证书的申请者。这主要是满足理工学院之类的毕业生继续学习的需要，符合终身学习的宗旨。

第二，评价标准综合化。在原有"A"水平考试的基础上引入了推理测验（Reasoning Test）和专题作业（Project Work）两项新内容，并且增加了课外活动（Extra-Curricular Activities）作为参考。推理测验采用美国的学术能力测试 SAT（Scholastic Aptitude Test）；专题作业从 2004 年开始实施，主要是考查考生分析和解决问题的能力。

第三，设置个性化的入学评价方法。对于参加"A"水平考试的学生，2003 年大学入学的评价标准不再只是"A"水平考试成绩，推理测验和合作课程活动也占了一定比例。总体说来，"A"水平考试成绩占 75%，SAT I 成绩占 25%，合作课程活动作为"额外积分"（Bonus Points）最多占 5% 的比重。

对于理工学院的毕业生，新的评价标准由四部分构成：平时的专业成绩占 60%；GCE"O"水平考试成绩占 15%；SAT I 成绩占 25%；合作课程活动作为额外积分最多占 5% 的比重。评价标准中不包括专题作业，因为专题作业是理工学院学生的必修课，他们在这方面都应有很强的能力，如果同样把这方面考试纳入评价他们的范畴，对其他申请者就显得不太公平。因此评价标准中用平时成绩取代专题作业。

对于成人申请者来说推理能力和工作能力是重要的评估对象，对该类申请人的评价标准包括三部分：SAT I 成绩占 50%；内容掌握能力（Content Proficiency）占 25%；工作经验和动机（Experience and Motivation）占 25%。内容掌握能力主要考查申请者以前的学术资格和其他合适的入学测验成绩（例如 GCE"A"水平考试成绩或者理工学院成绩）。工作经验和动机评价将主要通过面试、雇主评价和工作成绩来综合评定。

海外申请者凭借在各自国内起作用的考试证书或者其他资格证书即可申请。

---

① 徐永：《新加坡大学招生制度改革》，载《外国教育资料》1999 年第 6 期，第 61~62 页。

（三）2004年大学多元入学新方案

为了进一步建立科学合理、富有弹性的人才选拔标准，新加坡继1999年招生制度修订后，于2004年推出大学入学新方案，此方案以GCE"A"水平考试改革为核心，力图使考试内容、考试分数核算等更加合理化和多样化，使大学入学的筛选标准更加人性化和弹性化。这一方案主要有以下特点：

第一，GCE"A"水平考试内容具有多样性。由于新加坡对新生的选拔是建立在中学成绩的基础之上，因此新的大学入学考试制度改革和新课程的实施是配套进行的。新课程从2006年开始实施，新的教学大纲中包括三方面的内容：生活技能、知识技能和内容核心课程。这三方面所包含的具体课程内容丰富，形式多样（见表7-3）。

表7-3　　　　　　　新教学大纲规定的具体课程

生活技能方面	合作课程活动（CCA，Co-Curricular Activities）
	人格发展课程（CDP，Character Development Programme）
	公民教育（Civics）
	国家教育（NE，National Education）
	教牧关怀和职业指导（PCCG，Pastoral Care & Career Guidance）
	体育（PE，Physical Education）
知识技能方面	综合课程（GP，General Paper）
	专题作业（PW，Project Work）
	知识探索（KI，Knowledge & Inquiry）
核心内容课程	语言类：包括母语和第三语言
	人文艺术类：包括经济学、地理、历史、音乐等
	自然科学类：生物、化学、物理、数学等

资料来源：Ministry of Education, Singapore. The New "A" Level Curriculum.（http：//www.moe.gov.sg/cpdd/alevel2006/experience/curri.htm）.

随着新课程的实施，GCE"A"水平考试科目也随之变化。原来的三级课程A级、AO级和S级课程，将由新的三级课程H1级、H2级、H3级来代替。除了综合课程、专题作业、知识探索和母语外，所有科目都将按照H1、H2和H3三个级别分类（见表7-4）。H1级课程重点让学生掌握基础知识和技能；H2级课程相当于原来的A级课程难度，唯一不同之处在于减少了一些教学内容，使学生有时间学习非专业课程（Contrasting Subject）；H3级课程则提供专项或跨学科的课程，激发学生兴趣和潜能。

表7-4　　　　　　　　　　改革后的部分三级课程

类别	课程名称（教育部设立*）	涉及的级别
文科类	艺术	H1　H2　H3
	经济学	H1　H2　H3
	地理	H1　H2　H3
	历史	H1　H2　H3
	文学	H1　H2　H3
	中国研究（英文）	H1　H2
	中国研究（中文）	H1　H2
	历史（中文）	H1　H2
	综合研究（中文）	H1
	中国语言文学	H2　H3
	马来语言文学	H2　H3
	泰米尔语言文学	H2　H3
	音乐	H2　H3
	戏剧研究	H2
	商业管理	H2
	法语	H2
	德语	H2
	日语	H2
理科类	生物	H1　H2　H3
	化学	H1　H2　H3
	物理	H1　H2　H3
	数学	H1　H2　H3
	计算机	H2
	会计学原理	H2

注：*表示为除了教育部设立的课程外，三所大学有各自设置的H3级课程。

资料来源：Ministry of Education, Singapore. The New "A" Level Curriculum. (http://www.moe.gov.sg/cpdd/alevel2006)。

为了使学生能够结合自身的能力和兴趣挑选课程，学校推出由必修课、选修课和活动课程组成的课程组合（Subject Combination）。必修课程包括综合课程、专题作业和母语。除此之外，学生要从学校所提供的多门课程中选修三门 H2 级课程和一门 H1 级课程，并要求这四门课程中有一门是非专业的，例如文科生至少要选修一门理科课程。新的考试课程内容削减了 10%～15% 的基础知识内容，增加了活动课程的比例，例如课外合作活动、社区劳动等，以期提高学生的社会生活实践能力，培养积极负责的人才。富有弹性的课程组合有利于学生打下牢固的学科基础，同时，又给予学生选择的自由，让他们充分发挥兴趣特长。

第二，GCE"A"水平考试分数核算具有灵活性。根据考试课程与学生所修课程相一致原则，GCE"A"水平考试成绩主要由综合课程、专题作业、三门 H2 级课程和一门 H1 级课程构成。由于每个学生可以根据自身情况选择不同的课程组合，因此考试成绩的评定依据也各不相同（见表 7-5）。

表 7-5　　　　　不同的课程组合及其成绩的评定依据

课程组合	评分依据
三门 H2 级课程、两门或三门 H1 级课程、母语、综合课程和专题作业	三门 H2 级课程成绩、一门得分最高的 H1 级课程成绩、综合课程和专题作业成绩
四门 H2 级课程、母语、综合课程和专题作业	得分最高的三门 H2 级课程成绩、得分最低的一门 H2 级课程成绩计为一门 H1 级课程成绩、综合课程和专题作业成绩
四门 H2 级课程、一门 H1 级课程、母语、综合课程和专题作业	得分最高的三门 H2 级课程成绩、一门 H1 级课程成绩（或得分最低的一门 H2 级课程成绩计为一门 H1 级课程成绩）、综合课程和专题作业成绩
知识探索、三门 H2 级课程、母语和专题作业	知识探索成绩（可计为两门 H1 级课程成绩，其中一门取代综合课程成绩）、三门 H2 级课程成绩、专题作业成绩
知识探索、三门 H2 级课程、一门 H1 级课程、母语和专题作业	三门 H2 级课程成绩、H1 课程和知识探索两项成绩中得分较高的一项、知识探索成绩（取代综合课程成绩）、专题作业成绩
知识探索、三门 H2 级课程、两门 H1 级课程、母语	三门 H2 级课程成绩、两门 H1 级课程和知识探索三项成绩中最高的一项、知识探索成绩（取代综合课程成绩）、专题作业成绩

资料来源：Ministry of Education, Singapore. Entering University. （http://www.moe.gov.sg/cpdd/alevel2006/university/beyond.htm）。

改革后的 H1 和 H2 级课程考试成绩分成 A、B、C、D、E、U 六个等级，A 为最优，E 为通过，U 为不及格。各级别课程的难度的不同决定了不同级别的课程所占的分值也不一样。一门 H1 级课程的分数是 H2 级课程的一半，综合课程和专题作业作为 H1 级课程来计算，母语成绩一般不计入总分。但是如果学生母语成绩特别优异，则可以在申请入学时获得"额外积分"（"bonus"），例如通过母语 H2 级别的申请者将获得 2 个额外积分，在母语 H1 级别中获得 A 的申请者可以获得一个额外积分①。灵活多样的分数计算标准充分考虑到学生的差异性，同时维护了考试的公平性，以充分体现"以人为本"的改革理念。

第三，大学入学体系具有双重性。2003 年 4 月，新加坡入学委员会建议从 2004 年开始，在国家举行统一的大学入学考试之后，各大学院系可以单独举行第二次考试。大学分数和院系分数所组成的综合分数，是选拔学生的最终依据。其中院系分数可占综合分数的 1/3，该分数保证了各院系能够根据各自的专业需要挑选合适的申请人。例如 2004 年，报考新加坡国立大学建筑、工业设计、法律、牙医学和医学的学生必须参加相应的院系考试，内容包括面试和习性测试等。可以说，这种双层入学体制既确保了选择的公平性，又保证了对有特定专业发展潜力学生的择优录取。

另外，在大学自治改革的推动下，新加坡国立大学和南洋理工大学具有 10% 的自主招生名额，可以通过考试分数以外的其他标准来自主选拔优秀学生，真正做到不拘一格降人才。招收对象包括：国际奥林匹克竞赛的奖牌获得者、国家科学研究奖的优胜者、社区服务或志愿者项目的积极参与者、体育、艺术方面的突出人才、在社区组织或体育俱乐部担任重要职务的人员等②。

第四，入学评价标准具有针对性。1999 年修订的招生制度为不同背景的申请者规定了不同的评价方法，2004 年新的大学招生制度延续了多样化和针对性的评价标准，并适时地做了必要调整。促使对评价标准做出调整的一个重要因素是从 2004 学年起，对于参加 GCE "A" 水平考试的学生和理工学院毕业生来说，新的入学体制下学术能力测验（SATI）成绩不再计入大学入学分数，而合作课程活动成绩占大学入学分数 5% 的比重。针对部分学生已经参加 SATI 考试的情况，教育部推出两套评价体系（见表 7-6 和表 7-7），申请者在报考新加坡国立大学和南洋理工大学时可提交 SATI 分数，大学将根据两者中的较高分数做出评估。

---

①② Ministry of Education, Singapore. Entering University（http://www.moe.gov.sg/cpdd/alevel2006/university/beyond.htm）.

表 7-6　　　　2004~2005 年预科学生的评价方法

类型	2004 年	2005 年
方案 1	"A"水平考试成绩：95%	"A"水平考试成绩：85%
	合作课程活动：5%	合作课程活动：5%
		专题作业：10%
方案 2	"A"水平考试成绩：75%	"A"水平考试成绩：65%
	SATI 成绩：25%	SATI 成绩：25%
	额外积分：最多 5 分	额外积分：最多 5 分
		专题作业：10%

表 7-7　　　　2005 年理工学院毕业生的评价方法

类型	"O"水平考试成绩	理工学院成绩	共同课程活动	SATI 成绩
方案 1	20%	75%	5%	
方案 2	15%	60%	最多 5 分	25%

资料来源：Ministry of Education, Singapore. University Admission for 2004 and 2005（http://www.moe.gov.sg/corporate）。

（四）大学多元入学新方案评析

新加坡政府讲求实际，以稳定和效率为重，这种实用性也影响到教育领域，强调对人力资源的充分开发和合理利用。因此作为人力投资载体的大学成为政府重点关注的对象，政府时刻关注大学对经济发展的适应性，主张根据国家经济的发展对高等教育的内容和形式进行调整。事关人才选拔的大学招生考试制度也必然要因时而变，因势而改。

大学多元入学新方案的实施符合其培养英才、挖掘个人潜力的教育宗旨，同时也满足了服务国家、配合经济发展的现实需要。新制度扩大了招生范围，新加坡国立大学、南洋理工大学和新加坡管理大学这三所学校向越来越多的高素质人才敞开大门（图 7-3），为更多的人提供高等教育机会的同时，也满足了大学对人才多样化的需求。另一方面，大学招生自主权的下放、院系分数的实施有利于学校根据自身专业设置等情况招收各种合适人才，提高学校实力，顺应了新加坡政府提出的"建设世界一流大学"的指导思想。

新的综合评价标准也更具人性化和科学性，分数不再是入学的唯一依据，考试不再是入学的唯一途径，新的评价标准更加注重训练学生的思考能力，让学生

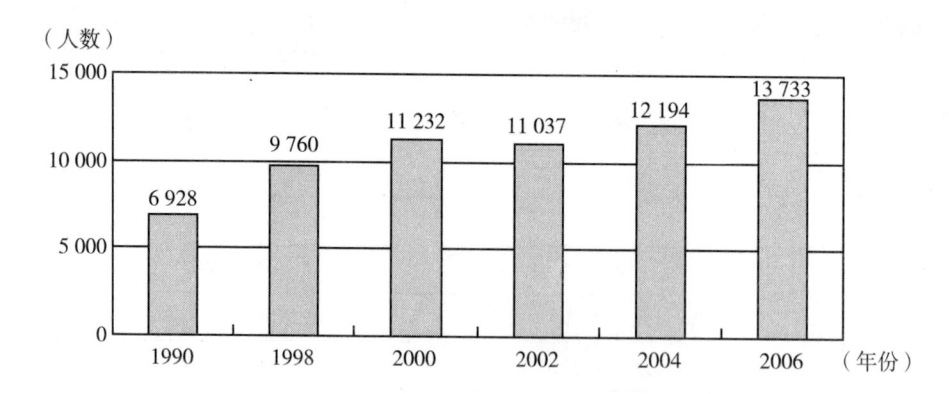

```
(人数)
15 000                                              13 733
                                          12 194
              11 232    11 037
10 000    9 760
      6 928
 5 000

    0
      1990   1998   2000    2002    2004    2006  (年份)
```

图 7-3 1990~2006 年新加坡三所大学入学人数

有更多的时间去参与学业以外的活动；新的综合评价标准也更具针对性，对不同背景的申请者提出不同的评价标准，为申请者提供了公平的竞争舞台，保证了人才选拔的公平性。

此外，GCE"A"水平考试内容和成绩核算的改革赋予了学生更大的自主性，学生可以根据个人的兴趣和禀赋选择不同的课程组合，在极大调动学生积极性的同时也实现了因材施教。

四、借鉴与参考

相比新加坡实施的证书制，我国一直沿用的是全国统一高考制度，二者在形式上有所不同，但新加坡在改革大学招生考试制度过程中一些好的经验和做法还是很值得我们借鉴和参考的。

首先，设置科学合理的课程，使考试内容多样化。新加坡学校的课程设置由必修、选修和合作课程活动三大板块构成。新加坡学生可以自主选择包括这三者在内的不同课程组合，其中选修课中还包括一门非本专业课程。同时，选修课程和考试内容实行一致性原则，这一方面有利于挖掘学生的潜力、特长，因材施教；另一方面也大大激发学生的学习动力。我国高中课程虽然有选修和必修之分，但各高中实质上是按照高考的考试科目设置"必修"课程，学生没有选修课。另外由于过早地划分文理科，学生在会考后对非本科的课程置于不顾。我国可以借鉴新加坡选修课程与考试内容相一致的做法，将非专业课程列为选修，并在"3+X"考试中有所体现，这样可以打破文理学科之间完全割裂的局面，也符合通识教育的宗旨。

其次，探索多元化的评价标准。新加坡由单一依赖GCE"A"水平考试到多元化评价标准的建立，表明了在选拔人才时分数不再是唯一的评价标准。新的评价标准引入了专题作业，用于评价学生分析和解决问题的能力；合作课程活动占一定的比重，鼓励学生接触书本知识以外的天地，拓展知识面，增强实践动手能力；注重中学阶段的学习成绩和学习能力。我国高考虽然在报名时，考生也必须有会考成绩和平时活动成绩的记录，但在大学招生时这些材料基本上不起作用。因此在高中课程当中也应当加入活动课程，如文体活动、社区公益服务等等，并在高考分数核算中有所体现。这样可以利用高考的指挥棒来改变人们只关注学生学习成绩、考试分数，只重智育不重德育的思想。① 同时会考成绩在高考总分中也应占一定比例，这样可以促使学生重视非本专业的课程，掌握跨学科知识。

最后，加强大学招生自主权，实现大学在招生上的多元化选择。新加坡已经形成了大学分数和院系分数的双层评价标准，大学可以通过第二次考试挑选自己满意的考生，更多地考虑考生对专业的适用性。同时大学有10%的招生名额，针对个别有特长的学生或个别特殊的专业，高校可以灵活运作。我国大学入学分数只包括高考成绩，这虽然保证了考试的公平性，但是这种单一依靠高考分数的选拔标准对许多学校及专业的适应性越来越差。因此可以考虑增设院系分数，更好地体现高等学校所设置的专业对考生的特殊要求，也能促进高校之间必要的竞争，调动高校办学的积极性。

总而言之，大学招生考试制度的改革要符合"以人为本"的宗旨，广泛招收才智卓越之士、激发学生潜能，从而为高校专业人才选拔和国家人才储备打下坚实基础，实现学生、学校和社会的"三赢"。

第四节　我国台湾地区高校招考制度

台湾位于中国东南海域，是我国最大的岛屿，与祖国大陆隔海相望，两岸人民同根同源，秉承中华民族的文化传统。台湾自古以来作为中国的一部分，其教育制度尤其是高等教育制度主要源自祖国大陆。但由于台湾地区在1949年以后与大陆相互隔离，其教育制度也有一些不同之处。台湾的高等教育制度在这几十年的发展中呈现出一些独特的风貌，本节所述的大学入学考试制度便是如此。

大学入学考试既是中学教育与大学教育之间的桥梁，又是大学教育的起点，历来是教育界研讨的热点问题，也是教育改革的关节点。台湾地区从1954年开

---

① 秦素粉：《多元化取向的新加坡大学招生制度》，载《湖北招生考试》2005年总第148期，第23页。

始实行统一的联合招生考试制度（简称"大学联考"），至2001年实行多元入学新方案，经历了47年的联考历史，一直没有中断过。因此，台湾的大学联考积累了丰富的经验和教训，认真研究台湾的大学入学考试制度，对于促进大陆高考改革的深化具有借鉴作用和较强的现实意义。

一、联考的发展历程

我国台湾地区的大学联考制度可以追溯至中华民国27年（1938年）开始的统一招考。当时的教育部为适应抗日战争时期的需要，决定施行统一招考以统筹大学设施，统一新生入学标准，提高大学入学水平。国民政府教育部在中央、浙江、武汉三所大学试办"联合招考"的基础上，于1938年实行国立各院校统一招生，1940年又扩大到公立各院校统一招生。① 因此，抗战初期实施的国立大学统一招生制度，是台湾地区大学联考制度的先河。

1945年台湾光复以后，各公、私立大学院校是分别招考学生的。1954年首次实行联合招生制度，当时有四所大学院校参加（台湾大学、台湾省立师范学院、台湾省立农学院、台湾省立工学院）。1955年政治大学加入联考，以后参加院校数量渐增，社会各界反映良好。台湾"教育部"便规定，从1956年起所有公立和私立大专院校以及军事学校都必须参加联考。1962年，采取"大学及独立学院"与"专科学校"分别办理联招，然而因为分别招生产生过多重复名额，次年又重新联合招生，直到1972年再次分开招生。此后，分别招生的联考制度就一直延续下来。

台湾地区大学联考在1984年进行了重大的改革，实行"先考试，再填志愿，后统一分发"的大学联招新制，奠定了大学入学考试制度改革的基础。1989年台湾成立大学入学考试中心（简称"大考中心"），专门就大学入学考试制度的改革问题进行调查、研究、论证。

1992年5月"大考中心"正式向台湾"教育部"提出"大学多元入学方案"，建议改革大学联合招考制度，采取多元入学方式，使大学招生达到"适才适所"的境界，即大学与考生双向选择。"建议书"提出的多元入学对策包括"改良式联招"、"推荐甄选"、"预修甄试"等三个入学方案及"命题的改进"、"高中成绩的采纳"等配合措施。"教改会"也呼吁采取"两阶段考试入学"。1997年"大学招生策进会"成立后，又积极讨论规划具体可行办法。

1999年6月21日，"大学招生策进会"经与会专家、学者热烈讨论并修正

---

① 谢青、汤德用主编：《中国考试制度史》，黄山书社1995年版，第564~565页。

部分文字后，正式表决通过"大学多元入学新方案"（简称"新方案"），并决定自 2002 学年度开始实施。"大学招生策进会"随即报台湾"教育部"并对外公布，"教育部"函复原则同意。"新方案"秉承"大学多元入学方案"中多元入学、"两阶段考试"、"考招分离"等理念，吸取了其中优秀的、经实践检验可行的成分，提出了不同于以往的新理念，所以被称为"大学多元入学新方案"。2002 年正式实施的"新方案"成为大学入学考试制度改革的标志。2003 年和 2004 年的大学入学考试继续进行多元入学的改革实践。自 2005 年以来，台湾的大学多元入学方案经过之前的不断改进，整体上没有大的改动，几年来坚持简单、多元、公平的原则，一直实施大学多元入学制度。

二、2002 年大学多元入学改革概况

2002 年的"新方案"明确改革目标为"考招分离"，多元入学，考试由常设机构办理，招生由各院校、系科自主，可单独或联合招生。① 这一"新方案"将台湾地区过去的大学入学途径"推荐甄选"、"申请入学"以及"大学联招"概分为两大类：第一类为"考试分发入学制"；第二类为"甄选入学制"。其中，"考试分发入学制"由校院自行选择具有统一考试形式的学科能力测验、指定科目考试及其成绩处理方式，并以联合分发的方式来录取学生。大学院系则有"甲、乙、丙"三种使用考试成绩的方式，但每一校院只能从中选用一种，选择"甲案"的校院不仅检定考生的学科能力测验成绩，对考生成绩采用自定的不同的加重计分，而且还采纳 0 至 3 科指定科目考试成绩；选择"乙案"的校院除了要求考生通过学科能力测验，达到最低检定级分或总级分达某一标准，还要参加 3 科指定科目考试；选择"丙案"的校院只采纳指定科目考试成绩，其考科数是 5 科或 6 科。"甄选入学制"包括了申请入学和推荐甄选两个入学途径，操作方式为考生先参加学科能力测验，再依规定由各校院甄审（考试审查）。根据"大考中心"的统计，2002 年各大学采行"甄选入学制"招生人数约占总招生人数的 25%，其中推荐甄选占 12%；申请入学占 13%；"考试分发入学制"占总招生人数的 75%。2002 学年大学采用"甲案"的校院占 20%，采用"乙案"的校院占 28%，采用"丙案"的校院占 52%。②

"新方案"中明确规定考试与招生权责分立，考试由"大考中心"这一专门

---

① 任拓ં：《大学多元入学新方案》，载《选才》（台湾大学入学考试中心通讯）1999 年 7 月号，总第 59 期。
② 摘自台湾大学入学考试中心编：《你就是明日的大学之星——大学多元入学新方案问与答（3 版）》，大学入学考试中心 2002 年 2 月版，第 4 页。

机构办理，包括学科能力测验、指定科目考试、术科考试等。台湾地区的招生决策机构在"大学招生策进会"之前是"大学联招会"，在其后是"大学招生委员会联合会"（简称"招联会"）。在"2002年教育改革之检讨与改进会议"上，与会代表就大学招生事项提出建议，"促使大学招生策进会正名为大学招生委员会联合会，使于法有据，并聘请专职人员，以便发挥协助各校招生之功能。"①"大学招生委员会联合会"于2002年5月正式成立。"招联会"以大学为会员，各大学校长为代表，任务是办理每学年度招生事宜。

  2002年1月16日，台湾"教育部"对大学、"教育部"、"大考中心"的权责作了详细分配②，指出大学招生决策机制为："现行大学招生系以各大学所组之大学招生委员会联合会（原大学招生策进会）为最高决策单位，各大学循大学多元入学新方案办理招生，并以各大学捐助成立之财团法人大学入学考试中心基金会所办各项考试为主要录取标准；教育部则秉主管教育行政机关权责，监督指导各校招生事宜。"同时，进一步说明了大学的招生权责为："各大学办理招生事宜，除参与大学招生委员会联合会所办理之考试分发入学招生及大学推荐甄选入学招生外，各校亦可组成招生委员会，依其招生需求及发展特色，自定选才标准，办理申请入学招生。""教育部"的权责是："为落实大学招生自主，教育部除依'大学法'规定核定各大学招生办法及名额外，原则上不直接涉入大学各项招生工作，例如招生委员会组成、招生简章编制、考试命题、印制试卷、制卷、阅卷、密封、监试、核计成绩、放榜及报到等事宜。同时亦视实际状况向大学招生委员会联合会提出建议事项，希由大学招生委员会联合会拟定招生策略，协助教育部监督各大学校院秉公平、公开原则办理招生。"这样，明确了"教育部"、大学、"大考中心"在招生考试上的权责，"招联会"已从2002年5月开始承办2003学年度的大学多元入学考试、招生的有关事项。可以看出台湾大学招生机构的演变纷繁复杂，最终依据"大学法"的规定，各大学成功捍卫了招生自主权，开始大学自主招生的时代。

  从"新方案"实施的情况来看，大学多元入学在台湾地区引起强烈反响，甚至出现一个奇特的现象：有些人士认为2002年大学多元入学出现许多"疑难杂症"，认为大学多元入学制度有不少缺点，不如恢复过去的联招制度，比较符合公平竞争的精神，学生与家长也不致乱成一团。但是几年前大家极力批评联招制度的缺失，希望尽早改革联招，直至废除。2002年实行多元入学，联招制度

---

① 引自《2001年教育改革之检讨与改进会议》——"畅通升学管道"子题分项报告书草案之议题："A. 整备教育环境"。转自台湾"教育部"网站（http：//www.edu.tw）

② 参阅台湾"教育部"、"高教司"发文，《92（2003）学年度大学多元入学各项变革，执行概况及考试招生时程说明》，引自网站（http：//www.edu.tw/university/importance/911116-1.htm）。

成为历史一页，又有人对其怀念不已，想走回联招的老路，那么，多年的教育改革岂不付之东流。当然，2002年实施的"新方案"，不同于过去的多种入学途径，在实施中发生的一些事件也值得深思。首先是2002年3月17日在台湾台北市建国中学发生的奥林匹克生物学科竞赛丑闻（奥赛主考官被控向考生家长索贿嫖妓），使民众对大学多元入学的公平性，尤其是多元资料、多元评价的方式产生质疑，引起轩然大波。其次是在2002年5月上至"立法院"委员、各党派民意代表，下至各大媒体、民间调查机构参与的对大学多元入学方案的民意调查，大有走联考回头路的趋势。

三、2003~2004年大学多元入学的改进

鉴于2002年民众对"新方案"的质疑，2003年台湾"教育部"强调仍实行大学多元入学，但对其做了技术层面的改进，并指出了制度层面的改进方向。①

技术层面的改进包括：简化"申请入学"招生流程，成立"申请入学"统一办理单位，汇编招生简章，并采用统一的标准表格，以通讯或网络方式受理报名和缴费，减少学生在报名方面的困扰；音乐、美术及体育相关学系一采用"联合术科考试"成绩，供大学推荐甄选入学、申请入学和"考试分发入学"等招生途径使用，不再加考术科；在社会大众没有普遍肯定各校考试招生方式前，现阶段不调高申请入学、大学推荐甄选招生名额；各院校招生委员会应确认相关考试与招生规范，建立招生回避制度，健全处理招生纷争与申诉途径的法规，强化考试违规舞弊防范措施及后续处理规定；加强宣传与辅导工作，促进多元化；等等。这些改进措施使招生考务更加简单、公平，减轻学生负担，而且并不影响学生原先的升学规划在2003学年度的实施。

考虑到重大招生变革与学生升学规划息息相关，必须经审慎评估与研究，至少需提前一年公告周知。因此，实施制度层面上的改进要到2004学年度。但"招联会"积极研究改进制度层面的问题：一是"考试分发入学"的"甲、乙、丙"三案招生选择方式合而为一；大学推荐甄选入学与"申请入学"合并为单一入学途径；评估学科能力测验考试时间；鼓励一般大学增加更多参加四技（即四年制技术职业学院）、二专（即二年制专科学校）招生途径的名额，继续

---

① 主要参阅：台湾"教育部"2002年8月21日新闻稿《关于2003及2004学年以后大学多元入学改进方案及配套措施》，转自网站：http://www.edu.tw/university/importance/910821-5.htm；《多元入学同步配套变革》，载《中央日报》（台湾）2002年8月22日，第1版；《各级多元入学，改进方案公布》，载《自由时报》（台湾）2002年8月22日；《明年三级多元入学修正案拍板》，载《中国时报》（台湾）2002年8月22日。

扩增高职生进入一般大学的名额；分析"考试分发入学"所设计的学科能力测验与指定科目考试选考科目方式，及对学生选填志愿的影响；委托"招联会"及"大考中心"进行各项专案研究，如特种考生升学优待，"甲、乙、丙"三案的大学招生策略与学生升学选择的分析，实施"新方案"后学生家庭背景及城乡差距对入学机会分配的影响；统一各项招生途径与考试名称。

2003年3月21日台湾"招联会"第二次会员大会通过决议，2004年继续实施"大学多元入学方案"。该方案的宗旨是为了落实大学入学"考招分离"与多元入学的精神，使招生制度符合公平、多元、简单的原则，并达到各校选才的目标。主要改革项目有：将2003学年度实施的推荐甄选与申请入学两种大学入学方式简化为"甄选入学"，兼顾现行推荐甄选的特殊取才精神与缩短城乡差距的目的以及申请入学的弹性招生的需要。将2003学年度"考试分发入学"的"甲、乙、丙"三案整合为一案，大学院系可采用学科能力测验作为一般的通过标准，并对考生3~6科指定科目考试（含术科考试）成绩采取"加重计分"，由大学院系依1.00、1.25、1.50、1.75、2.00加权方式处理，不列高标、均标、低标的检定（pass/fail）。

2004年考生参加各项考试与可选择的入学途径有三种：其一，仅参加学科能力测验的考生，只能选择"甄选入学"入学途径，由考生个人申请或由高中向大学院系推荐符合推荐条件的应届学生。其二，仅参加指定科目考试的考生，只能选择"考试分发入学"入学途径，并且只能选填无需学科能力测验"检定"的大学院系为志愿；考生报考"加重计分"术科的大学院系，另外参加术科考试，术科考试的组别可列为指定科目考试的科目。其三，学科能力测验与指定科目考试两种考试均参加的考生，可任意选择"甄选入学"或"考试分发入学"入学途径；考生若报考"加重计分"术科的大学院系，另外参加术科考试，术科考试的组别可列为指定科目考试的科目。大学多元入学途径由过去的"三元"简化为"二元"。①

四、2005年以来大学多元入学的改进

自2005年以来，台湾地区的大学多元入学方案经过之前的不断改进，整体上没有大的改动，仍然坚持简单、多元、公平的原则继续实施。但也呈现出一些不同于以往的特点：

一是考试专业化，招生多元化，建立公平的考试招生机制，减少对甄选入学

---

① 引自台湾"教育部"网站，2003年7月4日（http：//www.ceec.edu.tw）。

的质疑，使过去操作程序繁多的多元入学简单化。明确提出"学校推荐"与"个人申请"合并为"甄选入学"，由大考中心统一分发。

二是多数大学系科采用"全民英检"考试成绩。"全民英检"是"全民英语能力分级检定测验"之简称。在大学多元入学途径中，大学逐渐参考采用了"全民英检"成绩，如2004学年度起甄选入学约有40所校系参采"全民英检"成绩。大专院校采用"全民英检"成绩的有82所。① 通过"全民英检"，意味着考生又多了一项考试利器。

三是规范术科考试。"音乐、美术、体育"3项术科考试由"大考中心"统一办理，舞蹈、戏剧、国乐、国剧与运动竞技等术科考试，由相关校系自行办理。术科考试可以一试多用，供甄选入学、考试分发入学及单招使用。

四是有三种考试成绩使用方式。在多元入学途径中，考试成绩的使用有检定、采计、参酌三种方式。"检定"是指校系确定一个标准，通过这个标准的考生才能取得下一阶段参加评比的资格，也就是校系将能力在某个水平以下的考生排除。"采计"是校系选才时纳入评比的考科，可依重视考科的程度给予不同权数的加重计分方式（加重计分25%、50%、75%、100%）。"参酌"是指当某校、系剩下最后一名录取名额，而数名总分相同的考生同时填写此校、系为志愿时，这些总分相同的考生依次评比的顺序。在"甄选入学制"中，学科能力测验及术科考试成绩可作为"检定"、"采计"、"参酌"之用。在"考试分发入学制"中，术科考试及指定科目考试成绩作为"采计"及"参酌"之用，而学科能力测验仅作为"检定"之用。②

五、借鉴与启示

台湾地区大学多元入学考试制度的突出特点可以归纳为：多次考试，改变联考"一试定终身"的局面；采取多元化招生方式；以多元方式评价学生；考招分离，加强大学招生自主权，增加学生与大学之间的多向选择。③ 台湾"教育部"决策者大力支持大学多元入学，使之坚持下来，形成一种大学多元入学的模式，即考试多元化、专业化；招生多元化；评价多元化；考生的选择多元化。台湾地区大学入学考试制度的发展与改革，积累了诸多成功的经验和失败教训，可以为大陆高考改革提供有益的借鉴和启示。

---

① 参阅财团法人语言测验中心网站，2007年2月2日（http://www.lttc.ntu.edu.tw/gept.htm）。
② 参见台湾大学入学考试中心网站、台湾"教育部"网站（http://www.ceec.edu.tw；http://www.edu.tw）。
③ 杨李娜：《台湾大学多元考试制度的若干特点》，载《教育评论》2005年第1期，第77~79页。

（一）坚持统一考试为主

台湾地区大学入学考试制度的发展历时 50 多年，中间从未中断。考察其发展史可以看出，各个发展阶段，都是坚持以统一考试为主来保证大学新生的质量。中国是考试的故乡，一千余年的科举发展史也警示人们，考试是选拔人才相对较为公平、公正的手段。台湾的大学多元入学"新方案"采取考试机构统一命题、统一考试时间、统一阅卷，大学则确定考试科目和采用考试科目的成绩，明确以统一考试为主的招生考试理念。台湾在统一考试的基础上，实行多元入学的升学途径，应为大陆高考所借鉴。台湾虽然是经济比较发达的资本主义社会，但受到中国传统文化的影响，与大陆同根同源，讲一样的语言，用一样的文字，在社会关系中也存在着讲人情、重面子、拉关系的现象。因此，对于人才的选拔首先想到的方式是考试，而且是对于人人都公平的统一考试。近几年探索的多元化招生入学考试模式，还是没有离开统一考试这个重要的评价人才的手段。

（二）重视考查学生的基础知识、基本能力

在台湾地区的多种统一考试中，考查内容包括高中所开设的全部课程，学科能力测验没有文理科之分，指定科目考试由高校根据专业特点设立，学生考试的科目越多，可选择的志愿学系越多。台湾"新方案"实行学科能力测验和指定科目考试，甄试项目由学校确定，考生根据所考学校和专业，选择适合自己发挥特长的入学方式和考试科目。基本特点是较为重视学生基础知识的掌握和基本能力的考查。大学多元入学改革的目的在于"用适当的方法，选择适当的学生，进入适切的校系，达成适性的发展"。[①] 统一考试针对的是参加考试的学生和选拔人才的高等学校，以及这两者如何应对，如何发展。我国大陆的高考也应重点考查学生的基础知识和基本能力，高中教学应从改革方案中借鉴有益于教学的方面，而不能再以考试引导教学。

（三）坚持考试的客观、公平、公正原则

考试是一种客观存在的现象，是考试就要有标准，一般的原则是客观、公平、公正。考试作为公正、公平的工具，为社会客观地选拔人才起了主要作用。但是考试并不是万能的，也有一定的局限性，在强调考试标准化的同时，如何平衡考试中客观题与主观题的比例，如何公平、公正地评价主观试题，从而更加公

---

① 丘爱铃：《台湾大学多元入学制度改革之分析》，载（台湾）中华发展基金管理委员会主办：《海峡两岸高等教育发展与改革研讨会》会议手册，2000 年 3 月。

平、公正地体现考试标准,都是考试改革研究的主要内容。台湾的大学入学考试的公平、公正、客观主要表现在以下五个方面:一是制定严格的考试规则,规范考试程序,在招生简章中明确各种考试的评分方式、考试科目、各种资料审查要求、成绩使用方式,使其在招生中有法可依;二是强化招生考试制度的公平性建设,从报名到命题、制卷、试卷运输、试卷保管、试卷评阅、组考、监考、招生录取等各个环节,建立了一套完整的管理制度与操作规程,防止不公平现象发生;三是进行大学入学考试的主观题或非选择题阅卷试验,使考试更为公平、公正,经过多年的实践,目前正在逐步进行主观题的网上阅卷;四是学科能力测验所实施的级分制,自然科目与社会科目试题评分的弹性化,还有指定项目甄试的评分方式,推荐甄选总成绩的处理等都值得借鉴;五是各大学的招生规定均坚持公开、透明,目前多公布于招生网站上,任何人均可以通过互联网络查询到,"大考中心"的考试命题以公平、公正、客观为原则,以考查学生的能力为主。这些方面都值得大陆高考改革所借鉴与学习。

(四) 加强大学招生自主权

台湾地区大学入学考试制度的改革越来越趋向于多元化,主要原因之一是大学自主意识的觉醒。因为招生主要是大学的事情,大学应该在招生方面有自己的权利,法律也应赋予大学一定的招生自主权。台湾成立的"招联会",是大学招生的自治机构,对于协调大学招生的问题具有很大的帮助,大学在这个组织中可以互相讨论招生的问题,确立解决问题的方案。大陆也应该有一个类似的大学招生组织,以协调各界与各大学在大学招生、录取以及研究等方面的关系,充分发挥高校的招生自主权。

台湾地区过去的大学联考,学生的成绩单上只有一个分数,即学生参加一次性的大学入学考试的成绩。大学多元入学则使大学发挥了招生的自主权,在决定招生的形式上,大学有权决定选择何种入学方式。大学可以根据各校的发展特色,选择不同的考试科目和各科不同的成绩处理方式。对于学科能力测验和指定科目考试这两种大型的统一考试,"大考中心"也只提供学生的各科考试成绩和当年的成绩标准,如何使用学生的考试成绩由各大学自行决定,大学选择学生成绩的方式多元化,也是大学发挥招生自主权的表现。

(五) 探索多元化评价学生的招考模式

对学生进行多元化的评价,是国内外教育评价发展的必由之路。国外和我国台湾地区目前在教育评价上更加注重学生学习知识、学习成绩以外的能力、学习过程、学生资料的多元化评价。台湾的大学多元入学考试制度在探讨学生的多元资料、多元能力、多元学习过程等方面进行了有益的尝试，在推荐甄选的考试入学方面做了多种试验，试行了多种方式的考核。多元化评价学生主要与普通教育的关系较为紧密，但和高等教育也是有关的，因为招生的自主权主要在大学方面，大学应该研究探讨高中生的心理发展状况，从学生的多元化能力与发展的角度考虑建立多元评价机制，从而选拔到合适的人才。多元化评价学生的方式也是大陆高考今后改革的方向，台湾的经验可供借鉴。

（六）考试研究与考试方案宣传并重

高考改革要制定缜密的方案，要有长远的规划，要把考试制度的研究提到议事日程上来抓。台湾地区在这方面的做法独具特色，值得学习：[①] 首先，发挥理论先行，遵照理论与实践相结合的教育规律，重视对考试制度的研究，注重借鉴国内外的良好经验，制定科学、周到、严密的改革方案。特别值得提倡的是台湾"大考中心"从1990年以来所做的有关大学入学考试制度的实证性研究，几乎每一个重大改革项目都进行了大量的调查、访谈，并将研究报告结集出版，一方面总结当时的改革实践，另一方面为今后的研究提供可资借鉴的资料。其次，台湾"新方案"的推行和宣传工作，不仅有全省分区面向高中的说明会，全面宣传"新方案"，而且编制发送"您就是明日大学之星宣导手册"，以解民众疑虑，向考生提供最新信息；将"新方案"的具体内容放置在网络上，使考生及早掌握信息；制作电视媒体广告，简短、密集播出为"新方案"而制作的电视短片；设置咨询专线；提供书面及视听资料，提供多种渠道的"新方案"信息，"大考中心"编辑的《选才》杂志，开辟专栏宣传"新方案"，并免费发送给考生。我国大陆的高考改革，除有书面宣传外，也应有媒体视听的宣传，加强正面解释说明，积极导向，促进高考制度改革的顺利推行。

（七）开辟多元化招生入学途径以适应高等教育的多样化发展

台湾地区的大学入学考试从20世纪90年代中期以来，一直在进行多元入学的考试与招生途径的研究和实践，具有一定的基础，比如早在1972年，大学入学考试与专科学校的入学考试就分开进行，目前技术职业教育的考试和专科入学考试均实行多元化的入学途径。由"技专校院招生策进总会"负责"四技二专"、"二技"和"五专"等各种职业技术和专科院校的入学考试，这些不同类型院校的考试采用多元入学的方式，考招分离，招生由"技专校院招生策进总

[①] 参见杨李娜：《"3＋X"高考改革方案与台湾"大学多元入学新方案"比较研究》，载《考试研究》2002年第2辑，第82页。

会"负责，考试委托"技专校院入学测验中心"负责，高中、高职的毕业生可以根据自己的需要，选择不同的方式入学。

我国大陆的高考改革也迫切需要在分类型、分层次招生和入学考试上入手，建立专门的考试机构，负责考试业务。高考改革较为理想的办法是将全国统一考试与各校的特殊能力测验结合起来，并注重考查学生的平时成绩、特殊表现及参加社会实践活动的情况等，实行大学、大专、职业技术学院、民办院校分开考试和招生，实行多元入学的招生途径，增加学生和高校的双向选择机会。显然，台湾的多元入学对我们改革高考制度，适应高等教育的多样化发展，调动学生和高等学校的积极性具有重要的借鉴意义。

（八）重视高中学生的生涯辅导和职业指导

随着高等教育多样化趋势和高等教育大众化的来临，学生选择大学的机会增多，所选专业也比过去更为多元和复杂，如何使学生的选择既适合个人的兴趣、能力、性向的发展，又适合大学培养专门人才的需要，使大学能招收到适才适性的学生，是台湾地区各大学目前需要面对和必须解决的紧迫问题。由于高中学生处于人生发展的关键时期，身心均处于发展、成长的阶段，学生如何选择课程、如何认识自己的需要并做出正确的选择，是高中学生成长发展中最重要的课题。因此，加强高中学生的生涯辅导和职业指导显得十分迫切。

台湾地区在高中学生的生涯辅导方面采取了很多措施，比如：通过学校辅导室宣传、咨询大学入学考试及招生的改革情况；"大考中心"专门设有教育服务处，研究高中学生的教育、辅导、测量等；"大考中心"开发的"北斗星——选择大学校系电脑辅导系统"、"漫步在大学——网上大学校系查询系统"等现代化的学生生涯辅导软件，可以帮助学生正确地选择大学和系科。今后大陆高考的改革也应在高中学生生涯辅导和职业指导上多下工夫。

第八章

高考改革的理论思考

作为高校与中学之间的桥梁，高校招生考试既是高等教育的起点，也是高校与社会各界联系最密切的方面之一。高考改革是教育改革的关节点，因此相当敏感且易引起人们的关注和讨论，家长、教师、考生、教育管理人员以及其他人士都从不同的角度经常提出自己的看法。然而，从局部看问题所提出的意见，往往是互相对立的。在评价高考时，重要的是全面和客观，对高考改革这么一个影响重大而复杂的问题，要有全局的和富有哲理的思考。

第一节 高考改革中的两难问题

大规模选拔性统一考试是一把锋利的双刃剑，尤其是高考长期实行之后，其利弊得失都充分显露出来，某些问题逐渐积累下来，影响特别重大和突出，因而要求改革高考制度的呼声日渐高涨。迫于社会舆论的强大压力，近年来高考从内容、科目到形式等各方面都在不断改革，但是，改革又引起新的矛盾，某些改革甚至根本无法实现其初衷。之所以如此，部分原因是一些改革的呼吁者并没有充分认识到高考改革中存在着一系列的两难问题，若只注意问题的一面而未看到问题的另一面，有的改革反而会出现比原先更大的消极后果。只有理清这些两难问题，才能使高考改革沿着正确的轨道顺利进行。

一系列的内部和外部矛盾存在于高考之中。从表面上看，高考不过是高等学校招收新生的考试，但高考竞争有着深刻的社会、经济、文化根源，承担着巨大的社会责任，高考竞争实质是高校毕业后的社会地位与物质待遇的竞争。高考中反映的许多问题，如学习负担过重、自杀等，固然有考试中的问题、教育中的问题，但根本原因是竞争，是社会问题，即教育以外的问题。① 众多的社会矛盾和教育问题集中于高考中体现出来，自然使高考改革处于一系列的两难选择之中。具体而言，高考改革中主要有以下几个两难问题。

一、统一考试与考查品行的矛盾

要保证统一考试的公平性，就必须以考试为去取标准，即不管家世出身和平时水平如何，在考试分数面前人人平等。这好比体育竞赛中，只凭比赛时发挥出的水平而不考虑平时训练成绩来决定谁可获取奖牌一样。这种办法的好处是唯才是举，公正客观，排除了人为因素的干扰，而不足的是这种"才"只是考场上发挥出来的才学，更大的缺点是可能重才轻德，因为单凭考试成绩无法判断考生的德行。考试的局限，却恰好是推荐的长处。因为从理论上说推荐可以考查学生平日的品行表现，可以选拔出德才兼备的人才，不致出现高考制下唯考试是求、智育一枝独秀而忽视德育的局面，只是推荐制实行时很难有客观标准，很容易弄虚作假，在中国重视人情与关系的传统文化氛围中，只好两害相权取其轻者，以统一考试来解脱人情困扰。

不过，高考也并非全无德育因素。考生通过高考所表现的差距，不仅是知识与能力的差距，还有对竞争特别是激烈竞争态度上的差距。高考的公平竞争精神，对考生的毅力、拼搏勇气是一种磨炼，也有助于学生养成合理安排时间的能力。学生夜以继日地发愤学习，以优异的成绩参加高考，接受国家和社会的挑选，表现了有志青年为祖国的富强、为科学文化的繁荣而奋斗的决心，表现了年轻人对社会、对父母、对家庭的责任感，这是政治，是德育。至于选报志愿，更表现了考生对社会分工、对国家需要、对个人利益与国家利益的态度，也反映了考生的人生观、责任感，因此，高考选才并非单纯的智育。②

才学与品行二者之间有分离的一面，但也有统一的一面，学问才能优秀而品行不端的例子可以找到，而品学兼优的考生也有许多。历史上通过科举考试获得进士科名者多数是德才兼备的，作恶多端的进士不是没有，但比起为数众多的杰出进士来，毕竟只是少数。由于进士入仕者长期受"尊德性、道学问"教育的

---

① 杨学为：《中国考试改革研究》，北京大学出版社2001年版，第354~361页。
② 杨学为：《莫把高考当作单纯的"智育"》，载《求是》1996年第22期，第32页。

熏陶，一般而言要比通过捐纳保举或门荫、胥吏之途入仕者较为廉洁正直。金朝世宗皇帝就曾说从吏途起家者虽有行政能力，但"廉介之节，终不及进士"。①金朝末年、南宋末年、元朝末年誓死捍卫朝廷国家者往往是进士出身之人。一般而言，进士出身者较为熟悉历代兴衰的经验和做人的道理，具有较好的政治素质，因而较重视名节、清正廉洁。② 关于现代高考优胜者道德水平是否较高的问题，虽没有大规模的实证研究，但前几年一些城市试行无人售报办法，在某些城市中出现了一种规律性的现象，即越是文化水平高的社区自觉交钱取报的比例越高，其中大学的无人售报点收款率最高。这在一定程度上说明，文化水平较高的群体在整体上社会公德和文明观念可能较强。当然，就考试选拔本身而言，仅凭卷面成绩是无法看出考生的思想态度和道德水平的，因此，采用统一考试以防止舞弊不公与参考平时表现以考查德行往往是难以兼顾的一对矛盾。

二、统一考试与选拔专才的矛盾

高考最大的好处是公平择优，不足之处是无法测出个性独特及具有某些方面特别专长的人才。作为一种"公平尺度"，高考用统一的标准去衡量几百万千差万别的考生，会在一定程度上压抑考生个性和求异思维，这是大规模统一考试固有的局限。公平客观与选拔专才往往成为两难选择。一千多年的中国考试史表明，要么追求公平客观却可能遗漏某些特殊人才，要么注重选拔专才却可能出现录取不公的现象，在这两者之间，绝大多数考生和家长宁愿选择前者，选择平等的竞争。多年来为了照顾某些特长生，如有体育特长的考生，在招生中允许地区及以上体育竞赛获奖者降分录取，结果有的地方地区级运动会一年开几次，一些曾经获奖者升上大学后运动成绩平平，或以身体不好为由不参加校系组织的运动队。在这方面，与我们具有相同文化传统的韩国，也出现不少假体育选手混入大学校园的现象。③

竞争性考试注重普通学识而非专门科目，这样有利于公平比较。若考试科目分组太细，"个性"太强，甚至于难以跨组录取，则体现不了高考升学机会尽量均等的公平原则。1985年以后的几年，有一些省市实行新高考科目组，虽打破了通常文理两大类的划分办法，设置了4个以上科目组合，但由于科目太少、分组过多，实行起来遇到许多问题，几年后实验便告结束。1999年广东省"3+

---

① （元）脱脱等撰：《金史》卷八《世宗下》，中华书局1975年版，第195页。
② 刘海峰：《科举考试的教育视角》，湖北教育出版社1996年版，第271~273页。
③ 《韩国大学体育中的怪现象：特长生并非都有体育专长》，载《参考消息》1998年10月14日，第5版。

X"科目组合也遇到类似问题,由于多数考生选择了"3+1",而这"1"科考试的报考人数、考试难度差别相当大,造成新的不公。有的论者不明白公平客观与选拔专才往往难以兼顾的道理,提出要让高考促进学生个性的发展,或设置一些针对某些专门领域的考试科目以突出个性并决定取舍。实际上,要求高考在统一测试的同时又能在促进学生个性发展方面起重要作用是难以成功的。专才的选拔只能通过非统一考试的方式进行,较理想的是在全国统一高考之后再由各高校举行专门的考试或面试。

三、考试公平与区域公平的矛盾

实行统一考试,各地各校的考生必须接受相同的测试标准,其中脱颖而出者总体而言当然要比名落孙山者具有更高的文化水平。因此,科举中式人数的多寡是中国一千多年间衡量一个地区文化教育发达水平的最重要、最客观的指标之一,科名也就成为地方集体追求的对象,而不仅仅是个人奋斗的目标。中国科举史上曾多次出现了分区取士与凭才取士之争,其中尤为著名的是北宋中叶的大争论,司马光主张分区定额录取,欧阳修坚决反对,认为考试应一切以程文为去留,以保证考试的公平性和客观性。发展到明代,从最初完全按考试分数高下来决定录取逐渐演变为分区分省定额取中。分区定额录取的办法带有优待照顾边疆和文化教育相对落后地区的用意,从自由竞争的角度来看,是与考试的公平原则有些矛盾之处,但从调动落后地区读书人的学习积极性、促进当地人文教育水平提升以及维护中华民族的统一等角度看,则有其合理之处,所以这一两难选择的发展规律为:越到后来越是从考试公平趋向于区域公平。这一传统一直影响到近代以来中国高等学校的区域布局和高考分省市定额划线录取制度的实行,① 只是当今京、津、沪3个直辖市由于高校数量集中、人口较少而出现新的区域公平问题,与科举时代的区域公平问题又有所不同。

近些年来,北京、天津(实际上也包括单独命题的上海)的高考录取重点、本科、专科各档最低分数控制线比湖南、湖北、河南等"高考大省"要低100分左右,以致一名同样分数的考生在北京可能上重点大学,在有的省份却连大专也上不了。对这种失衡的高考分数线的强烈不满不时见诸报端,2000年2、3月间的《中国青年报》,更是设立了"倾斜的高考分数线"专栏刊发大量言辞激烈的争论文章;全国政协提交了不止一份关于"高考应在全国范围内按分数高低

---

① 刘海峰:《科举取才中的南北地域之争》,载《中国历史地理论丛》1997年第1期,第153~168页。

统一录取"的提案。在讨论中,北京的论者与外省的论者形成鲜明的两派。北京的论者一般认为 100 分的差异并不见得有 100 分的含金量,北京、上海学生分数低,但综合素质高;① 各省的论者多数则认为省市录取分数不同是高考中最大的不公,高考分数差是应试教育的祸根之一,应该废除现在按地域录取新生的办法,用一到三年的时间在全国范围内逐步实行从高分到低分的录取方式。②

在讨论中,多数人并未意识到考试公平与区域公平的矛盾是一个无法完全解决的两难问题。20 世纪 20 至 30 年代,各大学实行单独招考,完全凭考试成绩录取,结果出现边疆及文化落后省区绝少考生考上北大、清华的问题,因此当时教育部第 10 届教育联合会曾建议各主要大学将招生名额的一部分分给各省区。然而现在分数在向教育落后、经济贫困地区倾斜的同时,却出现了向教育资源丰富的大城市倾斜的情况,而这些直辖市录取分数线较低,是因为这些地方国家重点大学多而考生数量相对较少。这些国家重点大学重点投入的又多是全国纳税人的钱,自然会使人心理不平。只是我们要明白,古今 900 余年来关于这一两难问题的讨论观点如出一辙,不存在绝对的公平和完美的解决之道,只能在兼顾两端的情况下求得相对的平衡。

四、保持难度与减轻负担的矛盾

如何在保持考试的难度和区分度的同时,不加重考生的课业负担是大规模选拔性统一考试的又一两难问题。从理论上说,考试应该用教材中的重大问题或重要的知识要点来命题,这样可以学用一致选拔有用之才。可是从命题的实际运作来看,考试制度实行较长时期后,若教材和考试大纲未变而又不允许超纲,则几乎是必然要出偏题甚至怪题,不如此则不足以防止猜题押题,也无法拉开距离,从众多考生中挑选较优秀者。为了保持区分度和难度,出题者往往不按常规命题以扩大命题的范围,但出偏题势必增加考生的学习负担,使考生穷于应付,并随时迎合新内容和新题型想出新的对策,于是便会出现水涨船高、层层加码的命题趋难现象,这就有如一些国家之间的军备竞赛,最终增加到危险的程度。科举考试中八股文命题从正大典雅走向偏难险怪,最后使八股文这种中国古代的标准化考试文体走到穷途末路的历程,给我们留下了深刻的教训;前两年语文高考试卷受到文学界的激烈批评,也是因为防止主观试题评分误差和为了保持区分度而导致命题过于琐碎。

---

① 臧铁军:《100 分的差异是不是 100 分的含金量》,载《中国青年报》2000 年 3 月 7 日,第 5 版。
② 郑琳:《全国政协委员建议高考应统一分数线》,载《中国青年报》2000 年 3 月 15 日,第 5 版。

如何在不超出教材范围和考试大纲的前提下，保持试题的区分度，是高考这样一种大规模选拔性考试面临的一大问题。过重的学生学业负担应力图减轻，但就高考来说有其限度。因为高考是常模参照性考试，决定考生是否录取、上什么大学是根据其在考生中的相对分数位置，所以多数考生都会尽全力去积极备考，这种竞争态势造成试卷难度总要维持在一定水平之上。只要我们明确认识高考竞争实际是社会竞争的浓缩，考试和命题中有些问题是难以兼顾的必然现象，就不会指望仅靠高考改革来解决所有减轻学业负担问题，而是注意进一步改进命题技巧，并在考试内容和增加录取率、转变教育观念等根本问题上多下工夫，使高考改革日益走向科学和理性。

以上所谈只是高考改革中几个主要的两难问题，但已足见高考改革是一项复杂的系统工程，具有很大的难度和重大的影响。如果只看到问题的一面而忽视另一面，就有可能使高考改革走弯路，或者像一个失眠者，怎么翻身都难以安眠，而即使是一个省一年的改革不当，也会影响十多万考生的前途和机会。在高考改革中的一些两难问题上，不应企望十全十美或两全其美的办法，只能在两难之中求得平衡，把握一个度。千万不能受到一点压力就为改革而改革，对高考作出重大改变应在全面研究和长期规划的基础上渐进推行，才能使高考改革健康稳步地前进。

第二节　高考改革中的全局观

高考是中等教育和高等教育之间的衔接点和关节点，参加高考是中国学生从高中晋升到大学的一个关键步骤，因此高考历来不仅受到中学校长和师生的重视，而且是高等教育和整个教育界乃至全社会关注的一个热点。作为中国的一项基本教育制度和复杂的系统工程，高考改革具有相当大的难度，往往是牵一发而动全身。有些改革不能尽如人意，经常是改了一方面的问题，又出现了另一方面的问题，甚至改来改去又基本上回到了原点。之所以会出现这种情况，原因之一是对高考改革的难度和复杂性认识不足，对高考改革中的两难问题不够了解。而要避免头痛医头脚痛医脚，使高考改革积极稳妥地进行，就必须把握高考改革中的全局观。

由于高考不仅发挥着选拔大学新生、引导高中教学的作用，而且承负着整合教育系统、维系社会稳定的重任，因此高考往往成为教育竞争和社会竞争的矛盾焦点，高考改革不得不面对一系列的两难选择。在第一节中，已探讨了统一考试与考查品行、统一考试与选拔专才、考试公平与区域公平、保持难度与减轻负担四对矛盾。实际上，高考改革中还存在其他一些两难问题，本节将探讨高考改革中的另外四对矛盾，并提出改革高考制度的一种设想。

一、考测能力与公平客观的矛盾

中国自古以来就有以考促学的传统。高考制度的建立和恢复极大地调动了广大青少年的学习积极性，有力地促进了民族文化素质和知识水平的提高。近年来，随着"素质教育"的提倡，人们日益要求高考从考知识向考能力方向转变。这样，考生不仅应具备宽广的知识面，而且需具有较强的能力，包括理解、综合与分析等能力。考测知识主要采用标准化的客观试题，考察能力偏重于使用主观试题，这在语文考试中表现得尤为明显。然而，过于强调考测能力往往会与高考的公平客观原则产生矛盾。

为了公平客观地检测考生的基础知识，20世纪80年代以后语文高考逐渐引进标准化考试题型，这对促进学生掌握扎实的语文基本知识起到了一定的作用。但年复一年命题之后，为了拉开区分度，只好不按常规命题，甚至钻牛角尖出一些偏题，带来了部分试题支离破碎的问题，导致1998年前后对语文高考的激烈抨击。于是，1999年语文高考作文出了"假如记忆可以移植"这么一个十分灵活的题目，而且可以用除了诗歌以外的任何一种文体，这使考生得以充分发挥其个性和想象，受到许多人的好评。不过，也有一些人尤其是中学语文教师认为这样出题"不规范"，很难掌握评卷标准。命题作文与平日的文学创作是有所不同的，考场中所写作文应有一定的规范性，这是大规模选拔性考试维持可比性和客观评卷的公正性的必然要求。有的人认为，现代化的教育不应该压抑学生的个性，但是，公正的考试却又不能不压抑考生的个性，这就是为什么具有最自由的教育的发达国家却又普遍采用最无个性的规范化、标准化考试。

命题作文考的是实实在在的作文能力，也就是表达、说理的能力，而不是想象力，在考场上一般不能任意发挥"白发三千丈"的奇思异想，而应根据命题来铺叙。语文教育的目的是传授语文的实用技能，而不是培养文学家，写作也不是文学创作，相对应的，作文考试不应该允许文学创作。因为对文学作品的评价是见仁见智的，并无确定的标准，必然会使评卷者无所适从，答卷的个性化必然导致评卷的不确定性，这对考生是不公平的。[①] 2000年高考语文试题为"答案是丰富多彩的"；2001年高考作文要求以"诚信"为话题写一篇文章，立意自定，

---

① 方舟子：《不动声色的变迁》，载《书屋》1999年第6期，第8~10页。

文体自选，题目自拟。如此开放的命题作文为考生驰骋想象、尽情发挥提供了广阔的空间，但也带来套题问题。近年来发现某些高分作文原来却是报刊文章的翻版，便从反面提醒我们作文题目不宜过于开放。如果作文题目过于开放，没有一定的约束范围，考生较容易进行作文套题训练，事先背一些范文去套用应试，反而不利于客观公正地考测出考生的真实水平。

另外，由于中国存在相当大的城乡差别，农村学生受教育的条件远不如城市学生，在高考竞争中从一开始就处于不同的起跑线上。在过去偏重考查知识面和记忆力的情形下，刻苦攻读、记诵不辍也可能取得高分。而当高考日益倾重于考测能力的时候，包括外语加试听力的时候，应该承认勤奋刻苦的因素在高考成绩中所起的作用有所下降，而受教育的条件和环境所起的作用有所上升。加大考测能力的力度、引导高中教育注重培养能力是高考改革坚定不移的正确方向，高考将不断增加应用性和能力型的试题，体现把以知识立意转变为以能力立意为主的命题原则。不过，高考既然是一个公平尺度，是一个维护社会公平和公正的重要手段，我们在加大考测能力比重时就不得不考虑到各种复杂因素，在考测能力与公平客观之间寻求一个平衡点。命题时应注意客观试题与主观试题的分配比例，在思想自由和客观规范之间把握一个度，在采用测试能力的综合试题时把握推行的速度和火候。

二、灵活多样与简便易行的矛盾

兼顾统一性与多样性是高考改革的一个原则，但传统的高考是大一统考试模式，不管省（自治区、直辖市）和高校层次的差别，全国一套题，考试科目也一样。近年来，随着"3+X"高考科目改革的实行，原先大一统的局面开始改变，具有一定的开放性与可选择性。"3"是指语文、数学和外语，是每个考生必考的基础科目，"X"是文科综合或理科综合，也可以是文理的大综合，前两年试点省份的"X"还可以是1至数门科目，"X"是敞开的、变化的、灵活的。2001年高考有18个省实行"3+X"科目设置改革，其中广东、河南、上海实行"3+大综合+1"，其中专科是"3+大综合"，黑龙江、福建、海南等15个省市实行"3+文科综合或理科综合"。科目改革一直是高考改革的重点，它不仅关系到中学教学和备考的范围，而且还影响到某些学科的发展前途及其在中学中的地位，高考科目设置的一个基本原则，应该是保持一定的学科覆盖面[①]。现今的"3+X"科目改革已体现出一定的多样性和灵活性，综合科目的开设在一定程度

---

① 郑若玲：《高考竞争与科目改革》，载《高等教育研究》2000年第4期，第41~44页。

上也有利于学科交叉和考测能力，但同时也出现了操作纷繁复杂和教学无所适从的问题。

在原来大一统的高考模式下，各省（自治区、直辖市）之间的高考成绩具有可比性，且管理操作简便易行，省时、省力、省钱、公平、高效是统一高考的突出优点。为了培养和检测学生的能力并增加高考的灵活性和多样性，各省（自治区、直辖市）科目设置和命题变得较为复杂灵活，有的省市报考科目和选填志愿也变得纷繁复杂，尤其是那些频繁改革的省份，不仅高中学生、家长、老师心中无数，一般大学教师和社会大众也难以弄清高考科目与大学系科之间的对应关系，管理操作则复杂费事。而且，如果过于强调试题的综合性，还会造成高中组织教学的困难，现在的中学师资原本就是分科培养出来的，当大学生和中学教师都还不易进行跨学科的学习和讲授的时候，对高中生的跨学科综合分析能力也不能要求过高，否则会加重他们的学习和心理负担。在灵活多样与简便易行这对矛盾之间，高考改革的目标应是朝向灵活多样努力，但也应尽量考虑方案的可操作性，不可完全忘记简便易行这一原则。

此外，在各省（自治区、直辖市）采用各种科目改革方案的时候，国家的教育主管部门多少还要考虑高考成绩的可比性。即使是在美国那样各州独立性很强的联邦国家，各大学还普遍采用学术能力测验（Scholastic Aptitude Test，简称SAT）和美国大学入学考试（American College Test，简称ACT）的分数作为录取新生的依据之一，新生的测验分数还成为美国大学排行榜的一项重要评估指标。假若中国各省（自治区、直辖市）高考各自为政，就可能出现高考分数比美国还更少可比性的情况。矫枉不可过正，实行全国大一统的高考是有统得过死的问题，但如果各省（自治区、直辖市）都强调各自的特殊性而放弃全国统一高考，便可能从一个极端走向另一个极端。

三、扩大自主与公平选才的矛盾

高考改革的指导思想是三个"有助于"：一要有助于高等学校选拔高质量高素质的人才；二是要有助于中学的素质教育，克服应试教育的倾向；三是要有助于高等学校办学自主权的扩大。这是三个很不容易同时兼顾的方面。

作为全国高等普通学校统一招生考试，高考首先是一种教育考试。然而，高考又不仅是一种教育考试，它还是一种校外考试或社会考试，在报考年龄完全放开之后，其社会考试的性质更加明显。在发挥为高等学校选拔人才的同时，高考还承负着维护社会公平、维系社会稳定的重任。公平选才是社会大众对高考最为关注的一个方面，也是高考制度的基本功能和精神之所在。不患寡而患不公，不患苦而患不公。自古以来，中国人在考试方面一直强调公平性，不怕竞争，就怕不公。不怨竞争激烈，不怨刻苦学习后考不上，就怕不公平竞争。在公平竞争的情况下，只差一两分没能上大学，考生和家长怨的是自己而不怪别人。如果是因为不公平竞争而落榜，他们怨的则是高等学校和政策制定者，还可能与政府和社会产生对抗心理。在"高考考学生，录取考家长"的风气下，许多老百姓很担心扩大高校招生自主权会给人为因素大开方便之门①。公平选才与全面考核之间往往难以兼顾，在以分取人与舞弊不公这对矛盾之间，人们往往宁愿选择公平竞争、接受艰苦的考试，而不愿选择接受理论上较能全面考核实际上容易被走后门者利用的扩大自主权。

扩大高等学校办学自主权是中国高等教育的改革方向。《中华人民共和国高等教育法》第三十二条规定："高等学校根据社会需求、办学条件和国家核定的办学规模，制定招生方案，自主调节系科招生比例。"从理论上说，各高等学校有权自主决定招生考试的方式，但从中国目前的实际情况看，要由各高校单独举行考试，操作起来会有很大的难度②。因此，现在的办法是采取在统一高考的大格局下，扩大高校的自主权，近年来主要采用了以下几个办法。

办法之一是多年来实行的按高校录取名额的120%调阅档案录取，使高校在上线考生中有一定的选择余地。但这一办法却出现了上线考生家长千方百计托关系求人，以免自己落在20%不录取的考生中，结果有的高校为避免人情困扰，放弃20%的调档权利，只按录取名额的100%调档录取。

办法之二是让高校有权选择一些考试科目。在一些省份，"3＋X"中的X科目和门数便是由招生学校决定的，不同类型不同层次的大学可以选择不同的科目，高水平的大学、一般的本科院校、高等专科学校就可以选择不同的考试科目，学生也可以根据自己的志趣、特长去选择高考科目和高等学校。实行的结果，多数高等学校的多数专业选择"3＋1"，多数考生也只选考1科，许多中学为了提高升学率，从高一起便让学生按所选科目对口学习。为了防止更大范围地造成学生的偏科，克服不同科目难度不同而影响高考公平的问题，现在许多省份采用"3＋文科综合或理科综合"的模式。

办法之三是教育部允许进入"211工程"的部分重点大学，每年可以有2%的招生比例作为机动指标，以便高校根据自己的实际情况自主招收部分学生。但录取的结果，许多高校多将这2%的机动名额用在了关系户和"条子生"上，真正招收特长生和优秀生的比例并不多。为此，2001年教育部明令取消了所有高

---

① 顾卫临：《勿忘"公平"》，载《瞭望》1997年第42期。
② 周远清：《实现高考改革的新突破》，载《中国高等教育》2000年第19期，第3~5页。

校 2% 的机动指标，要求高校在制定招生计划时要充分考虑办学能力，把计划做足，招生时只能按照经过审批的计划进行，如果学校私自做主在已经审批的计划之外增加招生数量，那么对于所增加的学生一不承认学籍，二不追加经费。不过，也有人认为取消机动指标，反倒可能影响一部分考生的利益，带来新的不公，高校根据报考冷热在适当范围调整名额分配计划，这对集中报考同一高校的高分考生是一种保护，当然对指标的使用也应制定明确的规定[①]。

办法之四是实行保送生制度。高校招收保送生是对统一高考制度的补充，目的在于弥补单一统考制度的局限、激励中学生争创"三好"、扩大高校自主招收优秀中学生的权力。但是，多年来，招收保送生的弊端日趋严重，在一些地区从"送良不送优"沦为"送官不送民"，以致在 1998 年规定保送生必须参加教育部考试中心统一命题的综合考试，以考试来甄别保送的真假优劣[②]。可是这一措施还是不能解决弄虚作假和走后门的问题。为杜绝不正之风，2001 年 3 月教育部对保送生工作做出了"压缩规模、严格标准、严格管理"的规定，将 2001 年的保送生压缩控制在 5 000 人，并较大程度上提高了保送的标准和条件，在保送程序上也有更严格的规定[③]。

以上四点只是在统一高考大前提下，扩大高校自主权与公平选才原则产生的矛盾，若完全由各高校单独举行招生考试，可想而知会产生多大的问题。在中国社会重人情、关系与面子的传统文化氛围中，一般人很难解脱人情困境，当扩大自主权与公平选才原则产生矛盾时，通常的情况是限制高校自主权。而这又往往与扩大高校自主权的改革方向背道而驰，因此这也是一个两难选择。

四、考出特色与经济高效的矛盾

为了体现学校个性，办出学校特色，改变千校一面的状况，并充分发挥各高等学校的积极性和创造性，人们都希望招生考试能够考出特色。尤其是民国时期多数时间高校单独招生考试，不少名牌大学的招生考试试卷各具特色，让一些当代学者追慕怀想不已。确实，统一高考采用相同的试卷、相同的题目和标准答案，各个高校的招生没有什么不同。要真正考出特色，体现招生考试的多样性，就必须实行各校单独招考，这又与高考的经济高效原则产生矛盾。统一高考的一大好处是具有规模效益，可以比单独考试节省大量人力、财力、物力，从经济角

---

① 翟帆、唐景莉、范绪锋：《公平录取和自主招生不可得兼？》，载《中国教育报》2001 年 7 月 9 日，第 1 版。
② 刘海峰：《高考存废与科举存废》，载《高等教育研究》2000 年第 2 期，第 39~42 页。
③ 朱文琴：《为何对保送生一压二严》，载《光明日报》2001 年 3 月 8 日，第 C1 版。

度来看具有很好的效益,在"穷国办大教育"的情况下尤其如此。20世纪80年代以来,教育界不时有人提出要改革统一高考,教育部也曾允许愿意作尝试的大学进行单独招考改革试点,结果没有大学想试。因为如果单独招考,从各科命题、印发试卷到组织考试、评卷、录取等各个环节,工作量要增大许多倍,即使是委托各地招生办主持监考,整个招考工作的费用将成为学校的一笔沉重的负担。实际上,对所有面向全国或全省招生的高校而言,单独招考工作都将付出成倍的经费,前几年一些高校为招收少数的保送生而支付巨额的招生经费便是明证。

统一高考对广大考生来说也较为方便、节约。在单独招考的情况下,如果所有考生都集中到报考院校去应试,考生东奔西跑,经济负担沉重,尤其是报考多所院校的话,穷于应试,十分不便。对一些偏远地区的考生而言,昂贵的交通费使他们望而却步,许多很有深造前途的学生只好报考当地的高校。1952年中国走上统一高考之路的一大优点便是方便考生,考生在本地一次报考可以选报多个志愿,高校也避免了招生不足额和报到率低的情况出现。为了更客观地说明这一点,我们特地对统考与单考的考试成本做了计量上的分析。

我们假设两位家住县城的调查对象都报考三所高校,相关基本信息如表8-1。

表8-1　　　　　　　　　考生信息

	家庭所在地	省会城市	报考志愿(三所高校,北京、上海、本省区)
考生甲	广西壮族自治区横县	南宁市	北京大学、复旦大学、广西大学
考生乙	福建省德化县	福州市	北京大学、复旦大学、厦门大学

若参加统一高考,考生无需至招生高校参加考试或者是面试,考生的高考成本主要是报考费。表8-2是部分省区的报考费收费标准:

表8-2　　　　　部分省区的报考费收费标准　　　　　　　单位:元

序号	省区	年份	普通高考报考费
01	陕西省	2007	95
02	江苏省	2008	230
03	福建省	2007	105
04	山东省	2007	140
05	广西区	2007	105

报考费一般包含报名费和考试费。各省考试成本不一，收费标准有差异。报名费一般在 20～30 元之间，每个考试科目的考试费在 20～40 元之间。如果考生参加统一高考，考试成本在 100～300 元之间。

目前实行自主招生考试的高校，报考费收费标准和统考收费标准相差不大。本研究将单考报考费收费标准假定为 100 元。若两考生参加高校自主招生考试，参照 2008 年的物价标准，其考试成本见表 8-3。

表 8-3　　　　　　　　　单考考试成本　　　　　　　　　单位：元

报考高校		县城至省会或中心城市交通费（汽车往返）	至高校火车费用（硬座全价票往返）		报考费	住宿费（招待所）3 天	小计
			车次	交通费			
考生甲	北京大学	60	T6	552	100	300	1 012
	复旦大学	60	K182	462	100	300	922
	广西大学	60	—	—	100	150	310
	合计						2 244
考生乙	北京大学	80	K46	506	100	300	986
	复旦大学	80	K164	250	100	300	730
	厦门大学	80	—	—	100	240	420
	合计						2 136

由表 8-3 可以看出，如果甲乙两位考生采用普通的出行方式，其参加高校自主招生考试增加的考试成本多在 2 000 元以上。由以上分析，得出统考与单考考试成本差异，见表 8-4。

表 8-4　　　　　　　统考与单考考试成本比较　　　　　　　单位：元

	家庭所在地	统考	单考	单考增加考试成本
考生甲	广西壮族自治区横县	105	2 244	2 139
考生乙	福建省德化县	105	2 136	2 031

这里还仅仅是以家住县城的考生为假设对象，如果考生来自乡村地区，单独考试成本对他们更是一笔不小的负担。

此外，单独招考是可以为少数优秀考生多提供一些选择机会，不过对大多数考生而言，在单独招考的情况下能够考上自己想上的大学，并不见得会比在统考的情况下多多少，因为重点名牌大学招生数并不会因实行单考就无限扩大。统一高考不是计划经济的产物，苏联各高校就一向采用单独招考模式。当今各国各地区逐渐采用统一考试成绩作为大学招生的依据，是受考试制度发展的内在动力驱动，是为了追求公平可比和经济高效使然。但统一高考在做到经济高效的同时，确实在一定程度上影响大学和中学的多样性，使其缺少特色，这也是不易兼顾的两难问题。

以上诸对矛盾多数可以归结为高考中统一性与多样性的矛盾。兼顾统一性与多样性，是高考改革的努力方向。世界高等教育正趋同存异，在高校招生考试改革方面出现一种趋同现象。原来高度统一的国家和地区，招生考试在朝多元和分散方向发展；而一些分散、自由的国家，则逐渐强调统一考试的重要。不过，从世界范围看来，20世纪各国各地区招生考试的发展趋势总体上是朝统一考试的方向发展①。统考是高校招生考试发展到一定阶段的产物，在近代高校初建时期，一般都是单独招考而不可能产生统考制度的。中国大陆和台湾地区不约而同于20世纪50年代初建立统一招考制度，这是世界上最早采用统一招考的国家和地区。后来，韩国、日本、西非五国、智利、瑞典等国家渐次走上统考道路，美国、英国等实际上也使用统一考试成绩作为大学录取新生的重要依据，只是没有像中国这样作为决定性的录取条件而已。2001年4月，俄罗斯联邦成立国家考试委员会，教育部还成立了专门的统一测试中心，采用统一测试成绩作为许多高校招生的条件②。在中国的现实国情下，为了防止招生工作中的腐败，给广大考生提供公平竞争的机会，提高招生考试的效益，还是必须坚持统一高考。

既然是两难问题，就很难有两全其美的完美的解决之道，但只要我们具有高考改革的全局观，还是可以避免改革出现偏颇，选择最佳方案，或至少将消极因素减至最低。要较好地处理上述的四对矛盾，则应本着渐进和兼顾的原则，既积极又稳妥地进行高考改革。如在考测能力与公平客观这对矛盾中，逐年渐进地加大考测能力的力度，以使农村考生也能慢慢适应；在灵活多样与简便易行这对矛盾中，一步步地朝灵活多样方向改革；在扩大自主与公平选才这对矛盾中，逐步下放高校招生自主权；在考出特色与经济高效这对矛盾中，逐渐朝考出特色的方向努力。高考制度必须不断改革，与时俱进，才能适应日益变化的教育和社会形势。但由于高考改革影响和难度都很大，在推行改革时尤其应该循序渐进，以免操之过急出现重大失误，或出现进两步退一步甚至进一步退两步的情况。在目前中国高考具有高度统一性的情况下，改革的方向无疑是朝多样化发展。不过，欲

---

① 刘海峰：《为什么要坚持统一高考》，载《上海高教研究》1997年第5期。
② 淑霞：《俄罗斯改革高考入学方式》，载《科学时报》2001年7月12日，第B2版。

速则不达，真正要做到多样化，比如扩大高校自主权这一点，并不是能一蹴而就的，只能采取渐进的方式，从现实出发，逐步推行。同时，在改革中也要兼顾矛盾的另一端，否则就有可能出现过犹不及的后果。

总之，事物总是在不断的矛盾运动中向前发展的。有一利必有一弊，高考中的一系列的矛盾对立两面往往是并存和共生的。一般社会大众从不同的角度、立场出发，容易见仁见智，各执一端。而我们在研议高考改革时则不可攻其一点，不及其余，对一些两难问题应兼顾两端，掌握平衡点，把握全局观，尽量避免改革中的失误，使高考制度继续为高校选拔人才、维护社会公平发挥出积极的作用。

第三节 高考改革中的公平与效率

公平与效率问题在人类社会生活的许多方面普遍存在。按照辩证法的观点，矛盾无所不在，从矛盾运动的双方，往往能发现公平与效率的对立和两难问题。就高等教育学的视角来考察，中国高等教育也存在着大量的公平与效率的问题。本节仅以教育界和社会高度关注的高考改革为例，来探讨高等教育中的公平与效率问题。通过融会古今的研究，可以看出考试选才中存在着一系列的公平与效率矛盾，在高考改革的各个环节，都会遇到是考虑公平还是侧重效率的问题。充分认识高考改革中的公平与效率问题，对我们全面客观地了解高考、科学地推进高考改革具有重要的意义。

一、考试选才中公平与效率矛盾的历史考察

公平与效率是人们在社会生活中追求的两大目标，要维护一个社会的存在和发展，就既要讲求效率，也要追求公平。提高效率、维护公平是人类进步的两大动力。公平与效率是一对从西方引进的现代概念，但中国古代社会也存在着公平与效率问题。虽然中国自古以来就是一个讲究等级的国度，但另一方面也是一个注重以考试来进行公平竞争的社会，考试在人们的社会生活中占有十分重要的地位。一部中国考试史，实际上是一部中国人追求公平与效率的历史。古代中国对公平曾有过不懈的追求，并出现了"至公"的理念。在考试选才方面，甚至可以说中国是一个过度追求公平的国度。

考试的基本原则是公平、公正，从隋唐至明清的科举时代，许多人将科举考

试看成是一种"至公"的制度。不管科举是否真正做到"至公"（实际上世上没有绝对的公平），至少成熟期的科举考试从制度上说是提倡公平竞争的。唐宪宗元和三年（808年），白居易在主持制科考试的复试时便说自己"唯秉至公，以为取舍"。① 唐宣宗大中元年（847年）复试进士敕文也声称"有司考试，只在至公"。② 科举考试"至公"观念到宋代以后有所发展，特别是普遍采用弥封和誊录法之后，其公平客观进一步得到保障，以致欧阳修认为："国家取士之制，比于前世，最号至公。……无情如造化，至公若权衡。"③ 元明清时期，各省贡院中都有一座名为"至公堂"的建筑，将"至公"理念具体化，也是考试公平性的象征。

与"至公"概念相近的另一个概念是"尽公"。北宋真宗大中祥符元年（1008年），糊名法开始用于中央举办的省试中，宋真宗对宰相王旦等说："今岁举人颇以糊名考校为惧，然有艺者皆喜于尽公。"④ 仁宗庆历四年（1044年），包拯在反对范仲淹提出的废止科举密封誊录之制时指出："封弥誊录，行之即久，虽非取士之制，稍协尽公之道。"⑤ 所谓"至公"、"尽公"，意为公平的极致，是一种理想状态或境界，在实际社会生活中是很难做到的，但"至公"这一理念体现中国古代对公平的一种崇高而执著的追求。

在明代，科举已被人们视为天下最公平的一种制度，因而有"科举，天下之公；……科举而私，何事为公"之说。⑥ 当然，追求细节上、形式上的公平有可能偏离考试取才的根本意图，因此也有人认为采用各种严防考试作弊的办法不一定就是符合公平的真正意义。北宋神宗熙宁二年（1069年），苏颂就曾上书说："弥封、誊录本欲示至公于天下，然徒置疑于士大夫，而未必尽至公之道。"⑦

考试一直把追求公平视为当然的目标，但公平并不是考试的唯一目标，讲求效率也是考试的重要方面。有效地选拔人才和配置资源，最大限度地发挥考试的测验选拔功能，也是考试的重要职能。维护公平竞争、杜绝考试作弊、准确区分优劣，归根到底都是为了提高选拔人才的效率，或者说通过维护公平而达到提高效率的目的。

公平与效率往往是两个难以同时兼顾的方面，人们经常会遇到公平优先还是效率优先的两难选择。在公平与效率之间，主考者较注重效率，应试者较关心公

---

① （唐）白居易：《白居易集》卷五八《论制科人状》。
② 《旧唐书》卷一八下《宣宗纪》。
③ （宋）欧阳修：《欧阳文忠公集》卷一一三《论逐路取人札子》。
④ （清）徐松辑：《宋会要辑稿·选举》三。
⑤ （宋）包拯：《孝肃包公奏议》卷二《请依旧封弥誊录考校举人》。
⑥ （明）张萱：《西园闻见录》卷四四《礼部》三《选举·科场》。
⑦ （宋）李焘：《续资治通鉴长编》卷一三三。

平。考试制度的设计者最初一般都是注重考试的效度、效率，考虑的是如何更有效地选拔真才，而应试者关心的则是考试竞争的公平性和录取程序的公正性。在考试实际中，当求取真才与公平客观产生矛盾时，基本上是效率让位于公平，也就是公平优先。

科举制实行之初，唐代实行通榜、公荐之法，主考官可以参考举子平时的水平和声望来录取进士，确实选拔了一批才士，如杜牧就因为《阿房宫赋》被吴武陵赏识推荐而进士及第，但由于这种办法导致请托盛行、舞弊不公，宋代以后便实行糊名誊录办法，"一切以程文为去留，"也就是完全依据考试成绩来决定是否录取，舍弃其他可能有人为因素介入的参考依据。到明清时期，更是发展出八股文这种将防止作弊推向极端化的标准化考试文体。这样，虽然在相当程度上防止了考试作弊，但也存在只以卷面成绩取人而遗漏真才的可能。在舞弊不公与僵化刻板之间，考生宁愿公平竞争而接受死板的考试，即所谓两害相权取其轻者，这就容易驱使考试制度走向违反设科求才本意的死胡同。正如顾炎武在《日知录》卷十七《糊名》中说："国家设科之意本以求才，今之立法则专以防奸为主，如弥封、誊录一切是也。"

有许多事例可以看出考生只关注考试是否公平而不论考试的效率如何。据元代刘祁《归潜志》卷十载，金朝泰和、大安（1201～1211年）以后，因为考官谨小慎微，阅卷只看是否符合时文考试程式而不顾其内容，"其逸才宏气喜为奇异语者，往往遭黜落，文风益衰。"有次赵秉文主持省试，见举子李钦叔所作赋文虽然不太符合格律，但辞藻庄严，清新绝俗，大为欣赏，录取为第一名。于是众举子哗然，投诉状告赵秉文坏了文格，并作诗加以讥诮。据《清史稿》卷一百零八《选举志》载，康熙六十年（1721年）会试副总裁李绂鉴于用糊名誊录考试方法使一些有名望的才士落榜，于是改用唐代的通榜法，拔取举人中的知名才士，结果引起落第举人闹事，喧哄于其门外，致使李绂被弹劾革职。尽管"是闱一时名宿，网罗殆尽，颇为时论所许"，但李绂还是因此而被迫下台。此次事件足见公正客观的考试虽有局限，但一般考生宁愿接受公平而刻板的考试而不愿接受可能走后门的变通办法，即不管结果是否合理，关键要保证程序公平。不过，长期固执地维护程序公平有可能将考试推向穷途末路。科举时代从众多科目发展到只剩进士一科，考试内容从多样走向统一，八股文命题从明白正大走向偏难险怪，都是部分受维持公平的压力的驱使。

公平是一个复杂的概念。在考试选才中不仅存在着公平与效率的矛盾，而且有时还存在着两种公平之间的矛盾。例如考试公平与区域公平的矛盾（即古代的倾斜的"高考分数线"问题），就是一个自宋代以后就争论不休的千古难题。考试公平是指完全依据考试成绩来公平录取考生，区域公平是指通过区域配额来调控各地区之间考中人数的悬殊差异，在中国这么一个幅员辽阔的大国，这是一个古今大规模考试都遇到的一个棘手的问题。

在科举取士的初始阶段，就已实行各地定额报考制度，规定各州县按人口多少可以贡举解送一至数人到中央参加考试。不过因为有"有其才者不限其数"的变通办法，实际上还是完全的自由竞争，绝大部分考中者都是北方人士，南方各地考中者很少。唐代尽管也存在着严重的区域公平问题，但由于当时中原与边远地区政治势力和经济水平还存在着巨大的差距，人们的认识水平也有限。科举竞争的弱势群体或弱势区域要么根本就没意识到区域公平问题的存在，要么就以为科举及第者高度集聚现象是自古而然、天经地义的。只有当原有的优势群体或区域变成弱势一方后，区域公平问题才凸显出来，人们也才认识到应该解决这一问题。

到了北宋中叶，出现了科场及第优势的南北易置，北方士子及第人数越来越少，南方举子占及第者的绝大多数，因此引发了中国科举史上著名的南北地域之争。当时司马光和欧阳修各执一端，互不相让。司马光指出北方一些地区省试及第比例很小，甚至全无及第者，以此比较京城和南方一些地区的及第人数，"显然大段不均，"他认为应按省试与考人数分区定额录取，"所贵国家科第，均及中外。"① 欧阳修则针锋相对，指出东南地区往往是一个州二三千人只解送二三十人到中央参加省试，是百人取一人，而西北地区一个州报考取解多处不过百人，解送十余人的话，已是十人取一人。东南之士初选已精，故至省试合格者多，西北之士学业不及东南，初选已滥，故至省试不合格者多。若一律以一比十的比例录取，则东南之人应合格而落选者多，西北之士不合格而得者多，这样是取舍颠倒，能否混淆。"故臣以为且遵旧制，但务择人，推朝廷至公，待四方如一，惟能是选，人自无言。"② 由于双方的观点相持不下，因而取士办法还是维持现状，实际上宋英宗是采纳了欧阳修的意见。

在明代朱元璋洪武三十年（1397年）血腥的"南北榜"事件这一极端的南北地域之争中，起初的春榜依据会试殿试成绩所取52人全为南方人士，经北方举人告状之后，夏天再次举行考试，朱元璋亲自阅卷录取了61人全为北方的考生，考试公平不得不让位于政治需要。到明代宣宗宣德二年（1427年）形成南北卷制度，开始分南、北、中三个大区定额录取。此后分区逐渐细化，最终在清康熙五十一年（1712年），代之以分省定额取中制度，一直延续到科举制的废止。总的看来，1300年的中国科举考试史上，是从考试公平逐渐向区域公平

---

① （宋）司马光：《司马温公文集》卷三〇《贡院乞逐路取人状》。
② （宋）欧阳修：《欧阳文忠公集》卷一一三《论逐路取人札子》。

发展。

实际上这是一个考试公平（或教育公平）与政治公平的关系问题。考试公平往往是一种理想、理论或原则，区域公平则是一种政策或手段。定额贡举和录取制度的设立，显然是为了达到一定的政治目的。科举取士具有深远的地缘政治的考虑，而不仅是为了达成考试技术上的公正。"突出考试的公正是适当的，因为它能在考生中均等地分配机会。但对主持考试的政府来说，这种制度要达成另外可能更为远大的目标，它必须满足社会的、地缘的、尤其是道德评判的要求。"① 这种"远大的目标"，便是统治者所共同认定的"公平分配利益"的公道理念。而这种以达成地域平衡、照顾弱势群体的"天下之大公"为表现形式的政治和社会理念背后，则隐藏着统治者维护和巩固政权的深远考虑。然而，考场如同赛场。考试成绩的差异，就好比田径场上的百米赛跑，选手们的起跑线相同，终点却因人设线。其结果可能是跑得快的被淘汰，跑得慢的反而拿奖牌。如此比赛，规则便形同虚设。因此，在考试公平与区域公平，应寻找一个相对平衡的支点。②

当然这两种公平中的一种，即区域公平在一定意义上还是较接近于效率方面，即不完全按考试成绩而按区域定额录取有违公平原则，但对促进文化教育相对落后地区的发展、维护国家的统一则有积极的意义，这也可以说是一种效率。因此考试公平与区域公平的矛盾典型地反映出公平与效率的冲突，在当今高考倾斜的录取分数线问题的争论中，也还有相似的体现。

二、高考改革中公平与效率的矛盾

有的学者认为，从根本上说，效率和公平是统一的。效率的提高有助于公平的实现，社会的公平也有助于提高效率。然而情况又是复杂的，在现实生活中，效率和公平也有不一致的时候，有时为了提高效率影响了公平，有时为了维护公平影响了效率。在效率和公平之间，效率优先、兼顾公平具有普遍的意义，效率是矛盾的主要方面和在现实中必须优先考虑的问题。但这并不意味着公平无足轻重，公平是影响效率诸因素中的一个重要的因素。③

效率通常是指资源配置效率。效率的含义很丰富，可以有多方面的效率，如微观效率、宏观效率、规模效率等。有关高考改革的效率也有两种：一是人才选

---

① Thomas H. C. Lee, Government Education and Examinations in Sung China. Hong Kong: The Chinese University Press, 1985, P. 204.
② 郑若玲：《考试公平与区域公平：高考录取中的两难选择》，载《高等教育研究》2001年第6期。
③ 袁贵仁：《效率与公平》序，见万光侠：《效率与公平》，人民出版社2000年版，第1~5页。

拔方面的效率,即如何提高考试的信度、效度和区分度,最准确地测验出应试者的实际水平,将优秀者选拔出来供高等学校挑选;另一种效率是指如何使考试本身做到高效、经济,能够使考试简便易行,省时、省事、省力。从这两方面的效率来看,高考作为大规模的统一考试,在第一种效率方面是优劣兼具,在第二种效率方面则是优点突出。当经济条件还不够好时,高考改革应同时考虑两种效率问题。1953 年以后连续几年教育部都提出"是否单独招生"供各高校讨论,想将招考责权放归各高校,但应者无几。① 因为当时各高校都不愿意再回归到单独招考的老路上去。这与 1982 年教育部曾允许个别大学进行单独招考试点,但没有大学愿意进行尝试类似,都是基于省事、省力的考虑。在经济大为发展、条件大为改善之后,则应更多地考虑满足第一种效率的问题。因为毕竟高考本身的最终目的是为了更好地选拔高校新生。

现代高考中也有许多与中国考试史上十分相似的公平与效率问题,如考试公平与区域公平的两难问题。另外,高考改革的许多方面,如科目、内容和录取模式改革等都存在着公平与效率问题。科目的多与少有所不同,科目多趋向于注重效率,科目少趋向于注重公平。一般说来,科目繁多有利于选拔专才,科目少有利于公平比较。英国人帕金森在《官场病》一书中谈道:"中国考试制度以强调文学修养为特点。考试内容包括了经典知识、(诗歌和散文)写作能力,以及坚持把每场从头到尾考完的顽强作风。据说,经典著作的修养和文学水平,对任何人从事任何行政工作都同等重要。……事实上,大家同时参加几门科目不同的考试,结果是排不出名次的,因为无法判断某人的地质学成绩是不是胜过另一人的物理学成绩,所以把这两门科学统统作为没有用的东西排除在外,至少还方便一点儿。"② 中国科举史上从唐代的众多科目演变为元代以后的单一进士科,就含有便于用统一的标准去衡量众多考生的用意,在一定意义上说,也就是公平的考虑压倒了效率的考虑。既然是大规模考试,就必然要侧重其可比性,不可能再强调其多样性。多年来,高考科目改革也体现出注重公平比较的规律和趋势。在文理分科的大格局下,高考分数便于调剂录取。1985 年以后的几年中,部分省市实行新高考科目组实验,设置了 4 个以上的科目组合,结果因科目分组过细,各组之间竞争激烈程度差别较大,造成难以调剂录取,最后放弃了这种改革方案。近年来实行的"3+X"科目改革,多数省市都选择了"3+文科综合或理科综合",也有部分省市选择"3+文理大综合",很少省市采用"3+综合+1"的方案,其中部分原因就是不同科目的"1"报考人数和难度差别较大,可比性不

---

① 杨学为:《纪念高校招生实行全国统考 50 周年》,载《湖北招生考试》2002 年 6 月下半月。
② [英]诺斯古德·帕金森著,陈休征译:《官场病(帕金森定律)》,北京三联书店 1982 年版,第 17~18 页。

强，调剂录取时不便于操作，勉强调剂则会出现不公平的现象。

2002年大学招生中发生的一件个案典型地体现了公平与效率的取舍问题。武汉一个颇有文学才华的高中毕业生正式出版了一本文学作品集《愤青时代》，出书的目的很明确，就是希望能免试被北京大学中文系录取，由此引发了一场争论。主张北大中文系应该录取他的人，认为既然他确实表明具有突出的文学水平，就应不拘一格降人才破例录取。反对者认为一个人不可能什么好处都得，既然他在高中阶段将许多精力放在写作上而不顾其他学科，已经获得了出书相应的名声，就不应录取他而让其事事都占好处，否则对其他全面认真学习各门学科的艰苦应考的考生而言就不公平，如果可以这样不经高考而上北大，其他同学今后是否也可以不顾其他学科的学习，写一本小说就申请进北大中文系？赞成派是从效率的角度考虑问题，反对派则从公平的角度考虑问题。最后北大还是没有录取他，结果武汉大学中文系录取了他。在一定意义上，北大的决定体现了公平精神，武大的决定体现了效率优先。

高考内容改革方面也存在公平与效率的两难问题。内容改革应体现能力立意还是顾及公平问题，在命题时考测能力与考测知识何者为重，往往是摆在高考改革决策者面前的一道难题。鼓励创造性、求异思维与公正客观、防止作弊有时会产生矛盾，客观题与主观题掌握多大的比例，控制评分误差与鼓励创新开拓的平衡，两者之间都存在着公平与效率的张力。一方面，试题应给考生发挥创造性的空间；另一方面，试题应避免出现性别、城乡及文化背景的歧视内容。高考录取模式方面的公平与效率问题，如是扩大高校招生自主权与保证录取公平公正客观也往往存在着矛盾。①

统一高考在一定意义上兼顾了公平与效率的矛盾。统考比单考更有规模效率，同时，统考也比单考更为公平，更具有可比性。不过，有的人认为统一高考只是维持一种表观的公平，而实质上并不公平。确实，公平的含义十分复杂，通常分为起点公平、过程公平与结果公平。教育和考试都有促进社会阶层流动的功能，但由于中国城乡之间、地区之间、社会阶层之间差别很大，学生受教育条件存在着相当大的落差，而高考制度完全不考虑各个考生的教育资源和文化条件差异，每年参加高考的几百万考生实际上不是都站在同一个起跑线上。家庭经济和文化条件较好的考生比较容易考上高校或进入名牌大学，高考筛选的结果往往是延续或"复制"阶层不平等，因而高考被有些人看成实际上是不平等的，他们认为高校入学制度改革应尽量考虑起点公平。然而，我们认为在现阶段这是一个很难实现的善良愿望。

---

① 刘海峰：《高考改革中的全局观》，载《教育研究》2002年第2期。

为了实现"教育机会均等"的理想、改变考试领导教学的状况，我国台湾地区从 2002 年开始实行大学多元入学新方案，在联考途径以外，扩大申请入学和推荐甄选的比例，希望能改变联考"一试定终身"和弱势家庭子弟的不利处境。但令人费解的是，申请入学过程有几个关卡可能会对中产以上阶层出身的学生比较有利，其中以课外活动社团参与和口试两项为最。用法国社会学家布迪厄的话来说，这些能力都和文化资本有关。文化资本指的是像博雅教育与举止风范这些面向，比如面对教授考官泰然自若、侃侃而谈的能力可能与"见过世面"的经历息息相关。文化资本通常很难在正式的学校教育中取得，大半通过父母的较优越的社会经济教育背景所创造的家庭教育与资源来形成。① 实行多元入学新方案，看来不见得就会使教育机会更为均等。

对高考或我国台湾地区大学联考"不公平"的责难，具有一种强调实质性机会平等的倾向。要实现结果公平，即实质性教育机会平等，不分民族、性别、出身、禀赋等，都可以同等地获得进入大学的机会，这在现实社会显然是不可能的。当今世界还没有任何一个社会或制度能够完全消灭经济和文化条件的差别，而人与人之间的天资和非智力因素也有无法完全扯平的差异。美国曾实行补偿教育政策，由政府拨款向少数人种、弱势群体实施各种倾斜政策，如规定不利人群的入学比例、校车接送、经济援助等，但后来发现效果不大，教育结果的不平等仍然存在。② 受政治、经济和文化的制约，当今中国还很难做到起点公平和结果公平。公平只能是与社会发展水平相适应的公平，在中国也就是初级阶段的公平。高考是不能够达到理想的公平，然而在没有其他更公平且能够操作的制度可以取代它时，高考便是最可行的相对公平的制度。

另外，最大限度地发挥优质教育资源的作用，将最有天资、最具有深造前途的学生招收到最好的大学加以培养，也即合理配置人才和教育资源，是中国培养英才和建设世界一流大学的重要保证，因而也最符合效率原则。就像为残障学生设立特殊学校一样，将资优生选拔招入好的大学，这也是另一种意义上的公平。

总之，高考改革中存在着一系列的公平与效率问题，如最常议论的全面考核与公平客观的矛盾，实际上也就是一种公平与效率的矛盾。综合考察德、智、体、美各个方面来选拔大学新生，应该说最能选拔全面发展的优秀人才，也就最符合效率原则。然而，这种考核方式却容易损害公平原则，因而往往行不通。与在许多领域"效率优先，兼顾公平"有所不同，在考试选才方面，通常的情况是，选拔性考试最初虽也是效率优先，兼顾公平，可是在长期实行之后，往往会

---

① 曾嬿芬：《教改与社会平等》，载《中国时报》（台北）2002 年 6 月 7 日。
② 翁文艳：《美国与日本教育公平的理论与实践》，载《教育评论》2002 年第 4 期。

演变为公平优先,兼顾效率。这种公平只是程序公平而非实质公平,因为在现实社会中,很难做到起点公平和结果公平。总的看来,高考改革的发展趋势是从效率优先走向公平优先,继而走向公平与效率的兼顾与平衡。

第四节 高校自主招生探析

自2001年以来,我国部分高校进行了自主招生①改革试点。这一试点最重要、最直接的动因是我国社会环境发生了和以往不同的重大变化:政府提出科学发展观,落实到教育领域就是改革以往不科学的教育管理制度,坚持依法治校、依法办教、依法让高校面向社会需要自主办学,落实《高等教育法》赋予高校的各项权利和义务,使高校能按照以人为本的目标,得到全面、协调和可持续发展,使高校能沿着法制化的轨道,向较少受到过于强大的政府控制和干预的方向发展。在高校招生领域,扩大招生自主权是科学发展观的一个具体反映。

在理论上高校自主招生具有广阔的发展前景,它不仅有助于高校选拔人才、有助于中学实施素质教育、有助于高校扩大办学自主权,更重要的是通过这种人才选拔方式转变社会对高校选才的观念。高校不仅要适应社会还要引领社会,自主招生各个环节如果做得好,可带动和促进整个社会法治、诚信等风气和机制的形成和完善。由于高校自主招生是牵动面极为广泛、复杂的系统工程,与我国的政治体制、经济体制、文化传统、法律规范等都存在一定的冲突,在现实操作中难免会产生一些问题。因此,我们应当有全局观的意识,综合考虑与之相关的制约因素,以使高校自主招生改革在符合国情与教育现实的前提下更接近理想目标。

一、自主招生的实践探索

追溯历史,我国高校自主招生模式早已有之。清末从第一所近代大学建立以来,便仿照西方教育招考模式,采用自主选拔录取的形式招收生源。光绪三十年(1904年),清政府颁行我国近代第一个新学制《奏定学堂章程》(即《癸卯学制》)。根据《奏定学堂章程》及《改定各学堂考试章程》规定,清末高等教育逐步建立起一套新的招生考试制度。其时高等教育分为三级,从高等学堂及其他

---

① 本节所指的自主招生的含义,不仅包括招生,也包括考试在内,严格地说应为"自主招考"。但鉴于"自主招生"乃约定俗成,本节仍沿用这一提法。

同等学堂,到分科大学、大学选科,其招生考试均由各校自行举办,并将所招学生姓名、年岁、籍贯、三代及毕业学校造册,呈报学部备案。①

民国初期的高校继承清末办法,由各校自主招生,教育部仅制定招生原则进行协调。根据1912~1913年颁布的《壬子癸丑学制》,高等教育分为大学预科和高等专科、大学本科、大学院三级,并且对不同层次高校有相应的入学资格规定。这为高校招考新生提供了依据,而对其招生方式与考试方法则未多加限制,因此,高校招生享有较大的自主权。除了高等师范院校试行"划片"招生方式外,一般大学和高等专门学校均实行单独招生考试。

民国前期,高校数量少,招生规模小,高校在一定范围内自主招生较为可行。自主招生最大的优点是招生方法灵活,有利于特殊人才的选拔。对那些在某一学科确有创造、确有潜能的考生,不致因为某一学科的"跛脚"而名落孙山。例如在山东大学招生史上,曾发生过这样一件事情:当时,闻一多是主考老师,臧克家语文考了98分,数学考了0分,闻一多认为他在文学上有才能,破格录取了他,到20世纪30年代,臧克家成为全国著名的"农民诗人"。招生权在学校,不仅能招收到具有特殊才能的学生,而且也有利于人才选拔制度的改革。1920年2月,北京大学首次招收了9名女子旁听生,打破了我国高等学校男女不能同校的禁律。全国各地高等学校纷纷仿效,从此男女同校、男女教育平等在国内蔚然成风。招生权在学校,也有利于考生在同一年报考时的多次选择。考生可以同时报考几所高校,避免了一次高考定终身的弊端。高校具有一定的自主招生权,其所带来的益处还有很多,兹不一一赘述。

这种单独招考方式,既是清末引进西方教育模式的自然延续,也是这一时期教育发展的必然选择。因为在近代高等教育体系形成之初,全国高校性质、层次和规模差异显著,很难用同一标准招考学生。中等学校毕业生数量不足,高校只有从办学实际出发,多途并举,才能招到足够的学生。此外,国内军阀割据,社会动荡不定,高校数量不多,由学校自主招生简便易行②。高校自主招生固然有较大的自主性和双向选择性,但也存在不少缺陷,它除了对整个高等教育的学科结构、区域发展产生负面影响外,还加重了考生的经济负担;各高校自主招生不具可比性,不利于在较大范围公平选拔人才。

随着教育和社会的发展,高校单独招生的消极影响日益显露。从1932年起,以高校计划与统一招生为取向的新一轮招生考试改革逐渐兴起。1931年,全国高校在校学生中就读文、法、教、商等科学生约占学生总数的3/4。这种情形引

---

① 刘海峰等:《中国考试发展史》,华中师范大学出版社2002年版,第211页。
② 潘懋元、刘海峰编:《中国近代教育史资料汇编·高等教育》,上海教育出版社1993年版,第767页。

起了当时国民政府教育部乃至国民党中央有关方面的注意。为了纠正高等教育的畸形发展，从1932年起，国民政府教育部开始采取和逐渐加强了限制各高校招收文科类新生数量的办法。1933年，教育部又颁布各大学及独立学院招生办法，以学院为单位，实行"比例招生法"。1934年，教育部又颁布新办法，以学系为单位，实行"限制招生法"。1935年，教育部参照国家需要及前两年招生实际情形，将该年度改为"实际名额控制招生法"。[①] 这一时期由于招生计划的权力均在教育部，故称此期的招生考试为计划招生。这种通过制定招生计划，控制各高校学科结构与发展规模的措施，是从自主招生走向统一招考的必要过渡，是自主招生走向统一招考的前兆。

此后的1938~1940年，统一招考经历了几年的时光。1941年，抗日战争进入相持阶段。因交通困难，公立高校统一招考被迫暂停。从1941年到1945年抗战胜利，教育部仍维持小范围的联合招考。抗战胜利后，国民党忙于内战，统一招考仍无法实行。统一考试停办后，高等院校招生呈现多样化。在保留招生名额控制权及对入学考试科目、命题标准作必要限制的前提下，教育部重新恢复各院校招考自主权。

新中国成立后，高校招生仍采用新中国成立前延续下来的模式，实行自主招生。1952年以后，我国开始实行高校统一招生考试制度。在统一高考制度实行之初的连续几年，教育部每年都提出"是否要单独招生"供各高校讨论，想将招考责权放归高校，但应者无几。究其原因，应是新中国成立初期我国经济水平、教育水平等还比较落后，高校和考生都希望继续采用较为简便易行、花费额度小的统一招考方式。此后，高等教育部、教育部提出高校招生的两种方案：一是"中央统一计划、省（市）领导之下的各高等学校联合（或相互委托）招生"；二是"中央统一计划、省（市）组织领导，高等学校参加，并以原大行政区为范围集中地进行录取分配的全国高等学校统一招生"。[②] 经过多次讨论，认为单独招生是高等学校招生工作发展的目标，联合招生是从统一招生到单独招生的一种过渡形式。但是，在实践中只有少数几所高校同意联合招生的方案，其余大多数高校都主张继续采用全国高等学校统一招生的方针。因此，教育部、高等教育部的动议没有得到落实。之后，我国高校一直采用统一招生的方式进行，直到1966年"文化大革命"取消高考。

"文革"时期，高校招生实行"推荐与选拔相结合"的办法。"文革"结束后，统一高考制度得以恢复，但仍存在不少问题。1982年，教育部曾召开高考

---

① 详情请参阅谢青、汤德用主编：《中国考试制度史》，黄山书社1995年版，第560~575页。
② 杨学为编：《高考文献》（1949~1976），高等教育出版社2003年版，第70~81页。

研究座谈会，以高考中遇到的新问题为中心，讨论如何开展高考方面的科学研究工作，并以科学研究的成果作为改进工作、制定招生政策的依据，积极稳妥地改进现行的招生制度与考试办法。此后，教育部曾允许个别大学进行单独招考试点，但没有大学愿意尝试。

随着社会的发展，原来比较符合国情的统一高考制度出现了一些难以解决的问题，作为上层建筑的高校招生管理模式与正在深化改革的经济体制、经济发展发生冲突。为了对高考制度进行补救或完善，教育部出台了不少措施。例如，1986年开始实行保送生制度，以弥补单一考试选才的弊端，但这一制度因不正之风的侵蚀面临信任危机，结果不得不于1998年规定，保送生必须参加统一组织的"综合能力考试"，并在2001年大幅减少保送生数量，将保送生控制在5 000人以内。1993年秋季，上海工业大学面向社会自主招收完全自费生，不参加全国和全市的统一招生，开辟了新中国成立后高等院校自主招生的先河。20世纪90年代后期，教育部曾允许进入"211"工程的部分重点大学拥有2%的招生机动指标，但遗憾的是许多高校将指标用在了关系户身上，造成不正之风，2001年不得不取消了所有高校的机动指标。此外，教育部还在北京、上海两地试行"春季考试、春季招生"的改革试点，赋予高校以自主考核、检测学生乃至自行确定录取标准的权力，但试点没有得到预期的效果。这些措施都是改革的尝试，为以后的高校招生改革打下了基础。

在市场经济色彩日益浓重的形势下，实力雄厚的高校迫切要求招收符合本校特色的优秀学生，以充分利用名牌效应；一些实力稍逊的地方高校（多为高职院校），则冀望充分发挥地方优势，以为本地经济发展服务来取得地方更大的支持。这二者不约而同地希望在招生考试方式及录取标准方面取得一定的自主权。

2001年，经教育部批准，江苏省在该省范围内首次尝试高校自主招生改革，参与自主选拔录取的高校为东南大学、南京理工大学、南京航空航天大学。2002年，该省自主选拔录取试点的高校扩大到了6所。2003年2月，经教育部批准，赋予全国22所高校5%的自主招生权。此后的几年，确定5%自主选拔录取试点的高校数量逐年增加。2008年，拥有5%自主招生权的高校增加到68所。同时，教育部也在探索新的自主招生模式。由于上海市是教育部指定的教育综合改革试验区——"在统一高考录取的基础上，探索构建多元化的评价框架"，2006年，地处上海市的复旦大学和上海交通大学在全国率先探索"面试说了算，高考作参考"的自主招生改革，并实现了招生比例从5%～10%的突破，被喻为"破冰之旅"。当然，这两所高校的招生范围还限定在上海市内，没有在全国范围扩展，只是作为高校自主招生模式的一次新的探索。

现阶段，教育部开展的自主选拔录取改革试点工作，是由高校根据人才选拔和专业培养的需要，制定出一套适合本校特色的招生条例和优惠政策，以将那些报考本校且条件合适的优秀生源（数额一般不能超过试点学校年度本科招生计划总数的5%）预先锁定于本校录取的范围内并向社会公布，省级招办进行有效监督地选拔优秀创新人才的新机制。当然这些学生须在高考之前接受校方组织的种种考查、测试，若通过考核，便由校方与考生签下合同，考生填报入学志愿时一般要以该校为第一志愿，在录取时便可享受到降低10～30分，甚至只要不低于当地同批院校最低控制线即可录取的优惠。

高校自主招生迄今虽已试行了数年，但实践操作还很不规范，监督机制还不是十分有力，与之配套的法规、法律也很不健全，至今仍是一项"试点工程"。我们应针对国情，在坚持社会稳步和稳定发展的基础上，从理论上深入研究高校自主招生的规律、特点和应注意的问题，在实践中积极尝试高校自主招生试点，以推进我国高校自主招生改革的健康发展。

二、自主招生运行的制约因素

随着我国高等教育的快速发展和社会对人才的多样化需求，继续沿用计划经济时代的统一招生模式，其弊端已越来越明显：形式单一、共性太大、个性太小；不利于高校间的竞争；不利于社会急需的专门人才的培养；浪费高等教育资源等。客观地说，每一所高校都有自己的优势和不足，如果高校没有自主权，不能面向市场，也就不可能调整和发挥自己的优势，其结果必然是千校一面，重复建设。因此，探讨既符合高等学校人才培养规律，又符合人的本性发展及我国社会健康发展的高校招生考试制度，是一项意义深远的重要任务。

与原有的统一高考相比，自主招生的权力主体在拓宽，除政府外，高校和社会都不同程度地参与权力分配，使原有的权力格局发生变化。但在现实中，高校实行自主招生在许多方面都存在一些难以解决的问题，这些问题影响和阻碍了高校自主招生的顺利开展。要使高校自主招生顺利健康地进行下去，就必须深入探讨、分析阻碍高校自主招生健康运行的症结所在，以便能"对症下药"。我们认为，高校自主招生的运行受制于以下几方面因素：

（一）政治体制改革

我国现行高校招生体制的基本模式是政府主导型，对政府有一种"路径依赖"的关系。这种招生体制强化了政府的行为，并没有真正有利于高校自主权的扩大，这也是高校招生自主权难以真正落实和实现的内在根源。为此，有学者提出："和教育体制改革配套的政府行为的调整，从供给主导变迁到需求诱导变迁，从行政约束到竞争约束，从政府改革到改革政府。"① 因此，在对待高校招生体制改革这个问题上，政府的角色转换至关重要。

改革开放以来，虽然我国的政治体制随着市场经济体制的推行而不断变化，但权力过分集中仍是其主要弊端和总病根。加快政府职能转变从而推进决策科学化、民主化，提高决策水平和工作效率，是一项重要内容。一言以蔽之，政府职能转变的有效途径就是下放权力。我国政治体制的改革牵涉到高校办学体制的改革，进而关系到高校招生体制的改革。高校招生体制改革是与我国整体改革及政府职能的转变同步同构的，这一问题的实质和要害在于各种权力的相互博弈②。但就目前来说，由于政治体制改革刚刚起步，其原有模式自然影响到高校招生体制的改革步伐。在高校招生体制中，政府、社会（市场）、高校三者之间的关系没有理顺。政府仍然对高校的招生起着最主要的作用，虽然高校享有一定的自主权，但其权力仍是架构于政府权力之下。社会中介在这方面的权力则更加体现不出来，没有受到各方的关注。因此，政府权力下放，高校和社会享有一定的权力是高校自主招生顺利开展的前提保证。

（二）经济体制改革

我国社会主义市场经济体制的本质在于适应市场经济手段，使经济活动遵循价值规律的要求，以生产引导需求，以需求调节生产，体现出生产和需求的双向协调性，从而通过市场达到提高需求、满足质量、促进生产、高效发展的目的。我国市场经济体制改革的不断深入发展，必然要求上层建筑与之相适应。但是，行政管理体制仍存在许多与市场经济发展要求不相适应的问题。政府管了许多应当由市场和社会承担的事，不少人还停留在过去计划经济体制时代的管理观念上，没有树立与现代市场经济相适应的现代管理理念。

我国由计划经济向市场经济转轨是一场全方位的革命。在教育领域特别是高等教育领域，虽然转轨取得了阶段性进展，但也存在许多亟待解决的问题。过去，教育管理体制是计划经济的产物，教育资源的配置、招生和毕业生分配都是通过指令性计划实现的。市场经济体制的建立，对高等教育的资源配置、招生分配和巨大的社会有效需求等都产生了全面、深刻的影响。但在目前，由于我国社会主义市场经济体制的建立仍不完善，制约了高校招生体制改革的力度，高校招生体制在很大程度上受计划经济体制的遗留影响，暴露出诸多不适应社会发展要求的缺憾。高校招生体制应主动适应市场经济体制的需要，促进生产力的发展。

---

① 陈维嘉：《高等教育体制创新与政府行为的调整》，载《教育研究》2003年第2期，第28~33页。
② 李立峰：《治理理论视野下的高校招生体制改革》，载《江苏高教》2005年第5期，第35~37页。

因此，改革高校招生体制是建立社会主义市场经济体制的必然要求，是高等学校生存和发展的内在要求。

（三）文化传统

从我国社会发展史来看，多年来一直受高度集权的传统文化影响。自隋炀帝大业元年（605年）创立科举考试制度以来，这种典型的统一考试制度对中国产生了深刻的影响。民国时期短暂的统一考试以及新中国成立后的统一招生考试模式便是此种影响的产物。

要在思想观念上抛开文化传统的影响接受高校自主招生模式不是一件简单的事。传统的教育观念根深蒂固，惯性思维的力量很大。如确立新的教育观、人才观和升学观，改变只把高考成绩作为衡量标准的思维定式，接受多元的测评方法需要一个过程；尊重考生的主体地位，重视学生的自我选择、自我发展，强调学生能力的培养，而不仅仅是知识的传授和巩固也需要一个过程；等等。这些对家长、考生、社会和高校来说，都需要一个逐步转变观念和行为的过程。

高校自主招生能否取得成功，一个关键因素就在于它是否很好地兼容现行高校招生考试制度中所体现的、为广大群众早已接受的"公平性"。当然"公平性"的内涵需要与时俱进。"分数面前人人平等"是一种公平，但这对一些有特长而又"偏科"的学生来说，是否有些不公平呢？尽管如此，在高等教育资源相对稀缺的今天，高校入学机会的公平性仍是高校招生制度改革必须关注的一个因素。因此，我国根深蒂固的文化传统观念限制了高校自主招生的实施。当然，我们所要做的，不是摒弃优良的文化传统，而是使传统文化与时俱进，适应现代社会的发展。

（四）高考的地位与影响

自1977年恢复高考以来，特别是20世纪90年代以来，高考制度随着社会形势的发展经历了多次改革。近几年来，高考改革的步伐不断加大。可以说，现行高考已形成一个相对完善的体系，在命题质量、维护公平、选拔效率、选拔成本上具有独特的优势。高考作为高校选拔人才最主要的方式已被广大民众所接受，被认为是一种公平、公正、客观的人才选拔模式，在人们心目中的地位与影响不容小视，同时也对我国高校自主招生改革产生了一定的阻碍作用。我们要做的是充分发挥高考为高校选才的作用，同时也应在尊重高考选才的基础上，探索更符合人的本性发展、更有利于高校选才的招生模式，而不要因高考的存在反对其他招生模式的探索。

目前的高校自主选拔录取试点在原有（国家或地方）统一高考的基础上增

加了高校的单独考测，而学生参加高校自主选拔录取时，仍强调以高考为前提，最终录取与否还是由必要的高考分数决定。因此，目前依托于高考制度的自主招生，无法体现出个性化、多元化、多样化对考生的要求。近年来，我国已结合高等院校的实际进行了自主招生考试的探索。虽然自主招生考试工作有了较大的进展，但是人们看不到各高校招生方式的可比性，认为自主招生模式会带来很大的腐败，在维护社会公正、公平方面，高校自主招生比不上统一高考。

（五）高校办学自主权

高校自主招生的前提是大学真正具有独立性。自主招生中的"自主"，就意味着独立性，这种独立性是个体能够自主行事的前提条件。没有独立性，不能按照自己的意愿独立行事，所谓的"自主"是没有意义的，即使具有"自主"的过程，也不会得到"自主"的结果。同理，缺乏独立性的大学，很难使人相信它有自主招生的能力，在招生过程中能够始终坚持公平性的原则。当前的大学，不仅接受中央政府的拨款，同时也接受各级地方政府的拨款，不仅容易受到中央政府的行政干预，也容易受到各级地方政府的行政干预。面对高校招生这样一个涉及巨大利益的领域，以缺乏独立性的大学作为招生主体显然不是一个很好的选择。在目前的社会结构中，教育资源完全由国家掌握，（公立）大学被列为国家事业单位，校领导都是有行政级别的。无怪乎现在各校竞相聘请高级官员到学校任教、兼职，因为所请官员级别越高，学校能得到的各种优惠资源就越多（包括声望也是一种资源）。在这种权力架构中，如果大学有自主招生权力，校方实际上是很难顶住来自各方的压力的。

在利益格局上，高校自主招生意味着部分政府部门"权威"的丧失、利益的损失，他们会因过分强调自身的利益而制造无形的压力和阻力。美国学者亨廷顿曾说："个人利益必然是短期的，制度的利益则会长存。制度的卫道士必然会为这个制度千秋万代的利益着想。"[①] 自主招生出现的问题和权力的有限性昭示我们：大学完全自治是不可能的。如同自主招生必须有制度约束和社会监督一样，大学自主权的行使也是有限的。高校自主权的有限性更使我们认识到，自主招生的实施在我国应是一个循序渐进的、长期的过程。

（六）法律意识和法治观念

新中国成立以来，尤其是党的十一届三中全会以来，中国共产党采取了坚定

---

① ［美］塞缪尔·P·亨廷顿著，王冠华、刘为等译：《变化社会中的政治秩序》，北京三联书店1989年版，第24页。

有力地措施促进社会主义法制建设,公民的法律意识得到了明显加强,人们正在开始逐步自觉地把法律作为自己行动的杠杆。但不可否认的是,我国社会的法律意识还相当薄弱,并导致法治观念的薄弱。改革开放以来,我国的法治化进程虽然取得了显著进步,但法治的精神和原则并没有深入到社会肌体之中,整个国家和社会的法治状态远未实现。而且作为思想意识领域的观念,并非一朝一夕所能转变或提高的。

从法律上说,高校招生自主权是高等学校的法定权利之一。普通高校具有招生自主权,也承担着为国家培养高级专门人才的义务。普通高校作为独立的法人实体,自主办学、自我约束、自我发展是法律赋予的权利,而自主办学的主要内容之一便是自主招生。

在性质上,高校招生自主权是一种公权力,这不同于高等学校参与民事活动时所享有的民事权利。毫无疑问,作为一种公权力,高等学校所享有的这些自主权最初由政府代表国家享有,它们是政府的权力,但当这些权力经过立法而明确规定为学校的自主权后,权力的主体就发生了转移,不再是政府而变为高等学校自身。但现实的情况却是教育行政机关并没有履行相应的权力"移交"和主体"换位",而仍将这些权力看作政府教育行政部门自己的权力。因此,在落实高校自主权时,名义上是向高校下放行政权力,但实际上采取的是委托的方式,而非实质性的下放。① 从这一角度看,政府将手中的高校招生自主权交还给高校和社会,不仅必要,而且必须。但在实践操作过程中,高校招生自主权的实施仍存在一定难度。

(七) 社会诚信机制

诚信是一个基于道德问题和法律问题支撑起来的社会文化问题。作为一种道德概念,社会诚信成于内而形于外,个人内在的诚实、坦诚是其社会行为能够信守承诺、遵守契约的心理基础。

随着社会主义市场经济的发展,人们的竞争意识显著增强,人们的功利观念也与日俱增,而完善的社会诚信机制尚未形成。目前,高校实行自主招生的诚信度不够,没有建立起科学的评价体系。社会诚信机制的完善程度无疑是招生改革的一个重要制约因素,它影响自主招生实施规模的大小和进度的快慢,但却无论如何也找不出一条理由说因为社会腐败现象的存在而自主招生改革根本不能起步。② 事实上已经不容许我们坐等社会诚信机制完善之后,再来改革高校招生。

---

① 许杰:《对高校招生自主权性质的再认识》,载《中国教师》2004 年第 4 期,第 11~13 页。
② 浦家齐:《试解招生改革所面临的社会诚信难题》,载《考试研究》2007 年第 4 期,第 16~21 页。

招生改革必将拷问社会诚信。

目前高校在实施自主招生试点中，中学教师的推荐是一个必要步骤。必须指出的是，一种公正的推荐，其准确性毫无疑问是高于几门功课的考试成绩的。由于多数中学受升学率与名牌大学录取率利益的驱使，为求稳妥，在向高校推荐生源时"推良不推优"，把那些成绩不错但不是有十分把握（考取大学尤其是名牌大学）的学生推荐给高校，起到一个"定心丸"的作用；同时也推荐一些学生干部，学校以这种方式对他们付出的劳动给予一定回报。[①] 这就与高校要求的推荐特优生、特高生和有潜力的特长生的目标相去甚远，在一定程度上影响了高校自主招生的实际效益。因此，我们要正确、全面地看待社会诚信问题，在高校自主招生过程中不断完善社会诚信机制。

（八）自主招生的成本

目前，我国仍处于社会主义初级阶段，经济发展水平不高。我国幅员辽阔，东、中、西部各地区的经济发展水平不一，城乡差距也较大。全国或各省统一招生考试用的是一份考卷，考试科目也是统一规定的，考生的经济负担不重。从某种程度上来说，统一高考的确是低投入、高效益的一种做法。这种模式使考生的经济负担不至于太重，考试成本低，具有较大的公平性。而高校自主招生由于考试、招生成本的增加，会使某些地区的高校、考生处于劣势。有些地方性高校由于自身的经济条件很难实现自主招生的组织、管理等具体操作。自主招生的实施不仅需要大量的财力、物力投入，而且对高校的承受力也是一个考验。对考生而言也同样如此。这需要我国经济取得较高的水平，高校自主招生探索到较好的模式才能保证各方的利益。

总体来讲，在推进自主招生初期，难免会出现某些混乱，尤其是在高校未建立独立而负责任的治理机构之前，可能存在一定的风险。但是，通过舆论监督和公正的高校评价机制，可以在一定程度上约束高校招生中的"黑箱"操作。我国高校自主招生的制约因素仍有不少，以上仅罗列出几个主要的方面，以使我们了解自主招生的困难所在。

我国高校自主招生改革期望达到以下目标：扩大高校办学自主权；打破高考"一考定终身"，挖掘一些无法经由统考统招录取的特殊人才；通过强调学生基本素质，重视学生个性化和综合性的发展推动中学素质教育等。从这个意义上说，高校、中学和考生都能因自主招生而获益。从宏观上来说，最终获益者为社会。社会的健康、稳定、和谐发展是高校自主招生改革的最终目标。

---

① 《高校自主招生无才可选谁之过？》（http://www.scol.com.cn），四川在线，2004年11月22日。

三、自主招生的路径选择

根据人的全面发展学说、教育内外部关系规律以及公平与效率关系原理，高等教育是一种在"公平"基础上的高"效率"的教育，即在大众化平台上以全面发展教育思想为指导，根据大学生的个性发展特征，通过一定教育策略促进一些具有较佳天赋和潜质的学生成为英才。高校招生方式作为选拔、培养人才的入口具有重要的地位与作用。自主招生作为一种改革的尝试，不能简单地讨论它的利与弊。就像火车刚刚发明时还没有马车跑得快，遭到守旧贵族的嘲笑，而今让马车与火车赛跑无疑又成笑柄。面对高校的自主招生，我们在看到改革希望的同时不要忽视它所带来的压力和挑战。要想让自主招生顺利地进行下去，使之能更好地满足高校选拔人才的需要，对中小学教育有更积极的导向作用，更好地减轻考生的学业和经济负担，更公平、公正地保障广大考生的合法权益，需要建立更为科学、合理的高校招生制度。

近几年来，我国高校自主招生的试点工作已经取得了不小的成绩。随着经济改革的深入，高校自主招生势在必行。它将改变人们已经习惯了的高校招生模式，不但给高校带来竞争，注入活力，而且也将决定专业人才队伍构成方式及人才市场需求平衡，其影响是巨大的，也是牵动面很大的复杂的系统工程，只能逐步实施改革，逐步完善。

高校自主招生模式改革总的原则是必须适合国情，在充分考虑政治体制、经济体制和实力、文化传统等前提下，建立一种尽可能达到最大社会效益和经济效益的自主招生模式。但自主招生的具体操作是一个十分复杂、多元相关、多目标优化决策的问题。相关因素主要包括：社会制度、经济模式、经济实力、文化传统；决策目标则包括高校规划、专业设置、招生组织、高校入学考试组织、命题、录取标准等方面自主权的自主程度；优化的目标是取得尽可能大的社会效益和经济效益。

在审视我国高校招生体制时，很关键的一点就是如何处理政府与高校的关系。我们可以借用政治学领域中的治理理论，试图突破政府与高校两元对立的传统思维模式，来重新审视高校自主权的实质，并借鉴治理理论来构建高校招生体制。治理理论是 20 世纪 90 年代在公共行政改革浪潮中被提出来的，它强调将公共事务的管理权限和责任，从传统的"政府"垄断中解放出来，形成一种社会各单元（政府、市民社会组织、企业和个人）共治的局面。[①] 治理理论是在公共

[①] 盛冰：《高等教育的治理：重构政府、高校、社会之间的关系》，载《高等教育研究》2003 年第 3 期，第 47~51 页。

管理领域为应对席卷世界的经济全球化而采取的灵活的管理策略，其核心是进行权力的合理分配，以寻求在国家与市场、个人与政府、权利与义务、公平与效率之间新的平衡点。虽然治理理论还很不成熟，它的基本概念还十分模糊，但它打破了社会科学中长期存在的两分法传统思维方式，如市场与计划、公共部门与私人部门、政治国家与公民社会、民族国家与国际社会等，而把有效的管理看做两者的合作过程；它力图发展起一套管理公共事务的全新技术；强调管理就是合作；政府不是合法权力的唯一源泉，公民社会同样也是合法权力的来源；把治理看做当代民主的一种新的现实形式；等等。①

将治理理论借用到我国高校招生体制的改革中，具有较强的理论解释力。回顾我国高校招生体制演变的历史脉络可以看到，改革正是沿着政府逐步放权这一逻辑路线展开的。高校招生权开始是高度集中在国家手中，后来权力逐渐下放到各省市招办，之后招生权再慢慢向高校手中过渡，并最终形成了"学校录取、招办监督"的体制。从本质上来说，高校的招生权力本来就是高校自己的权利，政府逐步地还权于校也是合情合理的。但在高校招生即"谁可以上大学"这个关涉整个社会公平的关键问题上，也不可能把决定权完全交给高校。正像自由主义经济学家哈耶克认为的："事实上，人们对教育所能拥有的对人的心智的控制力评价越高，则人们就越应当相信将此一控制权置于与任何单一权力机构支配之下所具有的危险。"② 因此，将高校招生这个权力完全交给单一的权力机构中的任何一方，其结果可能都不甚理想。

再从高等教育的属性来看，随着高等教育的日益普及和消费群体的不断扩大，高等教育呈现出越来越多的公共物品的特征，这也就意味着高等教育越来越成为不由政府垄断的公共物品，其作为准公共产品的性质得到凸显。同时高等教育是一件涉及学校、家长、社会各方面的事情，这种多主体的性质也决定了高等教育具有非垄断性。正是在这个意义上，高校招生的理想状态应该是，政府、学校和社会等各方面合法地拥有一定的话语权，因此就需要在性质上属第三部门的社会中介机构来协调不同利益主体的诉求③。

我国高校实行自主招生将是一个循序渐进的过程，是教育制度创新、自我革新与演进的过程，无论从思想观念、体制创新和利益格局上都需要一个自然的调整期。大体上讲，我国高校自主招生的推行步骤应分三个阶段：

第一阶段，高校自主招生改革的当前目标，即政府以统一高考为主，努力开展部分高校自主招生的试点工作，使参与自主招生的高校规模不断扩大。在目

---

① 俞可平主编：《治理与善治》，社会科学出版社2000年版，第14页。
② ［英］哈耶克著，邓正来译：《自由秩序原理》，上海三联书店1997年版，第164页。
③ 李立峰：《治理理论视野下的高校招生体制改革》，载《江苏高教》2005年第5期，第35~37页。

前，实行统招前提下的自主招生模式比较具有科学性、合理性和可行性。教育部为了解决高考所暴露的种种问题，提出了一套高等教育招生制度的改革思路：高端——多元，中端——稳定，末端——放开。所谓高端是指北大、清华等名牌院校，他们的招生方式应日趋多元化；所谓末端，指的是专科层次的院校和民办高校，要逐渐放开对于这一层级院校的招生方式管制；而剩余的高校处在中端，他们的招生模式，仍然应以高考为主。教育部的这一改革思路，是综合考虑多种因素、密切结合现实情况得出的结论。

依据教育部的改革思路，高校招生会逐渐走向"放两头，抓中间"。"放两头"中的一头，高职高专院校和民办高校实施"申请入学制"，学生只要被相关的院校进行技能测试，并通过基础文化测试或直接审核高中成绩，就可以直接录取；另一头，部属重点院校采用部分自主招生，用适合自己的考核方式，录取适合和志愿报考该校的学生；"抓中间"是指介乎重点院校和高职高专院校、民办高校之间的一般性普通院校，这类院校的招生目前仍主要依据统一高考招生。要言之，目前高校自主招生的改革趋势是中间部分的高校维持原来的招生办法，同时两头慢慢放开，多样地选拔人才。但是，大规模的统一招生考试在可以预见的短期内仍是不可取代的，自主招生则是一种重要的补充。

第二阶段，高校自主招生改革的中期目标，即将政府的宏观调控与学校有选择、有比例、有条件的自主招生选拔录取相结合。在这一阶段，招生计划编制和宏观调控权仍然在政府主管部门。学校主要通过各级政府主管部门的指导及下放一定程度的调节权，据此编制或调节本校的招生权。这既同国家现行的计划管理体制大体保持协同，又能够按照高校的特点和要求，使学校享有一定的招生自主调节权。政府可规定一定的标准，高校依据此标准选择是否自主招生。招生比例、规模都要由政府宏观调控。

第三阶段，高校自主招生改革的最终目标，即政府实行宏观调控，学校基本上独立自主地招生考试。政府的主要职能转换为原则指导和宏观调控，而高校招生相对独立，社会的职责是监督它们的实施过程。高校自主招生最终目标的形成和实现需有一个较长时期的渐进和发展过程，并且有赖于一系列的先决条件和基本前提。最主要的是：经济和社会发展达到相当高的指标，产业结构实现合理化，市场经济体制改革日趋成熟和完善，高等教育进入基本普及化阶段，高校实行"宽进严出"并具有灵活的形式和一定的规模，同时，国家对高校招生管理采取逐步放开、相对宽松的政策。社会其他各项规章制度和部门也都有相应的改变。这一阶段还要体现"招考分离"的原则。这并不是说高校自主招生就要完全脱离考试，而是各自发挥自己的作用，有机地统一结合起来。

总而言之，理想的高校招生考试制度，是使所有的高校挑选到最合适的生源，使所有的学生选择到最合适的高校，体现双向选择原则的制度。在高校招考改革问题上，我们既不能患"恐惧症"，也不要患"急躁症"。如何制定兼顾时代需求与易于操行的高校招生考试制度，是我们应该认真思考与研究的问题。①高校招生改革应该选择与社会物质和精神文明水平相适应的方式和进度，探索建立适合国情、有自身特色的招考制度。

现阶段，我国高校自主招生改革不能废弃现有高考这一相对成熟的人才选拔模式，而应通过改革形成高考和自主招生取长补短、互补共赢的格局。随着高校自主招生模式的进一步成熟，高考的定位应当有所转变，变为单纯的考试，高校招生采用与否及采用的标准都由高校自身说了算。从这一层面来说，统一高考还应当不断改革完善，才能使高校招生与高考有机地结合起来，不断完善高校招生考试制度。同时，也应建立信息通畅、反应便捷的社会监督和舆论监督机制。只有社会各方面的相关配套机制都得到一定程度的完善，高校自主招生机制才能得以健康、和谐地运行。

---

① 刘海峰：《高考改革应稳步推进》，载《中国高等教育》2007年第2期，第9~11页。

第九章

高考改革的实践探索

高考不仅是一项重大的教育制度和社会制度，更是一种盛大的社会活动和重大的民生议题。高考恢复30年来，在科目、内容、形式、录取体制、命题方式（分省）以及技术环节等方面经历了多次变革。自2003年以来，高考改革顺应高等教育大众化以及基础教育课程改革的需求，进入了改革深化和全面探索时期。近五年来，参加本项目的教育部有关主管部门围绕"推进高考制度改革，进一步建立以统一考试为主、多元化考试和多样化选拔录取相结合，学校自我约束、政府宏观指导、社会有效监督的高等学校招生制度。完善高等学校招生网上远程录取系统和网上阅卷系统，建设招生信息化管理与服务平台"这一工作目标，在吸收、借鉴理论研究成果、审慎论证、通盘筹划、小心试点、谨慎推行的基础上，在高校招生考试的改革、管理以及服务三大方面，做了一系列积极的探索和有益的尝试。

第一节 高考制度改革实践

高考制度的改革是为高校科学、合理、有效地选拔人才，为引导中学全面贯彻教育方针，为考生提供公正、公平、公开的考试程序和竞争环境提供制度保障。在高考制度的改革实践过程中，主要是在考试、录取和综合改革等方面做了较大的改革。现对近几年来高考制度改革的具体情况做一概述。

一、考试改革

近年来，考试环节的改革步伐进一步加大，表现为各省自主命题的推行和考试内容注重能力立意的考查。自主命题改革的推行，不仅适应了各省的文化和教育实际，推动了素质教育，而且也带动了整个高考制度的改革进程，在社会上产生了深刻的影响。同时，在考试内容的改革中，强调素质教育和能力立意也成为新时期高考改革的必然趋势。

（一）分省命题

分省命题是高等教育大众化条件下深化考试制度和考试系统改革的迫切需要。高考报考和录取规模的急剧扩大、高等教育大众化阶段人才选拔方式的多样化，亟须对考试系统本身加大改革力度。扩大分省命题改革，有利于多方面增加投入，加强考试系统建设，增强考试系统的整体实力；有利于引入竞争机制，进一步激活国家教育考试命题工作机制；有利于各省市对各类考试的统筹协调，进而深化高考改革。总之，分省命题对我国教育考试制度改革的影响，无疑是深刻而长远的。

同时，分省命题也是确保国家高考安全顺利进行的现实需要和选择。高考安全在一定程度上关系到社会稳定、国家安全，是对招考工作执政能力的检验。由于现代信息技术的广泛使用，特别是计算机网络快速、大范围的信息传播，加之社会不良风气、不法分子的干扰，高考的安全风险大大增加。试卷安全在一个点出问题，都可能波及一省、数省乃至全国范围。因此，考试外部环境的改变，使全国统一命题考试面临着严峻的挑战，这对高考组织形式、命题组织管理加快改革提出了紧迫的任务。

高考命题权的调整，是一项涉及高校招生考试乃至教育全局的重大制度性改革，对于全面推进素质教育、加强我国高校人才选拔领域的执政能力建设都具有重大而深远的意义。高考实行分省命题是在国务院领导高度重视、直接领导和指导下，普通高校招生考试制度的一项重大改革。继上海（1985年）、北京（2002年）率先实行高考自主命题之后，自2004年起，先后增加了天津、辽宁、江苏、浙江、福建、湖北、湖南、广东、重庆、山东、安徽、江西、四川、陕西14省市单独组织高考试题的命题工作，至2006年，全国共有16个省市实行自主命题。至此，"统一考试、分省命题"的格局已基本形成。社会各界对分省命题最初的忧虑，也伴随着连续几年平稳的高考逐渐消除。经过几年的时间，通过有关省市教育行政部门、招生考试机构和命题专家大量艰苦扎实、富有成效的工作，取得了成功。

在改革实践中，负责组织高考命题的省市，充分认识到分省命题改革是事关推进素质教育、事关国家教育考试制度改革、事关群众利益和社会稳定的大事，是招考系统乃至教育战线一项特殊重要的任务，责任十分重大。各省市人民政府主管领导、教育厅领导亲自挂帅，相关部门配合，成立命题工作领导机构。各省市以安全保密为核心，抓紧制定并完善命题管理规章制度，细化、强化各项具体措施，包括岗位职责、管理办法、实施细则等数十项，涉及管理制度与具体操作方方面面，初步形成了完整的安全管理体系。同时，认真遴选命题人员，鼓励奉献，严格管理，加强监督。各省市对命题教师和工作人员的业务水平和政治素质都提出明确的标准和要求。另外，各省市也普遍采取了严格的入闱管理，为考试安全做了大量的工作。

各地的命题工作体现了平稳过渡、顺利衔接、稳中求新的原则，试题质量较高，赢得了考生及社会的好评和认可。分省命题主要在以下几个方面进行了积极探索和实践：遵循大纲，体现特色，平稳过渡；题目设计上，注意贴近生活、贴近时代、贴近考生实际；考试内容上，强化能力立意，在考查基础知识的同时，注重考查考生综合运用知识解决问题的能力；寓积极价值导向于试题之中，注重学生思想道德教育。

在这几年对分省命题认真总结和深入分析的基础上，教育部形成了推进这一工作的基本思路：稳步扩大试点，严格规范管理，加强基本建设，提高命题质量。教育部将进一步加强对高考的统一领导和宏观管理，进一步完善国家教育考试制度。把握方向，遵循规律，统筹规划，分步实施，稳步推进分省命题工作，并加快培育高考命题专业机构，形成具有中国特色的、试题质量高、安全性强、成本相对较低的现代国家教育考试命题体系。

总之，实施分省命题，可以更好地发挥高考"指挥棒"对基础教育积极的导向作用，发挥地方政府统筹高考人才选拔和推进素质教育的作用，使地方政府更好地根据省情和教育发展的实际，在考试科目、内容、形式、难度等方面进行改革和探索。因此，分省命题绝不是权宜之计，而是一项重要的战略性制度改革。

（二）考试内容

考试内容改革是高考改革的重点和难点问题，而内容的改革又主要体现在高考命题的改革上。其实，早在20世纪90年代，为克服分数至上，片面追求升学率的问题，国家教委及考试中心就提出了加强对学生能力的考查，在试题中注重理论联系实际。但对于高考内容的改革，并非简单地一蹴而就，特别是在党中央提出创新型社会和加强对创新能力培养的新形势下，加快对考试命题立意的转变就显得尤为重要。

对此,教育部提出要进一步深化统一考试内容改革,考试内容要强化能力立意,在考查基础知识的同时,注重考查考生综合运用知识解决问题的能力,题目设计注意贴近生活、贴近时代、贴近考生实际。另外,考试内容的改革要实现与高中新课程内容的衔接,注重对考生分析问题、解决问题能力的考查。在总结多年的命题经验和改革实践的基础上,为进一步适应高中新课程改革的评价问题,教育部形成了对考试科目及内容的指导性意见,即考试科目原则上为语文、数学、外语和相关科目,相关科目一般为文科综合或理科综合,也可以根据本省实际设置其他科目,同时,是否增加选考内容以及选考内容比重等,由各省根据本省高中课程改革实际及考试科目的特点来确定。在高考命题中,试题的设计强调理论与实际的结合,特别是与现代政治、经济、文化、科技发展的联系,增加应用型和能力型的试题。

高考选拔标准的制定和操作,是考试内容改革的一个主题,它既反映了现实社会的人才观念,又反映了考试对教育测量理论研究的成果。归纳起来,高考选拔标准的新观念就是"考能力"。应该说,在我国当代考试的发展中,"考能力"的观念完成了由对学科知识的再认再现向深层智力活动进行测量与评价的转变,也使公平公正的理念在高考中得到了更充分的体现。

从具体的实施来看,无论是全国卷还是实行自主命题的省份,都在命题中积极地探索能力考查的科学方法和途径。总体的趋势是从原来考查具体的学科知识点转变到对学生认知能力和综合能力的考查。各省推出的选考科目或选考部分是体现能力立意的重要组成部分。如上海就根据实际情况实行了选考科目的"一卷分叉",也就是在一期课改、二期课改教材并行的情况下,经学科专家论证,在六门选考科目中设置共同部分和选做部分,可以根据自己的学习情况来确定选做部分的试题。从其他各省的实行情况来看,选考部分对于考查学生的综合能力和认知能力起到了积极的作用,也对中学教学的素质教育导向起到了很好的促进作用。

2008年,教育部将继续深入推进高考制度改革,并将改革的重点放在考试内容的改革上,逐步建立健全普通高中学业水平考试,完善学生综合素质评价体系,扩大并深化高校自主选拔录取改革试点工作。完善对政府、学校、校长、教师及学生的评价机制、评价标准,纠正"片面追求升学率"的倾向。

二、录取改革

录取环节的改革主要包括两个方面:普通高校自主选拔和高职院校单独招

考。近年来，教育部一直在积极稳步推进考试录取的改革，改革的目标是进一步探索高考、高中学业水平考试和综合素质评价与学校测试相结合的多元化评价选拔办法。具体而言，主要有推动高水平大学深化自主选拔录取改革；示范性高等职业院校进一步探索符合高等职业教育培养规律和特点的人才选拔模式；总结、完善和推广在统一考试录取中实行平行志愿、分段填报志愿等录取方式。

（一）5%的高校自主选拔录取

为深化高校招生考试制度改革，切实选拔综合素质高、有创新精神和实践能力强的人才，推进一流大学建设和素质教育的深入实施，2003年，包括北京大学、清华大学和中国人民大学等22所高校开始进行高校自主选拔录取的改革试点，试点按照报考条件、招生办法、录取结果"三公开"的原则进行。2003年至2005年，通过自主选拔录取的改革分别招收了1 658人、2 296人、2 880人，至2006年，53所试点高校公示自主选拔录取资格的考生共计10 835人，数量大幅增加。2007年，自主选拔录取的试点高校又增加到59所。2008年，在反复调研的基础上，教育部确定了68所高校实行自主选拔录取的改革。从招生的规模来看，各试点高校的招生人数一般控制在招生计划总数的5%，从2006年开始，教育部规定，考生人数较多且生源质量好的高校可以适当扩大招生比例。

教育部在及时总结经验的基础上，提出要继续稳步推进自主选拔录取改革试点。主要工作设想有四点：一是原则上在"211工程"高校范围内，经学校提出申请，逐步扩大参加试点的高校数量及自主选拔录取规模，加大对中学实施素质教育的导向作用；二是入选考生须根据测试学校要求填报志愿，考生所在省级招办可在试点高校所在批次录取开始前将其档案投放有关高校，以减少生源流失，保护学校改革的积极性；三是进一步完善制度，加强管理，特别是坚持严格程序和集中公示制度，确保试点严肃公正；四是试点高校进一步健全跟踪培养机制，因材施教，大力培养创新型人才。总之，要在宏观层面加强舆论引导和支持，为高校依法行使招生自主权创造良好的社会环境。

自主选拔录取的改革，是要逐步改变以高考分数为唯一选才标准的招生录取制度，切实选拔有创新精神、综合素质高和实践能力强的人才，发挥积极导向作用，引领社会文化方向，推进素质教育深入实施。对于建设世界一流大学，选拔一流人才，健全创新人才的选拔机制具有重大的意义。

（二）复旦、交大的自主选拔录取改革

2006年，复旦大学和上海交通大学在此前自主选拔录取试点工作的基础上，进一步加大了学校测试的力度，积极探索学校面试、高考与中学学业评价相结合

的选拔途径和办法,在上海共组织了 300 余名专家对 2 300 多名学生进行了面试,同时综合考察学生中学平时成绩、获奖、特长、校长推荐等相关材料,并参考高考成绩择优录取。具体而言,两校的自主招生办法并不相同。复旦大学于 2006 年 4 月对报名的 6 000 名学生进行由学校命题的 3 个小时的"申请资格测试",内容涵盖高中阶段语文、数学、外语和计算机等 10 个科目的知识,在"申请资格测试"中排名前 1 200 名的考生获得面试资格。面试考官分为 30 组,每组分为人文科学、社会科学、技术科学、自然科学以及学生德育 5 个领域,从专家库中各随机抽取一位组成面试小组。通过面试的学生还须参加上海市统一的招生考试,最后主要以面试成绩作为录取依据。上海交大则不需要资格测试,而是由考生直接向所在中学提出申请,由所在中学在给定的推荐名额内向交大推荐,考生也可自荐。两校的招生计划各为 300 名,两校最后实际录取了 578 人。①

2007 年两校的招生计划与上一年相同,仍为 300 名,但上海交大的自主选拔政策有所改变,将自主选拔录取与冬令营活动结合在一起,原则上不再接受学生的个人自荐。2008 年,在以往改革试点的基础上,两校的招生计划分别扩大到 500 名。总之,在两所学校精心设计、认真筹划、严格管理和社会舆论的密切关注下,这一改革做到了公平、公正选拔人才。在招生过程中,学校及时公布相关信息,保障考生和中学享有知情权、推荐权和选择权。考试组织有条不紊,考试过程透明公开;面试的评价标准力求科学、公正,参与者认真负责。社会各方反映较为积极,取得了一定经验,对以后的高校自主选拔录取试点工作起到了积极的推动作用。复旦和上海交大的改革在全国范围内引起了广泛关注,有人认为是打破了"一考定终身"的"独木桥模式",是我国高考制度改革的"破冰之旅"。

就长远来看,扩大高校在招生中的自主权是高考制度改革方向,自主选拔录取将学校先期测试和高考成绩的要求相结合,有利于选拔有创新精神、综合素质高和实践能力强的人才,有利于突破单纯依靠高考笔试成绩选人的局限性,有利于调动学校办学自主权和招生主动性,促使学校在招生选才方面由间接变直接、由被动到主动,考生均须参加高考也有利于保证选拔质量,避免不正之风的干扰。总之,自主招生的改革蕴涵着积极的教育意义,不仅可以为高校选拔特殊人才,增加选才管道,还对基础教育改革产生了积极的导向和支持作用。

---

① 《复旦交大自主招生 578 名》,载《新闻晨报》2006 年 7 月 12 日 (http://xwcb.eastday.com/eastday/node13/node126/node12327/userobject1ai145783.html)。

(三) 高职院校的自主招生改革

为探索与高等职业教育体系相适应的招生选拔模式，各省市的高职院校也进行了相应的自主招生考试改革。2003 年，黑龙江首次尝试了省属高校的自主招生改革；2004 年江西省有 20 所高职院校进行改革试点；① 2006 年，北京 3 所、上海 6 所院校试行了自主测试、自主确定入学标准和自主录取的改革，这是继部分重点大学自主招生改革之后，高校入学选拔方式的又一次重要改革。考生通过招生院校的测试后无需参加统一高考就可进入大学，这使得自主招考和统考进一步分离。2007 年，教育部批准江苏省、浙江省、湖南省、广东省在部分示范性高等职业院校中开展单独招生改革试点工作，并提出如下要求：

第一，各试点省教育行政部门要加强对试点工作的领导，通过在部分国家示范性高等职业院校中开展高等职业教育单独招生工作，积极探索引导普通高中毕业生向优质高等职业院校合理分流，提高高等职业教育的生源质量和办学水平，进一步完善具有中国特色的高等职业教育体系和高等教育多元化选拔录取机制，在全社会营造大力发展职业教育的氛围。试点工作遵循公平、公正、公开，以及学校负责、自我约束、招办监督的原则。

第二，为确保此项工作平稳、有序开展，各试点院校在有关省级招办指导、监督下，可单独或联合组织文化考试及相关考核，并于高考前完成录取工作。2007 年试点生源范围为试点院校所在省的普通高中毕业生；单独招生计划纳入各试点院校本年国家核定的招生计划总数内，并控制在本校计划总数的 10% 以内，未完成的计划可转入普通高等学校招生全国统一考试录取时执行；已被试点院校录取的考生不再参加普通高等学校招生全国统一考试及录取。

第三，认真执行教育部关于在高等学校招生中实施阳光工程的各项要求，着力规范办学行为，加大信息公开力度，注意完善监督措施，试点工作的全过程要接受有关教育纪检监察部门的监督。各试点高校不得以任何形式举办与单独招生试点挂钩的辅导班、补习班。对在试点工作中违反招生政策、规定或徇私舞弊的院校，一经查实，将按照《教育部关于实行高等学校招生工作责任制及责任追究暂行办法》追究院校领导的责任；对违规录取的考生将取消其录取资格；对违规情节严重并造成恶劣社会影响的院校，将取消其试点资格或其示范性高职院校资格。

从政策实行的成效来看，高职高专院校自主招生使学校与考生之间形成了有效的双向选择和良性互动，强化了高等学校作为办学主体的招生自主性，有利于

---

① 《江西 20 所高职院校试点自主招生》，载《中国青年报》2004 年 7 月 14 日。

高校真正招到适合自己学校专业人才培养的学生，同时，使高校能以社会和市场发展为导向，合理调整和充分利用高等教育资源，最终达到社会、高校、学生的共赢。总之，评价模式和选拔手段的多元化有利于我国高等职业教育的发展，有助于高校挑选合适生源，也扩大了学生选择高等教育的机会，对中学素质教育的推进起到了积极的促进作用。

三、综合改革

高考改革的主要动力来自于三个方面：一是适应以普通高中新课改逐步推广为标志的素质教育的深入开展，客观上对高校招生改革提出了与之相配套的进一步改革的要求；二是进一步适应建设创新型国家培养拔尖创新人才的迫切需要；三是进一步适应高等教育大众化阶段，高校办学层次、类型的多样化对人才培养选拔多样化的需求。在此，主要对高考与新课程改革相配套的综合改革做一总结。

2007年全国进入高中新课程实验的省份已达到16个，为适应以高中新课程为契机推进素质教育的新形势，同时为适应建设创新型国家迫切需要各类创新人才的时代要求，高校招生考试需要进一步推进全面、协调、配套的综合改革，建立起更加全面、综合、多元化的考试评价制度和多样化的选拔录取制度。总体来说，要以提高质量为核心，深入推进高校招生改革。这一改革的基本内容包括以下两方面：

一是结合高中新课程改革的进程，建立和完善在国家指导下由各省组织实施的普通高中学业水平考试和学生综合素质评价制度，并纳入高校人才选拔评价体系，为高校人才选拔提供参考依据。二是改革全国统一考试。高考科目为语文、数学、外语和相关科目，相关科目为文科综合、理科综合，或者是高中新课程"人文与社会"和"科学"学习领域中各指定一门作为考试科目。进一步深化命题内容改革，发挥积极导向作用。

在教育部的宏观指导下，为进一步适应新课程改革，各省市也纷纷出台了高考改革方案。2007年6月，山东、广东、海南、宁夏4省区率先实行了新高考改革方案；2008年，江苏进入新课程高考；2009年天津、福建、安徽、辽宁和浙江5个省市也将进入新课程高考。到2013年，全国所有省份将全部进入新课程高考。根据新课程改革中全面推进素质教育、培养学生创新精神和实践能力的目标要求，2007年4省区在考试科目设置方面作了大幅度调整：山东实行"3＋X（文科综合或理科综合）＋1"模式，广东实行"3＋文科基础/理科基础＋X"模式，海南实行"3＋3＋基础会考"模式，宁夏实行"3＋小综合"模式。与之相对应的考试内容、命题方式和评价标准，也是各有侧重、各具亮点。

其中，"基本能力测试"是山东省新课程高考的创新之举，考试内容涵盖了人文、科学、艺术、技术、体育与健康、综合实践活动6大领域、12个学科的必修内容。对传统文化、民间文化及齐鲁文化均有所涉及，地域色彩明显；广东省则将"综合能力测试"改为"文科基础或理科基础"，在考查学生的学科基础知识的基础上，增加了考生自主选择的"X"选考科目；海南省实行基础会考且将会考成绩的10%计入高考总成绩，并将考生的综合素质评价结果纳入考生档案，为高考录取提供重要参考；宁夏2007年新课程高考与前两年高考具有衔接性，总体上试题难度适中，强调学生对基础知识的掌握。综观4省区的新课程高考，可以看到尽管它们所采取的措施、科目的设置都不尽相同，但在指导思想、追求目标和评价标准等方面却表现出一些共性，体现了高考改革目标与新课程改革理念的融合。

从实行效果来看，首先，新课程高考促进了高考改革与新课程教学改革的统一，遵循素质教育的原则，体现了综合素质评价的方向，4省区新课程高考都将学生综合素质评价作为高考报名的必备材料和高考录取的重要参考指标，并且在对学生综合素质评定的过程中尽量做到公正、客观。例如，海南将学生综合素质评价纳入了课程评价，在思想道德、学习能力、实践能力、体育、健康、合作精神等方面对学生进行综合评价。其次，兼顾了高考改革目标的统一性和多样化，例如，山东省在命题中要求试题素材和答题要求对所有考生都具公平性，避免偏题、怪题，考虑城市和农村的不同教学条件和能力，选做部分各模块的题目难度、区分度等力求均衡。最后，改革体现了新课程改革的理念，各省高考试题均具有开放性和可选择等多重特点。山东、宁夏和广东引入了选做题机制，不仅体现了以人为本的思想，也满足了不同考生的不同需要。尽管在实践中还存在综合素质评价是否公平可信等问题，但改革还是较好地解决了统一考试与综合素质评价结合、高考改革与新课程教学改革统一的问题，取得了良好的社会效果。

综上可见，近五年来，在教育部的宏观指导和管理下，在各省教育行政部门的积极配合下，高考制度在考试、录取和综合改革等领域进行了分省命题改革、高考内容改革、自主选拔录取改革以及与新课程改革相配套的新高考改革等。在"进一步建立以统一考试为主、多元化考试和多样化选拔录取相结合，学校自我约束、政府宏观指导、社会有效监督的高等学校招生制度"这一目标的指引下，遵循科学论证、小心试点、审慎推行的原则，使高考制度改革在适应创新型社会、新课程改革和素质教育等方面取得了很大的进步，为建立具有中国特色的现代考试制度迈出了坚实的步伐。

第二节 高考管理改革探索

高考制度是一项为高校选拔人才的重要的教育制度，更是关系到千百万考生和家长切身利益的民生议题。因此确保高考制度的科学、安全、公平、高效是教育管理部门的神圣职责所在。近五年来，为确保高考制度的公平公正、安全有序，落实高校的招生自主权，维护考生的合法权益，在党中央和国务院的领导下，在招生考试机构和高校的大力配合下，各级教育行政部门、招考机构和各高校在高考管理方面做了大量的工作，主要有"阳光工程"、诚信规章和综合治理三大举措。

一、"阳光工程"

2005年，教育部决定在高等学校招生工作中实施"阳光工程"。教育是民族振兴的基石，教育公平是社会公平的重要基础。招生公平是教育公平的核心，是社会公平的重要内容。因此，必须将招生工作作为一项重要的民生工程紧抓不放。近年来，在党中央和国务院的正确领导下，各级教育行政部门、招生考试机构和高等学校认真执行国家招生政策、规定，在深化招生制度改革、规范招生行为、公开招生信息、改善招生服务等方面做了大量卓有成效的工作，赢得了广大考生的信任和良好的社会声誉。为了巩固和扩大现有成果，进一步规范招生录取管理，增加招生录取工作透明度，更好地维护广大考生的合法权益，确保高考公平公正，教育部要求各地和高校再继续深入实施"阳光工程"。

（一）工作目标及具体措施

实施"阳光工程"是在新时期下，规范招生录取行为和管理、维护考生合法权益的重要举措，其工作目标是：以邓小平理论和"三个代表"重要思想为指导，全面落实科学发展观，坚持以人为本，把切实维护广大考生的合法权益作为招生工作的出发点和落脚点，以公平公正为核心，从制度建设、信息公开、从严管理、优化服务、加强监督五方面进一步加强工作力度，建立和完善与我国社会发展相适应的更加公开透明的高校招生工作体系，提高招生战线诚信度、国家教育考试公信度和人民群众满意度。"阳光工程"的具体措施包括以下数项：

第一，建立以"六公开"为主的信息公布、公告和公示制度。实施"阳光工程"重点是确保招生信息公开,即招生政策公开、高校招生资格及有关考生资格公开、招生计划公开、录取信息公开、考生咨询及申诉渠道公开、重大违规事件及处理结果公开。每一方面的公开内容都有基本要求。各地各校在此基础上进一步明确更细化、更具体的有关公开内容的实施方案。

第二,开展"三项重点治理",规范录取秩序,净化录取环境。为力求高校招生公平公正,规范录取秩序,净化录取环境,教育部会同有关部门在高校招生录取期间,开展杜绝招生违规乱收费、严厉打击非法招生中介、坚决遏制违规录取行为的"三项重点治理"工作。

第三,招生工作人员须严格履行"六不准"的行为规则。高等学校和各级招生管理部门要加强队伍建设和管理,廉洁自律,严格履行"六不准"的行为规则,即:不准违反国家有关招生规定;不准徇私舞弊、弄虚作假;不准采取任何方式影响、干扰招生工作正常秩序;不准协助、参与任何中介机构或个人组织的非法招生活动;不准索取或接受考生及家长的现金、有价证券;不准以任何理由向考生及家长收取与招生录取挂钩的任何费用。对违反规定的人员,将依据《教育部关于实行高等学校招生工作责任制及责任追究暂行办法》严肃处理。

(二) 实施成效

在教育部的有力指导和有关部门的积极配合下,"阳光工程"经过几年的实施,对加强招生制度的健康建设取得了积极的成效,具体表现在:

第一,加强组织领导,明确招生工作责任制,形成了良好的领导管理体系。一些省市党政主要负责人高度重视,亲自提要求。如河北、广东省党政一把手明确提出从自己做起,不递一张条子、不打一个招呼,并要求逐级层层严格管理。各省级教育行政部门实施了高校招生"一把手"工程,厅长、主任亲自抓高考工作,并要求各高校、各市县教育行政部门均成立以一把手为负责人的招生领导小组,层层签订承诺书、责任书,任务分解到人,责任落实到人。各高校普遍成立由校党政主要领导及有关方面负责人组成的招生工作领导小组,明确责任制,制定了严格的决策、管理程序。

第二,严肃招生纪律,构建了严格的监督保障体系。各地和高校在招生工作中,按照"六不准"的要求制定了严格的工作纪律,实现了纪检监察部门全程参与招生工作,在重大事项决策、工作人员廉洁纪律、受理群众来信来访方面发挥了重要作用,为"阳光工程"的顺利实施起到了积极的监督和保障作用。教育部、各省级招办和高校都建立了考生申诉渠道和重大违规事件及处理结果公开制度,公布了举报电话、信访接待站等信息。省级招办普遍开设了24小时信访热线电话,全面接受社会监督。各地和高校纪检、监察部门普遍反映前来信访、举报的大幅度减少。

第三，实施"阳光工程"，保证录取公平公正，建立了更加公开透明的录取工作体系。教育部提出招生工作实行"严紧政策、严密程序、严格管理"的要求，各省普遍对招生政策进行规范、统一管理。如上海、浙江等四个省市取消了省级收费政策，湖北等省取消了对个别部门子女照顾性加分政策。各地各高校以"六公开"为主要内容，努力形成公开透明的招生录取运行机制，切实维护好考生的权益。许多省将需要公开的事项包括所要公开的项目、内容、责任主体、时间、渠道及方式等逐一细化、列成表格，公告社会，逐项落实。目前至少有三项公开的举措得到社会高度肯定，被媒体称为"不打折扣"、"货真价实"的"阳光工程"：一是具有加分资格考生名单公示；二是高校未完成招生指标公开，如北京考生补报志愿5次；三是招生录取状态实时公开，如宁夏在所有地级市都设置电子大屏幕，与录取现场联网，同步播出招生投档等录取信息，并在22个县设立考生录取信息查询点，使最偏远山区考生都拥有第一时间了解录取过程等信息的渠道。

第四，优化招生服务，让考生满意，建立了高质量的服务体系。教育部2005年开通了集公示、宣传、咨询于一体的"阳光高考"信息网，招生考试期间点击率达6.3亿次，访问人次851.7万，参与院校1 194所。各地各高校把送温暖作为"阳光工程"主要工作内容，大力改进、提升为考生服务的品质。一些省市明确提出"辛苦自己，方便考生"的工作要求，在各个环节为考生着想、急考生所急。各省级招办普遍采取有效措施，提高考生志愿满足率、降低高分落榜率。各地尽力帮助解决残疾生录取问题，使他们尽可能被录取到理想的学校。

第五，着力实施"三项重点治理"，取得明显成效，建立了部门配合齐抓共管的有效工作体系。杜绝招生收费、打击招生中介、严禁违规录取是2008年招生重点治理内容，地方和高校普遍严守号令，一方面加强自律，另一方面加大工作力度净化环境，如公安部门取缔了一批招生中介；宣传部门坚持了积极的舆论导向。为了赢得全社会的配合支持，各省都印发了大量告诫考生谨防上当的宣传册，如湖北印发40万册招生100问，免费送到每位考生手中。2005年8月初监察部驻教育监察局组织对浙江、湖北、辽宁、山西、广西、福建、四川、甘肃等省进行了招生录取专项督察。招生中介诈骗、违规录取现象大幅减少。"阳光工程"的实施使违规招生、中介诈骗、乱收费等问题得到有效遏制，考生、社会投诉率下降50%~70%，有的省市和高校实现零投诉。与公安部通力合作，"高考移民"现象得到有效遏制。严格规范独立学院、民办高校、定向就业招生等特殊类型招生，取得显著效果。

第六，精心组织，确保全国网上录取安全畅通，建立了有效的安全保障体系。由于考生数、招生数和招生院校数大幅增加，网络通讯的压力增大，网络安全受到了更大的威胁。据各省招办提供的监控数据，网上录取系统每天受到的各类扫描攻击次数平均约30 000次。2005年进一步加强教育、公安、信息部门的协调，采取安全培训、加大人力值守监控、加强应急处理等一系列措施，有效防范黑客和非法网上攻击，网上录取系统运转正常，未发生重大突发事件。

总之，为更好地满足人民群众的要求，维护人民群众的切身利益，"阳光工程"的实施，是教育部积极实践"三个代表"，促进教育公平的具体体现，也是高校招生改革向公开、公正、公平、规范方向迈出的巨大的一步。所取得的成绩，离不开各部门对教育部的配合和支持，尤其是各级纪检监察部门在高考招生过程中的全程参与，对"阳光工程"的顺利实施起到了重要的、积极的监督和保障作用。

二、诚信规章

诚信教育是学生思想政治教育的重要方面。在普通高等学校招生全国统一考试前开展诚信考试教育，是对考生进行思想政治教育的一个关键环节，它关系到考生的健康成长，关系到国家教育统一考试的公平、公正，关系到校风、学风和社会风气。各级教育行政部门和有关方面高度重视，结合树立"八荣八耻"社会主义荣辱观，在高考前深入开展诚信考试专题教育活动，把这项工作做实、做细、做好，进一步加强对高校招生考试环境的诚信管理，营造"违纪必究、作弊必罚"的社会环境，采取有力措施继续减少考试作弊现象，切实维护国家教育统一考试的公正性和严肃性。

（一）具体措施

高考的诚信管理涉及方方面面，教育部在制定诚信规章时也将各方充分纳入其中。诚信管理的具体措施包括：

第一，强化考生诚信考试管理。按照《2006年普通高等学校招生工作规定》和《教育部办公厅关于建立高等学校招生全国统一考试考生诚信档案的通知》要求，组织所有考生签订"诚信高考承诺书"，促使考生学习、知晓并遵守有关考试纪律；对上年参加国家教育部门统一考试考生的违规事实及处理结果，要与当年考生在高考中的诚信记录一并记入考生电子档案，在2006年录取时提供给有关高校，作为学校是否录取考生的重要参考依据；从2007年开始，诚信记录由考试环节，扩展到报名等其他招生工作环节，各级招生考试机构都将考生在招生考试相关环节的诚信表现记入其电子档案，进一步完善了考生诚信档案数据库。

第二，建立国家教育考试诚信档案。从 2007 年起，教育部实施部、省两级国家教育考试诚信档案网络管理，记录考生参加全国统考发生违规行为的事实及处理结果。各省级招生考试机构负责采集、确认本地区考生的考试诚信记录信息，在国家教育考试中严重违规考生，如使用手机、对讲机、"耳麦"等无线通信工具内外勾结进行作弊的考生，将被记入国家教育考试诚信档案数据库，供高等学校、招生单位甚至将来的用人部门查询。

第三，承办全国统考的各级教育考试机构要严格按照《国家教育考试违规处理办法》和考务工作规定的有关要求，认真实施考试程序，如实准确记录违规考生的情况，在调查事实和证据属实的基础上，切实做好对所涉及考生的违规行为进行认定及处理工作，加强对考生考试诚信档案的规范化管理。

第四，用于普通高校招生网上录取的考生电子档案必须含有考生历年参加全国统考的考试诚信记录信息，并按有关规定在考生特征标志信息项中，对有违规记录的考生统一用字母 W 予以标示。录取时，省级招生考试机构须以附加表的方式向高等学校提供违规考生历年参加全国统考的违规简要事实及处理结果，作为高等学校决定是否录取考生的重要参考依据之一。

第五，高等学校在录取工作中，应贯彻公平竞争、公正选拔，德智体美全面考核、综合评价、择优录取的原则，在认真审阅考生电子档案以及其中考试诚信记录信息等附加表的基础上，提出是否予以录取等相关审录意见。

第六，各省级招生考试机构须在全国统考结束后两日内完成本省（自治区、直辖市）在本次考试实施过程中发现的考生实施违规行为的数据统计汇总工作，并及时报教育部。各省级招生考试机构在本省（自治区、直辖市）录取工作开始前，应将已经认定的本省（自治区、直辖市）违规考生考试诚信记录信息以数据库形式报教育部备案，正在处理过程中的，认定后及时上报。

（二）实施成效

由于诚信规章较全面，措施也较得力，高考的诚信教育与管理收到了较满意的成效，提升了高校招考制度的权威性与公信力。一是考试作弊现象同比有较大幅度的下降。自 2005 年进一步推行诚信考试政策以来，在各地相关部门、单位的积极配合下已取得了较为显著的效果，考风考纪明显好转，考试安全得到明显加强，考试违规率下降到 2007 年的 0.03%，处于历史最低点。二是进一步提高了普通高等学校招生工作的公信度、满意度。考试诚信规章对高考公平公正提供了制度保障，大量考试违规现象被扼制在萌芽状态中，已经出现的考试违规行为也以诚信规章为依据而得到快捷、合理解决，考试的社会风气进一步改善，社会对高考权威性和严肃性的认同度和满意度进一步提高。

总之,在高考中通过强化诚信规章的管理,采取各种有力措施,减少考试作弊现象,并切实维护了国家教育统一考试的公正性和严肃性。

三、综合治理

《教育振兴行动计划》中对普通高等学校招生工作提出的目标是,结合新课程的全面推进,深化高考内容改革;推进高考制度改革,进一步建立以统一考试为主、多元化考试和多样化选拔录取相结合,学校自我约束、政府宏观指导、社会有效监督的高等学校招生制度。完善高等学校招生网上远程录取系统和网上阅卷系统,建设招生信息化管理与服务平台。各地区和高校必须以高度的政治责任感和紧迫感,把握高校招生工作改革与发展的定位,坚持管理和改革两手抓的基本方针,继续全面、深入地进行招生考试环境综合治理。

(一) 具体措施

由于高考改革是一项"牵一发动全身"的系统工程,其综合管理措施也必然包括宏观与微观,涉及政策与执行、上级与基层各方面。具体措施包括:

第一,突出重点,明确综合整治的目标和任务。教育部将综合整治考试环境继续纳入教育部2008年及今后一个时期的重点工作,明确提出综合整治的工作目标:从严治考,标本兼治,完善国家教育考试安全各部门联动的工作体系,建立一套完备的管理制度,造就一支高素质的工作队伍,形成国家教育考试安全、公平、诚信的社会环境。当前,着力抓好"四个整治":整治考场秩序;整治失密、泄密、窃密问题;整治有组织的违纪、舞弊行为;整治借考试之名进行诈骗活动。通过综合整治,确保国家教育考试安全,刹住考试作弊歪风。

第二,经国务院同意,建立了国家教育统一考试工作部际联席会议制度,努力形成部门联动、齐抓共管、综合治理的工作格局。联席会议由教育部、中宣部、最高人民法院、公安部、监察部、信息产业部、国家保密局、武警总部八个部门组成,教育部牵头。联席会议负责统筹协调并解决国家教育考试环境综合整治工作中的有关问题;快速有效地处理突发性重大问题;提出政策措施和建议;督促、检查、指导有关政策措施的落实。会后,教育部等七部门就贯彻会议精神联合下发了《关于全面加强教育考试环境综合整治工作的通知》。

第三,加强安全保密工作。对招生战线明确提出了安全保密是国家教育考试生命线和首要任务的指导思想。确立了"分级管理、逐级负责"的原则和地方各级政府及有关部门试卷安全保密工作责任制。对考试命题和试卷印制、运输、保管以及考试实施、评卷等每一个工作环节进一步完善了管理办法，并要求逐级落实。狠抓了各项安全保密和防止违纪舞弊措施及硬件设施的落实，要求2008年高考前所有试卷定点印制单位、试卷保密室等安全措施必须达标。此外，教育部与信息产业部、公安部等共同组织，从高考前10天开始，对互联网进行严密监控，及时删除干扰、破坏考试正常秩序的有害信息。教育部和省级招生考试机构对考试安全重大突发事件制订了应急预案。

第四，加强考场管理和事故查处。近年来，在进一步完善和落实考场管理规章的基础上，在条件许可的地区和考试管理相对薄弱的地区，建立了一批用现代化技术手段实时监控的考场。教育部与最高人民法院、监察部、公安部等有关部门达成了一致意见，近一时期，重点惩处雇人代考或替考、利用现代通讯工具作弊和集体舞弊等严重考试违规行为。对违规者，如是在校学生，按有关规定严肃处理，直至开除学籍；如是国家工作人员，根据情节给予党纪或行政处分。司法部门对惩治考试舞弊行为依法给予了强有力的支持。纪检监察部门对"考场腐败"案件一查到底，决不姑息。

第五，加强国家教育考试法规建设。2004年，教育部与中宣部、公安部、国家保密局联合印发了《国家教育考试考务安全保密工作规定》，出台了《国家教育考试违规处理办法》、《2004年普通高等学校招生工作规定》、《2004年高等学校招生全国统一考试考务工作规定》等文件。文件下发后，各地迅速制定了配套文件和实施细则，并强化了监督检查和贯彻落实。在此基础上，又启动了《教育考试法》的课题研究工作。

第六，加强对涉考工作人员培训。教育部近年来建立了考试工作人员岗前培训和年训制度，未经培训合格不得上岗，同时，对各省（自治区、直辖市）招生考试机构负责人和骨干进行了普遍培训。招生考试战线也逐级开展了培训工作，直到县一级。

第七，加强教育和宣传舆论引导。教育部已明确把考试诚信教育纳入学校思想品德教育之中。为加强对考生的诚信教育，从2004年起，在国家教育考试前，已要求每名考生都签订诚信考试承诺书，阅读和了解考生守则及考试违规处理办法，自觉遵守考试纪律。同时要求教育系统把诚信考试作为一项系统建设工程，各级各类学校要对所有学生进行考试纪律专项教育，并把学生考试诚信作为对其思想品德考核的重要方面；要把教师参加考试或执行考试管理的情况，作为对教师师德、品行要求的重要方面；要把考风作为评价学校办学水平的重要内容。教育部与宣传部门积极配合，加大了对诚信、守规、守纪、守法考试的宣传力度，并对黑龙江成人高考舞弊等重大违法违规事件处理情况在新闻媒体上进行集中曝光，努力营造"诚信考试光荣、作弊违纪可耻"的社会风尚。

（二）实施成效

通过综合治理，高校招生考试环境和秩序得到进一步改善，具体表现在两方面：

第一，在考试环境综合治理方面在建立国家教育考试部际联席会议制度的基础上，明确提出了"四整治"的工作目标和"六加强"的工作任务，各地也建立了相应的工作机制，形成了多方协同、齐抓共管的工作局面。出台了签订诚信考试承诺书、违规行为记入电子档案并与录取挂钩等一系列措施，倡导诚信高考的新风尚，管理严格规范，考风考纪明显好转，考试安全得到明显加强。

第二，在招生环境综合治理方面，大力推进招生"阳光工程"，提高招生工作透明度。针对近年来出现的招生乱收费、违规录取、中介诈骗和高考移民等问题进行重点治理和防范。进一步严格保送生、艺术类专业、艺术特长生、高水平运动员等特殊类型招生，实行入选考生资格公示制。加强独立学院、民办高校招生管理，清理并规范定向就业招生。实行学籍电子注册与招生计划录取挂钩等措施，严格计划执行管理。

总之，在坚持改革和管理两手抓的原则指导下，通过建立国家教育统一考试工作部际联席会议制度、加强安全保密工作、加强国家教育考试法规建议和加强对涉考工作人员的培训等一系列的手段，使考试安全得到了明显加强，考风考纪也得以明显好转。

第三节　高考配套改革进展

围绕"进一步建立以统一考试为主、多元化考试和多样化选拔录取相结合，学校自我约束、政府宏观指导、社会有效监督的高等学校招生制度"这一目标，中央教育行政部门及各省（自治区、直辖市）在认真研究、统筹规划、精心实施的基础上，在优化服务、招生计划和录取方式等配套改革方面做了大量卓有成效的工作。

一、优化服务

高考是举国关注的教育和社会问题，为保障教育公平和考试公平，创设公平竞争的考试环境，规范科学公平的考试程序以及制定公平公正的入学政策，是高考综合配套改革的一项重大任务。在高等教育大众化及民众维权意识高涨的大背景下，本着"人性化、精细化、专业化"的理念，以考生为本，在优化服务方面做了如下的改革。

第一，取消了高考报考年龄和婚姻的限制，报考资格的限制逐步减少，使高等教育入学机会向民众广为开放。2001年，取消了报考资格中要求"未婚，年龄一般不超过二十五周岁"的规定，并在2005年进一步取消了"被高校开除学籍或勒令退学到报到结束之日不满一年者"的规定。通过放宽高考报名政策，使得许多大龄青年能够有机会重新进入高校，有力地保障了报考政策的公平性和开放性。

第二，自2003年开始，将高考时间提前一个月，由每年的7月7、8、9日改为6月7、8、9日三天。高考时间的提前，是在反复征求各方意见的基础上经过充分、精心的论证实行的。时间提前，可以有效地缓解高温天气和自然灾害对高考的不利影响，有利于考生的身心健康和提高考试质量。

第三，高考体检标准的改变，改硬性的体检标准为柔性的指导意见。从2003年起，高考体检降低了录取"门槛"，沿用了多年的《普通高等学校招生体检标准》退出了历史舞台，取而代之的是《普通高等学校招生体检工作指导意见》。在《指导意见》中，进一步放宽了对患疾病或生理缺陷者的录取要求；对原《体检标准》规定患有某种疾病或生理缺陷的考生不能录取的专业进行了调整；对肢体残疾、不影响所报专业学习，且高考成绩达到录取要求的考生，规定高等学校不能因其残疾而不予录取。也就是由过去统一的、硬性的限制改为柔性的指导意见。体检政策由硬性向柔性的转变，充分体现了对所有考生权益的保护，对残疾考生的关爱和以人为本的理念。

第四，建立高考"网上咨询周"活动制度。为贯彻高校招生工作"阳光工程"的实施，教育部于2004年建立高考"网上咨询周"，为广大考生和高校提供政策公开、信息发布、招生咨询一体化的信息服务。据统计，每年都有1 500～2 000所高校上网接受咨询，访问人次达1 000万以上，自信息平台开通以来，累计点击率1.80亿次，累计访问人次596万，取得了良好的社会效果，使广大考生、家长和社会及时准确地了解了国家招生政策和高校招生办法以及相关要求，极大地维护了教育的公平公正和形象，为办好让人民满意的教育做出了积极贡献。

第五，以"人性化、精细化、专业化"的理念服务考生，许多问题得到了明显的改善。首先，高校招生宣传更加深入，有的深入到中学进行一对一的指导，帮助考生正确填报志愿，受到考生热烈欢迎；其次，各地对未完成的计划普遍实行多次公开征集志愿，并主动联系落榜高分考生再次填报志愿，大大增加了考生的录取机会；再其次，江苏、浙江等省在湖南省首创平行志愿的基础上，进一步改进投档模式，使考生志愿满足率进一步提高；最后，各省（自治区、直辖市）还加大了对困难学生特殊的救助力度。

总之，在"以人为本、服务社会、服务考生"的理念指导下，通过高考时间的提前、报考限制的放开、体检标准的改革、高考咨询周的实施和考试信息的"阳光工程"等一系列举措，使高校招生考试制度为适应高等教育大众化的需求、为推进中学素质教育、创设公平公正的竞争环境提供了更加坚实的基础。

二、招生计划

招生计划的名额分配问题一直是社会、政府和民众密切关注的焦点话题。近年来，几乎每年的"两会"都有代表质疑"倾斜的高考录取分数"的公平问题。实际上，这一问题与我国目前非均衡发展的区域经济、文化、教育、人口和就业等因素息息相关，在现实国情下，实行分省录取的制度依然是相对较为公平的制度选择。所以，在逐步调控区域经济以及改善高等学校区域布局的同时，渐进地调整招生计划的名额分配就成了改革录取制度的重要措施。招生计划的公平分配除区域公平的问题之外，还包括城乡、性别以及民族之间的公平问题。

众所周知，教育公平是社会公平的重要基石，而高考又是教育公平最有力的"助推器"。自 2003 年以来，教育部门在高考中利用政策引导、计划调控、加强服务等三大手段，着力促进教育和考试公平，取得了显著的成效。总体来看，近五年以来，西部高校的招生计划增幅连续超过全国平均水平；2003 年起农村生源进入大学的比例超过城镇生源；少数民族录取比例高于全国平均录取率；直属高校在属地招生比例由 40% 下降到 30%。

就招生计划的区域分配而言，2007 年在保持各地计划总量相对稳定的同时，加大力度将招生计划更多地向中西部地区倾斜。具体来说有四大举措：一是加强省际间的合作与支持，2007 年一些教育发达省市拿出 1 万余名计划投放到升学压力较大的安徽、河南、广西、贵州、甘肃、新疆等 8 省区，比如上海将 2007 年增量的招生计划全部投向外省市，有力地缓解了各地区招生计划的不均衡现象。二是教育部直属高校本科计划较 2006 年增长 2.7%，其中面向中西部地区安排计划增幅超过了 4%。三是教育部直属高校在属地安排计划比例平均比上年下降了 2 个百分点。四是教育部直属 6 所师范大学安排免费师范生计划 1 万余名，其中面向中西部地区占到 90%。2008 年教育部还另行安排了约 3.5 万个"协作计划"用于高教强省对口支援中西部的相对弱省。

通过以上各种积极的调控政策，使东西部地区的高等教育入学机会地区差异逐步缩小，教育部直属高校对属地招生的比例也日渐缩小，在控制招生总量的基础上，加大了对中西部地区的扶持力度，使招生计划分配的区域不公问题逐步得到了改善，保证了高校招生考试的公平公正。就城乡、性别和民族问题而言，从2006年的统计数据来看，该年进入大学的新生中农村生源超过了城市生源，达到52.5%，比2002年提高了4.5个百分点；教育部直属院校在属地的招生计划比例总体呈下降趋势，2006年比2002年下降近10个百分点；女生录取比例逐年提高，2006年女生占报名总数的比例为46.5%，而女生占录取总数的比例则是48.9%；少数民族考生的录取比例近五年高于全国平均录取率1~4个百分点。

总之，在近五年中，通过加强省际合作，逐步调控各省招生名额的分配，采取有效措施提高农村、女性及少数民族的入学比例，极大地改善了高等教育入学机会的公平问题，保障了高考制度的权威性和公正性。

三、录取方式

多年来，录取方式的改革一直是高考制度改革的重要内容。传统的高考录取方式过于依赖高考分数，这种刚性而单一的录取标准不仅不利于对学生综合能力和创新精神的培养，而且与高等教育大众化背景下高校多样化选才的内在要求不相符合。因此，在新一轮高考改革中，改变传统的过于倚重高考分数的做法，引入高中学业水平考试以及综合素质评价等多种选拔标准，是高考录取方式改革的重要目标和方向。除了宏观的录取体制的改革，志愿填报和投档方式的改革也是录取方式改革的重要内容。在传统的顺序志愿下，因志愿填报的偶然性和招生中的"大小年"现象，许多高分考生因所填志愿过分集中于热门高校或专业而落榜，甚至落到专科或者重新选择复读。因此，为了减少志愿填报中的博弈成分，缓解考生和家长的紧张心理，部分省市如湖南、江苏和浙江省实行了平行志愿的改革。

从宏观的录取方式来看，为了改变过于倚重高考分数的录取方式，教育部在精心论证、认真研究、小心试点、逐步推开的基础上，分层次、分步骤地出台了一系列的措施，总体思路是录取模式改革主要着重于高水平大学、高职院校两端学校，中间量大面广的学校目前相对稳定。

第一，鼓励高水平大学如"211学校"深化自主选拔录取改革，在选拔综合素质高、有创新精神和潜质的人才方面，进一步探索高考、中学学业水平考试和综合素质评价与学校测试相结合的相对多元化的评价选拔办法，这也是发达国家选拔拔尖人才比较成熟、成功的做法，部分重点高校自主招生的试验就是在这一政策指引下逐步推行的,从实践效果来看,考生和家长满意,整个社会反映良好。

第二,鼓励探索符合高职教育培养规律和特点的人才评价选拔模式,一些示范性高职院校和条件成熟的省份,可将学生学业水平考试成绩与省或学校组织的考试成绩相结合作为录取依据。考生通过招生院校的测试后无需参加统一高考就可进入大学,这使得自主招考和统考进一步分离。同时,改革还体现出评价模式多元、选拔方式灵活的特色。

第三,对于中间层次量大面广的高校依然以统一考试录取为主,着力于改革录取方式,解决好老百姓最关注的公平性问题。最突出的问题就是志愿填报和投档方式的改革。"平行志愿"的最大特点是变传统的"志愿优先"为"分数优先"。2003年,湖南省首推平行志愿,江苏省和浙江省也分别在2005年和2007年开始实行。从湖南、江苏、浙江实行的情况来看,"平行志愿"给考生带来的最大好处是提高了录取的投档率,减小填报志愿的博弈成分,"高分落榜"的现象也大幅减少。比如,2007年浙江省内外第一批168所高校2007年在浙江共计录取新生3万余名,一次投档率比2006年提高3个百分点,达到99%以上,录取投档率创历年最高。2008年,北京和上海也推出平行志愿。通过这种方式来有效降低考生报志愿的风险,增加选择机会,解决考生"高分低录"、高校招生"大小年"等问题。

总之,对于录取方式的改革,按照分层分类的改革设想,高水平大学和高职院校在录取中将学业水平考试、综合素质评价与统考有机挂钩,改革取得了良好的效果。平行志愿的推行也有效地降低了填报志愿的博弈成分,为考生增加了选择的机会。

综上所述,自2003年以来,在系统总结以往改革经验,吸收理论研究成果的基础上,为了顺应高等教育大众化、基础教育课程改革以及创新人才培养的需求,高考改革在分省命题、考试内容、录取体制、考试时间、考试形式等方面,都做出了积极的改革和调整。高考改革在向"以统一考试为主,多元化考试和多样化选拔录取相结合"的现代教育考试制度转型中取得了重大成绩。与之相适应,在高考管理以及综合配套改革方面,逐步形成了许多行之有效、安全保密的考试管理规章和条例,在保证公平公正、安全有序的高考环境方面也取得了重大进展。

结 语

高考改革方案选择与政策建议

作为教育体系中的一个重要环节，高校招生考试对高等学校人才培养具有基础性作用，对基础教育则具有导向功能。因此，它是中国教育中一个带有全局性的重大问题，是深化教育改革、全面推进素质教育的关节点。为全面落实科学发展观，进一步加大对全面建设小康社会、深入推进素质教育的贡献力度，更好地适应新的社会形势和教育改革发展实际，高校招生考试制度亟须进行现代转型与构建，建立并完善具有中国特色的现代高校招生考试制度。

一、高考改革的思路

现行高考制度有其产生的必然性和存在的合理性。全面考察中外高校招生考试发展的历史与现状，可以看出统一招考制度是高校招生考试发展到一定阶段的产物，它将各个高校招生工作中的共性方面统一起来，方便考生，节省报考费用，高校也节约了大量的人力、物力和财力，有利于高校在全国范围内招生择优录取，有利于提高命题水平和试卷质量，也便于以高考成绩来比较评估各高校的生源质量。因此，统一招考制度的建立，是招生考试发展的一种必然选择。

全国统一高考具有权威性、科学性、高效性等方面的优点，但也存在统得过死、无法体现各高校特色、加重学生应试激烈程度、影响中小学生全面发展等方面的局限。多年来，社会各界对高考改革提出了许多建议和意见。如何进一步推进高校招生考试制度改革，关系到中国教育的现代化和中华民族的振兴。

在中国高等教育已经进入大众化阶段的历史时期，以往为选拔少数精英的高考模式必然要发生变化。升学问题已成中国新时期社会高度关注的热点，高校招生考试是教育领域中最受关注和最敏感的方面之一，而且这种情况还会长期存在。随着我国高等教育现代化、终身化、国际化等趋势的到来以及基础教育课程改革的进展，高校招生考试的内容、形式、录取办法等方方面面也必将随之进行调整。过去以选拔或淘汰式为主的招考机制，将转变为展示才能和全面评价的招考机制。

由于高考涉及学生、家长、教师、中学、大学各方面利益，并与教育制度以及现实的政治、经济、科技、文化等因素密切相关，因此高考改革具有相当大的难度，成为一项复杂的、牵一发而动全身的系统工程，在制定高考制度改革方案时，必须综合考虑各种复杂的因素。

兼顾统一性与多样性，是高考改革的方向。中国社会具有重视人情与关系的文化传统，而文化传统的变迁是缓慢的，传统习惯并非短时期能完全改变。参照具有高度重视教育的传统的日本、韩国和我国台湾地区的经验，即使高等教育毛入学率进入普及化阶段，名牌大学的入学考试竞争仍然相当激烈。因此，改革应该选择与社会物质和文明水平相适应的方式和进度，未来相当一段时期内，统一考试还将是适应国情的主要招考办法或基本形式，但应积极而又稳妥地推进改革，使高考逐步走向多样化，克服统考在对学生的综合素质考核、个性特征评价上的局限，进一步满足时代对以人为本、注重个性特长的选拔方面提出的更高要求。

二、高考改革的目标

世界各国因政治、经济、教育发展水平、文化传统不同，在高校招生考试制度选择上各有差异，但无论是采用高中毕业考试成绩，还是另行举办招生考试，统一考试已成为大多数国家或地区大学入学的重要环节。

当今世界高等教育正在趋同存异，在高校招生考试改革方面出现一种趋同现象。一方面，一些原先完全分散由各高校单独招生的国家，高校逐渐采用统一考试成绩作为录取新生的重要依据。另一方面，原来实行高校统一考试的国家或地区，特别是考试竞争激烈的东亚国家和地区，随着高等教育大众化的发展，入学机会的增多，开始扩大高校和考生的选择权，实行入学方式的多元化。

大体而言，中国的高考改革方向是从统一走向多样，从招考合一走向招考分离，最终建立符合中国国情的以统考为主、统分结合的多元招生考试制度。

理想的招生考试制度，是使所有的高校挑选最合适的生源，使所有的学生选择最合适的高校，体现双向选择原则的制度。高考改革的终极目标，并不是改成各高校单独招考，也不见得是以美国高校招考模式为依归，而是探索建立适合中国国情的有自身特色的招考制度。

构建这一制度，应该把握好"三个规律"：一是人才培养或教育教学规律；二是考试科学或人才选拔规律；三是与高考密切相关的社会要素的发展规律。

高考改革的目标，是建立统考为主、能力测试、多元评价、分类招生的高校招生考试制度。

具体而言，就是要逐步建立起以全国普通高校招生统一能力测试为主，与多元化考试评价和多样化选拔录取相结合，政府宏观指导、调控，专业机构命题和组织考试，高校自主招生、自我约束，社会有效监督的高校招生考试制度。

三、高考改革的原则

建立现代高校招生考试制度，要遵循"四个有助于"的原则，即有助于高校培养高素质的专门人才和拔尖创新人才；有助于推进中学实施素质教育；有助于高等学校依法行使办学自主权；有助于高考自身的科学、公平、安全、高效。具体而言，推进高考改革应遵循以下原则。

（一）统筹兼顾

高考改革中存在着一系列的两难问题，而各种两难的实质往往是理想与现实之间的矛盾、不同利益群体之间的矛盾。改革必须综合考虑各种复杂的因素，统筹兼顾各方面的利益，在两难中寻找相对的平衡点。

（二）公平客观

公平选才是社会大众对高考最为关注的一个方面，也是高考制度的基本功能和精神之所在。在当前全面建设小康社会、和谐社会的时代，社会公众对考试公平、公正的要求和期望比以往更高。高校招生考试从制度设计、命题内容，到录取中的民族和区域分布方面，都应坚持公平客观原则。

（三）科学高效

高考改革不仅在命题和管理方面应该做到科学，而且应注重高效，一是人才选拔方面的效率，即提高考试的信度、效度和区分度，最准确地测验出应试者的实际水平，将考生区分选拔出来供高等学校挑选；另一种效率是指如何使考试本身做到高效、经济，能够使考试简便易行，省时、省事、省力。

（四）多样选择

在许多省区实行新课改后，对高考的多样化提出了新的要求。在我国高等教育已经进入大众化阶段的情况下，高校招生考试的内容、形式、录取办法等许多方面都面临着更新，走向多样化。在高考改革的制度设计和政策实施中，应允许各省市、高校、学生有各种不同的选择，减少行政手段和简单划一的办法。

（五）循序渐进

在社会进步方面，渐进的改革优于突变式的革命。为使中学和考生有时间和心理上的准备，以免使中学教学无所适从，应避免颠覆性的急风骤雨式的高考改革，坚持改革的渐进原则，稳步推进。尤其是在考试内容改革方面，应有一定的继承性。

（六）实践可行

实践是检验真理的唯一标准。改革的设想和政策的出台不仅要符合教育原理，还要具有可行性和可操作性。理论上正确是不一定是可行的，只有可行的才是有效的。高考改革应在试点取得经验的基础上，再逐步推开。

四、改革方案选择

目前，各方面已提出多种多样的高考改革方案，通过研究并部分地参考其他方案设想，现提出以下三个可供选择的具体改革方案。前两个为近期方案，第三个为远期方案。

（一）一次考试、自主录取方案

近期为促进高校招生考试改革与高中新课程改革相结合，促进国家统一考试改革与高中综合评价改革相结合，促进考试改革与高校录取模式改革相结合，可采用一次考试、自主录取方案。

该方案的统一考试内容与高中新课程内容衔接，贴近时代、贴近社会、贴近考生实际，注重对考生运用所学知识分析问题、解决问题能力的考查。考试科目为语文、数学、外语和相关科目，相关科目一般为文科综合或理科综合，也可以根据本省实际设置其他科目，各科目考试范围由国家制定的新课程《考试大纲》规定。是否增加选考内容以及选考内容比重等，由各省根据本省高中课程改革实际及各考试科目的特点确定。

建立和完善对普通高中学生的综合评价制度，并逐步纳入高校招生选拔评价体系。建设在国家指导下由各省组织实施的普通高中学业水平考试和学生综合素质评价制度，切实做到可信可用，逐步发挥其对普通高中教育教学质量进行管理和监控，对高中学生学业水平和综合素质进行全面、客观评价，以及为高校招生自主选拔提供参考依据的作用。高等学校招生录取时，在高考成绩基础上，逐步增加对学生学业水平考试及综合素质的考查。

（二）分类考试、多元录取方案

分类考试、多元录取方案，即分层次考试录取。我国高等教育系统庞大，不同学校的办学层次、目标定位不同，决定了考试选拔模式不同。考试录取方式应该与办学的多层次性、多类型性相适应。一张试卷既选拔科技、学术精英，又选拔高技能劳动者，很难同时兼顾。由于高职高专院校与大学培养目标不一样，采用相同试卷，先天地造成低分者入高职高专，不利于高职高专教育的发展。随着高等教育大众化的推进，加快分层次选拔录取改革的迫切性会越来越突出。

该方案的特征在于稳定多数，两头放开。对不同高校可分层次分类别区别对待，一些国家重点建设的高水平大学可深化自主选拔录取改革，在选拔综合素质高、有创新精神和潜质的人才方面，进一步探索高考、高中学业水平考试和综合素质评价与学校测试相结合的多元化评价选拔办法。示范性高等职业院校和条件成熟的省市进一步探索符合高等职业教育培养规律和特点的人才选拔模式，可将学生学业水平考试成绩与学校单独组织的考试成绩相结合作为录取依据，部分高职院校也可采用申请入学制。

将来也可考虑将本科与高职逐步分开招考。分不同层次的高校分别命题，实行两种高考，或将专科层次的高考下放到省一级管理和实施，大学层次的高考着重考测学术发展性向和能力，专科层次的高考侧重考测理解和运用能力，两种高考各司其职，体现出一定的多样性。

（三）两次考试、统分结合方案

两次考试、统分结合方案，即在统考初步筛选的基础上，各高校再进行一次单独招考，将统考成绩与单考成绩结合起来进行录取。第一次考试安排在每年的6月上旬，采用能力水平测试。各高校可自主划定第一次考试的分数线，进入第二次考试。第二次考试安排在8月上旬，由各高校自行命题，须到报考学校参加考试，两次考试成绩的比例可定出一定的范围。除考试成绩外，还可参考申请推荐材料和面试表现的综合评价以决定取舍。本方案与日本现行的公立大学招考方式类似，也与我国现今硕士生入学考试方式相似。

此方案的实施，必须在中国初步进入小康社会，贫富差距缩小，交通更为便利，道德水平和诚信程度有较大的提高，防止考试作弊的压力将有所减弱的条件下，才较具有可行性。将来在适当的时候，可考虑在部分直辖市先行试点。由于在第二次考试中和决定录取权重时，各高校可以参考中学阶段的学习成绩和表现记录，此方案有利于建立能够充分反映考生文化知识水平、综合素质及其特长潜能的人才培养评价体系，促进素质教育深入开展。

五、改革政策建议

高校招生考试改革影响重大，各方意见不一，聚讼纷纭。为使改革能够逐步推进，并为大多数人所接受，应在长期规划和全面研究的基础上逐步推出。在此，提出以下改革政策建议。

（一）制定国家教育考试法或国家考试法

对考试的各个环节加强管理并上升到法的层面加以制约，是优化考试环境、保证考试顺利进行的重要手段。明确考试管理部门、考试机构以及考生之间的权利（权力）义务关系，真正使广大考生的利益得到有效的维护，适应考试改革的发展与需要，是当前考试法制建设的一个重要内容。因此应加强依法治考、依法治招，加强高校招生考试管理改革。长期以来，遇到一些考试事件，处理的办法往往是"以文件治考"，亟须制定相关的法规。

与其他许多国家不同，中国是考试制度的创始国，具有悠久的考试历史和丰富的考试经验，历史上曾制定过严密细致的考试法规。当今中国又是一个广泛使用考试的国家，很有必要制定一部国家考试法。若全面的考试法一时还难以出台，为更好地维护考试安全，防止考试舞弊现象蔓延，可先行制订国家教育考试法，或将现有的高校招生考试条例进一步完善和细化。

（二）整合考试管理机构和资源

分省命题虽然比各高校单独招考更为高效，也比全国统一命题安全问题影响小，但各省花费总数比全国统一命题更大，且省内泄题的可能性也增加。为提高试卷的科学性和稳定性，使高考分数更具有可比性，并提高命题效率，减少泄题的概率，可逐步建立若干个区域性的高校入学考试中心或考试院，在教育部考试中心命题的同时，促使水平较高的考试院承接邻近省份的委托命题，或负责大区内的高考命题。

（三）改革应考虑稳定性和继承性

非新无以为进，非旧无以为守。为维护高考制度的稳定性，高考改革有的方面应保持一定的稳定性和继承性，具体有以下建议：

其一，考试次数不必增加。多年来有许多人提议实行多次考试。虽然在考试形式或题型方面借鉴美国，但东亚国家和地区与美国高校招生考试明显不同。美国的学术能力测验（SAT）一年可以考7次，然而东亚国家和地区的类似测验通常都是一年只考一次。由于中国的高考竞争激烈，假定多次考试取最好成绩决定录取，有多少次考试多数学生就会参加多少次考试，必将加重考生的负担，因此中国的统一考试主要科目仍应继续实行一次考试。

其二，考试时间应保持稳定性。近年来，又有人建议将高考时间改在6月的第二个周末，主要是出于免得部分考生家长请假和交通方面的考虑。但城市里需要请假的家长在全体考生家长中只占少数，且若需请假一生中通常也仅此一次，而固定考试时间容易记，考生和学校心中有数，也不会影响整个教学计划的安排。作为举国关注且具有权威性的考试，应权衡利弊，不必改为6月的第二个周末，在未来一个时期内，仍以固定在6月的7、8、9日三天为宜。

其三，考试科目应保持一定的稳定性和覆盖面。在常模参照考试中，由于竞争激烈，多数考生会最大限度地使用时间和发挥能力，因此即使减少考试科目，也很难减轻学生的负担。为了避免更大的偏科，高考科目不宜过少，还是以覆盖5科左右为宜。

其四，不必刻意推行高考报名社会化。多年来，有不少论者或改革方案提出高考报名社会化措施。但因为报名社会化无法解决中学追求升学率的问题，任何中学仍然都可以轻而易举地统计出本校学生的升学率，而且曾有过此尝试，最终结果是放弃，因此不必刻意推行。若有地方愿意再试，则应允许。

（四）推进外语考试改革

以英语为主的外语考试改革是30年来中国高考改革的先行科目，如标准化考试形式的推进，标准分的采用，都有较成熟的经验。在近年内，英语可考虑改为社会化考试。像英语测试和实际水平稳定性比较强的科目，将来可以考虑变为一年多次的社会化水平考试。实行自适应考试，即考生按照英语新课程大纲要求7~9级，赋予等级，学生高二开始可以考，进行多次水平测试，选择成绩最好的一次作为报考的依据。这样高中生实际上有4次以上的机会，大学按照自身需要公布对英语的要求，学生则相对具有一定的考试灵活性。

另外，当前高考侧重语、数、外三科，而其中有两科为语言类科目，尤其是外语科目，相对有利于女生，这在一定程度上会过早地限制部分男生的发展潜力，加重性别方面的不平衡。因此，应推动在高考和计分录取中降低英语分值的实验。

（五）推进区域公平方面的改革以扩大高校招生自主权

首先是渐进地调整高校录取的区域配额。考试公平与区域公平的矛盾，是一个自宋代以后就争论不休的千古难题。在中国这么一个人口众多、幅员辽阔、各地区经济和文化教育差异极大的国家，这是一个古今大规模考试都会遇到却不易解决的两难问题。高考实行分省录取的制度具备了实质合理性，对于促进底层社会精英的向上流动、保证落后地区正当的入学权利具有重大意义。录取分数线对京、津、沪等地的倾斜主要不能归罪于录取制度本身，而是区域经济和教育水平的差异所导致的区域教育（基础教育和高等教育）失衡带来的必然结果。通过录取政策的调整，可以在一定程度上减轻倾斜的高考分数线的差距。这种调整不仅要看研究型大学或全国重点大学在本省市招生的比例，更应该考虑该省市中央部属院校的数量、录取人数和全体考生的比例。应渐进地调整在各地区的招生比例，将原来过于集中在京、津、沪等地的招生名额，部分地转移至人口众多的高考大省。

其次是改进志愿填报与录取方式。在目前仍以高考总分作为录取主要依据的情况下，应进一步总结、完善和推广在统一考试录取中实行分段填报志愿、公开征集志愿等录取方式，部分省市试行平行志愿的实验，降低填报志愿的风险，增加考生选择机会，提高考生志愿满意度。在逐渐推行新的高考改革方案以后，实行考招分离，统一测试由专业考试机构组织实施，招生录取则由各高校自主决定。

总之，高考改革涉及面广，是事关民生的重大议题。新的改革方案出台前应广泛征求多方面意见，在充分顾及各方面意见的基础上，进行改革试点。试点结束后应该有一个相对独立的反馈、总结、论证过程，根据这一总结结果，再来讨论是否应该进行改革的推广，如果不宜推广，也要向社会说明原因。只要认真研究，稳步推进高考制度的改革与创新，就一定能使高考在选拔合适人才、维护社会公平方面继续发挥重要的作用。

参考文献

一、著作

[1] 陈中原：《中国教育平等初探》，广东教育出版社2004年版。

[2] [日] 大冢丰著，黄福涛译：《现代中国高等教育的形成》，北京师范大学出版社1998年版。

[3] 邓嗣禹：《中国考试制度史》，国民政府考选委员会印行1936年影印版。

[4] （清）杜受田等修，英会等撰：《续修四库全书》之《钦定科场条例》（二），上海古籍出版社1995年版。

[5] 黄全愈：《"高考"在美国》，北京大学出版社、广西师范大学出版社2003年版。

[6] 康乃美、蔡炽昌等：《中外考试制度比较研究》，华中师范大学出版社2002年版。

[7] 李弘祺：《宋代官学教育与科举》，台湾联经出版事业公司1994年版。

[8] 李培林、李强、孙立平等著：《中国社会分层》，社会科学文献出版社2004年版。

[9] 李立峰：《中国高校招生考试中的区域公平研究》，华中师范大学出版社2007年版。

[10] 刘海峰：《高考改革的理论思考》，华中师范大学出版社2007年版。

[11] 刘海峰：《科举学导论》，华中师范大学出版社2005年版。

[12] 刘海峰：《科举制与"科举学"》，贵州教育出版社2004年版。

[13] 刘海峰：《科举考试的教育视角》，湖北教育出版社1996年版。

[14] 刘海峰等著：《中国考试发展史》，华中师范大学出版社2002年版。

[15] 刘清华：《高考与教育教学的关系研究》，华中师范大学出版社2007年版。

[16] 陆学艺主编：《当代中国社会流动》，社会科学文献出版社2004年版。

[17] 罗立祝：《高校招生考试政策研究》，华中师范大学出版社2007年版。

[18] 潘懋元、刘海峰编：《中国近代教育史资料汇编·高等教育》，上海教育出版社1993年版。

[19] 覃红霞：《高校招生考试法治研究》，华中师范大学出版社2007年版。

[20] 沈兼士：《中国考试制度史》，台湾商务印书馆1980年版。

[21] 舒新城编：《中国近代教育史资料》，人民教育出版社1981年版。

[22] 唐滢：《美国高校招生考试制度研究》，华中师范大学出版社2007年版。

[23] 田建荣：《中国考试思想史》，北京商务印书馆2004年版。

[24] 王立科：《英国高校招生考试制度研究》，华中师范大学出版社2008年版。

[25] 吴根洲：《高考效度研究》，华中师范大学出版社2008年版。

[26] 谢青、汤德用主编：《中国考试制度史》，黄山书社1995年版。

[27] 许欣欣：《当代中国社会结构变迁与流动》，社会科学文献出版社2000年版。

[28] 杨学为：《中国考试改革研究》，北京大学出版社2001年版。

[29] 杨学为编：《高考文献》（上、下），高等教育出版社2003年版。

[30] 杨学为主编：《中国考试通史》（1~5卷），首都师范大学出版社2001年版。

[31] 杨学为、廖平胜著：《考试社会学问题研究》，华中师范大学出版社2003年版。

[32] 杨莹：《教育机会均等——教育社会学的探究》，台湾师大书苑有限公司1995年版。

[33] 杨李娜：《台湾地区大学入学考试制度研究》，华中师范大学出版社2008年版。

[34] 于钦波、杨晓：《中外大学入学考试制度比较与中国高考制度改革》，四川教育出版社2000年版。

[35] 张宝昆：《大规模教育考试的社会控制功能研究》，云南大学出版社1999年版。

[36] 张亚群：《科举革废与近代中国高等教育的转型》，华中师范大学出版社2005年版。

[37] 张耀萍：《高考形式与内容改革研究》，华中师范大学出版社2008年版。

［38］张行涛：《必要的乌托邦——考选世界的社会学研究》，北京师范大学出版社2003年版。

［39］张金元主编：《高校招生制度研究》，湖北人民出版社2005年版。

［40］郑若玲：《科举、高考与社会之关系研究》，华中师范大学出版社2007年版。

［41］钟启泉：《普通高中新课程方案导读》，华东师范大学出版社2003年版。

［42］Ann Hodgson, Ken Spours, Beyond a levels curriculum 2000 and the reform of 14 – 19 qualifications. London：Kogan Page Ltd, 2003.

［43］David Warner, David Palfreyman, The state of UK higher education：managing change and diversity. Backingham：Open University Press, 2001.

［44］Jerome Karabel, The Chosen：the hidden history of admission and exclusion at Harvard, Yale, and Princeton. Boston & New York：HougMon Mifflin Company, 2005.

［45］R. J. Montgomery, Examinations：an account of their evolution as administrative devices in England. London：Longmans, Green & Co Ltd, 1965.

［46］Sally Rubenston & Sidonia Dalby, Panicked parents' guide to college admissions. 3nd ed. Lawrenceville：Thomson Corporation and Peterson's, 2002.

［47］Selvaratnam, Innovations in higher education：Singapore at the competitive edge. Washington DC：the World Bank, 1994.

二、期刊

［1］陈娟等：《从社会流动的观点看中日高考竞争的形成》，载《比较教育研究》1992年第6期。

［2］葛新斌、李罡：《我国学校与考试关系的历史考察》，载《清华大学教育研究》1998年第3期。

［3］顾海兵：《对我国高考制度的反思》，载《中国教师》2004年第2期。

［4］雷颐：《教育与社会》，载《中国教师》2004年第2期。

［5］李全柱：《近年大陆几项高考改革的教育社会学思考》，载《湖北招生考试》2003年第12期。

［6］李家林：《论考试在社会流动中的作用》，载《安徽师大学报》（哲社版）1998年第1期。

［7］刘海峰：《高考存废与科举存废》，载《高等教育研究》2000年第2期。

［8］刘海峰：《高考改革中的两难问题》，载《高等教育研究》2000年第

3期。

[9] 刘海峰：《高考改革中的全局观》，载《教育研究》2002年第2期。

[10] 刘海峰：《高考改革的教育与社会视角》，载《高等教育研究》2002年第5期。

[11] 刘海峰：《高考改革中的公平与效率问题》，载《教育研究》2002年第12期。

[12] 刘海峰：《传统文化与两岸大学招考改革》，载《高等教育研究》2004年第2期。

[13] 刘海峰：《高考改革应稳步推进》，载《中国高等教育》2007年第2期。

[14] 刘海峰：《高考改革的回顾与展望》，载《教育研究》2007年第11期。

[15] 刘海峰：《科举研究与高考改革》，载《厦门大学学报》2007年第5期。

[16] 刘海峰：《而立之年论高考》，载《东南学术》2007年第4期。

[17] 吕可红：《日本高考制度改革综述》，载《湖北招生考试》2002年第12期。

[18] 马金科：《高考能力考查的研究与实践》，载《高等教育研究》2000年第3期。

[19] 庞守兴：《质疑高校自主招生改革方案》，载《教育发展研究》2003年第10期。

[20] 潘懋元：《我对招生考试的基本看法》，载《湖北招生考试》2002年第2期。

[21] 潘懋元：《从科学发展观看高考改革》，载《湖北招生考试》2006年第2期。

[22] 潘懋元、覃红霞：《高考：从选拔性到适应性考试》，载《湖北招生考试》2003年第12期。

[23] 钱道赓：《为选拔而考试——关于高考改革定位的思考》，载《湖北招生考试》2002年第2期。

[24] 乔学杰：《教育公平：失衡与重建》，载《郑州大学学报》（哲社版）2002年第6期。

[25] 任拓书：《大学多元入学新方案》，载《选才》（台湾大学入学考试中心通讯）1999年7月号。

[26] 沈君山：《台湾的高等教育与改革》，载《上海高教研究》1997年第5期。

[27] 田建荣：《高考形式的统一性与多样化》，载《高等教育研究》2000年第4期。

[28] 田以麟、姜一圭：《日本、韩国大学招生制度比较》，载《外国教育研究》2001年第3期。

[29] 王策三：《认真对待"轻视知识"的教育思潮》，载《北京大学教育评论》2004年第7期。

[30] 王怀章、朱晓燕：《平等视角下的高考制度改革》，载《湖北社会科学》2005年第7期。

[31] 徐永：《新加坡大学招生制度改革》，载《外国教育资料》1999年第6期。

[32] 王伟宜：《高考对社会阶层流动的影响——以福建省为例》，载《招生考试研究》2007年第3期。

[33] 杨光富、陈秋桔：《学历主义统治之下的日本高考制度及其改革》，载《基础教育参考》2003年第9期。

[34] 应书增：《2005年高考综述》，载《中国考试》2005年第11期。

[35] 张亚群：《高校自主招生考试的认识误区》，载《考试研究》2004年第2期。

[36] 张亚群：《科举学研究的当代价值》，载《厦门大学学报》2008年第5期。

[37] 张亚群：《人才选拔制度的历史转折——高考恢复三十年省思》，载《东南学术》2007年第4期。

[38] 郑若玲：《考试历史的现实观照》，载《厦门大学学报》2000年第4期。

[39] 郑若玲：《高考竞争与科目改革》，载《高等教育研究》2000年第4期。

[40] 郑若玲：《考试公平与区域公平：高考录取中的两难选择》，载《高等教育研究》2001年第6期。

[41] 郑若玲：《试析高考的指挥棒作用》，载《厦门大学学报》2002年第2期。

[42] 郑若玲：《保送生制度：异化与革新》，载《教育发展研究》2002年第6期。

[43] 郑若玲、杨旭东：《高考改革：历史与现实的思考》，载《厦门大学学报》2003年第1期。

[44] 郑若玲：《论高考的教育功能》，载《教育导刊》2005年第1期。

［45］郑若玲：《高考改革必须凸显公平》，载《教育研究》2005年第3期。

［46］郑若玲：《"举国大考"何去何从》，载《招生考试研究》2007年第1期。

［47］郑若玲：《高考对社会流动的影响》，载《教育研究》2007年第3期。

［48］郑若玲：《考试与平等——基于罗尔斯正义论的分析》，载《江西社会科学》2006年第10期。

［49］郑若玲：《公平——考试变革的主旋律》，载《江苏高教》2007年第5期。

［50］郑若玲：《高考与应试教育、素质教育关系新论》，载《教育发展研究》2007年第7~8期。

［51］郑若玲：《"举国大考"的合理性》，载《高等教育研究》2007年第6期。

［52］郑若玲：《高考的社会功能》，载《现代大学教育》2007年第3期。

［53］郑若玲：《我们能从美国高校招生制度借鉴什么》，载《东南学术》2007年第3期。

［54］郑若玲：《追求公平：美国高校招生政策的争议与改革》，载《教育发展研究》2008年第13~14期。

［55］郑若玲：《现实之需：高考的存在与改革》，载《中国高教研究》2008年第8期。

［56］郑若玲：《"考试社会"解析》，载《中国考试》2008年第5期。

［57］郑若玲：《高考改革的科举史观照》，载《科举学论丛》2007年第2辑。

［58］Arthur M. Hauptman, College: Still Not for the Needy? The Chronicle of Higher Education, Volume 52, Issue 12, 2005.

［59］David Reingold, How to Humanize the College Admission Game, The Journal of College Admission, Summer, 2004.

［60］Jay Mathews, Is Early Admissions a Good Idea? Washington Post, September 21, 2006.

三、报刊及学位论文

［1］陈杰人：《保送生制度还要存在多久》，载《中国青年报》2000年8月30日。

［2］樊本富：《"高考移民"问题研究》，厦门大学教育研究院2005届硕士论文。

［3］高燕：《俄罗斯国家统一考试研究》，厦门大学教育研究院2008届硕士

论文。

[4] 李炜娜：《"白人出走"又在美国出现了吗》，载《人民日报》（海外版）2006年1月17日。

[5] 刘海峰：《高考改革：以"不变"应"万变"》，载《光明日报》2008年10月22日。

[6] 李朝仙：《高中课程改革与高考关系研究》，厦门大学2006届硕士论文。

[7] 李家林：《论考试在社会流动中的作用》，华中师范大学教育科学学院1996届硕士论文。

[8] 王燕萍、卫铁民：《取消统一高考 保送出现舞弊》，载《中国青年报》2002年3月18日。

[9] 肖祖法：《大规模选拔性教育考试作弊若干问题研究》，厦门大学高教所2002届硕士论文。

[10] 肖娟群：《我国高校自主招生考试的历史考察与现状研究》，厦门大学教育研究院2008届硕士论文。

[11] 颜莉冰：《高考制度评价研究》，厦门大学教育研究院2006届硕士论文。

[12] 臧铁军：《100分的差异是不是100分的含金量》，载《中国青年报》2000年3月7日。

[13] 郑琳：《全国政协委员建议高考应统一分数线》，载《中国青年报》2000年3月15日。

[14] 郑若玲：《高考改革：守望理想，更应立足现实》，载《科学时报》2008年4月23日第1版。

[15] 郑若玲：《美国大学招考制度的启示》，载《光明日报》2007年5月9日第11版。

[16] 郑若玲：《破格特招蒋方舟合理吗》，载《解放日报》2008年8月25日第10版。

[17] 志文：《中国教育最大的不公》，载《中国青年报》2000年2月24日。

后 记

2003年12月，由本人任首席专家主持的教育部哲学社会科学重大课题攻关项目"高校招生考试制度改革的理论与实践研究"获得批准立项。作为首批教育部哲学社会科学重大课题攻关项目，厦门大学与教育部学生司共同主持，并组织全国与招生考试相关的理论与实践工作者联合攻关，理论部分由刘海峰负责，实践部分由林蕙青负责。2004年4月5~6日，在厦门大学举行了开题会，教育部学生司林蕙青、姜钢、苟人民等和课题组主要成员参加了会议。会后，按照投标书的既定研究计划，对高校招生考试制度从理论和实践两部分展开研究。

从2005年8月起，本项目主要成员协助教育部"素质教育调研"高校招生考试制度研究课题组进行研究，本人8月11日就到教育部参加了该课题的开题会，9月21日参加向教育部领导的汇报会，9月26日参加上海市各区教育局长与中学校长调研座谈会，10月17日在教育部参加省市教育厅长调研座谈会。本项目联系人李立峰在2005年10月还借调到该课题组，专门执笔参与撰写研究报告。

本项目的主要三家合作单位——厦门大学教育研究院、华中师范大学考试研究院、天津市教育考试与评价研究所，于2005年11月15日在天津联合召开"普通高等学校招生考试改革高层论坛"。2007年7月14日，厦门大学高等教育发展研究中心与中国教育科研网、中国青年报社在北京联合召开"1977~2007：纪念中国恢复高考30年高峰研讨会"，本人作为教育部文科重点研究基地——厦门大学高等教育发展研究中心主任，忝为研讨会的主持人。2007年9月4日，为探讨与高中新课程实验相衔接的高考综合改革方案，教育部高校学生司在京召开"高校招生综合改革研讨会"。

2008年3月6日，在北京召开了本项目的结题讨论会，教育部高校学生司、教育部考试中心、北京教育考试院、天津市教育招生考试院的领导和项目组主要成员参加了结题讨论会。2008年4月19日，教育部社会科学司在北京组织召开了该项目的鉴定会。

经过四年多的研究，课题组成果颇丰，已发表CSSCI刊物论文36篇，其他刊物论文30多篇，提交研究报告2份，出版著作12部，其中包括中国第一套"高考改革研究丛书"。该丛书共十本，由华中师范大学出版社出版，包括刘海峰著《高考改革的理论思考》、罗立祝著《高校招生考试政策研究》、覃红霞著《高校招生考试法治研究》、李立峰著《中国高校招生考试中的区域公平研究》、刘清华著《高考与教育教学的关系研究》、唐滢著《美国高校招生考试制度研究》、王立科著《英国高校招生考试制度研究》、杨李娜著《台湾地区大学入学考试制度研究》、张耀萍著《高考内容与形式改革研究》、吴根洲著《高考效度研究》。本项目的成果较为集中地体现在本书，但更详细的内容还应阅读"高考改革研究丛书"中的各书。而且，本书所提的方案和原则只是参考性和指导性的，具体实施还要各省、市、区根据自身的条件，设计出符合实际的改革方案。没有完美的招生考试制度，只有相对合适的招生考试制度。在中国这么一个高度重视甚至过度重视教育的国度里，在社会大众极度关注考试和升学的国度里，没有可以完全解决升学竞争问题的灵丹妙药，只有比较各种方案之后的择善而从。

作为攻关项目的最终成果，本书是联合攻关、分工合作的产物。刘海峰为主编，林蕙青、郑若玲为副主编，具体章节执笔者为：刘海峰（前言，第八章第一、二、三节，结语，后记）、林蕙青、苟人民、李立峰（第九章），郑若玲（第一章第一、三、四节，第二章第一节，第三章第一、二节，第五章第一节，第六章第一、三节），张亚群、郑若玲（第一章第二节），刘清华（第二章第二节），肖娟群（第二章第三节），罗立祝（第三章第三节），覃红霞（第三章第四节），张耀萍（第四章第一、二节），李立峰（第四章第三节），颜莉冰（第五章第二、三节），王立科（第六章第二节），高燕（第六章第四节），但昭彬、吴计生（第七章第一节），但昭彬、杨继龙（第七章第二节），陈娟（第七章第三节），杨李娜（第七章第四节），樊本富（第八章第四节）。另外，第五章第四节"高考改革的社会调查"部分，主要由教育部考试中心和《中国青年报》以及天津教育招生考试院进行调查和总结，由郑若玲整理加工。全书由刘海峰、郑若玲设计章节框架并统稿。

本项目的立项和顺利完成，应感谢教育部社会科学司，感谢主持项目投标评审会和项目鉴定会的专家，感谢本项目的学术顾问潘懋元先生，感谢给予指导的杨学为先生和瞿振元先生，感谢一起联合攻关研究的教育部学生司林蕙青司长、姜钢副司长、苟人民处长，教育部考试中心戴家干主任、韩家勋处长，天津市教育招生考试院的乔丽娟院长和李占伦主任，北京教育考试院的臧铁军副院长，华中师范大学廖平胜教授等人。应感谢的还有其他参加人员，恕不一一列举。作为首席专家和书稿主编，本人还应该感谢上述参与书稿写作的各位执笔者。

很少有人文社会科学类的研究课题像教育部哲学社会科学重大课题攻关项目这样竞争激烈，而且要求极为严格的。申请投标、鉴定会议都要正式答辩和投票，那阵势仿佛是博士生答辩。项目拿到后，作为首席专家，重任在肩，因此项目通过鉴定，交出书稿之后，就像卸下一副重担，轻快许多。

已出版书目

书　名	首席专家
《马克思主义基础理论若干重大问题研究》	陈先达
《网络思想政治教育研究》	张再兴
《高校思想政治理论课程建设研究》	顾海良
《马克思主义文艺理论中国化研究》	朱立元
《弘扬与培育民族精神研究》	杨叔子
《当代科学哲学的发展趋势》	郭贵春
《当代中国人精神生活研究》	童世骏
《面向知识表示与推理的自然语言逻辑》	鞠实儿
《中国大众媒介的传播效果与公信力研究》	喻国明
《楚地出土戰國簡册［十四種］》	陳　偉
《中国特大都市圈与世界制造业中心研究》	李廉水
《WTO主要成员贸易政策体系与对策研究》	张汉林
《全球经济调整中的中国经济增长与宏观调控体系研究》	黄　达
《中国产业竞争力研究》	赵彦云
《东北老工业基地资源型城市发展接续产业问题研究》	宋冬林
《中国民营经济制度创新与发展》	李维安
《东北老工业基地改造与振兴研究》	程　伟
《中国加入区域经济一体化研究》	黄卫平
《金融体制改革和货币问题研究》	王广谦
《中国市场经济发展研究》	刘　伟
《我国民法典体系问题研究》	王利明
《中国农村与农民问题前沿研究》	徐　勇
《城市化进程中的重大社会问题及其对策研究》	李　强
《中国公民人文素质研究》	石亚军
《生活质量的指标构建与现状评价》	周长城
《人文社会科学研究成果评价体系研究》	刘大椿
《教育投入、资源配置与人力资本收益》	闵维方
《创新人才与教育创新研究》	林崇德
《中国农村教育发展指标研究》	袁桂林
《高校招生考试制度改革研究》	刘海峰
《基础教育改革与中国教育学理论重建研究》	叶　澜
《处境不利儿童的心理发展现状与教育对策研究》	申继亮
《中国和平发展的国际环境分析》	叶自成

即将出版书目

书　名	首席专家
《中国司法制度基础理论问题研究》	陈光中
《完善社会主义市场经济体制的理论研究》	刘　伟
《和谐社会构建背景下的社会保障制度研究》	邓大松
《社会主义道德体系及运行机制研究》	罗国杰
《中国青少年心理健康素质调查研究》	沈德立
《学无止境——构建学习型社会研究》	顾明远
《产权理论比较与中国产权制度改革》	黄少安
《中国水资源问题研究丛书》	伍新木
《中国法制现代化的理论与实践》	徐显明
《中国和平发展的重大国际法律问题研究》	曾令良
《知识产权制度的变革与发展研究》	吴汉东
《全国建设小康社会进程中的我国就业战略研究》	曾湘泉
《现当代中西艺术教育比较研究》	曾繁仁
《数字传播技术与媒体产业发展研究报告》	黄升民
《非传统安全与新时期中俄关系》	冯绍雷
《中国政治文明与宪政建设》	谢庆奎